INA-MARIA GREVERUS
DIE ANDEREN UND ICH

INA-MARIA GREVERUS

DIE ANDEREN UND ICH

Vom Sich Erkennen, Erkannt- und Anerkanntwerden

Kulturanthropologische Texte

WISSENSCHAFTLICHE BUCHGESELLSCHAFT
DARMSTADT

Einbandgestaltung: Neil McBeath, Stuttgart.

Einbandbild: Nach einer Computergraphik von Silvan Greverus.

Die Deutsche Bibliothek – CIP-Einheitsaufnahme

Greverus, Ina-Maria:
Die Anderen und Ich: vom Sich Erkennen,
Erkannt- und Anerkanntwerden;
kulturanthropologische Texte / Ina-Maria Greverus.
– Darmstadt: Wiss. Buchges., 1995
ISBN 3-534-12311-5

Bestellnummer 12311-5

Gedruckt auf säurefreiem und alterungsbeständigem Werkdruckpapier
Satz: Fotosatz Janß GmbH, Pfungstadt
Druck und Einband: Wissenschaftliche Buchgesellschaft, Darmstadt
Printed in Germany
Schrift: Linotype Times, 9.5/11

ISBN 3-534-12311-5

FÜR MEINE ANDEREN

INHALT

Die Anderen und Ich. Anthropologie und die Frage nach dem Selbst

Die Anderen und ich. Dem Nachdenken über diese Frage nach dem Selbst ist das Buch gewidmet. Wir sind in unserer Menschwerdung vom ersten Tag unseres Lebens an auf die Anderen angewiesen, und auch unser Erwachsenendasein ist ohne die Anderen nicht denkbar. Unsere Identität oder unser Selbstbewußtsein entwickelt sich in der Interaktion mit den Anderen. Meine Identitätsformel dafür heißt: Sich Erkennen, Erkannt- und Anerkanntwerden (vgl. Greverus 1978, 219ff.). In diese Formel ist Gegenseitigkeit eingeschlossen. Die Art dieser Gegenseitigkeit – und damit auch diejenige unserer je Selbstwerdung – ist ein kulturelles Konstrukt. Wir haben kein „natürliches" Verhältnis zu Identität als einem „Ich bin".

Ob wir, trotz unserer Verschiedenheiten, in unserem Menschsein gleich und gleichwertig sind, ob wir die einen Anderen als die Eigenen und die anderen Anderen als die Fremden empfinden, ob wir die Rechte des Einzelnen oder die Rechte der Gemeinschaft in das Zentrum der Lebensgestaltung stellen, ob unser „Ich bin" ein nur von den Anderen geprägtes und sich dem historischen Schicksal beugendes Selbst ist, oder ein Selbst, das sich in einem kulturellen Austausch wechselseitigen Erkennens und Anerkennens mit den Anderen herausbildet, oder ein Selbst, das die Anderen nur als Spiegel für seine narzißtische Selbstvergewisserung und als strategisches Mittel für seine Bedürfnisbefriedigung benutzt, das sind Probleme, mit denen sich auch die Anthropologie als Wissenschaft vom Menschen beschäftigt.

Anthropologie im weitesten Sinn des Wortes ist je nach Perspektive eine Dach- oder Grundlagenwissenschaft, deren Gegenstand der handelnde Mensch in seiner Bedingtheit ist. Als solche umfaßt sie als empirische Wissenschaft sowohl naturwissenschaftliche als auch sozialwissenschaftliche und kultur- (oder geistes)wissenschaftliche Aspekte, auf die schließlich eine philosophische Anthropologie mit der Frage nach dem Wesen des Menschen zurückgreift. So verstanden ist Anthropologie nicht als Disziplin im Wissenschaftssystem zu sehen, sondern als fächerübergreifendes Erkenntnisinteresse.

Unterhalb dieser Ebene haben sich Disziplinen entwickelt, in denen aufgrund einer latenten fachwissenschaftsinternen Dominanz der anthropologischen Dimension das fächerübergreifende Erkenntnisziel explizit zum fachlichen Schwerpunkt erhoben wurde. Trotzdem – oder gerade deshalb – bleibt der interdisziplinäre Anspruch zentral. Zu diesen Disziplinen rechne ich die Kultur- und/oder Sozialanthropologie, teilweise auch als ethnologische Anthropologie bezeichnet, die mit ihrer Frage nach den „typischen Chancen menschenmöglichen Verhaltens" in der „Formenmannigfaltigkeit der Kulturen" (Mühlmann/Müller 1966, 11) auf den Ergebnissen der beschreibenden Ethnographie und der – vorrangig monographisch (Stämme, Völker, Volk, Dorf, Region) arbeitenden – analysierenden Ethnologie aufbaut (vgl. Lévi-Strauss 1972, 378ff.), und mit der Frage nach dem Menschen als Kulturwesen den dualistischen Horizont (Giordano 1984) der zwei Ethnologien – Erforschung des Fremden und Erforschung des Eigenen – überwindet. Im Zentrum der empirischen Kulturanthropologie steht der denkende, handelnde (und behandelte) und gestaltende Mensch (vgl. Greverus 1990a).

Wie gehen Menschen miteinander um, wie sehen Menschen Welt und sich selbst in dieser Welt, wie grenzen sie sich voneinander ab und wie nähern sie sich, welche materiellen, sozialen und geistigen Chancen werden den Individuen und Gruppen in den verschiedenen Gesellschaften gewährt und geschaffen? Diese Fragen haben mich Zeit meines wissenschaftlichen Lebens – und sicher davor und daneben, denn man kann eine Wissenschaft von menschlichen Lebensmöglichkeiten nicht jenseits des eigenen alltäglichen Lebens ansiedeln – beschäftigt. Einige Ergebnisse meiner Untersuchungen und Gedanken zu diesem Thema werden hier wiedergegeben, früher Gedachtes und Geschriebenes und neu Gedachtes und Geschriebenes.[1]

Lebe ich in einem „Kultur-Kerker"?

Die Anderen und ich. Wer sind die Anderen, wer bin ich? Das ist nicht nur die Frage einer dafür zuständigen Wissenschaft, es ist auch nicht nur meine Frage als Wissenschaftlerin und Mensch und Frau (und ich könnte mit einer Auflistung meiner „Merkmale" fortfahren), sondern offensichtlich eine immer dringender werdende Frage der Menschen in einer fragmentierenden Gegenwart nach dem Sinn und der Authentizität ihres Daseins. Wir nennen diese Frage nach dem „Wer bin ich" auch Identitätsfrage und vernachlässigen heute dabei gern die andere Seite dieser Frage nach dem „Wohin gehöre ich"[2], die eben die Anderen meint.

[1] Ich danke Cornelia Rohe dafür, daß mit ihrer Hilfe aus diesen Texten ein Buch geworden ist.

[2] Diese beiden Fragen bezeichnete Helen Lynd (1958) als *die* Identitätsfrage.

Ist das Unbehagen an dieser Frage nach dem „Wohin gehöre ich" auch ein Unbehagen an den Anderen, die das Ich an jener Selbstbestimmung, die auch als „Manifest der Person" gehandelt wird (vgl. Greverus 1990), hindern?

Es scheint, als ob wir in einer neuen Phase des „Unbehagens in der Kultur" sind, aber gleichzeitig immer wieder an den *kulturellen* Zwang zur Wahrung der Unversehrtheit und Identität des Einzelnen verwiesen würden. Für Sigmund Freud resultierte das Unbehagen in der Kultur aus den dem Einzelnen abverlangten Triebopfern, die als „Kulturversagung" das Gebiet der sozialen Beziehungen beherrschen und Gesellschaft erst ermöglichen: „Die Macht dieser Gemeinschaft stellt sich nun als ‚Recht' der Macht des Einzelnen, die als rohe Gewalt verurteilt wird, entgegen. Diese Ersetzung der Macht des Einzelnen durch die der Gemeinschaft ist der entscheidende kulturelle Schritt. Ihr Wesen besteht darin, daß sich die Mitglieder der Gemeinschaft in ihren Befriedigungsmöglichkeiten beschränken, während der Einzelne keine solche Schranke kannte. Die nächste kulturelle Anforderung ist also die der Gerechtigkeit . . . Die individuelle Freiheit ist kein Kulturgut. Sie war am größten vor jeder Kultur, allerdings damals meist ohne Wert, weil das Individuum kaum imstande war, sie zu verteidigen. Durch die Kulturentwicklung erfährt sie Einschränkungen, und die Gerechtigkeit fordert, daß keinem diese Einschränkungen erspart werden. Was sich in einer menschlichen Gemeinschaft als Freiheitsdrang rührt, kann Auflehnung gegen eine bestehende Ungerechtigkeit sein und so einer weiteren Entwicklung der Kultur günstig werden, mit der Kultur verträglich bleiben. Es kann aber auch dem Rest der ursprünglichen, von der Kultur ungebändigten Persönlichkeit entstammen und so Grundlage der Kulturfeindseligkeit werden. Der Freiheitsdrang richtet sich also gegen bestimmte Formen und Ansprüche der Kultur oder gegen Kultur überhaupt" (Freud 1974, 225 f.).

Zentral in Freuds Ausführungen wird der Gedanke der „Brüderlichkeit", der sich – wenn auch als „Unbehagen", als kultureller Zwang – gegen die individuelle Freiheit durchgesetzt hat oder durchsetzen mußte, um das Zusammenleben (und Überleben) der Menschen zu ermöglichen. Freud hatte von den universal gedachten drei „großen" Kategorien unserer Menschenrechte – Freiheit, Gleichheit, Brüderlichkeit – die Gemeinschaft (Brüderlichkeit) und die darin notwendige Gerechtigkeit (Gleichheit) vor die individuelle Freiheit gesetzt, um das Zusammenleben zwischen Ich und den Anderen zu ermöglichen.

In unseren gegenwärtigen Diskussionen zwischen Universalismus und Partikularismus, zwischen Gleichheit und Differenz geraten die Brüderlichkeit als Zwischenmenschlichkeit und die im Pluralismus (und Kulturrelativismus) der Nachkriegszeit gemeinte Freiheit der Anderen als ein

Kollektiv des Andersseins, in dem die Freiheit des Einzelnen aufgehoben ist (oder besser: sein sollte), ins Hintertreffen, ja als „kultureller Pluralismus" oder „Ethnopluralismus" unter den Verdacht des „kulturellen oder differenzialistischen Rassismus".[3] Der in Frankreich lehrende Philosoph und Politologe Pierre-André Taguieff ist eine der Schlüsselfiguren in dieser Diskussion eines „kulturellen Rassismus", die bei seinen Adepten zu jenem verdünnten Schlagwort-Individualismus der selbstgewählten individuellen Identitäten, als individuelle Freiheiten, führt und „kulturelle Identität" zum Schimpfwort für „kulturelle Rassisten" verkommen läßt. Brüderlichkeit als Gemeinschaft wird – und das im Gegensatz zu Freuds Interpretation – ein „überflüssiger" Zwang. Als Menschenrecht verschwindet sie hinter dem „Imperativ der Achtung der individuellen Freiheiten" (Taguieff 1991, 258). Für Taguieff verwischen sich die Grenzen zwischen dem relativistisch-kulturalistischen Rassismus und dem relativistisch-kulturalistischen Antirassismus: „Das Individuum wird darauf reduziert, diese oder jene Totalität zu repräsentieren; sei es das ‚Rassen-Gefängnis', den ‚Volks-Organismus', die ‚Gesellschafts-Zelle' oder den ‚Kultur-Kerker'" (ebd. 239).[4]

[3] Natürlich müssen wir uns als Wissenschaftler/innen, die sich mit dem Menschen als Kultur- und Sozialwesen befassen, die Kultur und Ethnos als Kulturen und Ethnien untersuchen und damit in ihrer Vielfalt denken, darüber klar sein, daß der politische Zugriff auf unsere Begriffe und ihre historischen und vergleichenden, und das heißt auch relativistischen Interpretationen sehr „universalistisch" sich gebärden kann und, wie in der ‚Neuen Rechten', die Begriffe der Toleranz gegenüber den Anderen zu Begriffen der Unterdrückung der Anderen macht (vgl. u. a. Schwerpunkt Rechtsextremismus in: Forschung Frankfurt 1/1993). Etienne Balibar spricht von einer Universalisierung des Rassismus und bezieht sich dabei auf Wallersteins These von der politisch „funktionellen" Komplementarität zwischen Universalismus und rassistischen Partikularismen (Balibar 1991). Wir können Begriffe nicht vor ihrer politischen Funktionalisierung schützen, aber wir sollten uns nicht dieser Funktionalisierung anschließen, indem auch wir diese Begriffe in ihrer jeweiligen Bedeutsamkeit aus ihrem wissenschaftsgeschichtlichen und gesellschaftlichen Kontext lösen und unreflektiert verallgemeinern.

[4] Auch hier wird Kultur auf das Begrenzende (Ein- und Ausgrenzende) und als das Gegebene zugeschriebener Verhaltens- und Einstellungsregeln definiert, als lebenszeitlicher „Kerker" für das Individuum. Die andere Seite von Kultur, nämlich die schöpferisch- grenzüberschreitende Fähigkeit, die zum Entwurf neuer kultureller und sozialer Muster, auch als Collagen aus Eigenem und Fremdem, notwendig ist, wird in diesen Diskussionen ebenso übersehen wie die Kommunikation, Reziprozität und soziale Verantwortlichkeit – eben „Brüderlichkeit" – fordernde Ordnungsfunktion von Kultur.

„Füttere mich – friß mich“

Was wollte der amerikanische Künstler Bruce Nauman den Besuchern der documenta 1992 mit seiner Installation „Anthro-Sozio“ vermitteln? Der Zugriff seines Symbolismus ist überwältigend. Da ist der Käfig, das Gefängnis, das Labyrinth, der Raum ohne Türen und Fenster (ein auf dieser documenta häufig vertretenes Motiv), dessen Mauern ameisenübersät sind. Von draußen hört man weithin den Schrei, drinnen dreht sich in einer Video-Installation ein kahlgeschorener männlicher Kopf und schreit: „Help me – hurt me, Sociology“ – „Feed me – eat me, Anthropology“.

Wen meint Bruce Naumans Mensch mit seinem „Help me – hurt me. Feed me – eat me“? Angesprochen sind keine konkreten Anderen, sondern ein generalisierter Anderer in Form von zwei Institutionen. Sind diese Institutionen – die Wissenschaft von der Gesellschaft und die Wissenschaft vom Menschen – an die Stelle jener göttlichen Instanz getreten, die der frühere Mensch in seiner Not angerufen hat, wenn er nicht mehr wußte, wohin er gehört?

Aber was ist das für eine Instanz, deren „feed me“ und/oder „eat me“ man sich anheimgibt? Lassen wir einmal Naumans Vorliebe für „Sprachspiele“ (vgl. Ammann 1986) beiseite, und klammern wir auch das Vorurteil aus, daß Anthropologen sich vorrangig mit Kannibalismus beschäftigen, dann bleibt eine Unterstellung, in der zwischen Anthropologen und ihren Gegenüber, ihren Anderen, eine, allerdings nicht reziproke, sondern hierarchische, orale Phase festgeschrieben wird: Füttern oder Fressen/Gefressenwerden.

In einem gar nicht so übertragenen Sinne hat Reimer Gronemeyer 1981 dieses Thema am Beispiel des „Zigeunerproblems“ angesprochen. Der Aufsatz hieß „Bürokratischer Kannibalismus oder: Die Integration der Zigeuner. Bemerkungen zur Utopie der Uniformität“. Er geißelt die damaligen administrativen Integrationsbemühungen durch die Anderen als verfeinerten Kannibalismus („Fressen“)[5], aber auch die Traditionserhaltungsbemühungen durch die Anderen – („Füttern“) als eine Art Vergewaltigung. Renato Rosaldo hatte in Bezug auf Anthropologen von einer „imperialist nostalgia“ (Rosaldo 1987) gesprochen, ich selbst von einem anthropologischen „going overprotective“ („Füttern“), das durchaus geeignet sein kann, die Dynamik eines Kulturwandels zu mehr Gleichheit aufzuhalten. Ich nannte es die Unterstützung des „Fundamentalismus der alten Männer“ (vgl. S. 245 ff.)

[5] Taguieff (1991) würde hier von Assimilationsrassismus sprechen.

Das Dilemma einer in Worten oder Taten in die gesellschaftliche Situation eingreifenden Sozial- und Kulturanthropologie zwischen dem universalistischen Gleichheitsanspruch und dem pluralistischen Differenzanspruch wird hier deutlich. Fressen oder füttern die Anthropologen – wie es Baudrillard ausdrückt „Das Leben der Ethnologie impliziert den Tod ihres Objekts" (Baudrillard 1978, 16) – ihre Gegenüber zu Tode? Ist die dialogische Forschung ein Ausweg und könnte sie, über die Ethik der Forschung hinaus, geeignet sein, dem „kulturellen Tod"[6] in der Gesellschaft entgegen zu wirken, ohne in die elitäre postmoderne Performance der Indifferenz zu verfallen?

Vom kulturellen Tod der Menschen

Das „feed me" eines in Naumans Installation sich ständig um sich selbst drehenden Menschen hat in mir die Assoziation des doppelt Gefangenen ausgelöst. Es sind nicht nur die äußeren Mauern, sondern es ist auch das Gefangensein in einer nahezu autistischen Unreife, die den Anderen nur noch als Institution helfend, nährend oder verletzend, vernichtend sieht.

In dieser Metapher zeigt sich für mich eine Entwicklung in der westlichen Gesellschaft, die ich über das Beispiel der neuen Spiritualität, die auch als „Manifest der Person" (Roszak 1982a) bezeichnet wird, als Sonderfall eines westlichen Narzißmus analysiert habe (vgl. Greverus 1990, hier S. 151ff.). Sie löst nicht den gesellschaftlichen Widerspruch, sondern vertieft ihn. Dieser Widerspruch ergibt sich aus der Allmacht der bürokra-

[6] Zum kulturellen Tod vgl. Greverus 1990, 68f.: „Weiterreichend noch als die Unfähigkeit unserer Gesellschaft, den biologischen Tod in einen sinnhaften Aufbau der Welt zu integrieren, weiterreichend auch als das Stigma des sozialen Todes, dem nicht nur die Alten, sondern auch andere ‚Außenseiter' unserer Leistungsgesellschaft überantwortet werden, reicht diese Entfremdung von kreativer Symbolfähigkeit („Das Wort ‚Symbol' bezeichnet vor allem ‚seinen Beitrag leisten'", interpretiert Lefèbvre aus etymologischer Ableitung [1974 I, 206]), die ich, wenn Symbolfähigkeit die Grundlage der Kultur bildet, als *kulturellen Tod* bezeichnen möchte.

Kultur ist die Fähigkeit der Menschen, ihr gesellschaftliches Dasein in materialer, sozialer und ideationaler Hinsicht sinnvoll, und das heißt lebenserhaltend, zu gestalten. Diese Fähigkeit aber muß entfaltet werden, bedarf der Gegenseitigkeit und der Verantwortung in einem Haushalt des Lebens, bedarf jener ökologischen Vernunft, die auf das Ganze zielt und den Einzelnen beteiligt. Kultur ist die Teilhabe an der Gestaltung von sozialem Leben in Bedeutungsfülle. Menschliche Natur, menschliches Wesen trägt kulturelle Kompetenz in sich. Die Expertenversorgung mit ‚Kulturplanung', den Zwang zum Konsum von ‚Kultur', die Enteignung von Mitgestaltung sehe ich als einen Kulturverlust, der in kulturellem Tod mündet."

tischen Wohlfahrtsstaaten gegenüber der scheinbaren Selbstbestimmung und Freiheit des entmündigten Bürgers, dem Nischen der Selbstverwirklichung zwischen Heimwelt und Kosmos zur Verfügung gestellt werden. Ich habe die moderne Gesellschaft als einen Moloch Moderne dargestellt, in dem eine pervertierte Demokratie den Staat zum Synonym von Gesellschaft macht. Das vereinzelte Individuum wird nicht mehr zu einer reifen, konkrete Gesellschaft gestaltenden und für sie sorgenden Persönlichkeit individuiert, sondern steht unmittelbar als Empfangender – der „Bürger als Kind" –, zum abstrakten (Wohlfahrts-)Staat. Wenn der Mensch konstitutionell nur auf passive Geborgenheit und Versorgtwerden, und das heißt Unreife, angelegt wäre, wäre dieses das menschheitsbeglückende Modell. Ich habe dieses Modell aber als eine strukturelle gesellschaftliche Grundstörung bezeichnet und auf eine Sinnkrise zurückgeführt. Diese Sinnkrise umfaßt die gesellschaftlichen Trennungen als Auseinanderbrechen der sozialkulturellen Lebenswelt in Zeitstücke ebenso wie die Verhinderung von Reife. Reife wird als die Ausbildung kultureller Kompetenz und Verantwortung bei der Gestaltung von Gesellschaft gesehen. Unreife ist die Passivität der vorkulturellen Erwartungshaltung an eine harmonische Verschränkung. Für den erwachsenen Menschen bezeichne ich dieses als kulturellen Tod. Wenn weiterhin der Mensch ein homo duplex (Zijderveld 1972), ein Doppelwesen ist, das einerseits als passiv Empfangender auf Ich/Umwelt-Harmonie angewiesen ist und andererseits als aktiv Gestaltender Ich/Umwelt-Harmonie herstellen möchte, dann wird die strukturelle Grundstörung besonders deutlich: beide Seiten werden nicht befriedigt.

Ich nehme hier gewissermaßen einen Paradigmenwechsel in der Anthropologie vor: nicht die Anderen, die „Primitiven" und die „Bauerngesellschaften" sind die unreifen Gesellschaften, sondern wir selbst (vgl. Greverus 1990, 112 ff.). In diesem Paradigmenwechsel weiß ich mich allerdings mit zahlreichen Kritikern der modernen Fortschrittsgesellschaften einig. Für Lévi-Strauss schaffen diese unreifen Gesellschaften, die er auch als heiße Gesellschaften bezeichnet, immer mehr Entropie, auch in den sozialen Beziehungen (Lévi-Strauss 1972 a). Hinter dieser Kritik steht die Forderung nach einer Reformierung der eigenen Gesellschaft über unsere Kenntnis der fremden Gesellschaften. „Mündigkeit" wird nicht am Fortschritt der Zivilisation, sondern an dem gemessen, was Rappaport (Rappaport 1984, 308 ff.) ökologische Vernunft nennt, und was ich selbst als die Sorge für einen Haushalt des Lebens (Greverus 1990, 62 ff.) bezeichne.

Die Kerkermetapher stellt sich für mich also erst in einem zweiten Schritt über die „Kulturalisierung" unserer Gesellschaft; in einem ersten Schritt stellt sie sich über den „kulturellen Tod" ihrer Mitglieder, die Enteignung von kultureller Kompetenz, die mit Individualisierung und Rückzug in die Heimwelt, aber auch mit „Kulturalisierung" im Sinne Taguieffs beantwortet wird: nämlich den Versuchen, den individuell erlebten Verlust an „Brüderlichkeit" und Mitgestaltungsmöglichkeiten *neuer* Kulturentwürfe durch Wiederbelebung und (ethnische) Reinerhaltung *alter* Kulturentwürfe, die jenes „Wohin gehöre ich" scheinbar beantworten, zu kompensieren.

„Imaginär dem Fluß der Zeit zu entgehen"?

Kulturanthropologie ist eine Erfahrungswissenschaft, die vor allem von der Erfahrung des Anderen in einer dem Forschenden fremden Kultur ausgegangen ist. Für diese Erfahrung sind sie, die Anthropologen und Anthropologinnen, oft weit gefahren. Daß diese weite Fahrt auch eine Suche nach dem in der eigenen Kultur verlorenen Selbst gewesen ist, wurde erst spät erkannt und meistens von den Daheimgebliebenen in der eigenen Gesellschaft betont. Da wird von der „marginalen Position des Ethnographen" (Emigranten, Verbannte, Menschen aus Grenzgebieten, Sektierer, Menschen „besonderer" ethnischer Herkunft) gesprochen, die durch Phänomene der „primitiven Kulturen" (wie Abgelegenheit, Primitivität, Vielfältigkeit, Exotismus, Überschaubarkeit, statisches Erscheinungsbild) angezogen worden seien (Stagl 1974). Da wird „Exotik als Beruf" (Kohl 1979) oder die Geschichte der Ethnologie als „Abwehr und Verlangen" (Kohl 1987) oder die „ethnographische Imagination" als „Ahnung eines unausschöpflichen Selbstverstehens" (Kramer 1977, 8) erwähnt, wobei die fremde Kultur in dieser imaginären Ethnographie (des 19. Jahrhunderts) als „verkehrte Welt" im Hinblick auf die eigene Kultur entworfen würde. „Imaginär dem Fluß der Zeit zu entgehen" beschreibt der surrealistische Schriftsteller und Ethnograph Michel Leiris selbst die in seine Afrikareise gesetzten Hoffnungen (Leiris 1978, 34), die sein Interpret als „Irritation der eigenen Identität" (Heinrichs 1978, 8) entschlüsselt. Rolf Lindner (Lindner 1989, 22) schließlich spricht vom Feldforscher als einem „experimentellen Randständigen", der „Gewohntes hinter sich läßt (und dazu gehören auch Denk- und Sehgewohnheiten)": „. . . und noch immer gilt, daß nur derjenige, der vom ‚Wege' abgekommen ist, auch eine ‚abwegige' Perspektive einzunehmen vermag" (ebd. 26). Und Lindner ordnet mich in seinem Festschriftartikel diesen kulturellen Randseitern zu: „Ein wesentliches Element im Werk von Ina-Maria Greverus stellt für mich die Spannung zwischen Unbehaustheit und dem Wunsch nach einem Identitätsraum dar. Titeln wie ‚Versuche, der Zivilisation zu entkommen' und ‚Auf der Suche nach Heimat' ist diese Spannung eingeschrieben; stets geht es nicht nur um ein ‚weg von etwas', sondern auch um ein ‚auf etwas zu', ein ‚etwas' freilich, das nicht leicht zu haben ist. Diese transitorische Situation, dieses Leben in der Schwebe nimmt im Randseiter, dem *marginal man*, Gestalt an.“ *Irritation der eigenen Identität?* Die HerausgeberInnen des mir gewidmeten Bandes „Kultur anthropologisch“ (1989) haben die Beiträge in die thematischen Schwerpunkte „Selbst sein – Sich begegnen – Brüche, Konflikte, Widerstand – Sich erinnern – Unterscheiden“ gegliedert. Diese Haltungen, Handlungen und Erfahrungen sind Stationen der menschlichen Identitätswege und der anthropologischen Erfahrungssuche, die auch ein Identitätsweg ist. Nicht jeder Weg umfaßt alle Stationen, ihre Reihenfolge kann verschieden sein, einzelne Stationen können von langer, guter oder lastender Dauer sein, der Identitätsweg des Einzelnen kann mit den Brüchen enden oder mit dem Sich Erinnern. Und wenn er gut gewesen ist, bleibt, trotz vielleicht vieler Umwege, die Begegnung mit den Anderen lebendig, um das Sich Erkennen als „SelbstSein“ und Selbstbewußtsein über Erkannt- und Anerkanntwerden zu ermöglichen.

Identitätswege – „Familiengeschichten“

Der niederländische Wohnökologe Hendrik van Leeuwen hatte in den 70er Jahren Wohnen definiert als „mehr oder weniger dauerhaftes Verbleiben an einem Platz, von wo aus der Mensch die Außenwelt entdeckt und erfährt und wohin er immer wieder zurückkehrt“ (Leeuwen 1971, 14; Leeuwen 1973, 270). Wohnend richtet der Mensch sich in seiner Umwelt ein, gestaltet jenes Miteinander, das wir Heimat oder Lebenswelt nennen, lebt in einer kulturell und sozial vertrauten Umwelt. Dieser Ort des „Gehaltenseins“ kann Identitätsgewißheit, SelbstSein über Begegnen ermöglichen, aber er kann natürlich auch zum „Kultur-Kerker“ oder zur „Sozial-Zelle“ werden. Unsere wissenschaftlichen Interpretationen der Identitätswege von Menschen sind Interpretationen ihrer Interpretationen, die wir in der Begegnung mit ihnen, den Anderen, erfahren (vgl. Greverus 1989 a). Deshalb reagieren die wissenschaftlichen Identitätskonstrukte auf die gesellschaftlichen Identitätsentwürfe, auf die Hoffnungen und Ängste in menschlichen Identitätswegen.

Die Humanwissenschaften der Nachkriegszeit wurden vor allem mit den Brüchen und Konflikten in den Identitätswegen jener Menschen konfrontiert, die als Verfolgte, Vertriebene und Flüchtlinge ihren „Orten des Gehaltenseins“ entrissen wurden, die nicht freiwillig die Außenwelt (die Anderen) entdecken und erfahren konnten, um zurückzukehren, sondern die einer feindlichen, oft todbringenden Fremde ausgesetzt waren. Exogene Entwurzelung war das vielbehandelte Problem in einer psychiatrischen Daseinsanalyse (vgl. Greverus 1972, 40ff.): „Kulturen und Sozialsysteme sind Räume, Gehäuse, die den einzelnen beherbergen und durchdringen, ihm Spielraum bieten und die ihn auch im Konflikt nicht aus ihrer Umhüllung, ihrem Bezugsrahmen entlassen ... Der Flüchtling und Einwanderer ... lebt simultan in einem Zwischen ... [das ist] die raumhafte Zwischenstellung zwischen den Kulturen, den Welten der Werte und mitmenschlichen Beziehungen. In keiner ganz heimisch, verliert er seine Identität, seine Übereinstimmung mit sich selbst und mit der von ihm zu verkörpernden Rolle, sein ‚Selbstbild' ..." (Baeyer/Häfner/Kisker 1964, 68). In meiner Analyse der Zwangsmobilität wurde mir deutlich, daß das Selbst-Sein über die Brüche und Konflikte hinweg vor allem in dem Sich Erinnern gesucht wurde (vgl. Greverus 1972, hier S. 51 ff.). Die unendliche Produktion einer Heimwehliteratur und die symbolische Rückkehr in einen Heimatraum über die landsmannschaftlichen Rituale zeugen davon. Allerdings müssen wir auch sehen, wie diese Suche nach Identität, deren Unterscheiden von einer nostalgischen Illusion des Verlorenen geprägt war, sehr bald von den Identitätsmanagern zu einer restaurativen Heimatpflege eingesetzt wurde, deren „Unterscheiden" dem Einzelnen keine Chance mehr ließ, sich selbst zu entscheiden. Die Heimat, die ethnische Gruppe wurden zum Klotz einer dynamischen Identität. Kultur-Kerker?

Im „Lästersong" von Schobert & Black (vgl. S. 66) sagt der aus Ostpreußen stammende Heizer mit dem Eigenheim in Frankental: „Doch wenn sie alle Heimat schrein, dann kann man nicht dagegen sein." Dynamische Identität, deren Widerstand gegen die landsmannschaftliche Vereinnahmung im Eigenheim endet? Das Unterschiedenwerden von den Anderen ist überwunden. Aber da waren und kamen neue fremde Andere. Und das Unterscheiden begann wieder, um ein Sich Begegnen zu verhindern. Gehörte und gehört der Heizer aus Ostpreußen, heute Frankental, zu jenen „Häuslebesitzern", die in den 70ern der „Mustersiedlung" für Zigeuner und andere Sozialschwache in Freiburg so „große Widerstände" entgegenbrachten; gehört er zu jenen, die schon in den 60ern, einen Gastarbeiter zu dem Ausspruch brachten „Ein Fremder, auch wenn er tüchtig ist, wird immer wie ein Fremder behandelt", gehört er zu jenen, die, wie ihre Kinder, in den letzten Jahren „multikulturell" essen, einkaufen und verreisen und gleichzeitig „Deutschland für die Deutschen" bestimmen wollen und selbst den heutigen „fremden Deutschen" aus der ehemaligen DDR oder Osteuropa die Dazugehörigkeit absprechen? Gehören die Enkel zu jenen „Jungakademikern", die ihr Selbstverständnis aus den „Recht auf Heimat"-Forderungen der Großeltern beziehen oder zu denen, die sich in den urbanen mittelständischen „multikulturellen" Settings Hiphop oder Salsa aneignen, wohin „die Arbeiterschaft erst gar nicht geht, weil sie sich ausgegrenzt fühlt", wie es ein ausländisches Mitglied der Einwandererinitiative SOS Rassismus formuliert? Aber die „Familiengeschichte" des Heizers könnte natürlich auch anders verlaufen sein. Die Kinder gehörten zu der Protestgeneration der 60/70er Jahre, die aus dem Konflikt mit den gesellschaftlich angepaßten und familienrestaurativen Entwicklungen ihren Widerstand in einer westlichen Kulturrevolution zu verwirklichen versuchten, sich mit den Unterdrückten in der Welt solidarisierten, aber sich dann seit Mitte der 70er in Landkommunen, möglichst in „naturschönen“ Landschaften, zurückzogen: „Die Revolution können wir nicht machen, aber wir siegen, wenn wir daran gehen, uns von Abhängigkeiten, die uns diese Gesellschaft auferlegt, zu befreien“ (Leineweber 1981, 206). Sind die Enkelkinder dieser Familiengeschichte diejenigen, die die Kommunen verlassen, die im Namen aller Kinder der 68er-Elterngeneration, die „ihre Kinder fertig gemacht hat“ . . . „Heim und Familie“ einklagen (vgl. Greverus 1993, 17; s.a. Groffmann/Möhrlein/Moscon 1993) oder treffen sie sich mit ihren Eltern bereits bei den Workshops eines Seelen-Featuring wieder? Und dort könnte sogar der Großvater, allerdings dann vielleicht doch nicht der Heizer aus Ostpreußen, sondern eher der als „großer Vater“ adoptierte Indianer oder indische Guru, wieder auftauchen.

Das sind nur einige Versionen von möglichen „Familiengeschichten“ im westlichen Deutschland der letzten 50 Jahre. Es sind Geschichten, über die ich geschrieben habe. Und es ist nicht nur die Geschichte, und es sind nicht nur die Geschichten in Deutschland. Da ist das westliche Modell des Glücks, mein Blick in die USA, mein Blick nach Schweden, nach Staaten, die sich als „Vorbilder“ für das Nachkriegseuropa sahen.

Verrat an der Kultur oder „Niederlage des Denkens“?

In der aus dem Gedankengut der europäischen Aufklärung schöpfenden amerikanischen Unabhängigkeitserklärung von 1776 gehörte das „Streben nach Glück“ neben Leben und Freiheit zu den unveräußerlichen Menschenrechten. Aber da heißt es auch schon – diesem Streben nach Glück als Selbstvollendung letztlich entgegengesetzt –: die Regierung, „die der größten Zahl von Personen im höchsten Maße Erleichterung, Wohlbefinden, Sicherheit – mit einem Worte Glück vermittelt, ist die beste“. Das Zeitalter der Aufklärung gilt als diejenige Epoche, in der „das Glück sozusagen wissenschaftlich erfunden“ wurde (Mühlmann 1980, 207). Die wissenschaftliche Suche nach dem Glück wurde zur Aufgabenstellung des Denkens über den Menschen. Glück wird mit Identität deckungsgleich, wird die Vollendung des Selbstseins: „Die höchste intellektuelle Vollendung liegt in einem sorgfältigen und beständigen Streben nach wahrem und solidem Glück“, sagte der englische Philosoph John Locke und er fuhr fort: „Und so ist unsere Sorge, das wirkliche Glück nicht mit

Einbildung zu verwechseln, das notwendige Fundament unserer Freiheit" (vgl. hier S. 162). Das Recht auf Glück als universales Menschenrecht der Aufklärung galt der Tugend des Strebens nach Selbstvollendung oder, immer wieder in den Werken der französischen Aufklärer herausgestellt, nach der absoluten Verwirklichung des Individuums.

Scheiterte die Aufklärung daran, das Glück mit der Tugend zu verbinden, wie es Mühlmann ausdrückte, oder scheiterte ihr Denken am „Verrat der Intellektuellen" (Benda 1927)? Mit diesem Tenor leitet Alain Finkielkraut (1989) seine Auseinandersetzung mit der gegenwärtigen „Multikulturalismus"-Debatte ein, in der er „Teutomanie" oder „das Recht auf Knechtschaft" (eben den „Kultur-Kerker" Taguieffs) aufscheinen sieht, die als (deutscher) „Volksgeist" seit Herder das (französische) aufgeklärte Fortschrittsdenken eines linearen Wandels der Zivilisation zum Weltbürgertum der universalen Vernunft bekämpft. Er sieht mit Julien Benda die Umwandlung *der* Kultur in *meine* Kultur als Kennzeichen des aus der deutschen Romantik herzuleitenden „Verrats der Intellektuellen", brandmarkt mit Benda, daß sie „ihre Bemühungen um unwandelbare Werte aufgeben und alle ihre Fähigkeiten, ihr ganzes Ansehen in den Dienst der heimischen Gesinnung stellen, daß sie den Patriotismus schüren, ihr Volk anspornen, sich selbst zu umschlingen und zu vergöttern und ‚seine Sprache, seine Kunst, seine Literatur, seine Philosophie, seine Zivilisation, seine ganze Kultur' allen anderen Völkern entgegenzusetzen", daß sie „entgegen ihrer jahrtausendealten Bestimmung das Gefühl für das Universale verdorren lassen und den Partikularismen huldigen" (Finkielkraut 1989, 13). Und Finkielkraut leitet sein Buch über die „Niederlage des Denkens" mit dem Geist des Abendlandes ein, der auf der Überordnung des „höheren Lebens" (des „Lebens mit dem Denken") über das „tägliche Leben" beruhe. Er stellt zwei für ihn antagonistische Bedeutungen des Begriffs Kultur gegenüber: „Die erste räumt dem ‚Leben mit dem Denken' Vorrang ein; die zweite verwirft dies: ist nicht alles Kultur, von den einfachen Gesten bis zu den großen Schöpfungen des Geistes? Warum also die einen auf Kosten der anderen begünstigen und das Geistesleben über die Strickkunst, das Betelkauen oder den alten Brauch stellen, ein dick mit Butter bestrichenes Stück Brot in den morgendlichen Milchkaffee zu tunken? Unbehagen in der Kultur. Natürlich zückt niemand mehr seinen Revolver, sobald er dieses Wort hört. Doch zücken immer mehr Menschen beim Wort ‚Denken' ihre Kultur. Das vorliegende Buch ist ein Bericht über den Aufstieg und Sieg ebendieser Leute" (ebd. 9).

Ebendiese Leute: das reicht von Johann Gottfried Herder über die Anthropologen und die „Entkolonialisierer" und die Multikulturalisten bis zu den Konsumisten einer Wir-Kultur der Jugend. „Wir" ist das attackierte Wort, da es das „Ich" in „Verzückung" auflöse, während die (andere, eigentliche) Kultur als „Leben mit dem Denken“ die Menschen isoliert, „indem sie sie dazu verdammt, ‚Ich‘ zu sagen, das heißt als Einzelperson zu existieren“ (ebd. 135).

Dieses Unterscheiden in ein (universalistisches) „Leben mit dem Denken“ und ein (partikularistisches) „Leben mit der Kultur“ der „einfachen Gesten“[7] wird menschenfeindlich, weil es diejenigen, die von der Gesellschaft für die Erhaltung des alltäglichen Lebens eingesetzt werden, von der Teilhabe an der Gestaltung von sozialem Leben in Bedeutungsfülle ausschließt, sie zum „kulturellen Tod“ verurteilt. Sind es wirklich nur die Freigesetzten einer Gesellschaft, die „Philosophen“, die sie sich leisten kann, die als einsame Denker „den Zugang zu Zweifel, Ironie und Vernunft – zu allem, was . . . aus dem Schoß der Gemeinschaft entreißen könnte“, haben (Finkielkraut 1989, Schlußwort)?[8] Und wo bleibt deren Gestaltung des *sozialen* Lebens in Bedeutungsfülle, wenn sich das Denken als „höheres Leben“ vom Alltag und der Gemeinschaft, den Anderen absetzt, Sich Begegnen auf elitärem Sich Unterscheiden aufbaut? Hier wird Kultur im „französischen“ Sinne von Bildung (vgl. Kristeva 1990, 160 ff.) zum „kulturellen Kapital“ (Bourdieu 1987), das man einsetzt, um sich von den Anderen, den Fremden im weiteren Sinne der Nicht-Beteiligten (und nicht zu Beteiligenden!) abzusetzen.[9] Kultur als Kapital für die „feinen Unterschiede“ des Habens oder Nicht-Habens.

[7] Zur Bedeutung der Kontroverse zwischen Universalismus und Kulturrelativismus für die Anthropologie vgl. Universalisme et Relativisme 1993. Zu der französisch-deutschen „Kulturkontroverse“ vgl. auch Trouillet 1981; Zimmermann 1992. Der Einordnung Herders als Kulturrelativist (vgl. u. a. Grawe 1967) ist zwar zuzustimmen, weniger den Vorwürfen eines nationalen Kulturzentrismus *gegen* fremde Kulturen und einer Gleichsetzung mit der sich allerdings auf ihn berufenden deutschen Nationalromantik. Herder ging es um eine „Universalgeschichte der Bildung der Welt“, wie er im „Journal meiner Reise im Jahre 1769“ schreibt, es ging ihm um ein universales Verständnis aller Zeiten und Völker, von denen jedes sein *eigenes* Ideal von „Tugend und Glückseligkeit“ habe (insbes. ausgeführt in „Auch eine Philosophie zur Geschichte der Menschheit“, 1774). Zur nationalpolitischen und nationalwissenschaftlichen „Vereinnahmung“ Herders vgl. Greverus 1969; Kristeva 1990, 193 ff.

[8] Vgl. dagegen die „Philosophen des Alltags“ in dem Kapitel Tradition der Traurigkeit.

[9] Vgl. Kristeva 1990, 47 f.: „Nirgendwo ist man *fremder* als in Frankreich. Die Franzosen, die weder die Toleranz der angelsächsischen Protestanten noch die durchlässige Unbekümmertheit der romanischen Südländer, noch die ebenso zurückweisende wie einverleibende Neugier der Deutschen und Slawen haben, setzen dem Fremden ein kompaktes soziales Gefüge entgegen, und dies mit einem nicht zu überbietenden nationalen Hochmut. Welche – zugleich beträchtlichen und effizienten – Anstrengungen der Staat und die einschlägigen Institutionen auch unter-

Kulturdilemma: Fundamentalismus, traurige Wissenschaft und Gleichgültigkeit

In meinem letzten Kapitel gehe ich auf das „Kulturdilemma“ ein, das sich aus der „fremden Nähe“ für mich ergibt. Die Nähe: das ist in meinem Beispiel die „scientific community“ der Universität. Sie ist mir sozial nahe, ihre Sprache ist mir vertraut; und doch kritisiere ich diese „Sprache“ als „knowing voice“ und „secret voice“, deren Träger ihr „kulturelles Kapital“ zur Distinktion benutzen und verteidigen. An einer anderen Stelle (vgl. S. 245ff.) spreche ich vom „Fundamentalismus der alten Männer“. Was ich damit bezeichnen will, ist ein Erstarrungsprozeß, der die eigene Kultur als (Wissens-)Kapital gegenüber den Anderen verteidigt, die Anderen nicht teilhaben lassen will, Kultur geheim (secret) und pseudoheilig (sham-sacred) macht, den Dialog verweigert und den Entfremdungs- und Ausgrenzungsprozeß auch gegenüber den eigenen Anderen zementiert.[10]

Wir entfernen uns so vom Glück des Denkens und vom Glück der Kultur, denn die einsame Geste des Denkens wird menschlich erst über das gemeinsame („brüderliche“) Handeln in einem alltäglichen Leben in Bedeutungsfülle.

nehmen, um den Fremden aufzunehmen, diese stoßen in Frankreich mehr als anderswo auf eine Mauer. Es ist dies das Beharrungsvermögen, die Beständigkeit einer Zivilisation, die an Werten festhält, die sich geschützt vor großen Invasionen und Bevölkerungsvermischungen entwickelten und durch den Absolutismus der Monarchie, die Autonomie des Gallikanismus und den Zentralismus der Republik konsolidiert wurden. Selbst wenn der Fremde gesetzlich und administrativ akzeptiert ist, wird er deshalb noch nicht in den Familien aufgenommen. Sein unglücklicher Gebrauch der französischen Sprache diskreditiert ihn – bewußt oder nicht – zutiefst in den Augen der Einheimischen, die sich stärker als in anderen Ländern mit ihrer geschliffenen und von ihnen so geliebten Sprache identifizieren. Seine Eß- oder Kleidungsgewohnheiten werden schlichtweg als unverzeihlicher Verstoß gegen den allgemeingültigen, das heißt französischen Geschmack betrachtet.“

[10] Im Glauben der australischen Ureinwohner waren die heiligen (sacred) Dinge und Zeichen auch die geheimen (secret) Dinge, die nur den Ältesten zugänglich waren. Wenn diese jetzt, wie erzählt und gesehen, ihre heiligen Dinge in völkerkundliche Museen geben, weil ihre Jugend keine Achtung mehr vor ihnen hat und sie das Wissen nicht mehr weitergeben können, dann ist das eine Perversion heiliger/geheimer Traditionen. Das Museum ist weder ein heiliger noch ein geheimer Ort. Und wenn weiße Anthropologen sich zu Kustoden erklären, diese traditionell heiligen Gegenstände archivieren und in Schubladen verbergen, die sie nur für die Forschung öffnen, dann erwächst daraus kein Dialog, der sich der fremden und der eigenen Geschichte kritisch nähert, sondern die Anthropologen stilisieren sich zu den Mitwissern des „geheimen Wissens“, gewinnen die Macht der Eingeweihten, konservieren die Macht der Tradition und ihrer Träger, der alten Männer.

Ich habe – und auch das ist sicher wieder nur eine Parabel – dieser entfremdeten und entfremdenden Nähe die „nahe Fremde“ einer sehr fernen Gesellschaft, diejenige der Fijianer, gegenübergestellt. Diese Gesellschaft wurde für mich nahe im Sinne eines Prinzips Hoffnung.

Am Beispiel der Kava-Zeremonie versuche ich die kulturelle Entwicklung von der kannibalistischen Einverleibung des Fremden (dem „Fressen“) in einem „geheimen“ Ritual der Auserwählten zu einem Gemeinschaftsritual, in dem man den Fremden begegnet und sie – als die unterschiedenen Anderen – bestehen läßt, als ein „Beispiel“ des Möglichen zu begreifen. Können wir von den Anderen lernen, haben die „Primitiven“ der „glücklichen Inseln“, die wir in unserer und für unsere Aufklärung „entdeckten“ (vgl. Lange 1976; Kohl 1981; Kohl 1987), unbeachtet von unserer westlichen Zivilisation und ihrer „großen“ Geschichte eine „kleine“ Geschichte der Entwicklung zu mehr Menschlichkeit im Alltag entdeckt? Ist ihr Alltag aufgeklärter als unserer, weil sie das „Denken“ und das „Handeln“ aus dem Fundamentalismus der Mächtigen und der Traditionalisten zu befreien versuchen? Hindert uns dagegen der „bürokratische Teufelskreis“ daran, das „wirkliche Glück“ der Kultur, das in ihrem innovativen Potential gemeinsamen Gestaltens und Umgestaltens liegt, zu finden? Oder ist es der Fundamentalismus unserer „alten Männer“, der „Professionalisten“, die neue Wege aus dem Kulturdilemma nicht mehr zulassen. Verbinden sich Fundamentalismus und Bürokratie zu der alles beherrschenden „unsichtbaren Stimme“ (vgl. S. 278)?

Das Streben nach Glück wurde im Verlauf der Geschichte der westlichen Glücksvorstellungen zur Forderung nach staatlichen Garantien für das private Glück des Habens, aber auch zur gesellschaftlichen Forderung einer individuellen „Pflicht zum Glücklichsein“. Glücks-Kerker? In „Gesellschaften des machbaren Glücks“ wird denen, die als Unglückliche gelten (die Kranken, Armen, Einsamen) das Fehlen von „Glück“ als Selbstverschuldung angelastet.

Das wirkliche Glück „*wäre* die verwirklichte Idee der Menschheit“ sagten die kritischen Denker der Gegenwart – und begründeten eine „traurige Wissenschaft“ (Adorno 1951), eine Wissenschaft, die „die ‚trauernden Dinge‘ auf ihrer Seite weiß“ (Lepenies 1972, 253). Und in der Postmoderne weicht die Traurigkeit in der Welt der Gleichgültigkeit der Welt.

Diese gleichgültige Welt – „Die Welt wird gleichgültig, wir werden gleichgültig und je mehr sie gleichgültig wird, je mehr scheint sie sich einem übermenschlichen Ereignis zu nähern, einem außergewöhnlichen Ziel, dessen Reflex in unserer vermehrten Ungeduld besteht. Nicht nur wir, auch die Dinge, die Ereignisse scheinen sich den zusammengehörigen Wirkungen dieser Ungeduld und Gleichgültigkeit unterzuordnen“ (Baudrillard 1988, 420 f.) – ist eine Welt, in der sich die subjekt- und objektlos gemachten Dinge (zu denen alles gehört) zu Tode spielen: in einer „ironischen Arbeit" zwischen Metastase und Entropie. Und wieder fehlt nicht der voyeuristisch-distanzierte „Blick aus der Ferne", diesmal der postmoderne:

„Nicht ich bin also gleichgültig oder ungeduldig. Es ist die Welt selbst, die sich scheinbar beeilen, sich überreizen und der Schwerfälligkeit der Dinge wegen ungeduldig machen will – und zur gleichen Zeit ist sie es, die in die Gleichgültigkeit verfällt. Wir sind es nicht mehr, die ihr einen Sinn geben, indem wir ihn reflektieren oder transzendieren. Das genau nenne ich ‚fatal': Die Gleichgültigkeit der Welt uns gegenüber – doch eben das ist durchaus auch wundervoll – wundervoll, diese Gleichgültigkeit, diese Ironie der Dinge hinsichtlich ihres eigenen Sinns und ihre Leidenschaft, dennoch ihre Erscheinungen zu vermischen und zu entfalten" (Baudrillard 1988, 421).

Soweit Baudrillard. Da ist nichts mehr von einer „traurigen Wissenschaft" (Adorno 1987, 7), die „Reflexionen aus dem beschädigten Leben" thematisiert, in der es für Kontemplation zu spät scheint in dem „auf die Katastrophe zutreibenden Zustand der Welt" (Adorno 1963, 23). Das ist auch nicht die Trauer um eine „Gesellschaft, . . . wo einst Harmonien ertönten" (Lévi-Strauss 1972 a, 134) und der Gedanke, Anthropologie durch ihre Umbenennung in „Entropologie" (Lévi-Strauss 1974, 367) zu einer trauernden Wissenschaft zu erklären. Da ist auch nicht das Bekenntnis von Arnold Gehlen, daß Anthropologie und Soziologie jenseits von „penetranten Appellen, Schwungradvorstellungen, Pädagogismen und Utopien" angesiedelt sein sollten, um nicht aus den „trauernden Dingen eine angenehme Wissenschaft zu schöpfen" (Gehlen 1963, Einleitung). Und ist da noch die in der Einleitung des Bandes „Die erloschene Seele" gesetzte Prämisse einer Historischen Anthropologie, die „Sensibilität zu stärken, jenseits der Trauer um das Verlorene die Trauer selbst nicht für verloren zu halten" (Kamper/Wulf 1988, 2)?

Wolf Lepenies sah das melancholische Klima der Wissenschaft in seiner Arbeit über „Melancholie und Gesellschaft" so: „. . . in ihm drückt sich ein Verhältnis zur Wirklichkeit aus, das mit dem naiven Optimismus der Aufklärung auch den aufklärerischen Impuls zur Besserung der Zustände verloren hat. Wo dieser fehlt, oder an seine Möglichkeiten nicht mehr geglaubt wird, wirken sich die Konsequenzen über den Rahmen der Wissenschaft hinaus ins Politische aus. Dieser Heroismus des Stillstands aber weiß die ‚trauernden Dinge' auf seiner Seite. So gedeiht im Klima der Melancholie die traurige Wissenschaft" (Lepenies 1972, 253). Ist es aber wirklich „die Welt", die die Menschen und Dinge trauern gemacht hat? Ist es nicht vielmehr unsere menschliche Konstruktion dieser Welt? Kritik muß dann aber Selbstkritik werden und Wege aus der Trauer zeigen. Der sizilianische Dichter Elio Vittorini hatte den gesellschaftlichen Stillstand vor einer „gleichgültigen Welt“ als egoistisches Selbstmitleid der Menschen dargestellt:

„Die Welt ist groß und schön, aber sie ist sehr beleidigt. Alle leiden, jeder um seinetwillen, aber sie leiden nicht an der Welt, die beleidigt ist, und so bleibt die Welt weiterhin beleidigt“ (Vittorini 1966, 98).

Die „traurige Wissenschaft“ der Moderne und das postmoderne „Gleichgültigkeitskonzept“ einer Wissenschaft, die sich als Wissenschaft verleugnen möchte, haben den Verzicht auf das gesellschaftliche Prinzip Hoffnung gemeinsam. Im Begriff der „Kulturindustrie“ (Adorno 1970) wird Kultur als „Kultur-Kerker“ dingfest gemacht. Glück spaltet sich als „Glück des Geistes“ von dem „ansteigenden Unglück“ der Anderen ab (Adorno 1966, 240f., vgl. die Kritik bei Lepenies 1972, 250ff.) Bei Baudrillard ist es schließlich die Welt, die in Gleichgültigkeit uns gegenüber verfällt.

So lösen sich *Selbst sein – Sich begegnen – Brüche, Konflikte, Widerstand – Sich erinnern und Unterscheiden* als Identitätswege auf in der „Apokalypse der Indifferenz“ (Baudrillard 1980), die selbst jenen Weg der „balancierenden Identität“ (Krappmann 1973), der das Individuum über sein „selbstgewähltes“ Rollenspiel gegenüber den Anderen scheinbar aus dem „Kultur-Kerker“ und der „Gesellschafts-Zelle“ befreit, obsolet macht.

Im eigenen Käfig

Aber auch die Befreiung zum SelbstSein konnte sich als doppelte Falle erweisen, besonders für jene Menschen, die als Immigranten aus einer traditionalen Welt in die Zentren des Fortschritts kamen. Chiellino hebt für die Ausländer-Literatur im Deutschland der 80er Jahre die wiederkehrende Metapher von Käfig und Falle hervor (Chiellino 1986):[11]

Integration
ist zur Zeit
nur ein Flugversuch
eines Vogels
im eigenen Käfig

(Manuel Da Silva Campos in: Chiellino 1986)

Das Eingesperrtsein im *eigenen* Käfig deutet Entfremdung von einer eigenen Welt und jenes Dazwischen an, das in dem Gedicht „Die Falle“ thematisiert wird:

[11] Vgl. auch das Märchen des rumänischen Zigeuners auf S. 72f.

. . . besinne ich mich
der Unmöglichkeit
nach vorne zu dringen
(Franco Biondi in: Chiellino 1986)

Werner Schiffauer hat seinem Buch über türkische Migranten das Bild „Der verlorene Sohn" von Giorgio de Chirico (1922) vorangestellt. Dieses Gemälde zeigt die Erfahrung von Fremdheit und Entfremdung zwischen der Welt des Vaters und der des Sohnes, der nicht mehr heimkehren kann: „Das Bild erzählt die Geschichte des Prozesses der Moderne: den Traum der Beherrschung des eigenen Lebens, die Entfaltung der Individualität in der Geschichte, die Herausbildung einer neuen Form der Subjektivität und das Problematischwerden der Identität. Gleichzeitig zeigt es die Ambivalenz dieses Prozesses auf: In der Gesichtslosigkeit des Sohnes spiegelt sich die Herrschaft des ‚Man', in der Figur der Gliederpuppe das Ausgeliefertsein einer Marionette, in ihrer Zusammensetzung die innere Zerrissenheit, in den Accessoires eine Orientierung an instrumenteller Vernunft" (Schiffauer 1991, 13).

Die Falle ist der neue Kerker der Isolation, der Fremdheit und der Selbstverschuldung, wenn es in der „Gesellschaft des machbaren Glücks" nicht gelingt, „nach vorne zu dringen". Aber ist es nicht Illusion, dieser entkommen zu wollen, wenn jenseits nur eine Welt der Gleichgültigkeit wartet? Doch ich frage mit Vittorini nach einer Welt, die nicht gleichgültig ist, sondern „beleidigt", weil wir sie und uns mit unserer Gleichgültigkeit beleidigt haben, weil „jeder nur um seinetwillen leidet". Die Gleichgültigkeit ist der Feind von Brüderlichkeit und Gleichheit, sie erkennt und anerkennt den Anderen nicht mehr.

Bedarf der neue Identitätsweg eines „Reparaturmarktes für verwundete Seelen" (Castel 1988), des „Manifests der Person", des „Wachstumsmodells" personaler Selbstfindung, der mystischen Gipfelerlebnisse, von denen es heißt „jedes Getrenntsein und jede Distanz von der Welt waren verschwunden, als sie sich eins mit der Welt fühlten, mit ihr verschmolzen" (Maslow, zit. n. Steindl-Rast 1984, 196). Meine Kritik an dieser Spiritualisierung der Identitätswege, bei der die Anderen zu einer interesselos lustspendenden Umwelt werden (vgl. Greverus 1990; hier insbes. S. 151ff.), geht vor allem von der Entlassung aus der Verantwortung für die gesellschaftlich konstruierte Welt und die Gleichgültigkeit gegenüber ihren Menschen und Werken aus, sofern diese nicht dem eigenen Wohlbefinden dienen. Spiritualität durchdringt hier nicht, wie in früheren Gesellschaften, die Materialität und die Sozialität des Alltags, sondern sie ist *egozentriertes* Heraustreten aus dem Alltag – selbst dann, wenn das Ego sich im „Ozean des universellen Bewußtseins" verliert.

Facetten des Unterscheidens

Es gibt andere – oft auch spirituelle – Wege zu einem SelbstSein über ein neues Sich Begegnen, die aus den Brüchen und Konflikten mit der Gesellschaft zum Widerstand und zu neuen Modellen von Brüderlichkeit und Gleichheit als eines „Un-Unterscheidens" geführt haben. Ich habe den Weg der Farmpeople als einen Bodhisattvaweg zu interpretieren versucht: „Der Weg endet nicht in Weltlosigkeit, sondern in offener Geschichtlichkeit, nicht in Verlust von Ich und Selbst, sondern in selbstloser, Hilfe schenkender Kommunikation" (Waldenfels 1976, 65f.).

Die Alternativbewegung der 60er und 70er Jahre in der westlichen Welt hatte insbesondere in ihrer Kommune-Idee dem Mainstream-Modell der Privatheit und des Konkurrenzkampfes einen neuen Sozialimpuls[12] entgegenzusetzen versucht. Sie wollten ihr westliches Modell einer Kulturrevolution verwirklichen, von der Henri Lefèbvre, der französische Kritiker der Nachkriegsgesellschaft, jener „bürokratischen Gesellschaft des gelenkten Konsums", als einer permanenten kulturellen Revolution sprach, in der Kultur als Werk wieder als schöpferische Tätigkeit in das Alltägliche eingeht: „Tätigkeit einer Gruppe, die ihre Rolle und ihr gesellschaftliches Schicksal in die Hand und in Pflege nimmt, mit anderen Worten Selbstverwaltung" (Lefèbvre 1972, 276; vgl. Greverus 1990, 80f.). Dieser Gedanke neuer Kommunitäten, die ich auch als freiwillig-moralische Kommunitäten bezeichne und nicht nur in den „Kommunen", sondern auch in regionalistischen Bewegungen, in Kampagnen gegen die Umweltausbeutung der Region, in Bürgerinititativen für dörfliche und städtische Mitbestimmung und Erhaltung und Gestaltung einer gemeinsamen Lebenswelt gesehen habe,[13] ist an den „Feinden" dieser neuen Kommunitäten gescheitert: Der globale Feind beinhaltet die Verlagerung der Verantwortung und Verpflichtung auf überlokale, ja übernationale (Fach-)Instanzen. Lokale Kommunität wird nur noch legitimatorisch erfahren. Desinteresse, Resignation, Wohlfahrtshaltung und der Übergang (Rückzug) zum personalen Feind sind die Folgen. Der personale Feind heißt Heimwelt, Privatisierung, Familismus, aber auch Personalismus, einschließlich der global-personalen Varianten der spirituellen Selbsterlösung (Greverus 1990, 89). Der Weg führt vom sozialen Impuls einer Kulturrevolution zur Erwartungshaltung des „Bürgers als Kind" gegenüber dem Wohlfahrt garantierenden Nationalstaat – und er kann gleichzeitig, wie in unserer Gegenwart, zur antiso-

[12] Der Begriff Sozialimpuls wurde frei aus der anthroposophischen Diskussion übernommen; vgl. Brüll 1984.

[13] Vgl. u. a. Greverus/Haindl 1983; Greverus/Haindl 1984; Greverus 1976a; Greverus 1980; Greverus 1982b; Greverus 1988a.

zialen Zusammenrottung der aus moralischer Kommunität entlassenen Vereinzelten gegen die Anderen unter Berufung auf ein „Gemeinsames", das nationale Eigene, führen. Letzteres ist nicht die „anarchische List", die ich für den sizilianischen „Individualisten" beschreibe, die sich *gegen* den Staat und seine Staatsdiener richtet, sondern es ist der Ruf nach dem „starken" Staat. Von der Kulturrevolution und ihrem Sozialimpuls führt der Weg zu einem individuellen Anspruch auf Wohlfahrt und schließlich zu einem „Volks-Organismus", der individuelle Macht über den Anderen, den Fremden unterstützen soll. Sich Erkennen und Anerkanntwerden wird über Ausgrenzung der Fremden eingeklagt.

Gilt in diesem Kontext der Nationalstaat als potentieller „Freund" (besser „Vater") der Bürger, sofern er „stark" genug ist, so gilt er im Kontext der in diesem Buch analysierten sizilianischen Identitätsarbeit als „Feind".[14] Bezeichnend für die nicht-nationalstaatliche Identifikation ist es, wenn der Beginn des italienischen Einheitsstaates als „Ende einer Nation" aus sizilianischer Perspektive bezeichnet wird (Cimino 1977). Nation ist in diesem Kontext nicht der Staat, sondern das sizilianische Volk. In der „Tradition der Traurigkeit" eines, wie es der Volkssänger Ignazio Buttitta ausdrückt, immer wieder „arm und geknechtet" gehaltenen Volkes, haben sich andere Typen von „Individualisten" entwickelt, die als „uomini soli" (als „einsame Menschen") im Selbstbild und Fremdbild tradiert werden. Da ist der „furbo", der Schlauberger, der als Einzelner seine materiellen und immateriellen Umgehungsstrategien angesichts der sein Vorankommen beschränkenden Legalität entwirft, und da ist jener „Individualist", der, wie die Vertreter der „traurigen Wissenschaft", Einsamkeit zur stoischen Attitüde einer individuellen Freiheit des Denkens erhebt. Und hier taucht wieder die Kerkermetapher auf: „Die wahren Ideen drücken sich in einem Gefängnis aus" (A. Buttitta, vgl. S. 118). Wir könnten hier vom „Manifest des einsamen Menschen" sprechen, den die Geschichte um den Sozialimpuls betrogen hat. Doch auch hier werden Traditionen durchbrochen, war von „Kulturrevolution" die Rede, von einem Sozialimpuls, der jenseits des Staates und jenseits des listigen Einzelgängers angesiedelt wurde: „Es gibt diese Traditionen, die nicht vergehen, aber wo Kultur ist, dort gelingt es, sich ein wenig zu erheben, um diese Kultur zu kritisieren; aber wo die Bildung fehlt, dann freilich ist man den Traditionen gegenüber hörig . . . Wo Kultur ist, dort ist auch Zivilisation und deshalb Fortschritt, Emanzipation." Kultur kann Kerker sein, aber nur durch Kultur kann man diesem Kerker entkommen. Die sizilianische Lehrerin Claudia sieht sehr wohl die beiden antagonistischen und doch sich ergänzenden Seiten von

[14] Vgl. dazu insbesondere das umfangreiche Werk von Christian Giordano „Die Betrogenen der Geschichte" (1992).

Kultur, die im Gehaltensein und in der Bewegung liegen, in jenem dynamischen Gleichgewicht einer Lebenswelt, die immer nur die Anderen und ich heißen kann.

Vom neuerlichem Betrug um Geschichte

Gehört Sizilien zu den „Verkehrten Welten“ für die Reisenden und die Anthropologen aus dem Norden (Giordano 1986, Giordano 1992, 22 ff.)? Gehört es zu jenen „exotischen“ Ländern, in denen die reisenden Anthropologen die positiv oder negativ besetzte, immer tabusierte „Verkehrung“ (und „Wiedererkennung“ des Verdrängten) ihrer eigenen Welt finden (Kramer 1977)? Muß dieses Land, müssen seine Menschen deshalb exotisiert und in Exotik als dem „ganz Anderen“ (hier zwischen „Mafia“ und der feudalen Geste der Traurigkeit) festgehalten werden? Und tragen die „verstehenden“ Reisenden und Anthropologen nicht gerade in ihrer Zuwendung zu den „Betrogenen der Geschichte“ zu deren neuerlichem Betrug um Geschichte bei?

Geschichte bedeutet Wandel, Innovation, eben Kultur, die sich bewegt. Wenn „Geschichte“ als Bleibendes eingefroren, in Traditionserhaltung erstarrt, nostalgisch mumifiziert wird, dann ist ihr Charakter des Geschehenden verlorengegangen oder zerstört worden, dann werden die Schöpfer und Träger der Geschichte, die Menschen, geschichtslos gemacht.

Und ich reise – auch in diesem Buch – einen weiten Weg, um die „neue“ Schuld in einer empathischen, ja oft sympathetischen Wissenschaft wirklich, und das heißt auch für mich gültig, zu erkennen. Ich bin in Australien. Die Aborigines waren für mich die (nachträglich erkannte) exotische Stilisierung meiner eigenen Sehnsucht nach sozialen „Traumpfaden“. Ihr „Träumen“ wurde von jenem anderen „Träumen“ der Kolonisatoren überlagert, vernichtet. Und es überlebten Menschen zwischen den alten und neuen Wegen einer Identitätsarbeit. In den neuen Wegen, die zumeist auch „Vermischung“ beinhaltete, liegt die Chance einer Kultur als des Geschehenden. Aber die „Liebhaber“ des Alten, die ethno-anthropologischen Traditionalisten lassen das Neue nicht zu. Sie werden – mit den „alten Männern“ der traditionalen Kultur – zu den Wissenden, sie gewinnen Macht durch das Phänomen des „going overprotective“, des Überprotektionalismus, im Verbund mit den „eingeborenen“ Machthabern der Vergangenheit, die mit ihnen Geschichte einfrieren. Sich Erinnern wird hier – über die nostalgische Illusion der einzelnen in Verlustsituationen (vgl. Greverus 1965; Greverus 1966) hinaus – als „kulturalisierendes“ oder „ethnisierendes“ Mittel eines Identitätsmanagements eingesetzt. Die Mittel sind immer die erinnerten, wiederbelebten Unterscheidungsmerkmale von den Anderen (die „eigene" Kultur), die Ziele reichen, wie ich es in „Ethnizität und Identitätsmanagement" (1981) ausgeführt habe, von Herrschaftsansprüchen über Autonomie- und Gleichberechtigungsforderungen oder Sonderrechtsforderungen bis zum affirmativen politischen Folklorismus. Die „Manager" dieser ethnischen Identität können „aus dem Volk" selbst als Befreiungskämpfer kommen, sie können, wie am Beispiel des Managements der Roma-Kongresse ausgeführt, von einem eigenen und einem fremden Solidaritäts-Intellektualismus getragen werden, sie können aus den puristischen und fundamentalistischen Reihen der „alten Männer" kommen, wie ich es nicht nur für die Aborigines, sondern auch für das Heimat-Management der Landsmannschaften der deutschen Nachkriegszeit hier dargestellt habe. Sie können Sonderrechte einklagen, die aufgrund einer fixierten Geschichte ökonomische Ressourcen meint (vgl. Greverus 1978, 249ff.). Diese Manager können auch jene Multikulturalisten sein, die sich abgrenzende „Vielfarbigkeit" zur affirmativen Spielwiese ihrer zu integrierenden (und kontrollierenden) multiethnischen Bürger in das nationalpolitische Konzept einbauen, und schließlich können die Manager jene Fundamentalisten sein, die Ethnisierung als ausgrenzendes, vertreibendes und vernichtendes Kriterium sowohl kolonisatorischer als auch nationalstaatlicher Politik gehandhabt wissen wollen.

In diesen Formen des Identitätsmanagements wird immer Geschichte in einer „Wir-Geschichte" als erinnertes Unterscheidendes zementiert und damit die Bewegung auf ein neues Wir verhindert.

... oder besser: Collage als Lebensstil

Am Ende meines Kapitels zu den Erfahrungen in einem schwarzen und einem weißen Australien zitiere ich den eingeborenen Künstler Gordon Bennett, dem Identität Ziel einer Begegnung der Welten und nicht das Festhalten an einer historischen Beschränkung ist. Ihm geht es darum, eine „allegorische Ikonographie" zu schaffen, in der „Bilder als Orte historischer Bedeutung herausgelöst und neu zusammengesetzt werden, um neue Beziehungen und Möglichkeiten zu schaffen". Was der Künstler hier anspricht ist das Collage-Prinzip, das auch bei ihm mehr meint als nur ein künstlerisches Stilprinzip.

Die Collage als Lebensstil wird in diesem Buch sehr oft angesprochen. Ich hatte den Collage-Begriff erstmals 1977 im Zusammenhang der Wiedergewinnung von Festen als Überhöhung *und* Durchdringung des Alltags benutzt. Das Fest als Collage war gedacht als die schöpferische und poetische Integration disparater Elemente in ein sinnvolles Neues (vgl. Greverus 1977). Diesen Collagebegriff habe ich immer wieder reflektiert und schließlich auf die Gewinnung neuer Lebensgestaltungen über die Begegnung mit den Anderen hinterfragt (vgl. Greverus 1990, 222 f.). Immer aber ist mir dabei die Deutung von Max Ernst Leitbild gewesen: „Collage-Technik ist die systematische Ausbeutung des zufälligen oder künstlich provozierten Zusammentreffens von zwei oder mehr wesensfremden Realitäten auf einer augenscheinlich dazu ungeeigneten Ebene – und der Funke Poesie, welcher bei der Annäherung dieser Realitäten überspringt" (Ernst 1986, 24). Wenn ich den Begriff Collage – wie schon bei den surrealistischen Künstlern und Ethnographen – über den technischen Vorgang hinaus auf kulturelles Handeln erweitere, dann wären einer gekonnten Collage verschiedene Phasen inhärent: die Decollage verfestigter kultureller Selbstverständlichkeiten, die Gegenüberstellung anderer Möglichkeiten, die Ironisierung der Zentralität und Harmonie des (westlichen) Menschen und seiner Weltherrschaft, die Zusammenführung verschiedener Realitäten und die Schöpfung eines kulturell Neuen mit eben jenem Funken Poesie. Henri Lefèbvre hat einem auf schöpferisches Kulturschaffen erweiterten Poesiebegriff jenen Ausdruck gegeben, in dem er hier auch benutzt werden soll. Lefèbvre geht es um eine Kulturrevolution. Die Frage nach den Transformationsmöglichkeiten entspricht der Forderung an eine auf Praxis hin orientierte Kultur, das heißt auf die transformierte Alltäglichkeit. Die Kritik der Alltäglichkeit setzt bei dem tiefen Bruch zwischen dem Alltäglichen und dem Nichtalltäglichen ein, das den Verlust eines Stils mit sich bringt. Ziel ist die Wiedergewinnung eines Stils, in dem das Alltägliche Werk wird. Dieser Stil war für Lefèbvre in jenen Gesellschaften vorhanden, die Lévi-Strauss als reife Gesellschaft bezeichnet hat. Stil gibt es für Lefèbvre nur dort, wo er die Totalität des Lebensvollzugs umfaßte: „Die alltäglichen häuslichen Gebrauchsgegenstände waren noch nicht in die Prosa der Welt gefallen. Die Prosa der Welt ließ sich nicht von der Poesie trennen" (Lefèbvre 1972, 74). Poesie, das ist jene verdichtete, sinngebende schöpferische Gestaltung eines menschlichen Kosmos, die das mitgestaltende Individuum zu einem definierten Ich im Kontext des Lebensplans einer Gruppe macht.

Als kulturrevolutionärer Akt aber bedeutet diese poetische Gestaltung zunächst die Decollage verfestigter Kulturinhalte, die Umschau nach anderen Möglichkeiten und schließlich, als wichtigsten Schritt, die Collage zu einem neuen sinngebenden Haushalt des Lebens.

Kultur ist immer ein Prozeß des Um- und Neugestalten, der Veränderung eigener Gehalte und der Übernahme fremder Ideen, Erfahrungen und Objekte, ist letztendlich immer Collage aus Altem und Neuem, Eigenem und Fremdem. Als gekonnte Collage aber fordert sie eine bessere Welt für ihre Gestalter. „Collage ist Wunscherfüllung" (Spies, in: Max Ernst 1972) kann ich erst sagen, wenn die kulturrevolutionäre Ziele einer

Kulturcollage sich in kultureller Praxis, als konkrete Utopie, verwirklichen.

Collage in diesem Sinne ist nicht das Prinzip Beliebigkeit, wie es dem postmodernen Städtebau, der CollageCity (Rowe/Koetter 1978), vorgeworfen wird, münzt nicht „soziale Probleme in Stilfragen" um (Habermas 1985, 26), sondern soll dem sozialen Leben Bedeutungsfülle in einem mitgestalteten kulturellen Lebensstil zurückgeben. Collage arbeitet mit den *Brüchen* und *Konflikten*, setzt dem Festgefahrenen *Widerstand* entgegen, löst *Erinnern* aus der selbstzugewandten Nostalgie und macht es über *Begegnen* mit dem und den Anderen zu einem neuen *Unterschiedenen*, gibt *SelbstSein*, Selbstbewußtsein, Identität über das gemeinsam Entworfene und Gestaltete: die „gekonnte" Collage. In einer Anthropologie, die das Selbst in seiner Auseinandersetzung mit den Anderen zum Gegenstand macht (vgl. Greverus 1993), dürfte die Frage nach den Möglichkeiten einer dynamischen Identitätsentwicklung (und ich meine damit nicht die balancierende Identität des ständigen Rollenwechsels) bedeutsam werden, wobei ich den „gemeinsamen Lebensplan" (auch wenn es nur ein temporärer ist) nach wie vor für ein wesentliches Moment der Identitätsgewißheit halte. Peter Koepping sprach in Anlehnung an Kurt Wolff von der „Hingabe an eine Aufgabe" im dialogischen Suchen und Schaffen (Koepping 1993, 127).

Das Prinzip Collage ist kein einfacher Weg, er ist mit Irritationen verbunden, wenn man Gewohntes hinter sich läßt oder hinter sich lassen muß; wenn die Selbstverständlichkeiten des je gelebten Lebens zerstört und in ihrer Brüchigkeit aufgezeigt werden, werden müssen; wenn das Experiment der Begegnung mit dem fremden Anderen gewagt werden muß; wenn das eigenwillige Ich sich den Anderen in einer gemeinsamen Aufgabe zuordnen muß; wenn das immer neue Begegnen des immer neuen Aufbruchs bedarf, um aus eigener Anstrengung den „Funken Poesie" zwischen den Anderen und dem Ich zu entzünden.

Das Prinzip Collage ist für mich eine „Utopie Collage" (Greverus 1991), die ich auch für unsere Wissenschaft als Prinzip Hoffnung geltend mache. Unser wissenschaftlicher Weg ist von dem Aufbruch zu den Anderen gekennzeichnet. Wir suchen das Fremde und finden oft das fremde oder nahe Eigene. Dieses Finden bleibt immer jenseits des gewohnten Eigenen, trägt zur Decollage verfestigter kultureller und damit auch wissenschaftlicher Selbstverständlichkeiten bei, kann zu Kritik und neuen Wegen führen. „Auch ein Anthropologe ist verloren, wenn er sich findet" (das gilt natürlich gleichermaßen für die Anthropologin). Diese Aussage, frei nach Max Ernst, der sie für den Maler geltend machte, meint die Erstarrung, die sich aus dem Festhalten an einem einmal gefundenen Kanon, sei es der alltagsweltliche oder der wissenschaftliche, ergibt. *Suchen* und *Finden* sind

Teil schöpferischen Gestaltens, aber auch das *Loslassen.* Das bringt jene Ruhelosigkeit mit sich, die zu immer neuem Aufbruch in eine noch unbekannte Welt führt: Anthropologisches Reisen (als eine äußere und/oder innere Mobilität) ist Suche nach den Irgendwo-Orten einer besseren gesellschaftlichen Konstruktion von Wirklichkeit. Sicher ist dieser Suche auch der ‚entzauberte Blick' (Kohl 1986) inhärent – aber er läßt sich wenigstens entzaubern, um vielleicht einem neuen Sehen Raum zu geben, einem Sehen, das hinter die Erscheinungen sieht und ihre Sinnkonstruktion, ihre Bedeutung und die Interessen der Sinnkonstrukteure erhellt.

„Wohin gehöre ich?" beantwortet sich für Anthropologen in der unaufhörlichen Suche nach dem Anderen, jenem Anderen, von dem immer etwas in das „andere Ich" der Forschenden aufgenommen wird und eingeht, um deren „eigenes Ich" zu neuen Antworten auf die Frage nach den Anderen und dem Ich zu führen. Der Anthropologe, die Anthropologin: selbst eine Collage . . .?

Das „eigene Ich" und das „andere Ich" unterwegs. Als Fremde in Schweden

Eine Parabel für Identitätsprozesse in multikulturellen Gesellschaften

Schweden hat für meinen persönlichen und wissenschaftlichen Werdegang eine wichtige Rolle gespielt. Ich habe in Uppsala studiert, war später als Reisende und Kongreßvortragende in Schweden und habe 1974 mit Frankfurter Studierenden ein kleines Forschungsprojekt in Dalarna durchgeführt (Dalarna 1975; Greverus 1976). Die hier erzählte „Parabel" habe ich 1990 für eine Konferenz über das Verstehen von Verschiedenheit in multikulturellen Gesellschaften entwickelt. Mein Postskript dagegen ist eine Reflexion auf die Realität des multikulturellen Settings Botkyrka/Stockholm, wie ich es während der Konferenz erlebt habe.

Ißt man Kartoffeln und Fisch mit dem Messer?

Rückkehr nach Schweden ist für mich immer auch eine Reise in die Vergangenheit. Und diese Vergangenheit ist eben nicht vergangen. Sie ist Teil meines Identitätsprozesses, erfahren und in mein Gedächtnis eingeschrieben und immer wieder neu erlebbar. Die kleinen Ereignisse des Alltags sind es oft, die sich unserem Gedächtnis als besonders bedeutungsvoll einprägen.

Im Jahr 1951 kam ich als Studentin nach Schweden. Während der Kriegs- und Nachkriegsjahre war in Deutschland das Reisen selten, und die Zeit in Schweden war mein erster Aufenthalt in einem fremden Land. Ich kam auf Empfehlung eines berühmten deutschen Professors, ich lebte bei einer bekannten Akademikerfamilie, ich wurde zu betitelten Persönlichkeiten eingeladen. Aufgewachsen war ich mit dem elaborierten Verhaltenscode einer bürgerlichen Kultur, mit jener besonderen Betonung dessen, was Bourdieu „kulturelles Kapital" nennt (Bourdieu 1987). Dieses kulturelle Kapital hatte einen kosmopolitischen Anspruch, der seine Distinktion eher aus der Klasse als aus der Nation bezog. Kulturelles Kapital oder Bildung war grenzüberschreitend, zumindestens in den Gedanken national Eingeschlossener. Sehr bezeichnend für ein Heranwachsen und Leben in „hungrigen Zeiten" – und für meine Familie verbanden sich intellektueller und physischer Hunger in der Kriegs- und Nachkriegszeit – wurde, vielleicht als Kompensation, viel Wert auf den „guten Geschmack" gelegt. Wenig zu essen, aber mit Stil essen! Und Kartoffeln und Fisch mit einem Messer zu zerschneiden, das war jenseits von Stil für mich. Nicht so allerdings in der, meiner Meinung nach, sehr viel distinkteren Oberschichtenkultur der Schweden. Sie stießen – „barbarisch" in meinen Augen – ihre Messer in Kartoffeln und Fisch. Das verunsicherte mein kulturelles Selbstvertrauen. Ich hatte einen Kulturschock. – Da gab es sicher andere und schwerwiegendere Verunsicherungen des Selbstvertrauens für mich als Deutsche, aber dieses „Messer-Erlebnis" ist besonders deutlich in meiner Erinnerung. Es ist wie eine Metapher für viele andere „stichhafte" Erlebnisse.

Migration als Identitätsdiffusion

Philip K. Bock beschreibt den ethnozentrischen Gesichtspunkt, „der alle Menschen und Verhaltensweisen nach jenen Standards beurteilt, die man in der Kindheit gelernt hat", und alles „Fremde als minderwertig und/oder ekelhaft betrachtet" als „eine effektive Verteidigung gegen beunruhigende Erfahrungen" (Bock 1970, IX). Aber: Der Migrant (und ich war eine Migrantin auf Zeit) ist nicht der Reisende, der sich durch „sorgfältige Planung (und genügend Geld) . . . von den Störungen einer unvertrauten Umgebung absondern kann". Und weiterhin glaube ich, daß sich Immigranten viel eher unterlegen als überlegen gegenüber der einheimischen Majorität fühlen. Sie erfahren oft Stigmatisierung, als gedachte und auferlegte, wenn auch meist nicht so sehr als Individuum, sondern als Mitglied eines Kollektivs auf der „anderen Seite". Ich selbst erfuhr dieses über meine Nationalität als die einer vergangenen, aber nicht vergessenen nationalsozialistischen Gesellschaft (wenn auch Kind, wenn auch nicht angepaßt, aber doch ein Teil dieser deutschen Geschichte!). Für die heutigen Arbeitsmigranten mag solche Stigmatisierung (von Seiten der „aufnehmenden" Gesellschaft) in der „Unterentwicklung" ihres Landes, dessen nichtdemokratischer Verfassung, ihren religiösen Bindungen und Verhaltensweisen oder in ihren familiären Wertorientierungen begründet werden. In allen Fällen bedeutet Migration auch eine Identitätsdiffusion, verlangt die Anstrengungen erneuter Identitätsarbeit.

Aber wie? 1978 sah ich fünf unterschiedliche Modelle der Konfliktlösung für Migranten (vgl. Greverus 1978, 12):

1. Gemeinsam mit anderen Mitgliedern ihrer Kultur bilden Migranten eine Enklave (Ghetto) in der fremden Umwelt, in der das alte Kulturverhalten beibehalten werden kann.

2. Sie versuchen, sich der fremden Kultur vollkommen anzupassen, indem sie deren Verhaltensmuster übernehmen und diejenigen ihrer Ausgangskultur ablegen.
3. Sie treten mit den Mitgliedern der fremden Kultur in Kommunikation und Interaktion, um in einem wechselseitigen Prozeß kulturelle Erfahrungen und Verhaltensweisen auszutauschen.
4. Sie versuchen für die Erreichung ihrer Ziele, die in der Ausgangsgesellschaft liegen und die Rückkehr bedingen, die notwendigen Verhaltensmuster (z. B. im Arbeitsbereich) zu übernehmen, ohne in allen Bereichen (z. B. Freizeit, religiöses Verhalten) ihre traditionellen Verhaltensformen zu ändern.
5. Sie versuchen, ihre Kulturverhaltensmuster gegenüber den Einheimischen durchzusetzen.

Wenn ich heute diese Lösungsmöglichkeiten betrachte, dann fehlt mir eine weitere Möglichkeit – vielleicht weil sie für unser Denken neu ist, obgleich sie meine schwedischen Erfahrungen prägte. Ich meine die multikulturelle Lösung, die ich, aufgrund der Inflation dieses Begriffs und seiner Unschärfe, eher als interkulturelle, d. h. wechselseitig zwischen den Kulturträgern stattfindende Lösung bezeichnen möchte. Multikultur wäre für mich die Chance, mit den anderen Fremden und den Einheimischen (oder auch unterhalb der dominanten Gastkultur) in einen Dialog zu kommen, in dem neue Kulturmuster entworfen werden können.

Identität als Prozeß

Die interkulturelle Chance gehört den modernen, mobilen Gesellschaften. Mobilität kann ein Versprechen, aber auch ein Alptraum für den Identitätsprozeß sein. Daß wir, so auch ich, Migrationen eher als einen Alptraum für die Betroffenen sehen, war und ist durch die historischen und gegenwärtigen Erfahrung der erzwungenen Wanderungen von Menschen und ihrem Nicht-Willkommen-Sein, ihrem Abgelehntwerden in ihren neuen Aufenthaltsorten bedingt. Der Migrant ist Wanderer zwischen den Kulturen. Aber er ist nicht unbedingt jener Individualist (und darf es nicht sein!) der als selbstbestimmter Rollenspieler „das Zeug dazu hat, ein Wanderer zwischen mehreren Welten zu werden“ (Berger/Luckmann 1971, 182).

Im folgenden beziehe ich mich in einem relativ freien Umgang auf das „I and me“-Konzept, wie es von George H. Mead (1934) entwickelt wurde. In der deutschen Übersetzung (1975) wird I mit „Ich“ und „me“ mit „ICH“ wiedergegeben, wobei auf die Unübersetzbarkeit des me hingewiesen wird. Nach Mead ist me „das sich selbst als Objekt erfahrende Ich“ (1975, 216). Ich habe den Begriff „das andere

Ich" – als das von den Anderen gemeinte und verinnerlichte Ich – gewählt, um die Bedeutung des Andern als über konkrete Andere vermittelten „verallgemeinerten Anderen" im Identitätsprozeß zu verdeutlichen.

Mead spricht davon, daß erst das Hereinholen der allgemeinen Haltungen der organisierten gesellschaftlichen Gruppe, zu der ein Individuum gehört, und die Verinnerlichung dieser Haltungen und Tätigkeiten des „verallgemeinerten Anderen" diesem Individuum eine vollständige Identitätsentwicklung ermöglicht. Für die Identitätsbildung und -gewißheit des Selbst, für das *Selbstbewußtsein,* ist demnach die Kooperation mit den anderen Mitgliedern gesellschaftlicher Gruppen notwendig.

Übertragen auf meine Identitätsformel des „Sich Erkennens, Erkannt- und Anerkanntwerdens" (Greverus 1978, 227ff.) heißt dies, daß das Identitäts- oder Selbstbewußtsein des Individuums, sein Sich Erkennen, des Erkannt- und Anerkanntwerdens durch die konkreten Anderen gesellschaftlicher Gruppen bedarf. Diese konkreten Anderen aber beziehen sich (wie ich selbst ihnen gegenüber) vor allem zunächst auf „bekannt in Gemeinsamkeit" oder eben mein „anderes Ich", das die Konventionen und Gewohnheiten der Gemeinschaft verinnerlicht hat.

Das „eigene Ich", das Meads I entspricht, entsteht nun als subjektive Reaktion auf die Erfahrungen und Erwartungen, Zumutungen und Zuwendungen des „anderen Ich", in das die Erwartungen der konkreten Anderen eingegangen sind. Das „eigene Ich" liefert, wie es Mead ausdrückt „das Gefühl der Freiheit, der Initiative" (Mead 1975, 221) und ist für die Entwicklung der Identität ebenso wichtig wie das „andere Ich". Es kann sich gegen Konventionen, die ihren Sinn verloren haben, wenden und neue Erfahrungen und Möglichkeiten in eine Gruppe einbringen. Beide Ichs sind für das Selbstbewußtsein des Sich Erkennens notwendig, wenn auch die Anteile der beiden Ichs differieren:

„Wir bezeichnen eine Person als konventionelles Wesen; ihre Ideen entsprechen genau denjenigen ihrer Nachbarn; sie ist unter diesen Umständen kaum mehr als ein ‚ICH' [me]. Im Gegensatz dazu steht die Person, die eine ausgeprägte Persönlichkeit besitzt und auf die organisierte Haltung so reagiert, daß ein bedeutenderer Unterschied zu verzeichnen ist. Bei einer solchen Person ist das ‚Ich' die wichtigere Phase der Erfahrung" (Mead 1975, 244).

Die Anteile der beiden Ichs bestimmt allerdings nicht nur das Individuum mit seinen Kompetenzen, sondern vor allem auch die Gesellschaft, in der konkrete Andere in ihrer Fixierung oder Flexibilität über Erkennen und Anerkennen entscheiden.

Um es für meine weiteren Gedanken noch einmal zu verdeutlichen: Das Selbstbewußtsein oder das Identitätsbewußtsein des Individuums entwikkelt sich in einem Prozeß der Beeinflussung durch und der Kooperation mit konkreten Anderen, die als Mitglieder organisierter gesellschaftlicher Gruppen (von der Familie über Vereine und Arbeitsgemeinschaften, ethnische und soziale Gruppierungen bis zur Klasse und zur Nation) das „andere Ich" als Erfahrung und Erwartung vermitteln und prägen. In dem „anderen Ich" des Individuums lebt gewissermaßen die Haltung des „verallgemeinerten Anderen" (wie Familienmitglied, Vereins- oder Betriebsangehöriger, Deutscher, Kosmopolit) über die Erwartungen der konkreten Anderen. Wenn ich im folgenden auch von den „anderen Ichs“ in den Haltungen eines Individuums spreche, dann versuche ich damit, der Vielfalt (und oft auch Gegensätzlichkeit) der „verallgemeinerten Anderen“ in komplexen Gesellschaften gerecht zu werden. Im Dialog mit dem „anderen Ich“ (den „anderen Ichs“), der immer auch die konkreten Anderen meint, steht das „eigene Ich“, das sich über diesen Prozeß zum Selbstbewußtsein oder der sich erkennenden Ich-Identität entwickelt. Inwieweit die Vielfalt und Gegensätzlichkeit der organisierten Haltungen, die zur Pluralisierung des „anderen Ich“ führen, auch eine Pluralisierung des „eigenen Ich“ notwendig machen, um erkannt und anerkannt zu werden, ist ein Problem und eine Frage der komplexen Gesellschaften. Die Antwort bewegt sich zwischen Ich-Spaltung, „balancierender Identität“ (Krappmann 1973) und „ablegbaren Rollen“ (Berger/Luckmann 1971, 184). Ich selbst halte nach wie vor das dynamische Gleichgewicht eines sich immer wieder stabilisierenden Identitätsbewußtseins in einem „eigenen Ich“, das auf seinem Weg zum Selbst auf die „anderen Ichs“ reagieren kann, für wesentlich. Damit müßte mein „eigenes Ich“ allerdings auch das je „eigene Ich“ der konkreten Anderen erwarten und anerkennen. Der Weg führte von der Herrschaft des traditionellen verallgemeinerten Anderen zur Interaktion konkreter Anderer, die ihre je eigenen Ichs nicht über alte Erwartungen, sondern über neue Erfahrungen zu einem neuen Erkennen und Anerkennen eines Gemeinsamen im Anderen einbringen. Das wäre die interkulturelle (und interindividuelle) Chance in einer multikulturellen Gesellschaft.

Allerdings macht sich in unserer „postmodernen“ Gesellschaft und den sie interpretierenden Wissenschaften ein Trend bemerkbar (Richard Sennett hatte ihn 1983 als einen narzißtischen bezeichnet), das Interaktionsmodell der Identität auf das Rollenspiel des „eigenen Ich“ mit einem Gegenüber, einem Anderen nur als Spiegel zu zentrieren – und dieses Spiel als „Weg“ der Selbstfindung zu bezeichnen. So werden die Anderen zu bloßem Rohmaterial für die Konstruktion eines ego-zentrierten „eigenen Ich“ – sie sind der Spiegel des Narziß. Im Kontext der neuen Spiritualität, deren „Manifest der Person“ zentral für die Ausblendung der Gegenseitigkeit ist, werden diese Egozentrierungen besonders deutlich (vgl. hier das Kapitel „Das wandelbare Glück“, 151 ff.). Wo aber bleiben bei dieser Identitätskonstruktion wechselseitige Interaktion und wechselseitiger Austausch im Prozeß der Identitätsformation? Gibt es keine reflektierte Erfahrung des Andersseins und der Chance, dieses als das Anderssein des Anderen zu akzeptieren und manchmal als ein bereicherndes Element in den Prozeß von wechselseitigem Erkennen und Anerkennen aufzunehmen?

Seit meiner „Messer-Erfahrung“ in Schweden und meinem Versuch, mein „Gast-Sein“ und „Zwischen den Kulturen-Wandern“ als Chance zu nehmen, ist meine Lebensgeschichte voll von Erfahrungen und Übernahmen des Andersseins nicht nur im erfahrungswissenschaftlichen Feld der Anthropologin, sondern auch im persönlichen Feld zwischenmenschlicher Kontakte – und das sicher oft jenseits der Erwartungen jener konkreten Anderen, die durch ihre Kriterien von Klasse, Position, Status, Alter und Geschlecht bezüglich meiner Identität dazu tendierten, diese unausweichlich festzuschreiben. Einige akzeptierten mein unerwartetes Verhalten (wie meine Mutter, als ich nach meinem Schwedenaufenthalt die Kartoffeln mit dem Messer zerschnitt!), andere dagegen nicht. Meistens waren dies Mitglieder der „eigenen“ Statusgruppe, die mein „abweichendes Verhalten“ verurteilten.

Das dritte Element in meiner Kurzformel von Identität ist, neben dem Sich Erkennen und Erkanntwerden, das Anerkanntwerden. Man kann kein Vertrauen in seine eigene Identität, kein Selbstvertrauen entwickeln ohne den Vertrauenszuspruch (geistes)verwandter Anderer. Jedoch können Individuen und Gruppen in offenen Gesellschaften sehr viel leichter von zugeschriebenen zu erworbenen und übernommenen Identitäten wechseln.[1] Und ich halte diese Möglichkeit für eine besondere Chance in multikulturellen Welten.

Ethnische Identität unterwegs – das verinnerlichte Ghetto oder: das übergewaltige „andere Ich“

Ethnische Zugehörigkeit wird wie Geschlechtszugehörigkeit als ein nahezu unaufhebbares Element zugeschriebener Identität gesehen. Ihren stärksten Ausdruck – neben den Kriterien von gemeinsamer Abstammung, gemeinsamem Lebensraum und gemeinsamer Geschichte – findet diese ethnische Zuschreibung in der von der ethnischen Gruppe geteilten Kultur. Diese gemeinsame Kultur wird als ein relativ stabiles Muster mit sich selbst regulierender Eigendynamik angesehen. Für das Mitglied einer ethnischen Gruppe ist dieses Muster Teil seiner zugeschriebenen Identität: Kultur als eine besondere Kultur, als die enkulturierte – gedachte und gelebte und erinnerte – Ordnung des Alltagslebens. Zuhause, in der eigenen Gruppe, hält man das alles für selbstverständlich, weil dort alle die Welt mit den gleichen Augen sehen. Wenn man unterwegs ist (tatsächlich oder in Gedanken), sind es vor allem die gelebte Ordnung und der Lebensentwurf, die in Haltungen und Praktiken eine Umstellung erfordern. Ich habe

[1] Vgl. zu diesen Begriffen De Levita 1971.

Modelle vorgestellt, wie sich Migranten mit diesen Forderungen auseinandersetzen. Im Rahmen der Geschichte ethnischer Migrationsphänomene war das Ghetto-Modell für die erste Generation typisch und das versuchte Assimilationsmodell in der zweiten Generation jener Migranten, die in ihre Lebensentwürfe keine Rückkehr einbezogen hatten. Auf der anderen Seite scheint für die Zeitwanderer der Gegenwart das Modell der partiellen, insbesondere instrumentalen Anpassung an die aufnehmende Gesellschaft das häufigste und bevorzugteste zu sein.

Allerdings – welchem Modell auch immer die Migranten folgen – wird eine intensivierte Identitätsarbeit hinsichtlich der Vorwegnahme einer möglichen oder der Wiederherstellung einer erinnerten kulturellen Ordnung notwendig. Das kann die „Zwischenwelt“ (Hettlage-Vargas/Hettlage 1984) von Zeitwanderern beinhalten, das kann die Assimilationsorientierung in die fremde Kultur sein oder die Wiederbelebung und Betonung des je Eigenen in Ghetto-Kulturen. Letzteres gründet auf der Bekräftigung des kollektiven Gedächtnisses (Halbwachs 1967) oder der erinnerten Ordnung, um als ein kollektives „eigenes Ich“, das eigentlich die Fixierung auf die organisierten Haltungen des gemeinsamen „anderen Ich“ meint, auf die neuen Erwartungen der fremden Umwelt an das „andere Ich“ zu reagieren. Die Stabilisierung dieser kollektiven ethnischen Identität stabilisiert auch die personale Identität. Jedoch: Dieses kollektive „eigene Ich“ wird von den individuellen Mitgliedern der ethnischen Gruppe eben als das übergewaltige „andere Ich“ der eigenen Gruppe erfahren. Das kollektive „eigene Ich“ benötigt als Stützpfeiler kulturelle Persistenz, es diktiert Haltungen und Handlungen, es wird zum besseren Selbst für die Individuen und verhindert schließlich die spontanen und kreativen Chancen zur Interaktion und zum Dialog des individuellen „eigenen Ich“ mit den Anderen jenseits des ethnischen Ghettos. Die damit einhergehende Bestätigung der konventionellen Person und ihrer konservierenden Haltungen hat zu jenen Sprach- und Kulturinseln geführt, die je nach politischer Lage als Exotikum, als zu beseitigender, abzuschiebender Fremdkörper oder als – vom Ausgangsland „heimzuholendes“ – Eigenes interpretiert und behandelt werden. Aber wenn sie, die „Eigenen“ kommen, dann sind sie oft nicht willkommen und werden als Fremde behandelt.

Gegenüber diesem Beharrungsmodell des kollektiven ethnischen Selbst beinhaltet das Assimilationsmodell ein anderes übergewaltiges „anderes Ich“. Es wirkt individuell. Um Anerkennung zu finden, muß das Individuum alle jene Anforderungen der Fremden an sein „anderes Ich“ anerkennen.

Und teilweise Anpassung? Was wird aus dem spontanen „eigenen Ich“, wenn es immer zwischen den instrumental genommenen „anderen Ichs“

der fremden Kultur und den wertorientiert erlebten „anderen Ichs“ der eigenen Kultur schwankt?

Welche Belastungen dieses Eingeordnetwerden als ethnisch „Fremde“ für die Identitätsarbeit darstellen kann, habe ich selbst als „Flüchtlingskind“ erlebt, das aus Sachsen in Deutschland nach Niedersachsen in Deutschland gekommen war. Kleine Beispiele der „Aussonderung“, bei denen die Häme immer auf der anderen Seite ist, bleiben besonders deutlich in Erinnerung, so der Ausspruch eines Lehrers in der neuen Schule, in der ich ein Jahr Französischunterricht nachholen mußte: „Sprich endlich französisch und nicht immer sächsisch“. Ohne den Gedanken der unbewußten Aufarbeitung der eigenen Geschichte in der Untersuchung von anderen Lebensschicksalen überstrapazieren zu wollen, fällt doch meine wissenschaftliche Zuwendung zu den unfreiwilligen Wanderern der Kriegs- und Nachkriegszeit auf, die in der Frage nach Beheimatungsmöglichkeiten gipfelte (Greverus 1965; 1966; 1972; 1976a; 1983; 1987). Wenn in den früheren Arbeiten zu den Lebensperspektiven von Flüchtlingen und Gastarbeitern in meiner Identitätsdiskussion die Reorientierung der Migranten an ihren ehemaligen interaktiv erlebten Sozialräumen – „Heimweh und Tradition“ (1965) ist ein dafür sehr typischer Titel – im Zentrum steht, dann schlägt sich in dieser Perspektive ein Erfahrungswissen nieder, das die Stimmen der Anderen zu Wort kommen läßt (nicht zufällig habe ich meinen Arbeiten literarische Dokumente zugrunde gelegt!). Unseren erfahrungswissenschaftlichen Identitätskonzepten liegen die Identitätsentwürfe und -interpretationen der Anderen zugrunde. Nicht ich habe „im Lebensstil der encapsulation den einzig gangbaren Weg zur positiven Identitätsentwicklung gesehen“, was mir eine Tübinger Studentin im Jahre 1992 zum Vorwurf machen möchte (Bormann 1992, 53), sondern die Reaktionen jener unfreiwillig mobilen Menschen haben Identitätsarbeit als Arbeit für die Integration in eine interaktive Gruppe mit den Gemeinsamkeiten des Erkennens und Anerkennens gezeigt. Dieser Sicht muß kein „starres Identitätskonzept“ zugrunde liegen. Wenn ich auch heute noch, oder gerade heute wieder angesichts des multikulturellen Dilemmas, für die Unterstützung selbstverantwortlicher Gruppen in gegenseitiger zwischenmenschlicher Verantwortung plädiere, dann „unterschätze“ ich nicht die kulturelle Leistungsfähigkeit des Menschen, sondern fordere im Gegenteil deren Anerkennung. Flexibilität bedeutet allerdings für mich – und da bin ich durchaus parteilich – die Entwicklung neuer sozialer und sozial verantwortlicher Modelle und nicht die narzißtisch-individualistische „flexible Identität“ als „individuelle Anzahl von übernommenen Rollen und deren spezifische Präsentation“ (Bormann 1992, 55). Die Akzeptanz und

Befürwortung des „Transitorischen“ modernen Lebens ist immer für diejenigen Individuen einfach, die von der Gesellschaft durch ihre „normalen“ Transit-Stationen in sozialen Beziehungen, Ausbildung, Beruf getragen werden – die Anderen, die Außenseiter, die Fremden, denen man keine Rollen zur Übernahme gibt, müssen sich entweder sozial organisieren oder sie werden als Individuen untergehen. Daß diese Selbstorganisation im Sinne meines hier und bereits 1982 in meinem Beitrag „Plädoyer für eine multikulturelle Gesellschaft“ vertretenen Ansatzes keine ethnische Reorientierung sein muß, sondern etwas kulturell Neues bedeuten kann, ist z. B. in der kulturanthropologischen Untersuchung von Stefan Rech „Differenz und Gleichheit. Zur Innenperspektive einer multikulturellen Cité“ (1992) sehr deutlich geworden. Da gibt es einen Diskurs der Jugendlichen, in dem gelebte Kulturmischung zur Kompetenzerweiterung führt, durch den eine neue Identität über Erkennen und Anerkennen gewonnen werden soll, und in dem die Cité durchaus als der gegenüber Diskriminierung zu verteidigende Bezugsraum hervorgehoben wird:

„Meine ethnologisch-kulturrelativistisch angehauchten Fragen wirkten beim ersten Kontakt wie ein Vorwurf. Als wolle ich ein Museum aus den Jugendlichen machen, sie in eine Vergangenheit hineinpressen, von der sie nichts wissen wollen. Verlautbarungen wie ‚Hier findest Du alle Rassen‘, ‚Wir sind alle im gleichen Korb‘ oder ‚Wir sind alle die gleichen‘ waren an jeder Straßenecke zu vernehmen. War dies ein von den Jugendlichen übernommener Grundethos? Durften die Unterschiede nur gegenüber einem Eindringling keine Rolle spielen oder gehörten sie auch zum Repertoire der Alltagsbewältigung? Tatsächlich stellten sich bei spontanen Zusammenkünften für die Jugendlichen überraschende Fragen nach ihrer Herkunft ein. Fragen, die sie sich selbstredend nicht gestellt hatten. Sie waren schließlich in der Mehrzahl alle in der Cité geboren. Liegt hier ein typisches Forscherdilemma vor? Stellt sich das, wonach gefragt wird, erst durch die Präsenz des Fragenden ein? Erst aus einer tieferen Schicht der Gespräche kommt hervor, daß da noch etwas anderes war. Etwas Eigenes, Differentes, oder zumindest der Wunsch danach. Im Hinblick auf die französische Nation trat die Forderung eines gleich-gültigen Anerkannt-Werdens auf. Gleichzeitig aber schlichen sich im Hinblick auf das Selbst darin Adjektive wie ‚fast‘, ‚beinahe‘, ‚dazwischen‘ ein. Frankreich wurde durch die Cité ersetzt. Diese ist der Ort, wo das ‚Dazwischen‘ eine Lebensform sein konnte. Nicht als Defizit, sondern als vollwertiger Bezugspunkt“ (Rech 1992, 4 f.).

Dieser Exkurs soll zu meinem Plädoyer für eine interkulturelle Identitätsarbeit überleiten, selbst wenn gegenüber diesen kleinen Zeichen der

Hoffnung in unserer gegenwärtigen Gesellschaft verstärkt die Ausgrenzungen der Anderen und die Verteidigung regional-ethnischer und nationaler „Reinheits-Konzepte" (mit ökonomischer Überlegenheit) vorherrschen.

Kulturelle Identität unterwegs – die Chance der Wahl oder: die Möglichkeiten des spontanen „eigenen Ich"

Alle Antworten auf die Diffusion von Identität und Kulturschock erfordern von dem Migranten in irgendeiner Form die Anstrengung des interkulturellen Lernens, um sich in der ungewohnten Umwelt zu orientieren.

Zurück zu meinen eigenen Erfahrungen in Schweden. Zu jener Zeit waren die schwedischen Studierenden in einer regionalen oder ethnischen „landmanskap" (Landsmannschaft) organisiert. Für sie gab es die Chance der Wahl nicht. Wenn man aus Dalarna kam, dann gehörte man in die „Dala-landmanskap", und so ging es allen. Für uns wenige ausländische Studierende aus ganz Europa gab es keine ethnisch verordneten studentischen „Identitäts- Verbindungen". Der Verlust eines klar umrissenen Zugehörigskeitsraums eröffnete die Möglichkeit für eine spontane Wahl. Und weil wir uns nicht in irgendwelche deutschen, französischen, italienischen oder englischen Minderheitenviertel zurückziehen konnten, mußten wir alle die spontanen und kreativen Antworten unsers je „eigenen Ich" auf die Erwartungen der Anderen an unser hier eben fremdes „anderes Ich" mobilisieren. Der erste Schritt war sicherlich der Solidarisierungsprozeß der Minderheiten (hier: wir ausländischen Studierenden), die die gleichen Ziele und die gleichen Schwierigkeiten teilten, in der und über die einheimische, uns fremde Kultur zu lernen. Aber das gemeinsame Ziel beinhaltete eben nicht, daß wir die gleiche kulturelle Identität teilten. Unsere „anderen Ichs" waren sehr verschieden. So mußten wir unsere eigene Beziehungssprache[2] entwickeln, die auch die Einigung auf eine gemeinsame (Fremd-)Sprache, die in diesem Fall die schwedische war, einschloß. Die vereinigten Anstrengungen, diese Beziehungssprache zu gewinnen, haben die wechselseitige aufmerksame Beachtung der je eigenen Kultur und der fremden Kulturen verstärkt. Vor allem aber haben diese Bemühungen das spontane und kreative „eigene Ich" von jedem von uns auf den Plan gerufen, um eine kulturelle Collage, etwas ganz Neues und für uns alle Gültiges, zu entwerfen. Das war Identitätsarbeit, die die verschiedenen Marginalisierten, die Randseiter und Randseiterinnen in der schwedischen Universitätslandschaft, in einem wechselseitigen Prozeß von Er-

[2] Vgl. zu diesem Begriff, der über das bloße Sprechen hinaus die Nähe des wechselseitigen Verstehens meint, das Kapitel „Kulturdilemma".

kennen und Anerkennen vereinte. Die Verschiedenheit gegenseitiger Erwartungen an das je „andere Ich“ intensivierte nicht nur das Nachdenken über sich selbst, sondern auch die kreativen Entwürfe des „eigenen Ich“, das in einem dynamischen Prozeß immer wieder die zugeschriebene Identität um Aspekte der erworbenen Identität bereichert. Wir wollten allerdings nicht nur unsere Einzigartigkeit in der Wahrnehmung der anderen Fremden widergespiegelt wissen, sondern wir wollten uns sichtbar machen: und unser Sichtbarsein sollte nicht gegen die Mehrheit oder abseits der Mehrheit aufscheinen, auch nicht als Anpassungsleistung, sondern wir wollten als gleichwertige Partner sichtbar werden, die ihre eigenen Stimmen in ein kulturelles Setting, hier das der studentischen Landsmannschaft, einbringen konnten. Ich weiß nicht mehr, welche Landsmannschaft wir schließlich wählten, aber es waren vorausgehende Kontakte und Interaktionen mit schwedischen Studierenden, die unsere Wahl bestimmten. Und was dabei wichtig wurde: Wir hatten die Chance der Wahl.

Nun, ich will hier nicht behaupten, daß wir ein multikulturelles Setting gegründet oder organisiert hätten, aber in meiner Erinnerung klingt die Erfahrung einer interkulturellen Beziehungssprache nach. Auf dem Bahnhof war Abschiedwinken und ein Lebewohl zwischen einer kleinen freiwilligen Kommunität von immer noch verschiedenen und doch aufeinander bezogenen Menschen. Wir hatten es gelernt, das Anderssein, die Fremdheit, zu einer Herausforderung für unser kreatives „eigenes Ich“ in unserer vorübergehenden internationalen Gemeinschaft werden zu lassen. So erinnere ich mich an diese Erfahrung. Aber haben die schwedischen Studierenden das gleichermaßen so erlebt? Damals waren wir eine kleine Gruppe ausländischer Studierender, und wir waren sehr freiwillige und sehr vorübergehende Migranten. In der Gegenwart ist die Mobilität, freiwillige und erzwungene, mit vorübergehendem oder lebenslangem Aufenthalt in der Fremde, ins Unermeßliche gewachsen, ethnische und regionale Authentizität wird ungewiß, ein kulturell vereinigtes Europa wird erklärt. Sind die „Landsmannschaften“, im Sinne einer sich über regional-ethnische Merkmale definierenden Solidargruppe, ein Anachronismus?

Meine Erfahrung einer „Chance der Wahl“ und der notwendigen Aktivierung eines kreativ antwortenden „eigenen Ich“ im Setting einer schwedischen Universität soll als eine Parabel gesehen werden, die die multikulturelle Chance, eine Identitätsdiffusion in der Fremde positiv zu nutzen, reflektiert. Meine Unterscheidung zwischen „kultureller und ethnischer Identität unterwegs“ – und dieses Unterwegs kann auch auf ein Unterwegssein in der Heimat übertragen werden – ist mir wichtig. Hinsichtlich des Begriffs Ethnizität habe ich auf jene zugeschriebene Identität verwiesen, deren wichtigster Bestandteil die Verinnerlichung eines relativ stabilen Kulturmusters ist, das nur internen und gemeinsamen Veränderungen unterliegt. Wenn ich von „kultureller Identität unterwegs" spreche, dann liegt dagegen die Betonung auf der schöpferischen Energie der Menschen: sie sind eher als Schöpfer von Kultur, denn als deren Geschöpfe gemeint. Und diese schöpferische Kraft wird durch Mobilität, räumliche, soziale und geistige (und oft im Verbund) aktiviert: Es geht darum, sich von einem zugeschriebenen Habitus als zugeschriebener Identität befreien und die durch Nationalität, Ethnizität, Klasse, Status, Position, Alter und Geschlecht gesetzten Grenzen überwinden, um in interkulturellem Austausch mit den Anderen etwas Neues entwickeln zu können: als eine in Gegenseitigkeit erworbene und übernommene Identität. Aber ist das wirklich eine Möglichkeit, die unsere gegenwärtige Gesellschaft gewährt?

In meinem 1990 konzipierten Vortrag folgte hier ein Abschnitt über „multikulturelle Orte" und den politischen Diskurs um den „Zwang" zur Verschiedenheit. Ich war von der Frage nach der Rolle von Verschiedenheit in einem zukünftigen Vereinten Europa ausgegangen und hatte die These der Festschreibung und Organisation von Verschiedenheit in nationalstaatlich gelenkten „multikulturellen" Settings als Spielwiesen für die verschiedenartigen „Kinder" der Nationalstaaten aufgestellt. Diese „Spielwiesen" scheitern sowohl am ökonomischen als auch am Prestige- Zugang zu den vorhandenen staatlichen Ressourcen. Nicht nur die zugewanderten „Fremden" und „Eigenen" sollen ausgeschlossen werden, sondern es wird auch im eigenen staatlichen Territorium denjenigen Fremdheit zugeschrieben, die die Identität des MAN der Mehrheit und ihre „Rechte" auf nationalstaatliche Wohlfahrt einerseits und den „freien" Zugang zur Marktwirtschaft andererseits schmälern. Schon um die Wende der 90er wurde deutlich, daß der „freie" Zugang den Kampf um die Ressourcen verstärkt. Das „Vereinigte Europa" zerfällt in Regionalismen, deren Forderungen – anders als der Regionalismus der 70er – zu einer Dualisierung Europas in arme und reiche Regionen (mit nationalstaatlichen Ambitionen) führen könnte. Die Öffnung der Grenzen für EG-Mitglieder führt gleichzeitig zur schärferen Kontrolle und Schließung der Grenzen für nicht EG-Angehörige, insbesondere auch Asylbewerber aus außereuropäischen Ländern. Rassismus und dessen „Gegenüber", der ethnisch argumentierende Nationalismus, verbreiten sich. Von den „Europäischen Perspektiven. Europa 1992: Realitäten, Mythen und Chancen" (Groenendijk 1992), wie sie 1990 auf dem Kongreß „Migration und Rassismus in Europa" (1992) vorgetragen wurden, sind vor allem die Ausgrenzungsrealitäten geblieben. Das ethnische Reinheitskonzept (oder die „Ideologie der Landsmannschaft") wird hier zu einer gefährlichen Waffe gegen „die Anderen". Die multiethnische Toleranzforderung der multikulturellen Organisatoren muß sich dieser anderen Stimme bewußt sein. Wenn ich diesen politischen Diskurs hier in eine Randnotiz verbannt habe, dann vor allem deshalb, weil nur Tendenzen aufgezeigt werden können, deren weiterer Weg und Ausgang bei der Akzeleration des politischen Geschehens ungewiß bleibt.

Multikulturelle Orte: Interkulturelle Identitätsarbeit für neue Kommunitäten als Chance?

Das Konzept „Landsmannschaft“ als stetige generationenübergreifende Gemeinschaft, die sich durch eine traditionelle kulturelle Identität definiert, ist scheinbar durch die Mobilität und den transitorischen Charakter der Moderne überholt. Daß dieses Konzept immer wieder auch von den Minderheiten in der Fremde erneuert und verstärkt wird, oft als eine Phantom-Normalität[3], erklärt sich aus dem Charakter des Identitätsprozesses: um sich als Selbst zu erkennen, muß man erkannt und anerkannt werden. Wenn da niemand in dieser Fremde ist, der erkennt und anerkennt, dann wendet sich die Suche nach Identität heimwärts. Die Nostalgie von Migranten und Migrantinnen tendiert, wie die Nostalgie aller Menschen, dazu, die Vergangenheit zu idealisieren und den Weg in eine Gegenwart und Zukunft mit neuen Perspektiven zu versperren. Nostalgische Menschen sind blokkiert und sperren sich gegen eine dynamische Identitätsentwicklung.

Doch die Geschichte der wandernden Menschen hat auch immer wieder die Anstrengungen gezeigt, sich von diesen Selbst- und Fremd-„Einsperrungen“, sich aus dem Gefängnis einer ein für allemal zugeschriebenen Identität zu befreien – und das ist nicht nur die der Ethnizität, sondern auch die von Klasse und sozialem Geschlecht. Oft allerdings sind diese Anstrengungen an der Erlangung des Status‘, der „Identität“ der Anerkannteren, Mächtigeren, Höherstehenden in der Gesellschaft orientiert; solche Anstrengungen zielen auf individuelle Anpassung. Dieses Ziel bedeutet in der Tat, andere Lebensweisen, eine andere Kultur zu erlernen und zu verinnerlichen, aber gleichzeitig verhindert es das Nachdenken über das Eigene und die (Neu-)Gestaltung einer kommunitären Kultur, in die dieses Eigene eingebracht werden kann.

Warum ist es so schwer, eine neue Form von Gegenseitigkeit und Austausch in bewegten und beweglichen Zeiten und Gesellschaften zu entwikkeln? Sind ihre starren Grenzziehungen nur verborgener? Gegenseitigkeit als Kulturaustausch und interkulturelle Kommunikation bedarf jedoch der gleichen Chancen, um überhaupt stattzufinden und um eine positive Antwort auf den Kulturschock zu ermöglichen. Der Ideologie und Konstruktion des amerikanischen „melting pot“ wohnte diese Gegenseitigkeit inne, aber der Collage-Entwurf einer „neuen Kultur“ – und es war eine neue Kultur gedacht – fiel der Übermacht der ökonomischen, politischen und kulturellen Wertorientierungen der WASP (White Anglo Saxon Protestants) zum Opfer (vgl. Greverus 1973). Und den Anderen und den „Zu spät-Gekommenen“ blieb, wenn überhaupt, nur die Wahl zwischen Anpas-

[3] Vgl. für die Begriffe Phantom-Normalität und Phantom-Akzeptanz Goffman 1965.

sung und einem kulturellem (Ghetto)Pluralismus. Das übergewaltige „andere Ich“ unterdrückte die kreativen Potentiale des je „eigenen Ich“ der vielen Fremden.

Das nationale Identitätskonzept tendiert immer zur Aufsaugung und Auslöschung von Verschiedenheiten, selbst wenn „junge Nationen“ die besten kulturellen Züge ihrer verschiedenen ethnischen Gruppen für ihren „melting pot“ funktionalisieren – sie werden gewissermaßen so lange „verrührt“, bis sie zur „Blüte der Nation“ beitragen.

Das Kulturpluralismus-Konzept – mit seiner Ausprägung und Ausbreitung, aber eben auch Eingrenzung innerhalb der je politischen Grenzen moderner Nationalstaaten – hat dagegen eine Tendenz, immer mehr „Spielwiesen“ für die Darstellung „ererbter“ und damit zugeschriebener kultureller Identitätskennzeichen von Minderheiten zu schaffen. Der multikulturelle Gestus verharrt im status quo, wenn nicht sogar im schlechten Bestehenden. Kein Zweifel an dem multikulturellen Entwurf, aber dieser reduziert Kultur auf das Erbe einer zugeschriebenen Identität und unterdrückt die interkulturellen Energien zu gekonnten Collagen aus Fremdem und Fremdem und Eigenem, die sich aus dem Zusammentreffen an einem multikulturellen Ort ergeben könnten.

In ihren Reflexionen „Multikulturelle Stadtpolitik. Das Frankfurter Modell“ hat Gisela Welz 1992 eindrücklich die „Fortschreibung der Ethnisierung“ thematisiert. Dabei sieht sie nicht nur das Dilemma des „Amtes für multikulturelle Angelegenheiten“ zwischen (kultureller) Differenz und (sozialer) Gleichheit im ethnischen Kontext zu balancieren, sondern auch die letztendlich für einen interkulturellen Dialog gegenstrukturellen Tendenzen der Ausländervereine, die zur Verfestigung ethnischer Zuschreibungen (und Absonderungen) ebenso beitragen:

„Die Einwanderer greifen auf ein wichtiges soziales Merkmal zurück, das kollektivierend zu wirken vermag. Als Gruppe ist es leichter, politische Partizipationsmöglichkeiten und soziale Statusverbesserungen zu erfechten; die ‚einheimische‘ Bevölkerung hat dieses Potential in politischen Parteien und Gewerkschaften realisiert. Werden Einwanderer aber von der ‚Gastgesellschaft‘ auf eben diese kulturelle Zugehörigkeit, die sie strategisch einsetzen, festgeschrieben, spricht man von ‚Ethnisierung‘. Soziologen vermuten, daß gegenwärtige ‚postindustrielle‘ oder ‚nachmoderne‘ Gesellschaften zunehmend Kultur zur Steuerung und Harmonisierung sozialer Konflikte einsetzen“ (Welz 1992, 9; vgl. auch die Kritik an den kulturpluralistischen Entwicklungen der 70er Jahre in den USA, in Greverus 1974).

Meine „Spielwiesen“-These hinsichtlich der multikulturellen Proklamationen bestätigt sich aus den Aussagen von Cuma Yagmur, Leiter des Einwandererzentrums e.V. in Frankfurt, in einem Interview zur Multikulturpolitik Frankfurts:

„Wir brauchen keinen Vater und keine Mutter mehr, die Kinder sind groß geworden. Wir sind jetzt in der Lage, uns mit unseren Problemen selbst auseinandersetzen zu können. Wir wollen unsere Probleme selbst in die Hand nehmen“ (Hatzistrati/Binder 1992, 14).

Meine Näherung an die Idee einer interkulturellen Collage in einem multikulturellen Ort wird von zwei Grundgedanken geleitet. Der erste ist das Identitätskonzept. Der dynamische Prozeß der Identitätsbildung des sich seines Selbst bewußten Individuums bedarf der Anderen. Um sich zu erkennen, muß man erkannt und anerkannt werden. Das „andere Ich“ bildet sich aber eben im Dialog mit dem „eigenen Ich“, dem antwortenden, dem schöpferisch-spontanen, zu unserem Selbst. Aber mehr noch: Wenn die kulturelle Bestimmung des Menschen seine Kreativität ist, auch als eine Praxis, ein Hineinhandeln in seine alltägliche Lebenswelt verstanden, dann brauchen die Menschen Umwelten, in denen sie ihre kulturelle Energie freisetzen und umsetzen können. Die Kulturbegegnung mit den Anderen eröffnet die Chancen neuer wechselseitiger Erfahrungen und neuer Dynamiken für die Identitätsprozesse bislang homogener Gruppen, die häufig zu Beharrung tendieren – seien es nun Landsmannschaften, soziale Klassen, Ethnien, Berufsgruppen oder eine Partei.

Mein zweiter Grundgedanke, mit dem ich mich der interkulturellen Collage nähern möchte, ist im Kontext einer Kulturökologie entwickelt worden und konzentriert sich auf die Relation zwischen ökologischen Nischen und größeren Umwelten oder Makrosystemen. Eine ökologische Nische definiere ich hier als den kleinsten Lebensraum, der für den befriedigenden Lebensprozeß seiner Population erforderlich ist. Das dynamische Gleichgewicht beruht auf der Fähigkeit zur Selbstregulation durch Austausch und wechselseitige Beziehungen zwischen der Kommunität der „Bewohner“ untereinander und mit ihrem Lebensraum (Greverus 1978, 48 ff.; Greverus 1984, 7 ff.). Günstige Makrosysteme lassen die Entwicklung einer Vielzahl von ökologischen Nischen und zahlreicher Lebensformen zu, sowie die leistungsfähige und innovative Umsetzung der vorhandenen und notwendigen Inputs innerhalb der „Nischen“. Ungünstige Makrosysteme widerstreben der Herausbildung differenter Lebensformen, tendieren zur Massenvermehrung nur einer Lebensform und erweisen sich als Massenwechselgebiete, die einer Störung des ökologischen Gleichgewichts Vorschub leisten. Dazu werden auch die von Menschen geschaffenen Monokultur-Gebiete gerechnet.

Wenn wir nun fragen, ob die modernen Nationalstaaten günstige oder ungünstige Systeme für die Herausbildung einer Vielzahl sich (weitgehend) selbst regulierender unterschiedlicher kultureller Nischen sind, dann erkennen wir zweifelsohne deren monokulturelle Tendenz. Das meint nicht nur den eindimensionalen Prozeß, in dem sich ökonomische Rationalität, Zentralisation und Machtkonzentration verbinden, sondern auch die Bedeutung, die dem individuellen Erfolg im Rahmen nationaler Identitätsversicherung zugemessen wird. Ist die multikulturelle Proklamation eher eine politische Attitüde ohne gesellschaftliche Konsequenzen? Meine Antwort heißt ja, solange die Staaten den Schutz von Minderheiten als Schaffung von Spielwiesen für die Festschreibung von traditionellen „ererbten“ Identitäten verstehen und diese Minderheiten dadurch letztendlich von einem innovativen Kulturprozeß über den interkulturellen Austausch ausschließen. Der Staat müßte die günstige Umwelt für eine Vielzahl ökologischer Nischen sein, die als Multikultur-Tope den Entwurf interkultureller Alltagswelten zulassen. Dann müssen die Wanderer zwischen den Welten zugeschriebener Identitäten ihre Fähigkeiten bemühen, Identität zu erwerben, und in einem Prozeß von Geben und Nehmen neue Lebenspläne in neuen Kommunitäten einer wechselseitigen Verantwortlichkeit entwickeln. Für mich wären dieses „moralische Kommunitäten“[4], die um die Begrenztheit unserer Lebensgüter, und nicht nur diejenige der materiellen Ressourcen, wissen – und die Lebensansprüche aller ihrer Mitglieder ernst nehmen.

Warum habe ich vor allem an diejenigen, die je am Rande oder außerhalb unserer nationalstaatlichen Bürger-Bilder stehen, als Schöpfer von interkulturellen Alltagswelten gedacht? Randseiter (*marginal wo/men*) sind nicht zufrieden mit dem status quo ihrer zugeschriebenen Identität. Sie sind auf der Suche, sie erfahren, wie es Mühlmann (1981, 15) hervorhebt, als Einzelne eine Zeit des Leidens. Doch dieses Leiden trägt oft den Wunsch nach Anderem, nach Neuem in sich. Marginalität kann ein revolutionäres Verlangen hervorrufen. Dem Fremden wird eine experimentelle Chance im *marginal man*-Konzept zugedacht (vgl. Lindner 1989). Das kulturelle Muster des Andersseins der Mehrheit ist für die Fremden, die Marginalen „kein Schutz, sondern ein Feld des Abenteuers, keine Selbstverständlichkeit, sondern ein fragwürdiges Untersuchungsthema“ (Schütz 1972, 67). Aber: damit die einsame Erfahrung des marginalen Menschen von Leiden, Wunsch und Suche zu einem kulturellen Entwurf einer neuen, besseren Alltagswelt wächst, bedarf es der gemeinsamen Anstrengung des kreativen „eigenen Ich“ jener vielen, die am Rande leben. Es bedarf der Wechselseitigkeit des Gebens und Annehmens neuer Identität für den Einzelnen und die Gruppe, so daß auch ein neuer Dialog zwischen dem „eigenen Ich“ und den „anderen Ichs“ im Individuum entstehen kann und dieses über sein neues Selbst in den Dialog mit den konkreten Anderen draußen eintreten kann. Die gemeinsame Identität aus dem Sich Erkennen, Erkannt- und Anerkanntwerden wäre dann nicht mehr die zugeschriebene und unveränderliche Identität einer im übergewaltigen „anderen Ich“ verankerten Herkunftsgruppe oder Zugehörigkeitsgruppe, sondern eine über interkulturelle Identitätsarbeit geschaffene neue kommunitäre Identität jenseits von Festschreibungen.

[4] Zu meiner Benutzung des Begriffs moralische Kommunität vgl. Greverus 1988 a; Greverus 1990.

Aber es scheint, als ob das – nationale und das internationale – Establishment an den traditionellen Kriterien für Identität festhält: Identität, die unveränderbar über die „feinen Unterschiede“ (Bourdieu 1987) eines asymmetrischen Zugangs zu den materiellen, sozialen und ideationalen Ressourcen zugeschrieben wird. Dabei kommt der Pferdefuß einer zugestandenen und geförderten „ererbten“ (ethnisch-)kulturellen Verschiedenheit für die Schaffung interkultureller Alternativen zum Vorschein. „Multikultur“ wird als kosmopolitisches Klima der Weltstädte (und Möchtegern-Weltstädte) aufbereitet und für die neuen städtischen Mittelschichten inszeniert:

„Da geht die Arbeiterschaft erst gar nicht hin, weil sie sich ausgegrenzt fühlen. Da sind dann meistens Intellektuelle, die sich für lateinamerikanische Kultur interessieren oder so“ (so José del Pozo von der Einwanderungsinitiative SOS Rassismus in: Welz 1992, 11).

Im Fall der zugeschriebenen Verschiedenheit findet das nationalstaatliche und urbane Establishment oft seine Handlanger in den mächtigen Fundamentalisten der ethnisch-kulturellen „Reinheit“. Ihre Verteidigung einer Verschiedenheit der „Ehre“ zum Beispiel bewacht nicht nur die Traditionen, sondern setzt auch die „Gewalt der Ehre“ (Schiffauer 1983) frei.

Postskript I: Szenen aus dem multikulturellen Ort Botkyrka/Schweden 1990

Ulf Hannerz führte uns Stockholm einschließlich der Vorstadt Botkyrka unter der Perspektive eines „Doubly Creolizing“ vor (Hannerz 1992).

Es ging ihm um die „globale Organisation des kulturellen Flusses“ und das Zentrum-Peripherie-Phänomen im Kreolisierungsprozeß. Aber die „Gesichter des transnationalen Stockholm“, das er uns vorstellte, blieben äußerlich, die – allen zugängliche – organisierte oder unorganisierte Verschiedenheit in Konsumgütern und Konsumsettings: Läden, Gaststätten, Nahrungsmittel, Musikkassetten, Zeitungen und Mehrsprachigkeit für das Verstehen einer „gemeinsamen Ordnung“ – im Supermarkt eine „Aktion gegen Ladendiebstahl“ in zehn Sprachen. Das ist mehr Vorstadt: Kreolisierung von unten, geregelt von oben, d. h. vom institutionalen System Schwedens. Die andere Seite des doppelten Kreolisierungsprozesses ist die Einwirkung der Welt-Metropolen auf Stockholm, jetzt diese Stadt als Peripherie: neuer Internationalismus oder Amerikanisierung. Hier geht es um neue internationale „Lebensstile“ z. B. einer jungen schwedischen Elite, wie es ein Reporter der „Lebensstil“-Zeitschrift *CliC* darstellte: „wo Phänomene fremden Ursprungs als Plus in der Bilanzkurve des sozialen Status zählen“ (zit. nach Hannerz 1992, 97).

Die beschriebene exklusive Hiphop-Aneignung des Fremden ohne die Fremden in den „hangouts" der Elite-Jugendlichen von Zentral-Stockholm kontrastierte nicht wenig mit der „life" erlebten Bauchtanzvorführung in einer türkischen Kneipe in der suburbanen Peripherie Botkyrka mit ihrem hohen ausländischen Bevölkerungsanteil.

Das Setting: im Zentrum einer cleanen, aus dem Boden gestampften, monotonen Vorstadt lag der Supermarkt der Infrastrukturangebote, zu dem auch besagte Kneipe gehörte. Sie war in zwei Ebenen aufgebaut. Auf der oberen Ebene saßen, hinter einem „Zaun", die „Gäste" – diesmal also die internationale Anthropologengruppe – essend, trinkend und schauend. Unten saßen trinkend und schauend „einheimische" Männer aus der Perspektive der Kneipe, also Türken. An einem Randtisch unten saßen zwei ältere, hier fremd wirkende, offensichtlich schwedische Frauen, getrunken habend und trinkend. Schauobjekt war eine junge, schlanke, blonde Schwedin als Bauchtänzerin. Die Männer unten steckten ihr Geldscheine in die spärliche Kleidung, viele Scheine fielen auf den Fußboden, weil der Wirt mit Argusaugen über geziemenden Anstand und Abstand wachte. Ein allzu feuriger älterer türkischer Mittänzer wurde zurückzitiert.

Kreolisierung wurde hier zu einer mehrfach „Verkehrten Welt", in der wohl alle Beteiligten das Andere und die Anderen zur Projektionsfläche tabuisierten Wünschens und Verachtens machten (vgl. Kramer 1977). Mit einer Ausnahme vielleicht: der Wirt brauchte sein Interesse an dem multikulturellen Setting nicht zu verstecken, sein wirtschaftliches Interesse an einer Multikultur entsprach dem des Gastlandes, solange es sich, wie demonstriert, im Rahmen von dessen Moralvorstellungen bewegte. Die „globale Ökumene" machte Konsumschauspiel möglich. Und ähnliches könnten wir für andere, neuerlich um Multikultur bemühte europäische Städte auch behaupten. Der Einwanderung und Einführung „wesensfremder Realitäten" scheinen keine Grenzen gesetzt zu sein. Sind damit die Voraussetzungen für das Prinzip Collage[5] „. . . systematische Ausbeutung des zufälligen und künstlich provozierten Zusammentreffens von zwei oder mehreren wesensfremden Realitäten" gegeben? Ich kann nicht umhin, dieses Prinzip Collage als gesellschaftliche Praxis zu konstatieren. Das Szenario der türkischen Kneipe in Stockholm war ein austauschbares Beispiel für diese „systematische Ausbeutung".

[5] Vgl. zum Prinzip Collage die Einleitung.

Was fehlt, ist die Provokation der Decollage und der „Funke Poesie“ der Collage. Was fehlt, ist die Utopie Collage. Und diese Utopie Collage ist für mich eine anthropologische Utopie: im Zentrum ist der Mensch. Was in der globalen Ökumene aufeinandertrifft, sind immer noch Menschen und nicht Fragmente. Jede Multikultur-Debatte sollte auf die Menschen Bezug nehmen, für die zunächst ihre eigene Kultur mit deren Ausdrucksgestalten nicht nur Träger von gemeinsamen Werten und Bedeutungen ist, sondern auch von gemeinsamen Beziehungen und Interaktionen. Das macht Heimat aus. In der Fremde muß neue Heimat gewonnen werden. Als Collage wäre sie nicht nur der Austausch oder die Übernahme von kulturellen Gütern, sondern auch von Werten und Aktivitäten, wäre die Stiftung von Beziehungen. Hannerz hatte drei Rahmen für den kulturellen Austausch oder die kulturelle Differenzierung genannt: das Alltagsleben in lokaler Nähe, den Markt und die staatlichen Institutionen. Wir sollten uns als Ethnologen nicht darüber hinwegtäuschen, daß gerade wir direkt oder indirekt in allen diesen Figurationen stehen. Und noch so viel Abstandnehmen von „angewandter Wissenschaft“ verhindert nicht ihren Praxisbezug.

Postskript II: Daten und Ideen aus dem multikulturellen Ort Botkyrka/Schweden[6]

Botkyrka gehört zu jenen europäischen Vorstädten, die in den 60er/70er Jahren am Rande der Städte (hier Stockholm) aus dem Boden gestampft wurden, um das Wohnungsproblem zu lösen.

Botkyrka war bis 1965 eine Mischung aus Agrar- und Industrieort, aus Ferienort und Vorort. 1965 wurde das Wohnbauprogramm für eine Million Wohneinheiten als 10-Jahres-Plan begonnen. Heute gilt Botkyrka als „Immigranten-Ghetto“ (s. Statistik nach Sjögren 1992, 45), wobei 1989 in dem Ortsteil Fittja z. B. 75 % naturalisierte oder ohne schwedische Staatsbürgerschaft lebende Ausländer registriert waren.

Die kommunalen (schwedischen) Bemühungen gelten der ortsbezogenen Integration über Segregation (euphemistisch: Kulturautonomie). Einige Beispiele:
- die Förderung eigener ethnischer/nationaler Vereinigungen und
- ebensolcher Musik-, Tanz-, Theatergruppen
- der Schulunterricht kann (nach dem Prinzip der ethnischen Wahlfreiheit) in der jeweiligen Nationalsprache gefordert werden – allerdings nach dem schwedischen Curriculum. In 50 Sprachen wird unterrichtet. „Ein Mitglied des Parlaments war schockiert, als er hörte, daß einige

[6] Nach: Sjögren 1992; The Swedish Immigration Institute 1990

BOTKYRKA - TOTAL				
1988				
Population	68,167			
% foreign citizens	20,5 %		regional index	220
% foreign background	32 %			194
average income (1000 kr)	104			92
Foreign citizens (100 %)	Finland	35,7 %		
	Turkey	9,2 %		
	Chile	5,1 %		
	Yugoslavia	5,5 %		
	Poland	2,9 %		
	Greece	2,6 %		
Europe	60 %			
Asia	32,5 %			
South-America	7,5 %			
Africa	2,5 %			
others	2,5 %			
Foreign origin (100 %)	Finland	34,5 %		
	Turkey	6,4 %		
	Chile	4,0 %		
	Yugoslavia	3,7 %		
	Poland	4,1 %		
	Greece	2,6 %		
Europe	67,5 %			
Asia	30,0 %			
South-America	7,5 %			
Africa	2,5 %			
others	2 %			
i. e. 60 nationalities are represented, over 100 languages.				

Abb. 1: Bevölkerungsverteilung in Botkyrka. Aus: Sjögren 1992, 45.

Immigranten ihr Leben in Botkyrka ohne die geringste Kenntnis der schwedischen Sprache verbringen können" (Sjögren 1992, 33)

– das „Swedish Immigration Institute and Museum in Botkyrka" (gegründet 1987) konzentriert sich u. a. auf die Mitarbeit der Immigranten, um über Lebensgeschichten den späteren Generationen die „Wurzeln" zu zeigen.

Das Ziel aller Bemühungen ist eine lokale Identifikation über das multikulturelle Schauspiel auf der Bühne des schwedischen Botkyrka:

„Dieser vollkommen neue urbane Bezirk muß in Übereinstimmung mit schwedischen Traditionen gestaltet und gleichzeitig von einem kollektiven

Geist inspiriert werden, der die verschiedenen Kulturen hier vereint. So wie es einer der Leiter ausdrückte: ‚Die Sache mit dem Familienfest in Fittja heißt, die Bewohner als Mitglieder einer einzigen großen Familie vorzustellen. Das ist eine kulturelle Utopie oder wenigstens eine kulturelle Vision. Aber es ist nicht als ethnische Schaustellung gedacht, sondern als kollektive Manifestation der ideologischen Verschiedenheiten, politischer wie sozialer und ethnischer . . . Die Konstruktion des Modells, das von den Verantwortlichen erstrebt wird, zielt auf die Schaffung einer Gemeinschaft von Symbolen und Bedeutungen, die Schweden und Nicht-Schweden in einer lokalen Einheit, in einem einzigen unterscheidbaren und einmaligen Botkyrka vereint“ (Sjögren 1992, 35).

Und dazu ein schwedischer Kommentar zu „multiethnischen Städten“ wie Botkyrka (Ehn 1992, 66ff.):

„Da gibt es freilich ein auffallendes Paradoxon zwischen der kosmopolitischen Verschiedenheit der Bewohner und der unmißverständlich schwedischen Natur des Settings. Das Alltagsleben, das die meisten Bewohner, ungeachtet ihrer Herkunft, außerhalb ihrer Wohnungen führen, wird weitgehend von den kommunalen, staatlichen und kommerziellen schwedischen Institutionen strukturiert . . . Schwedische Behörden bestimmen die Art und Weise wie Syrer, Serben, Eriträer und Vietnamesen sich über die Obhut und Erziehung ihrer Kinder, die Freizeit ihrer Teenager und ihre eigene Arbeit, Ökonomie und Gesundheit zu verständigen haben. Die Tatsache, daß die Menschen in Kindergärten, Schulen, Krankenhäusern und Behörden eine komplexe ethnische Verschiedenheit darstellen – nicht zuletzt in ihrer Rolle als Eltern, Schüler, Patienten und Klienten –, hat die Fundamente der schwedischen Verwaltungswege nicht erschüttert . . . Allerdings, was die privaten Geschäfte anbetrifft, da gibt es schon Läden und kleine Unternehmen, die subtil nicht-schwedischen Besitz signalisieren, aber sie versuchen selten, eine spezifische Ethnizität zu vermitteln . . . Im allgemeinen kann man jedoch festhalten, daß das private Gewerbe eher die allgemeinen schwedischen Geschäftsgepflogenheiten übernommen hat . . . Dagegen ist in den halböffentlichen sozialen, politischen und religiösen Vereinigungen die ethnische Abgrenzung stärker herausgestellt. Insgesamt gibt es in Botkyrka nahezu vierhundert freiwillige Organisationen der verschiedensten Art . . . Ein wichtiges Paradoxon bezieht sich auf die Einwanderungsorganisationen: sie unterstützen einerseits die kulturelle Identifikation mit anderen Ländern und nationalen Gruppen und werden andererseits konsequent durch schwedische Gesetzgebung und Organisationstraditionen geregelt . . . Ein anderer formaler Aspekt, Verschiedenheit zu organisieren, bezieht sich auf die Personen und Vereinigungen, die sich im Projekt ‚Multikulturalität‘ engagieren, d. h. in den Bemühungen, ethnische und kulturelle Verschiedenheit als Bereicherung der schwedischen Gesellschaft zu vermitteln . . . ‚Einwanderer-Feste' und ‚internationale Kulturtage', die von schwedischen und Einwanderer-Organisationen arrangiert werden, haben die gleichen Funktionen! Die verschiedenen ethnischen Gruppen stellen bei dieser Gelegenheit ihre ausgewählten Traditionen auf der Bühne dar: Musik, Lieder, Tänze, Bräuche und Speisen zum Beispiel. Seite an Seite oder in einer langen Reihe, eine Gruppe nach der anderen, nach einem festen Timing, präsentieren Kurden, Eriträer, Chilenen, Finnen und andere Gruppen das Modell eines ‚multikulturellen Schweden', in dem die zentralen Werte Toleranz, Verstehen, und Interesse an den Traditionen und Ideen der Anderen herausgestellt werden."[7]

[7] Vgl. dazu auch Schierup 1992, 166 f.: „Die nach Schweden Eingewanderten sind in Organisationen integriert, die sehr eng definierten nationalen oder ethnischen Gruppierungen entsprechen – Finnen, Kroaten, Türken, Kurden, Griechen, Syrer usw. Diese Organisationen sind mit der Staatsbürokratie verbunden, die ihre nahezu alleinige Finanzquelle darstellt . . . Insgesamt hat die staatlich vermittelte Politik des Multikulturalismus in Schweden zu einem dualen Ansatz geführt: auf der einen Seite steht die Politik der Standardisierung und Assimilation, auf der anderen die der Ethnisierung oder des ethnischen Absolutismus. Einerseits werden die kulturellen und politischen Ausdrucksformen der MigrantInnen transformiert, assimiliert und standardisiert und damit öffentlich konsumierbar gemacht. Andererseits werden die ethnischen Gruppierungen als kulturell einzigartig definiert und je für sich, getrennt von den anderen, in überschaubaren Einheiten organisiert. Genau dadurch aber wird eine bewußte Formulierung gemeinsamer, die ethnisch-kulturellen Trennungslinien überschreitender Interessen blockiert und die Entstehung transethnischer Organisationsformen verhindert. Auf diese Weise können aus den MigrantInnen keine autonomen politischen Subjekte werden".

Fluchten, die sich wiederholen

1972 ist mein Buch „Der territoriale Mensch" erschienen, das den Untertitel „Ein literaturanthropologischer Versuch zum Heimatphänomen" trägt. Dieses Kapitel folgt in gekürzter, nur leicht aktualisierter Form einem Abschnitt daraus. Es spiegelt somit mein damaliges Denken wider, das auf Forschungen (und ihre Einordnung) in den 60er Jahren zurückgeht – und auf Erfahrungen seit den 40ern. Flüchtling wurde ich selbst erst 1946 aus der sowjetischen in die englische Besatzungszone, und meine Kindheits- und Jugenderinnerungen sind von eigener Flucht und dem Kommen und Bleiben jener „fremden Deutschen" geprägt, die während des Krieges weither kamen, kein Zuhause mehr hatten, einen fremd klingenden Akzent sprachen und bei uns wohnten.

Wenn ich dieses Kapitel „Fluchten, die sich wiederholen" nenne, dann will ich damit betonen, daß es mir bei der Wiedergabe dieses Textes nicht nur um die Darstellung des historischen Phänomens der Umsiedlungen, Vertreibungen, Fluchten und „Eingliederungen" der Deutschen während und nach der Zeit des 2. Weltkriegs geht, sondern um sich für die je Betroffenen Wiederholendes, Vergleichbares, wenn vertriebene, flüchtende, wandernde Menschen – ohne das Gepäck der Durchreisenden – zu den Seßhaften, den „Einheimischen" kommen und dort bleiben wollen, oder bleiben müssen.

Wer darf seßhaft werden? Wer darf dazugehören? Diese Fragen sind im Zusammenhang der sich dramatisch zuspitzenden weltweiten Flucht- und Wanderungsbewegungen der Gegenwart aktueller denn je. Und es ist nicht nur die „Ausländer-Inländer"-Differenzierung (vgl. Bausinger 1986), die „das Eigene und das Fremde" (Bielefeld 1991) thematisiert und zu Intoleranz gegenüber ethnischen Minderheiten, Fremdenfeindlichkeit und Neorassismus in den Nationalstaaten und Abschiebungen führt (vgl. Heckmann 1991), sondern als Fremde können auch die „Eindringlinge" eigener Nationalität angesehen werden. Graudenz und Römhild (1993) haben in ihren Untersuchungen über deutschstämmige Aussiedler aus Osteuropa von einer seit 1989 sichtbaren, nachhaltigen Veränderung in der Bereitschaft der Seßhaften, die Aussiedler als „Gleiche" zu akzeptieren, geschrieben. Die Grenzziehung der „einheimischen Deutschen" gegenüber den „fremden Deutschen", denen oft durch Zuschreibung einer fremden Nationalität ihr „Deutschsein" abgesprochen wird, wird von letzteren sowohl mit der Überbetonung einer nationalen (deutschen) Identität als auch mit einer wiederum fremdenfeindlichen Abgrenzung gegenüber Ausländern in der bundesrepublikanischen Gesellschaft, zu denen man nicht gehören möchte, die man aber als „heimischer“ empfindet, beantwortet:

„‚Die fühlen sich hier eigentlich mehr daheim‘, sagt Heinrich R. über die Türken, ‚die fühlen sich heimischer wie wir‘, und formuliert damit die Irritation vieler Aussiedler, daß auch Nicht-Deutsche die Bundesrepublik ganz selbstverständlich als ihre Heimat empfinden.‚Ich habe mir das nicht so vorgestellt‘, sagt er weiter, ‚ich habe gedacht, das wäre nur in Rußland. In Rußland gibt es ja Republiken, z. B. Kasachstan, Usbekistan. Gut, das ist dann das Land (der Kasachen, der Usbeken), das ist ihre Heimat. Aber hier gibt es mehr schwarze Leute (er meint: Ausländer) als wie in Rußland‘“ (Graudenz/Römhild 1993, 24).

Dem stehen eben diese Ausländer gegenüber, die – in Deutschland geboren und aufgewachsen und vertraut mit der deutschen Sprache und deutschen Werten und Normen – den „fremden Deutschen“ ihre nationale Identität absprechen: „Ihr wollt Deutsche sein? Ihr könnt doch überhaupt kein Deutsch, gebt’s doch zu! Ich bin in Deutschland geboren, aber ich bin stolz, daß ich Italiener bin“ (Elschenbroich 1992, 11). Diese Ebene der „ethnischen“ Abgrenzungen und Ausgrenzungen und der „ethnischen“ Reaktionen darauf, nenne ich das „Fremdsein des Flüchtlings“. Es ist nach meiner Interpretation jene „untere“ Ebene (was nicht schichtenspezifisch gemeint ist, wenn auch im folgenden Text weniger der elaborierte, sondern eher der restringierte Code der sprachlichen Darstellung wiedergegeben wird) der Betroffenen, die weitgehend unorganisiert das Wort ergreifen. Die Betroffenheit und das Betreffende werden dabei nicht aus der persönlichen Biographie, sondern aus dem kollektiven (hier ethnischen, nationalen) Schicksal des Andersseins, der Fremdheit hergeleitet.

Die Chance der „anderen Deutschen“ zu „Gleichheit“ und Integration in der damaligen Bundesrepublik Deutschland allerdings war relativ hoch. Als „haltende Macht“ im Sinne der Betonung von ethnischer Andersheit erwies sich vor allem die „mittlere“ Ebene der landsmannschaftlichen Organisatoren, die in der Flüchtlingspresse und in Flüchtlingstreffen den Gedanken der „Heimateinmaligkeit“ aufrecht erhielten und ihn vielfach in den Dienst einer „Recht-auf-Heimat“-Forderung (im Sinne des Rückkehranspruchs) stellten. Auf der „oberen“ – staatlichen – Ebene der Heimatargumentationen wurde diese mittlere Ebene schließlich in den Dienst der „Verteidigung“ gegen den Kommunismus und für die Festigung der staatlichen Position gestellt. Die Verselbständigung der mittleren Ebene, die Verteidigung ihrer Positionen auch gegen neue Intentionen der oberen Ebene, wie die politische Öffnung gegenüber den damaligen Ostblock-Staaten in den 70er Jahren, verweist allerdings darauf, wie beharrlich das Festhalten an überkommenen partikularistischen ethnischen „Rechten“

sein kann. Die fremdenfeindliche Betonung „nationaler Identität" der 80er/90er Jahre zeigt, wie latent vorhandene und „gepflegte" Ethnizität als Abgrenzung gegen die Anderen in Zeiten wirtschaftlicher und sozialer Krisen immer wieder zu Ausgrenzungen der Anderen führt. Klaus F. Geiger spricht von einem „nationalistischen Diskurs im Verteilungskampf in der Bundesrepublik Deutschland" und argumentiert:

„Denn im Verteilungskampf leistet Nationalismus dreierlei: Er nährt die Erwartung und läßt die Forderung plausibel formulieren, befriedigenden Zugang zu Gütern zu erhalten – durch den Appell an die Solidarität der ‚eigenen' Seite und die Abwehr der Ansprüche der ‚anderen'. Er liefert eine einfache Erklärung, wenn dieser befriedigende Zugang nicht besteht – durch die Schuldzuweisung gegenüber den illegitimen anderen. Er läßt aber auch die quälende, unserem Gesellschafts- und Wirtschaftsmodell inhärente Unsicherheit, ob der heute vorhandene befriedigende Besitz nicht morgen schon gefährdet sein könnte, leichter ertragen – durch die personalisierende Übersetzung dieser strukturell bedingten Unsicherheit in den ewigen Zweikampf der Kollektive Wir und Die Anderen, eine Deutung, welche ‚uns' zu plausiblem Handeln der Gefahrenabwehr leitet, Aggression als Vorwärtsverteidigung legitimiert. In einer Gesellschaft, in der ökonomisches Denken sämtliche Bereiche durchdringt, hat die beschriebene *Funktion* des Nationalismus im Verteilungskampf ein eindeutiges Übergewicht über seine *Inhalte*" (Geiger 1992, 277 f.).

Beinhaltet der postnationalistische Diskurs eine Rettung der Menschenrechte? Wir vergessen im Zusammenhang der großen Vokabeln „Freiheit, Gleichheit, Brüderlichkeit" in den beiden großen Menschenrechtserklärungen, in der Unabhängigkeitserklärung der USA von 1776 (vgl. S. 158 ff.) und in der französischen „Erklärung der Rechte des Menschen und des Bürgers" von 1791 (vgl. Rühle 1973, 68 ff.) gern die für etablierte Intellektuelle beinahe etwas peinliche „kleine" Vokabel „Sicherheit". Diese Sicherheit als „natürliches Recht" steht gleich neben dem Eigentum; und es sind die Staatsbürger, denen diese Rechte garantiert werden. Der Anspruch auf Sicherheit hat sich im Verlauf der Geschichte immer stärker zu einem Anspruch auf materiellen Besitz entwickelt.

Die politischen Reden in Deutschland zum Jahreswechsel 1993/94 (und vor dem Wahljahr 1994) setzten auf soziale Sicherheit und Sicherung der Zukunft. Das Streben nach persönlichem Glück allerdings müsse sich (über weitere Einschränkungen) mit der Sicherung der Zukunft Deutschlands verbinden. Frieden und euro-atlantische Stabilität galten als Garanten der (wirtschaftlichen) Stabilität der Nationalstaaten. Von einem postnationalistischen Diskurs, der im Inneren ansetzte, war nichts zu hören. „Wir" blieb deutsch.

Die Chancen, daß aus den Fluchten Begegnungen und interkulturelle

Dialoge werden, aus denen Neues, Postnationales, neue kommunitäre Identitäten in wechselseitiger Verantwortlichkeit erwachsen könnten, stehen im letzten Jahrzehnt dieses Jahrtausends wohl schlecht.

Vom Fremdsein des Flüchtlings

In Wiesau vorm Walde, den Schienen entlang,
Da stehn viele Baracken. Flüchtlingslager genannt.
Die Leute darinnen, die sind schon ganz stur,
Die bekommen keinen Zuzug, ach gar keine Spur.
Fahr mich in die Heimat auf eigene Kosten,
Laßt uns im Lager Wiesau nicht verrosten.
Wir wollen nach Hause in eine bessere Zeit.
Die nach uns kommen tun uns heute schon leid.[1]

Dieser Stil des mehr räsonierenden als anklagenden Liedes wird für die Haltung der deutschen Umsiedler, Vertriebenen und Flüchtlinge des 2. Weltkriegs in der ersten Phase der Eingliederung typisch. Sie ist als Ausdruck einer Anpassungskrise nicht nur für den nach Westdeutschland gekommenen Flüchtling kennzeichnend, sondern für viele Migrationsgruppen. Als Erlebnis der Isoliertheit, als Fremdheitserlebnis, ist dieses Stadium sowohl für Einwanderer als auch für Zeitwanderer hervorgehoben worden. Das Isoliertheitserlebnis ist eng mit einem Kulturkonflikt verbunden, der sich aus dem Kulturkontakt herleitet (vgl. Greverus 1972, 56ff.; Hollander 1955; Greverus/Köstlin/Schilling 1987, bes. 123ff.). Sowohl der Zwangsrückwanderer (oder „Umsiedler“) aus Ost- und Südeuropa als auch der Flüchtling hatten eine Erwartungshaltung, die durch die Deutschtumspolitik des Nationalsozialismus noch verstärkt worden war.[2]

[1] Sammlung Karasek Ldg 252, Melodie: Am Golf von Biskaja; nach Aussage der Sängerin stammt das Lied von Schlesiern. Zwei weitere Strophen beschreiben die schlechte Unterkunft und Ernährung.

[2] Zur „Urheimat“- und „Heim-ins-Reich“-Ideologie sowie zur Deutschtumspolitik für Minderheiten vgl. Greverus 1972, 208ff., 308ff.; Weber-Kellermann 1978, bes. 73ff.; Assion/Schwinn 1987; für die Umsiedlungspropaganda sei hier das Beispiel des rückblickend geschriebenen Berichts eines Landwirts aus der Gottschee wiedergegeben. „Die ersten Nachrichten, daß wir vom Deutschen Reich umgesiedelt werden sollten, trafen ungefähr im Mai 1941 ein. Ich sowie auch der größte Teil der Gottscheer glaubten nicht daran, daß es Wirklichkeit werden sollte. Unser allgemeines und ganzes Streben war nun, der Scholle unserer Heimat treu zu bleiben, auch für die Zukunft. Es setzte ein großangelegter Propagandafeldzug für die Umsiedlung ein, der von Reichsangehörigen geleitet wurde, mit dem Ruf: Heim ins Reich. Diese Propaganda unterstützen einige aus dem Kreise unserer Landsleute,

Je höher diese Erwartungshaltung ist, desto größer muß der Konflikt im Falle einer Desillusionierung sein.[3]

Die auf einen neuen Identifikationsraum Deutschland manipulierte Erwartungshaltung, in deren ideelle Diktion (Urheimat!) bereits die materielle Satisfaktionsversprechung verwoben war, mußte für den in ein wirtschaftlich zerstörtes, von Hunger und Wohnraumnot gezeichnetes und richtungsloses Deutschland kommenden Flüchtling zu einer existenziellen Krise führen. Alle Versuche einer Darstellung dieses Zeitabschnitts sprechen auch erst hier (und nicht im Zusammenhang des eigentlichen Fluchtgeschehens), in Anlehnung an Elisabeth Pfeils Grundkonzeption der „Gestalt der Zeitenwende" (Pfeil 1948) von dem „Nullpunkt der Existenz", dem Nichts, und wollen damit nicht nur die materielle, sondern vielmehr die psychische Situation kennzeichnen: „Mehr noch als die Qual der Wanderung, welche unter schwierigen Umständen stattfinden mußte, wurde die Leere der Ankunft das wesentliche Moment der Krise und des Überganges, ein gesellschaftlicher wie psychologischer Nullpunkt . . . Eine zeitlose Pause" (Jolles 1965, 131).

Selbst in einer erst 1965 durchgeführten Befragung (Hinst 1968), die grundsätzlich zu dem Ergebnis einer vollzogenen Eingliederung führte, wird die Behauptung: „Ein Flüchtling hat falsche Vorstellung vom Leben in der Bundesrepublik, bevor er nach Westdeutschland kommt" noch von 59,7 % der Flüchtlinge und von 60,5 % der Westdeutschen mit „stimmt" beantwortet (ebd. 136f.). Das Enttäuschungserlebnis ist somit in der Erinnerung auch nach einer geglückten Anpassung lebendig. Die zwölf Jahre früher vorgenommene empirische Untersuchung von Neff ergibt bei einer Frage „Glauben Sie, daß man Ihnen hier ebenso viel Achtung entgegenbringt wie in der alten Heimat" (Neff 1956, 100) einen Prozentsatz von 38,5 negativen Beantwortungen (gegenüber 19,4 % zu einer ähnlichen Frage aus der 1965

---

die dann später als sogenannte Führer der Gottscheer fungierten, ohne eine Zustimmung des Volkes einzuholen . . . Diese Führer veranstalteten Zusammenkünfte in allen Teilen des Kreises Gottschee und machten der Masse die Umsiedlung schmackhaft. An einer solchen Versammlung . . . wurde von unseren Führern versprochen, daß wir in der neuen Heimat im Deutschen Reich schöne und modern eingerichtete Bauernhöfe erhalten werden . . . Durch das feste Halten unseres Deutschtums will uns das Deutsche Reich in eine verbesserte Lage versetzen . . . Eines Tages kam dann ein Bericht, der die Gegner der Umsiedlung auch zur Niederlage brachte . . . Diese Bekanntmachung lautete: . . . Wer nicht nach Deutschland umsiedeln will, hat zu erwarten, daß er von der italienischen Regierung nach Sizilien (Italien) umgesiedelt wird . . ." (Dokumentation der Vertreibung V. 1961, 31f.).

[3] Zur illusionären Überbewertung des aufnehmenden Landes und der aufnehmenden Gesellschaft und ihren Folgen vgl. Pfister-Ammende 1952, 339; Pfister-Ammende 1961, 763ff.; Baeyer/Häfner/Kisker 1964, 52; im Hinblick auf Auswanderer und Gastarbeiter vgl. Greverus 1972, 140ff.

durchgeführten Untersuchung von Hinst). Zahlreiche Beispiele für wechselseitige Vorurteile und ihre Verstärkung durch gedachte oder tatsächliche materielle Ansprüche bringt eine der frühesten Untersuchungen von 1950, in der auch dieses Konfliktproblem eine besonders große Rolle spielt (Lemberg/Krecker 1950). Dafür einige Beispiele:

Flüchtlingsfrau: „Für ein Quarkbrot und eine Kartoffelsuppe sollen wir den ganzen Tag auf dem Felde arbeiten, und wenn wir nicht können, brüllt er ‚faules Pack'" (ebd. 52).

Einheimischer: „Es ist bloß gut, daß der Lastenausgleich nicht kommt, wie es die Heimatvertriebenen gern möchten. Am Ende könnten wir von unseren Höfen runter, und sie zögen ein. Das wäre denen nach der Nase. Am besten gehen sie dahin, woher sie gekommen sind. Ich glaube nicht, daß sie soviel besessen haben wie sie angeben" (ebd. 53).

Im gleichen Dorf (z.Zt. der Untersuchung 644 Einheimische, 114 Evakuierte, 290 Heimatvertriebene, davon 58 aus Ostpreußen und Schlesien und 144 aus der Tschechoslowakei, 3 Ausländer) unterscheidet ein Einheimischer zwischen den Deutschen aus dem Osten und den „Sudetengaunern", die alles teilen wollten und so „faul wären, daß sie stänken" (ebd. 53).

Die Verteilung der Umsiedler und Flüchtlinge auf die von Kriegseinwirkungen weniger geschädigten Gebiete, also vor allem auf die ländlichen Gebiete, insbesondere Schleswig-Holsteins, Niedersachsens und Bayerns, verstärkte sicher das Moment der Verlusterfahrung (Müller/Simon 1959). Hier wurde der Flüchtling erstmals wieder mit einer in seinen Augen noch existenten „geordneten" Welt konfrontiert, die seinem verlorenen Illusionsraum ähnlich war, und erst dadurch wurde ihm der Verlust und seine Verlorenheit in diesem neuen Raum, der ihm die Identität verweigerte, bewußt. Besonders gravierend war die Situation für die sogenannten „Ostumsiedler". Sie waren „heimgeholt" worden und mußten die Trennung als eine endgültige betrachten. Da sie auch nicht in die chaotischen Zustände des Zusammenbruchs kamen, sondern für ihre Sicht in eine, in den Rang- und Wohnordnungen (Zutt 1963) noch verhältnismäßig „heile" Welt, mußte ihre Erwartungshaltung einschneidend enttäuscht werden. Das Gefühl des Fremdseins und Nichtanerkanntwerdens gehört zu den dominanten Aussagen einer Flut von nostalgischen Liedern der ersten Zeit einer „Eingliederung":[4]

Wer dem Russen ist entkommen,
Bis auf Deutschland fand hinein,
Dem hat neues Leid begonnen:
Heimatlos ein Flüchtling sein.[5]

[4] Vgl. weitere Beispiele in Greverus 1972, 234 ff.

[5] Sammlung Karasek Ldg 157, aufgezeichnet 1952; eine Variante des „wolhyniendeutschen Flüchtlingslieds". Das Lied geht auf die Liquidation des kolonistischen

Mir sein Flichtling aus dem heidenscheenen Ungarland
wo die Donau spielen an den Strand
mir sein keine Zigeiner, wie man uns genannt,
mir sein auch Volksdeutsche,
von hier unbekannt.[6]

Grundbesitzes der in Wolhynien ansässigen Deutschen im ersten Weltkrieg zurück (vgl. Schirmunski 1928, 109; Schirmunski 1927/28, 202; Karasek/Lück 1931, 64; Karasek-Langer 1950, 9f., alle mit Beispielen). Das Lied soll in Sibirien entstanden sein. Den Aufzeichnern Karasek und Lück wurden, in den Jahren 1924–28, Lieder mit bis zu 19 Strophen vorgesungen und verschiedene namentliche Verfasser, immer sogenannte „Kantoren", d. h. unausgebildete Lehrkräfte, genannt. Das Lied verbreitete sich vor allem in den 20er Jahren auch bis in die Ukraine und nach Polen (Sammlung Karasek, Ldg. 9). Nach 1930 ging es zurück durch die Verbreitung neuer Verschickungslieder, wie dem von Kasachstan als „Lied von den jetzt Verschickten" (Karasek-Langer 1950, 9; zahlreiche Belege Sammlung Karasek, offensichtlich nicht zum Flüchtlingslied umgedichtet), und vor allem durch das obrigkeitliche Verbot. Das Wolhynienlied wurde auch durch primitiv gedruckte Liederbücher bekannt, wie 1941 eine Gewährsperson in Markowa, Wolhynien mitteilte (Sammlung Karasek Ldg. 6). Der Hersteller war ein Bauer, der mit einer alten Druckmaschine neben z. B. Konfirmationsblättern auch ein Buch mit Sprüchen und Liedern druckte, darunter das Wolhynienlied. Diese Liederbücher sind von den Deutschen verbrannt worden, nachdem der Hersteller verhaftet worden war. Allerdings konnten noch 1941 Fassungen in Wolhynien aufgezeichnet werden, z. B. eine 13-strophige aus dem Liederbuch eines Zwanzigjährigen (Sammlung Karasek Ldg. 5). Das Wiederaufleben während des Krieges beruht auf der Aktualisierung seines Inhalts durch das Kriegsgeschehen. Es wird zum Flucht- und Evakuierungslied (Beispiele aus Polen: Sammlung Karasek Ldg. 157, und der Batschka, ebd. Ldg. 158, 159) und zeigt starke situationsbedingte Abweichungen zu dem Wolhynienlied. So heißt es in einem Abschiedsbrief vom 9. 10. 1944 einer Donauschwäbin aus Putok: „Aus der Batschka mußten wandern . . . Mit deutschen Männern ganz bewacht/Fuhren wir nach Deutschland ein". Zur Evakuierung der Deutschen aus der Batschka im Jahr 1944 vgl. Dokumentation der Vertreibung V. 1961, 87E; vgl. a. Greverus 1972, 204ff.

6 Archiv Künzig, Tonbandaufnahme 1952 bei der Banaterin Resi Klemm. Zur Sängerin vgl. Künzig 1956, 109ff.; Greverus 1965, 12f. Dieser Betonung des Deutschtums, der Abwehr des Vorurteils „Zigeuner" geht der Heimkehrwunsch – „in das heidenscheene Ungarnland,/wo die Donau spülen an den Strand,/wo die Kost viel fetter und der Speck viel mehr" – voraus und die Kritik an Deutschland, die sich auf die Kost und nochmals auf die ablehnende Haltung – „die schimpfen uns a Flichtling" – bezieht. Die heimische Nahrung, hier natürlich verstärkt durch den tatsächlichen Mangel – „Haben kaum noch Brot zum Beißen/Und auch keine Heimat mehr" heißt es in einer anderen Flüchtlingsklage (Sammlung Karasek Ldg. 136) –, spielt innerhalb der nostalgischen Retrospektive eine zentrale Rolle; vgl. Weber-Kellermann 1967, 196f.; Greverus 1965, 17f. Die Bedeutung der heimischen Speise innerhalb des Heimweh-Komplexes, mit den sich anschließenden Aufwer-

. . . ma kemmt sich fier ei'm fremden Lande,
asu wie's fünfte Rod om Wähne
verlorn ond mutterseeln alläne . . .

Die Leite machn ens känn Mutt
die sein ens werklich gor nie gutt . . .
die sahn ei ens bloß läst'ge Gäste,
die hon noch olls ond sitzen feste . . .
Ond wenn br härn dann ei dr Zeit,
dos ensre Hämz bei Deutschland bleibt,
do laf br ganne borfus drvonne
of häm zu, aus dr Ami-Zone.[7]

Zum verbreitesten Flüchtlingslied wurde das bereits in den Internierungslagern gesungene „Fern der Heimat irr als Flüchtling . . .". Eine ähnliche Verbreitung hat noch das vielfach als „Schicksalslied" gekennzeichnete Lied „Glocken läuten hell den Sonntag ein" gefunden und das zu Umdichtungen anregende „Nordseewellenlied", das als Heimwehlied für die verschiedensten Landschaften Bedeutung gewann.[8] Die Verbreitung dieser Lieder geschah durch verschiedene Kommunikationsmittel (Greverus 1972, 238). Neben dem Singen in den Lagern setzte auch dort bereits die briefliche Liedübermittlung ein, die auch in Deutschland fortgesetzt wurde.[9] Dazu kam die gedruckte Grußübermittlung in den Heimatzeitun-

tungen der eigenen und der Abwertung der fremden, hebt bereits Michels (1929, 74 ff., „Die Sehnsucht nach der heimischen Speise") mit zahlreichen internationalen Beispielen eingehend hervor. In einer Variante des Liedes, aufgenommen 1953 bei einer Familie aus Militisch (Archiv Künzig 375/I–310) heißt es „Und die Kost so wenig, mager schmal,/Kartoffelsalat,/das gibt's fast alle Tag./Und die Wassersuppe, die bleibt uns auch nit aus, . . . Heimwärts geht's im schönen Ungarland, . . . wo die Kost viel besser und der Wein viel mehr".

7 „Ei dr Fremd" im Heimatbrief der ehemaligen Lindewieser (o. J.) Nr. 11, 4.

8 Vgl. die Texte in Greverus 1972, 238 f.

9 So teilte mir z. B. Karasek, Bischofswiesen, mit, daß er 1946 einen pommerschen Landarbeiter kennengelernt habe, der zahlreiche Gedichte über sein Heimweh und seine Familiensuche geschrieben hatte und diese in Briefen an Freunde und Verwandte sandte. Ingeborg Weber-Kellermanns Gewährsmann Valentin aus Mözs, Ungarn, hat vielfach in Briefen und beim Zusammensein mit Bekannten poetische Darstellungen seines Schicksals versucht (vgl. Weber-Kellermann 1967, 197, ein Spottlied auf das Essen in Deutschland, und 199, ein Abschieds- und Heimwehlied an seine Schwägerin, in dem die Glocke als heimatliches Symbol vorkommt; vgl. dazu auch Greverus 1965, 27). Aufschlußreich ist der von Eugen Bonomi 1965 veröffentlichte kommentierte Einblick in seinen Schriftwechsel mit Deutschen aus dem Ofener Bergland, Ungarn. Daraus geht sehr deutlich die Scheu hervor, sich an öffentliche Stellen, wie kirchliche und landsmannschaftliche Organisationen zu wenden, und auch die Befürchtung, wegen der fehlenden Rechtschreibung verlacht

gen und Heimatrundschreiben oder der auf die Schallplatte gesungene Gruß[10].

Von der Organisation des Heimwehs . . .

Die beiden dominierenden Kompensationsmöglichkeiten für das Fremdheitserlebnis, die – über den Zusammenschluß der Mitglieder der alten Heimat ermöglichte – sekundäre Minderheitenbildung und die sentimentale Verbundenheit mit der Herkunftsgesellschaft gehen innerhalb der dem ersten Konflikterlebnis folgenden Phase weitgehend ineinander über.

Während das Lager eine Zwangsgemeinschaft schuf, erfolgten die späteren Zusammenschlüsse weitgehend auf einer freiwilligen Basis, unter der Leitung von besonderen Initiativpersonen. Zu ihnen gehörten lange vor dem Beginn der landsmannschaftlichen Aktivitäten und der Hilfe offizieller Stellen vor allem die Pfarrer der einzelnen Gemeinden. Diese Gemeindegeistlichen hatten bereits in der alten Heimat vor der Flucht oder Ausweisung besondere Bittgottesdienste oder Abschiedswallfahrten (vgl. Schroubek 1968, 243 ff.) durchgeführt. Die Sammlung ihrer alten Gemeinden und die Beibehaltung des religiösen Brauchtums war ein Anliegen, das sowohl von der menschlichen als auch der religiösen Verantwortlichkeit her motiviert war. Für den Flüchtling wurde der religiöse Raum zu einem Heimatraumersatz, der ihm vor allem Schutz und Identität gab – „hier fühlt sich jeder Teilnehmer anerkannt“ (ebd. 338 f.). Die Flüchtlingswallfahrten, sei es als Grenzwallfahrt oder als Wallfahrt an eine neue Gnadenstätte oder später als Wallfahrt in die alten heimischen Gnadenstätten, war immer eine Rückkehr in den heimatlichen Schutzraum als Sakralraum und als Profanraum. Sowohl die Verleihung besonderer „Heimat“-Titel an die Wallfahrtspatrone – z. B. „Schützerin der Heimat“, „Mutter der Heimatlosen“, „Ausgewanderte Muttergottes“ –, die Opferung und das Mitbringen von Heimaterde und das Anbringen von Heimatglocken, die Be-

zu werden. Auch in diesen Briefen sind oft poetische Versuche veröffentlicht, z. B. auf S. 172 das Neujahrsgedicht eines Bauern: „Ich muß noch was ihnner mitteilen. Ich habe auch von unser Flucht was geticht: Wieder schwang des schicksals Wage nei e Müche neues Glük . . .“.

[10] Dafür kann ich hier nur ein Beispiel zu dem Lied „Fern der Heimat irr als Flüchtling . . .“ bringen, das allerdings ein sehr bezeichnendes Licht auf die Bedeutung des Liedes als „Schicksalslied“ wirft. J. Künzig und W. Werner wollten für zwei ihrer besten Überlieferungsträgerinnen, die „blinden Madln“ aus Gant, Ungarn, eine Grußplatte mit traditionellen Liedern an deren Verwandte in Amerika aufnehmen. Die Sängerinnen wünschten aber nicht die „alten Lieder“, sondern eben jenes Flüchtlingslied.

deutsamkeit, die Abbildungen der Heimatkirche gewinnen, als auch die Lied- und Gebetsanrufung zeugen von dieser engen Verbindung.

Die sekundären Minderheitenbildungen auf sakraler Ebene, die den Rahmen für die symbolische Rückkehr in den einstigen Satisfaktionsraum darstellen, fanden ihre Entsprechung einerseits in den rein weltlichen „Heimattreffen" als Nahkontakten und andererseits in der Teilnahmeermöglichung durch den Fernkontakt der Flüchtlingspresse. Auch die vorrangig weltlichen Heimattreffen, soweit sie nicht nur auf der Initiative der in einem bestimmten Raum zusammenkommenden Flüchtlinge beruhten, wurden lange Zeit, schon wegen des nur die Kirche ausschließenden Koalitionsverbots, von kirchlichen Stellen getragen. So konnte – aus der auf die katholische deutsche Jugendbewegung in Böhmen und Mähren zurückgehende Initiative – bereits im Januar 1946 die Gründung der katholischen Ackermann-Gemeinde beschlossen werden, die ihre wesentliche Aufgabe in der religiösen und sozialen Betreuung der Flüchtlinge sah. Darüber hinaus aber widmete sie sich weitgehend der Pflege der kulturellen Überlieferungen und gab Mappen zur Gestaltung von Heimatabenden heraus, deren Titel – z. B. „Lob der Heimat", „Altvaterheimat", „Wu de Wälder haamlich rauschen" – deutlich die retrospektive Tendenz aufweisen, die die offizielle Kulturpflege in hohem Maße kennzeichnet (vgl. Die Ackermann-Gemeinde 1958; Boehm 1959, 524 ff.; Spiegel-Schmidt 1959; Kindermann 1959).

Innerhalb der in ihrer ersten Form als hektographierte Heimatrundbriefe erscheinenden Flüchtlingspresse nehmen die Heimwehdichtungen einen breiten Raum ein. Diese Heimatrundbriefe sind die ersten Zeugnisse einer Flüchtlingspresse, die seit 1945 entstand, nach Aufhebung des Lizenzzwanges 1949 außerordentlich anschwoll und 1957 einen Stand von 348 periodisch erscheinenden Organen erreicht hatte (vgl. Kurth 1959, 415; Die sudetendeutschen Heimatbriefe 1966). Aus der Aufstellung von Karl Kurth geht hervor, daß die meisten dieser Rundbriefe, abgesehen von einigen Zusammenlegungen, sich bis 1966 erhalten hatten. Auch sie werden zunächst, bis zu ihrem Übergang in eine landsmannschaftliche Betreuung, von Einzelpersonen, vor allem Geistlichen, getragen und kursieren als „Heimatrundbrief der . . .", „. . . Heimatbrief", „Brief Nr. . . . für . . .", „. . . Anschriften", „. . .Suchblätter" oder auch unter Titeln wie „Heimatglocken", „s'Hemmetglöckle", „Wo der Rübezahl mit seinen Zwergen" oder „Wu de Wälder hamlich rauschen". Der Heimatbegriff wird schon im Titel in den Mittelpunkt gerückt, und auch die beiden letzten Titel zeigen durch das Aufgreifen des beliebtesten regionalen Heimatliedes diese Tendenz.

Während die ersten Rundbriefe sich nahezu ausschließlich der Adressenmitteilung und dem geistlichen Zuspruch widmeten, setzt bald eine Erweiterung des Inhalts ein. Diese bezieht sich einerseits auf die Familien- und Gemeindenachrichten, Hinweise auf und Berichte über Heimattreffen, Rechtsberatung und andererseits, als erste über das rein Informative hinausreichende Gestaltung, auf Erinnerungen an die alte Heimat. In den zunächst noch verhältnismäßig kurzen Rundbriefen erscheint vor allem das Heimat- und Heimwehgedicht, zu dem erst später die Erinnerungserzählungen hinzukommen. Bei diesen Gedichten handelte es sich zunächst weder um tradierte Überlieferungen noch um die Werke bekannter Dichter, sondern weitgehend um Neuschöpfungen, die entweder von den Herausgebern der Rundbriefe selbst verfaßt oder ihnen zugeschickt wurden. Die Hinweise auf die Fülle dieser Eingänge, häufig auch mit einer Kritik an ihrem „minderwertigen" Niveau verbunden, durchziehen die Zeitschriften.[11]

Die Entwicklung tendiert zum Heimat- und Ortspreis einer bürgerlichen „Heimatdichtung" (vgl. Greverus 1972, 281 ff.), auf deren feststehende Symbole man zurückgreifen kann. Ein Beispiel mag hier genügen:

Mei Dohla!

Mei Heimatdörfla is och arm
Und's is ach gor nie gruß,
und aufzölln konn ich a nie voll
Es hout ka Kirch, ko Schloß,

Und immedim sei großa Berg
Und a a schiener Wold.
Und Felder, Wiesen üpich schien.
Dos is mei Heimat holt.

Ich ho ei Deitschland well gesahn
Doch äns sä ich eich heit:
Für mich is Dohla wunderschien.
Dort worn a flessicha Leit.

Mei Dohla konn ich nie vergassn
Und wär's wu ondersch noch zu schien,
Die Heimat bleibt sa und bir hoffen,
Doß bir bolt olla hemzu giehn.

(Von Ilse Kloß, Lieblos in: Altvater 1950, Nr. 15, 22)

Innerhalb dieser vorwiegend auf Preis und Sehnsucht nach der verlorenen Heimat abgestimmten Gedichte herrschen die Motive der lyrischen Heimatdichtung, die seit dem 19. Jahrhundert zum Zeitstil gehört, vor. Es fehlen die anklagenden Zustands- und Erlebensschilderungen der Fremde in ihren alltäglichen Details, wie sie uns in den Lager- und Flüchtlingsliedern und einigen poetischen Briefzeugnissen begegnet sind. Das Fremdheitserlebnis wird nicht als Konflikterlebnis beschrieben, sondern ausschließlich als Heimatlosigkeit, Einsamkeit, Verlassenheit. Die Retrospektive gilt den heimatlichen Fixpunkten: natur- und kulturräumliche Topographie des Ortes, Kindheit und Jugend, Elternhaus, Gräber, Brauch und Arbeit der Ahnen, Tugend der Bewohner, jahreszeitliches Brauchtum, der Wunsch, in der Heimat begraben zu werden, und – selten – Arbeitsleben und Besitz in der verlorenen Heimat sowie historische Fakten. Mit den meisten Liedern ist ein Gruß oder Treuegelöbnis an die Heimat ver-

[11] Zur Heimatgedicht-Überproduktion vgl. Gehrmann 1959, 305 f.; Mai 1950.

bunden und der Rückkehrwunsch. Der Vergleich zugunsten der (armen) Heimat mit schöneren Gegenden entspricht ebenso dem pädagogisierenden Heimatlied.

Diese Gedichte unterscheiden sich in ihrem gesamten Aufbau nicht von ähnlichen Gedichten und Liedern einer Heimatbewegung ohne den Situationshintergrund einer Entfernung aus der Heimat. Ein Hinweis auf ihre neue – und aus einer realen räumlichen „Entheimatung" bezogene – Bedeutsamkeit läßt sich vor allem aus ihrem quantitativen Anschwellen und der schöpferischen Anteilnahme bisher poetisch nicht tätiger Schichten gewinnen.

. . . zur Politisierung eines „Rechts auf Heimat"

Der alle Gedichte durchziehende Heimkehrwunsch, als eine aus der Dissatisfaktion im neuen Territorium gewonnene nostalgische Illusion, wird, je mehr diese Zeitschriften und Kalender sich politisch und pädagogisch orientieren, in zweierlei Hinsichten ausgebaut. Mit dem Zeitpunkt des stärkeren Übergangs der Heimatpresse in die Hände der Landsmannschaften gewannen redaktionell andere als die kirchlichen Stellen das Übergewicht. Auf der einen Seite wurde die Flüchtlingspresse das Sprachorgan einer vordringlich pädagogisch-restaurativen Heimatbewegung, die auf Gestaltungsmöglichkeiten der Heimatpflege und ihrer Experten zurückgriff[12], und auf der anderen Seite dasjenige einer politischen Heimatpropaganda.

Die Flüchtlingsorgane und -organisationen wiesen nicht nur eine Diskrepanz zu den sich in ganz charakteristischen Erscheinungen äußernden retrospektiven Haltungen einer breiten Schicht der Flüchtlinge auf, sondern sind auch nahezu als eine Gegenbewegung zu dem „Eingliederungs"vorgang in seinen einzelnen Phasen zu bezeichnen[13]. Die lands-

[12] So wurden die Aufgaben der „Fachstelle für ostdeutsches Volkstum im Deutschen Heimatbund" als eine „politische" Aufgabe umrissen, wozu als „besonderer Inhalt des gesamten deutschen Kulturauftrages" die Erhaltung der „Vielfalt an Brauchtum, Mundarten, Sagen und Berichten, soweit es nach der Vertreibung und trotz der Technisierung und Verstädterung noch irgendwie möglich ist" gehört, ebenso wie die Fixierung dieser „Denkmäler" und die besonders dringliche „systematische Ausrichtung und Betreuung" noch vorhandener „geschlossener Vertriebenensiedlungen" (Studienrat Gerhard Hap-Rügenwalde: Ostdeutsches Volkstum im Deutschen Heimatbund, in: Pommersche Saat 15/1962, H1, 20).

[13] Zum Verlauf dieses Eingliederung liegen vor allem zahlreiche Ortsuntersuchungen vor, die besonders die engen Zusammenhänge zwischen fortschreitender Seßhaftmachung, allgemeinem Satisfaktionsgewinn und soziokultureller Anpassung deutlich machen. Vgl. z. B. Lendl 1959; Lemberg/Krecker 1950; Bausinger/Braun/Schwedt 1963; Hanika 1955; Karasek-Langer 1956; Schwedt 1962/63.

mannschaftlichen Organisationen und ihre Presse setzen der sich vollziehenden Integration der Flüchtlinge ihre konservativen politischen Ansprüche auf die „Kultur" der „alten" Heimat entgegen. Sowohl die familiären Nachrichten als auch die Erinnerungsgedichte und Alltagserzählungen im Sinne des „Weißt du noch?" treten hinter einem als „Kultur- und Volkstumsarbeit" (vgl. Perlick 1955, 246f.) umschriebenen Anliegen zurück. Diese Anliegen werden besonders intensiv von Pommern, Schlesiern und Sudetendeutschen vorangetrieben, von deren Aktivität auch die Vielzahl von landsmannschaftlichen Blättern zeugt.

1957 stammen 21 der landsmannschaftlichen Blätter von Pommern, 71 von Schlesiern und 79 von Sudetendeutschen (vgl. Kurth 1959, 415).[14] Programmatische Aufrufe mit agitatorischem Charakter füllen diese Zeitschriften:

> „Alle Schlesier vereinen sich! Der Rübezahl-Bund, der Heimatbund der Schlesier ruft alle Landsleute zu fröhlichem Tun und ernster Arbeit. Auch Dich! Sei Hüter des Heimatgedankens und -gedenkens, Pfleger unseres Volkstums und Wahrer unserer Art und Sitte. Alle Schlesier treffen sich in den Orts- und Bezirksvereinsabenden und Veranstaltungen ihres Kulturverbandes. Auf – jetzt gilts! Nur durch

[14] Dem steht eine Anzahl von nur 14 Presseorganen der Deutschen aus Südosteuropa und Rußland gegenüber, obgleich gerade für die Donauschwaben eine heimatkundlich außerordentlich rege Lehrerschaft tätig ist, von deren Wirken u. a. die Reihe „Donauschwäbische Beiträge" im Pannonia-Verlag, Freilassing, und die zahlreichen von der „Arbeitsgemeinschaft Donauschwäbischer Lehrer e.V. im Südostdeutschen Kulturwerk" herausgegebenen Hefte für den Unterricht zeugen. Der Bundesvorstand der Banater Schwaben aus Rumänien in Deutschland schreibt in der 1. Folge der „Banater Heimatblätter" (1952), daß die Banater nie das Zusammengehörigkeitsgefühl wie andere Volksgruppen hatten, sondern einen ausgesprochenen Individualismus pflegten und deshalb sich auch nur acht Personen 1947 zu einer Ausschußgründung gefunden hätten. Die Abneigung zu Großorganisationen in Deutschland, wahrscheinlich auch durch den Familienzusammenhalt als primärer Minderheitenbildung bedingt, schließt allerdings keineswegs das Bedürfnis der Retrospektive in die verlorene Heimat aus. Sowohl ein lebhafter Briefwechsel und Besuchsfahrten (vgl. z. B. Bonomi 1965; Weber-Kellermann 1967) als auch der Bezug der von kirchlicher Seite gestalteten, und dem einstigen Lesestoff entsprechenden, Heimatkalender zeugen davon. Ihr Kalender-Bezug übersteigt z. B. den der Schlesier und Sudetendeutschen bei weitem (vgl. Müller 1951). Der Kalender war, im Gegensatz zu der landsmannschaftlichen Heimatzeitschrift, das Vertrautere. Bonomi verweist z. B. auch darauf, daß die Ungarndeutschen sich noch längere Zeit von zurückgebliebenen Verwandten ungarische Zeitschriften schicken ließen. Wie stark der Zusammenhalt mit der „alten Heimat" in den 60/70ern noch war, erweisen die häufigen Besuchsfahrten. Besonders die ehemals in Rumänien angesiedelt gewesenen Deutschen besuchen ihre alten Dörfer, in denen auch jetzt noch eine große deutsche Minderheit lebt, sehr oft. Zum „Heimweh-Tourismus" vgl. auch Stennert 1994.

Gemeinschaftsgeist gewinnt Deine Sehnsucht Gestalt! Wende Dich noch heute an den R. B. . . . Vivat Silesia! Es lebe Schlesien! Es lebe die Heimat! Bedenke stets: sie lebt durch Dich!" (Der Rübezahlbote Sept./Okt. 1948)

„Es geht um viel Höheres als Biertrinken und Trachtentanz; es geht um unser Egerländer Brauchtum, das es zu erhalten und weiterzugeben gilt . . . man kann nur eines, entweder die Unterhaltung pflegen oder ernste Volkstumsarbeit leisten" (Eghalanda Bundeszeitung 1/1950: 1, 1 f.).[15]

Von der „Pommerschen Saat" heißt es „Sie kündet von heimatlicher Art und Überlieferung. Sie will dazu mithelfen, unseren Heimatabenden inneren Gehalt zu geben. Ihre Anregungen stammen aus der Erfahrung der praktischen Volkstumsarbeit" (Pommersche Saat 3/1949, 8). Und noch 1962 wird unter dem Thema „Die Gestaltung kultureller Heimatabende" der Ernst des Anliegens betont: „Kulturarbeit ist nicht Amüsierbetrieb" (Pommersche Saat 15/1962:2, 16).

Besonders betont diese auf „Kulturarbeit" orientierte Flüchtlingspresse immer wieder die Notwendigkeit, die heranwachsende Jugend anzusprechen. Die Falkenauer Suchblätter haben eine Rubrik „Erzählt Euren Kindern die Sagen aus eurer Heimat" (Falkenauer Heimatbrief Nr. 5, 1/1949), der Heimatbote Tachau-Pfraumberg bringt unter dem Gedicht „D' Volksprauch" einen Aufruf: „Landsleute: Vergeßt Eure Mundart nicht! Unsere Eigenart sei uns heilig!" (Heimatbote Tachau-Pfraumberg 2/1950:1, 2). Der Marienbader Heimatbrief bringt einen ähnlichen Aufruf mehrfach als Motto auf der Titelseite (Marienbader Heimatbrief 1950 ff.). Für die Donauschwaben erschien 1957 ein mit einer kurzen Darstellung der Geschichte der Donauschwaben und Kurzbiographien berühmter Persönlichkeiten versehener Bild- und Landkartenband unter dem bezeichnenden Titel „Vater, erzähl von der Heimat", in dessen Einleitung es heißt: „Umfragen haben ergeben, daß das Wissen der Vertriebenenjugend um die alte Heimat oft sehr mangelhaft ist . . . Den Eltern fällt die Aufgabe zu, ihren Kindern einen ergänzenden Unterricht zu erteilen" (Annabring 1957, 1). Kenntnisvermittlung der osteuropäischen Geschichte, einschließlich des deutschen Anteils, wurden innerhalb der heimatlich-pädagogischen Sendungsideologie der landsmannschaftlichen Organe und pädagogisch tätigen Gruppen zumeist mit der Tugendforderung „Heimatliebe und Volks-

[15] Diese Bundeszeitung bringt vor allem Berichte über die „Gmoin"-Veranstaltungen, die im wesentlichen Trachten-, Mundart- und Brauchtumspflege betreiben, sowie regionalhistorische, landes- und kulturkundliche Beiträge, „Volks"erzählungen und vor allem Humor in Mundart als „wahre Histörchen und Eghalanda G'schichtla" abdrucken. Die überzeugte Heimat- und Volkstumpflegehaltung geht z. B. aus folgender „Mitteilung" hervor: „Der ‚Heimatbund der Südostdeutschen Bamberg' hat . . . zu ‚egerländer Jazzmusik' eingeladen. Landsleute! Unsere Volkstracht, unser Volkslied, unser Stammestum darf nirgend verunstaltet werden! Meidet solche Veranstaltungen" (Eghalanda Bundeszeitung 2/1950:2. Folge, 35).

tumspflege" verquickt, zumal die Träger vielfach im Zeichen der Heimatbewegung aufgewachsen waren. Über die Ziele der „Arbeitsgemeinschaft sudetendeutscher Erzieher" im Hinblick auf den Einbau des „Deutschen Ostens" in den Unterricht, hieß es 1958/59: „Denn wir wollen ja in unseren Bestrebungen zur Ostkunde, daß ein Weg führt aus Heimatkenntnis und -liebe im Westen zur gegenwärtig von den Deutschen verlassenen Heimat im Osten. Das heute in Mode und zur Geltung gekommene Erfolgsmenschentum des ‚Deutschen Wirtschaftswunders' hält nichts von Verwurzelungen. Und doch braucht unser Volk, auch um politisch bestehen zu können, diese sittlichen Kräfte der Beharrung" (Keil 1958/59, 77).[16]

Der Übergang von dieser Heimatretrospektive und -pflege zu der politischen „Recht-auf-Heimat"-Forderung vollzieht sich dabei oft zwischen Sentimentalität und Fremdenhaß. Ein 1950 unter dem Titel „Jugend und Heimat" veröffentlichter Artikel in dem Heimatbrief „Altvater" forderte vor allem die Eltern zur Erweckung der Heimatliebe ihrer Kinder auf:

„Ein ernstes Gebot der Mutter ist da, wenn sie ihren Kindern des Morgens oder des Abends die Händchen zum Gebete falten lernt, ihnen oft und viel zu erzählen von unserer lieben Heimat, die wir verlassen mußten, von den Gräbern, in denen unsere Ahnen ruhen, von unseren Sitten und Brauchtum, die schönen Sagen und Märchen, welche Rübezahl und Altvater um uns spann, sie soll auch vertraut machen mit den Worten unserer Heimatsprache, jenen Lauten, die sie selber als Kind auf ihrer Mutter Schoß hat lallen gelernt. Mutterworte haben ja eine Wunderkraft, die nie erlischt, sie finden immer in den Herzen ihrer Kinder einen fruchtbaren Boden . . . Die Zukunft eines Volkes ruht in seiner Jugend . . . Die Heimat sieht auf euch, sie ruft nach euch! Ihr seid die Bannerträger, die ihr das verstoßene und beraubte sudetendeutsche Volk wieder in die Heimat zurückführen sollt. Bewahrt euch eueren heimatlichen Sinn, euere Eigenart, weiset zurück fremden Flitter und Tand, damit ihr einst, so Gott es will, als wackere Sudetendeutsche in die alte Heimat zurückkehren könnt!" (Altvater Nr. 11, 1950, 10f.).

Von besonders weitreichendem Einfluß auf die Jugend war vor allem der ehemalige Kreis der Jugendbewegung und unter ihnen insbesondere die Pädagogen. Ihren Bemühungen entstammte über die Werbung in der

[16] Ebd. 76 werden diese sittlichen Kräfte, Morgenfeiern mit Liedern, Spiel, Brauchtum und abendliche Volkstänze, als ein auch von den Lehrern bei ihren Tagungen gepflegtes „sudetendeutsches Heimaterlebnis" unter Berufung auf das Vorbild der Finkensteiner Singwochen Walter Hensels hervorgehoben. Zur frühen Initiative der Flüchtlingspädagogen, entsprechend den landsmannschaftlichen Bestrebungen, in den Dörfern „Egerländer Gemeinden" (Egerländer Gmoi) mit dieser volkskulturpflegerischen Aufgabe zu bilden, vgl. Lemberg/Krecker 1950, 69.

Jugendbeilage des Heimatrundbriefes „Hoam!“ die Gründung der Gruppe „Böhmerwaldjugend“, in deren Treffen, unter Mitwirkung der Pädagogen[17], das gesamte Repertoire der Jugendbewegung wieder auflebte. Hinter diesen Nachkriegsjugendbewegungen steht eine Schicht von sendungsbewußten und durch die „Jugendarbeit“ sich einen neuen Identitätsraum schaffenden Erziehern, die sowohl ihre eigene Wertwelt zu verfestigen suchen, als auch eine politische Aufgabe vertreten, die als „Gebote“ und „Gesetze“ formuliert wird.

Innerhalb der „sudetendeutschen Bewegung“, sowohl in der Presse als auch bei Kundgebungen, wurde dabei, in einer die Forderungen anderer Landsmannschaften weit übertreffenden Betonung, die Heimatpflege und -erinnerung, die hier auch mit besonders augenfälligen historisierenden Tendenzen verbunden war, zum Instrument des Anspruchs auf Rückkehr aufgrund eines „Heimatrechts“ (vgl. die Stellungnahme bei Kopal 1965). So steht im „Gesetz“ der Böhmerwaldjugend „Wir fordern . . . den Schutz und die Wiederherstellung des Heimatrechts“ neben dem Bekenntnis zu Menschenwürde, Tugendhaltung, Gemeinschaftsgeist und Heimatliebe (Hoam! 4/1951: 8, 2 des „Wanderstecken“). So steht in den „zehn Geboten der Sudetendeutschen“ als 1. Gebot „Du sollst unerschütterlich an die Befreiung deines Vaterlandes und an die Rückkehr in die geraubte Heimat glauben . . .“ (Hoam! 5/1952:5, 28 f.). Weitere „Gebote“ beziehen sich vor allem auf die „heilige Pflicht“ der Reinerhaltung der Sprache, die Pflege des Heimatgedankens und die Beeinflussung der Jugend, die Förderung der Landsmannschaft und das Lesen des Heimatblatts, die Pflicht zur Eintracht mit den anderen Deutschen und unter Berufung auf Schiller (als 10. Gebot), die Pflicht zur Liebe des deutschen Volkes „ohne Überheblichkeit“.

Auch als „Gebet“, als Gedicht und Lied wird dieser Anspruch populär formuliert und verbreitet. Dabei spielte, wie bereits in der auf die Minderheiten orientierten „Deutschtumspolitik“, die Ableitung dieses Anspruchs aus den Ahnentugenden eine ausschlaggebende Rolle (vgl. Greverus 1972, 259).

Dieses „Recht auf die angestammte Heimat“ wird auch in die Forde-

[17] In dem Bericht „Wir sind aufgebrochen“ über das erste Sommerlager 1951 dieser Gruppe („Der Wanderstecken“, Jugendbeilage des „Hoam!“ 4/1951: 8, 1–4) wird auf die tätige Mitwirkung des in dem nach 1919 bei den Deutschen in Böhmen einsetzenden „Volks- und Heimatbildungsaufbaus“ besonders aktiven Oberlehrers und Heimatforschers Josef Blau hingewiesen. Blau gab bereits zu Anfang des 1. Weltkriegs ein Buch „Der Lehrer als Heimatforscher“ heraus, nach dem Krieg die Zeitschrift „Heimatbildung“ als Sprachrohr einer Deutschtumsbewegung der Böhmen, er veröffentlichte zahlreiche heimat- und kulturkundliche Werke über die Böhmerwäldler, legte Heimat-Gemeindegedenkbücher an, hielt Vorträge und schuf die Volksbühne. Über Blau vgl. die Würdigung zu seinem 80. Geburtstag, dem Anlaß für die Verleihung des Verdienstordens der Bundesrepublik in: Hoam! 5/1952: 8, 1–5.

rungen einer Enkelgeneration hineingetragen. So heißt es in dem Grundsatzprogramm des Arbeitskreises Sudetendeutscher Studenten (ASST), das 1986 verabschiedet wurde, u. a.:

„Alle Völker und Volksgruppen haben ein Recht auf die angestammte Heimat. Dieses umfaßt ideelle und materielle Werte, sowie das Recht in diesem Gebiet als Gruppe unbehelligt ansässig zu sein. Dieses Heimatrecht hat die Sudetendeutsche Volksgruppe durch friedliche Besiedlung und Kulturleistung über Jahrhunderte hinweg erworben. Es ist mit der Massenvertreibung 1945/46 nicht untergegangen. Ziel sudetendeutscher Politik ist die Durchsetzung des Selbstbestimmungsrechts der Volksgruppe. Die Verwirklichung des Rechts der Sudetendeutschen auf ihre Heimat ist der künftigen Politik vorbehalten. Sie ist auf dem Verhandlungswege, unter Umständen erst zum Zeitpunkt und im Rahmen einer künftigen gesamteuropäischen Neuordnung zu erreichen" (Werdecker-Hoffmann 1986, Anhang Grundsatzprogramm, 2).

„Grundwerte in der Arbeit des ASST sind die Würde und die in sozialer Verantwortung zu verwirklichende Freiheit des einzelnen Menschen. Das Bewußtsein, daß diese Grundwerte wesentlich durch die Wiederbelebung und Vertiefung historisch gewachsener Bindungen an Heimat und Volkszugehörigkeit verwirklicht werden können, prägt den ASST. Seine Aufgabe ist es, sudetendeutsche Identität für junge Menschen erfahrbar zu machen. Diese Identität als Volksgruppe kann jedoch nicht allein durch das Bekenntnis zum Sudetendeutschtum gewahrt werden. Es gilt vielmehr, Zukunftsperspektiven zu entwickeln und diese in die Tat umzusetzen" (ebd. Grundsatzprogramm, 4).

Und in der „Grundsatzerklärung" von 1982 hieß es:

„Der ASST ist eine Vereinigung von Studentinnen und Studenten, die sich zu gemeinsamer Arbeit für das deutsche Volk innerhalb eines vereinten Europa zusammengefunden haben . . . Die entscheidende Aufgabe des ASST ist es, für das Sudetenland und die Anliegen der Sudetendeutschen einzutreten . . . Der ASST sieht im Recht auf die Heimat und im Selbstbestimmungsrecht notwendige Ordnungsprinzipen aller Völker, die endlich auch für alle Deutschen verwirklicht werden müssen" (ebd. Anhang Grundsatzerklärung).

Hiddo M. Jolles bezeichnete in seiner „politischen Ortung" der deutschen „Wanderideologie" diese als die „kontemporäre Form des bereits von früheren Generationen gehegten Gedankens eines in ‚Volkstum' und Landschaft gegliederten Deutschtums", wobei die Zwangswanderer zum Beweis der Gefährdung dieses Deutschtums werden und ihre Rückkehr als „Gefühlsdeckung und Sicherstellung eines Teiles des gesamtdeutschen Selbstgefühls" erscheine (Jolles 1965, 377). Damit deutet er die konservative Basis dieser ethnisierenden Ideologie an, für deren emotional engagierte Interpreten die politische Aktion auf Wiedergewinnung von „Heimat" gewissermaßen „notwendiges" Anliegen als Folgerung aus der Ideologie einer einmaligen stammlich-kulturellen Heimatverbundenheit war. Diese auf Restauration „ethnischer Heimatrechte" zielende Ideologie, die in einer deutschen Enwicklung auf ein breitenwirksames kulturelles Ethos zurückblicken kann (vgl. dazu Greverus 1972, 281 ff.) und durch die spezifische Situation der Zwangswanderung neue Aktualität bekommen hatte, ist von ihrer Grundkonzeption her anpassungsfeindlich in Hinblick auf eine progressive Gesamtgesellschaft. Ihre Träger waren auch in der bundesrepublikanischen Nachkriegssituation die gleichen Schichten einer zu geistigem Elitebewußtsein tendierenden, sozial unzufriedenen Mittelschicht.

Auf der Ebene der Gesamtgesellschaft und ihrer führenden und verwaltenden Organe machte sich in der Mehrzahl der innenpolitischen Maßnahmen eine Integrationspolitik bemerkbar, und die Gegenbewegung beschränkte sich im wesentlichen auf die Erteilung offizieller Akklamationen bei Großveranstaltungen, die ohne politische Konsequenzen blieben. Daß sich andererseits wohl „keine deutsche Partei ohne politischen Schaden“ dieser restaurativen Bewegung gänzlich hatte entziehen können, führt Jolles, mehr noch als auf Infiltration von Flüchtlingen und Vertriebenen in die meisten Parteien, auf das „gesamtdeutsche Ethos“ einer Heimatbewegung zurück (Jolles 1965, 378). Außenpolitisch mündete die „Recht-auf-Heimat“-Konzeption dagegen in einen Ost-West-Antagonismus ein und bezog aus dem staatlichen Territoriumsverlust strategisch besonders wichtiger Positionen ihr Engagement, nicht aber aus dem Territoriumsverlust des einzelnen „Heimatlosen“.[18]

Daß sowohl die auf höchster bundesrepublikanischer Ebene vorgetragene Heimat-Ideologie, soweit sie die „Feindfigur“ Kommunismus aus dem weltanschaulichen Bereich in denjenigen des „Heimatvertreibers“ transponierte, als auch diejenige, die auf mittlerer, sekundär minderheitenbildender Organisationsebene der konservativen „Volkstums“-Verteidiger und -Manager vorgetragen wurde, zunächst die gesamte Bevölkerung, auch diejenige, die nur innerhalb ihres privaten Satisfaktionsterritoriums dachte, berührte, war durchaus situationsbedingt. Der desintegrierte Flüchtling sah seinen Satisfaktionsraum eben in jener verlorenen Heimat, und der in seinem Satisfaktionsraum bedrohte Einheimische sah in der Rückkehr der „Fremden“ die Lösung des Problems. Dabei gab die Ideologie einer Einmaligkeit der Heimat einem schlechten Gewissen beruhigende Nahrung. Im Laufe der Entwicklung zeigte sich allerdings die Spannung zwischen den beiden Polen der Wanderideologie – geforderte „Eingliederung“ auf der einen und gefordertes „Heimkehrbewußtsein“ auf der anderen Seite – immer stärker.

Gerade die landsmannschaftliche Organisation hält starr an ihrer Konzeption der Heimateinmaligkeit fest und nähert sich damit immer mehr

[18] Jolles sieht darin, neben dem real aus dem Konflikt mit dem kommunistischen Machtbereich entstandenen Zwangswanderungsgeschehen und der konservativen Ethik des „Heimatgedankens“, den eigentlichen Angelpunkt für den sich herauskristallisierenden Rechtsradikalismus der Wanderideologie (vgl. Jolles 1965, 370).

der restaurativen „Volkstumsrepräsentation“ der auch einheimischen Heimatbewegung.

Und wer bleibt fremd?

Wenn von einem „Überschuß an sozialaktiven Persönlichkeiten“ für die damalige Gegenwart gesprochen wurde (Bausinger 1969, 87), die in organisatorischer Betätigung ein Ventil suchten, so traf dies in besonders hohem Maße für die „Flüchtlingszeit“ zu. Gerade die, ihres ursprünglichen Aktions- und Identifikationsraumes beraubte, anerkannte Elite der kleinen Territorien – die Pfarrer, Lehrer, Vereinsleiter – gerieten im neuen Raum in diese Überschußsituation und konnten sich durch ihren aktiven Einsatz wieder bestätigen. Doch ihr „heimattreues“ und heimatbetreutes „Volk“ ging andere Wege, sowohl in der sentimentalen Verbundenheit zur verlorenen Heimat als auch in der Anpassung an die neue. Der „Lästersong“ von Schobert & Black „Des Heizers Traum“ deckt die Diskrepanz auf, die zwischen der Gewinnung eines neuen Satisfaktionsraums der Flüchtlinge und einer aufgesetzten Tugend regressiv orientierter Heimatliebe besteht:

Glock drei: der Heizer träumt rasant
von Jugendzeit im Heimatland.
. . . Der Wecker schrillt, die Diele kracht,
das Heimweh wird im Bauch gemacht
und bringt den'n oben im Verein
natürlich schön Pennunze ein.
Palmnicken an der Küchenwand
ist auch von wegen Heimatland.
Er braucht es nicht, nicht unbedingt.
. . . Nicht, daß er dort gern leben möcht,
denn schließlich hier geht ihm nicht schlecht,
Er hat im Kopf kein scharfes Ziel
– bloß so sein Heimatlandgefühl . . .

Der „Traum“ läßt den Heizer durch Ostpreußen fahren:

Hier gibt er die Parole aus:
Mein Heimatland ist mein Zuhaus
. . . Nicht daß er da gern leben möcht!
Hier geht ihm schließlich gar nicht schlecht.
Im Grunde ist es ihm egal,
hat Eigenheim im Frankental
. . . Doch wenn sie alle Heimat schrein,
dann kann er nicht dagegen sein.

(Schobert & Black, Die singenden Bärte mit Lästersongs und moralischen Liedern von Fritz Graßhoff und Schobert Schulz, Nr. 6 Xenophon X – 5000 LP.)

Alle empirischen Untersuchungen örtlicher Eingliederungsvorgänge unterstreichen, daß die sekundäre Minderheitenbildung und die gedankliche und darstellerische Pflege der verlorenen Heimat ein Übergangsstadium darstellt, nach dessen Überwindung gestrebt wird. Das beginnt bereits in der noch arbeitsfähigen ersten Generation. Wenn die ersten Anstrengungen zu einer beruflich satisfaktionierenden Eingliederung und zur Schaffung einer neuen „Behausung" gelungen sind, möchte man auch sonst nicht mehr als „Fremder" gelten. Wie man schon in der ersten Zeit, die noch von einem starken Kulturkonflikt gekennzeichnet war, die auffälligen Merkmale des „Fremden" abgelegt hatte, vor allem die Tracht und mißliebig betrachtetes Brauchtum, versuchte man über die einheimischen Vereinigungen, die nachbarlichen Kontakte und eine sprachliche Anpassung „einheimisch" zu werden. Der von der mittleren Generation vorangetriebene forcierte Eingliederungsversuch in das neue Territorium hätte sich bei der jüngeren Generation, den geflüchteten Kindern, wahrscheinlich ohne größere Konflikte vollzogen, wenn hier nicht künstliche Barrieren gesetzt worden wären. Diese Barrieren gingen einmal von der Elterngeneration sowohl der Flüchtlinge als auch der Einheimischen aus. Die wechselseitige Diskriminierung der Anfangszeit mußte sich auf die Kinder übertragen, und auch die bewußte Erinnerungspflege der älteren Generation prägte bis zu einem gewissen Grade ein Sonderbewußtsein, das nicht auf einer erfahrenen Besonderung, sondern auf einer vermittelten beruhte. „Familiensaga" und „soziales Testament", das heißt den Rückblick auf das Leben in der verlorenen Heimat und auf das dort genossene Prestige, nennt Karasek-Langer (1959, 670) diese beiden Beeinflussungsströme, die sich als Formel „verlorene Heimat" noch lange in den Schulaufsätzen jugendlicher Flüchtlinge niederschlugen (vgl. z. B. Braun 1959/60, 101; Müller 1956, 108 f.). Auch die Gedichte von Kindern auf die alte Heimat, die bezeichnenderweise im Familienchronikstil gehalten sind, gehören zu den Niederschlägen der Familienüberlieferung. Wie stark bei diesen Erzählungen für die Kinder die eigene Selbstwertbehauptung der Erzähler mitspricht, verdeutlicht das 1946 geschrieben Gedicht einer donauschwäbischen Bäuerin, das, in einem stark von der Minderheitenbewegung beeinflußten Tugendpreis, „die braven Banater Schwaben" preist, das Schicksal in der Fremde beklagt und mit dem „Trost" endet:

> Ob nun vertrieben, Süd oder Ost,
> bleibt ihm doch noch die Hoffnung, ein Trost.
> Wenn auch die Enkel in fremdem Land geboren,
> das für sie das Schicksal hat auserkoren,
> so werden sie doch alle stolz einst sagen:
> Unsere Großeltern waren Banater Schwaben
>
> (Neuland Nr. 47 v. 25. Nov. 1951, 4).

Eine in der Retrospektive verharrende Haltung konnte man weitgehend bei der älteren Generation feststellen, die das neue Territorium nicht mehr mit satisfaktionierender Aktion besetzen konnte und auf ein Beharren in den gewohnten Verhaltensformen zur Erhaltung der Identität angewiesen war. So wurden sie vor allem zu den sogenannten „Bewahrern" der Tradition und zum Pilgerziel einer breit gefächerten Schicht von Kulturpflegern und Kulturforschern, denen es entweder um die erhaltende Pflege der Traditionsreste ging oder um die Registrierung einer „dem Untergang bestimmten" Tradition.[19]

Von einem Donauschwaben, der „noch heute einen sehr reichen Schatz von Märchen, Legenden, Anekdoten und Schwänken" beherrscht, heißt es: „Zwar fehlt es meist an Zuhörern; aber ab und zu kommen Kinder aus der Verwandtschaft zu Besuch" und: „Auch als wir eines Tages mit dem Magnetophongerät zu ihm kamen, fand er sich gleich bereit, seine Erzählungen zum besten zu geben" (Bausinger 1956, 9). Bausinger ordnet in seiner „Typik des Einlebens der Flüchtlinge" diesen Erzähler dem Kreis der „naiv Beharrenden" zu, der die „bewährte Gangart" ohne Sentimentalität in aller Selbstverständlichkeit beibehalten hätte, obgleich die Söhne, mit denen er zusammenlebt, sich bereits weit davon entfernt hätten (ebd. 9 f.). Auch der Märchenforscher Henßen verweist auf die „nüchterne" Haltung der Söhne dieses Erzählers, der „mit ausgesprochenem Vergnügen" auf die Fragen des Sammlers einging: „Er brauchte nur einen aufmerksamen Zuhörer zu haben, und schon reihte er eine Geschichte an die andere . . ." (Henßen 1959, 5). Künzig berichtet von seiner 74jährigen donauschwäbischen Liedexpertin: „Es bedurfte kaum einmal eines Nachfragens, unermüdlich sang sie eines um das andere der Lieder . . .". Auch hier fehlt wieder, bis auf die Enkelkinder, der Zuhörerkreis, und als „sie wußte, daß jemand kommt, der sich für diese Lieder interessiert, hatte sie . . . die Anfangszeilen . . . notiert" (Künzig 1956, 109 f.). Für diese alten Flüchtlinge wurde der Forscher gewissermaßen zum Therapeuten, gab er ihnen doch sowohl die Möglichkeit, sich auszusprechen, als auch eine Bestätigung ihres einstigen Ranges, den sie früher, als anerkannter Erzähler, besaßen. Der Zuhörer ermöglichte ihnen eine symbolische Rückkehr in den einstigen Satisfaktionsraum und eine Wiederholung ihres Rollenspiels. Auch der Briefwechsel mit Forschern, die sich für die Traditionen der Flüchtlinge interessieren, gab die Möglichkeit zur symbolischen Rückkehr. Mit zunehmender Satisfaktion im neuen Territorium nehmen sowohl die

[19] Ein Vortrag über „Die bewahrende Aufgabe der Volkskunde" anläßlich einer Arbeitstagung für „Ostkunde im Unterricht" sprach davon, daß es „vor allem bei älteren Leuten" gelang, „Tonbandaufnahmen von Märchen, Sagen, Geschichten, Liedern und der Mundart herzustellen" (Krins 1964, 269).

Briefaussprache als auch der retrospektiv orientierte Inhalt ab.[20] Eine anhaltende oder gar zunehmende retrospektiv-nostalgisch orientierte Aussprachebereitschaft läßt auf eine nicht vollzogene Anpassung schließen.

Der von Ingeborg Weber-Kellermann mit einem donauschwäbischen Kleinbauern, der in Sachsen ansässig war, geführte und analysierte Briefwechsel (Weber-Kellermann 1967) zeigt sehr eindringlich die Kongruenz von anhaltender – und durch den Verlust vertrauter Menschen durch Tod oder personelle Entfremdung („. . . während sich seine Kinder und Enkelkinder viel müheloser einleben konnten. Auch ihnen gegenüber wächst damit die Distance und Fremdheit . . .") verstärkter – Desorientierung und nostalgischer Retrospektive. Eine Analyse des Illusionsraums ergibt dabei eindeutig eine Konzentration auf die Momente und Territorien seiner höchsten Geltung und damit Satisfaktion: Nicht das Dorf und sein Alltagsleben stehen im Mittelpunkt, sondern das freiere Leben auf den Jahrmärkten, bei Wallfahrten, wobei sein „unüberwindlicher Charme" und die „zahlreichen amourösen Geschichten", über die er in vollkommener Offenheit schreibt, den Kern der nostalgischen Illusion bilden. Und wenn dieser Bauer sagte: „Ich bin ein großer Ungar, aber mein Herz schlägt deutsch", dann verweist er damit auf ein Mentalitätsstereotyp des „Ungarischseins", das durchaus diesem „freieren Leben" entspricht. Allerdings wird diese selbstbewußte ungarisch-deutsche Identitätskonstruktion aus der Fremdheitserfahrung des Hier schnell auch auf eine Fremdheitserfahrung des Dort übertragen, wenn er in einem Brief von 1964 schreibt: „Wie wir in Ungarn waren, da waren wir ‚die Schwaben', jetzt sein wir ‚die Ungarn'! Das ist die Zeit!"

[20] Bonomi (1965, 157f.) verweist auf den Rückgang der ihm zugegangenen Schreiben sowohl in Hinblick auf die Anzahl der Schreiber als auch auf die Häufigkeit, Länge und Themen aus der „alten Heimat" seit Mitte der 50er Jahre. Zum Übermaß der Briefkommunikation der Flüchtlinge in der ersten Zeit vgl. auch Karasek-Langer 1959, 656.

Zigeuner und Wir. Auf der Suche nach Identität

Gibt es einen Dialog in Widersprüchen?

Abb. 2: Gespräch der Autorin mit Paul S. in Stes. Maries de la Mer. Foto: Institut für Kulturanthropologie und Europäische Ethnologie, Frankfurt a. M.

1979 haben wir, Lehrende und Studierende des Instituts für Kulturanthropologie und Europäische Ethnologie, ein Buch mit dem Titel „Zigeuner und Wir" veröffentlicht. Der Titel dieses Buches verweist auf den in der damaligen Zeit noch nicht als „dialogische Anthropologie" bezeichneten Versuch, die Anderen als Gesprächspartner zu erfahren, ihren Stimmen Gehör zu verschaffen und diese Gespräche als konstituierend für die

Erarbeitung von wechselseitiger und gemeinsamer Erfahrung von kulturellen Welten zu betrachten. Im Vorwort zu diesem Band schrieben wir:

„Eigentlich wollten wir nur im Rahmen unseres Institutsprogramms eine Exkursion nach Saintes Maries de la Mer machen. Doch bei der Vorbereitung im Frühjahr 1978 spürten wir bereits, welch breiten Kontext das Thema Zigeuner hatte und wie hautnah es Fragen unseres kulturanthropologischen Selbstverständnisses berührte. So haben wir schließlich für die Erarbeitung dieses Bandes mehr als ein Jahr benötigt und wissen gerade deshalb, wieviele Probleme auch von uns noch nicht gesehen oder gar erforscht wurden.

Außer einem vorbereitenden Seminar ‚Zur ethnischen Identität der Zigeuner' und einer Arbeitsgemeinschaft ‚Kulturreportagen: Minderheitenproblematik der Zigeuner', Wochenendseminaren und Gastvorträgen von Experten führten wir neben der Literaturanalyse bereits in deutschen Zigeunerlagern, bei Interessenvertretern und Betreuungsinstitutionen Recherchen durch. Nach der 14tägigen Exkursion in verschiedene Lager und nach Stes. Maries wurden Feldarbeit und Dokumentenanalyse fortgesetzt, um Antworten auf unsere Fragen zu finden. Im Gegensatz zu einer bisher weitgehend kulturhistorisch orientierten Zigeunerforschung ging es uns um die Analyse gegenwärtigen Alltagslebens der Zigeuner.

Wir hoffen, daß dieses Buch, aus der Arbeit engagierter und z. T. noch sehr junger Kulturanthropologen erwachsen, anregt, über das Thema ‚Zigeuner und wir' nachzudenken. Dabei geht es um die Frage nach den Möglichkeiten und Schwierigkeiten des Zusammenlebens der Mitglieder zweier Kulturen, von denen die einen zu den Randseitern unserer Gesellschaft gehören" (Zigeuner und Wir 1979, 18).

Die Näherungen waren sowohl von der „Sehnsucht des Ethnologen nach dem Feld" (Greverus 1982) der „ganz Anderen" getragen als auch von jener alternativen Szene der 70er, die über die Kritik der Gesellschaft hinaus versuchte, alternative Lebensformen zu entwickeln, und ihre Vorbilder gerade bei den Randseitern der eigenen Gesellschaft fand (vgl. Greverus/Haindl 1983). Das Konzept des Kulturpluralismus oder der kulturellen Autonomie stand im Zentrum der anthropologischen „Anwaltschaft" und geriet schon damals als „Sonderrechtsforderung" oder „Strategie des Disengagements" hinsichtlich der jeweiligen Nationalstaaten (vgl. Greverus 1978, 245 ff.) in Widerspruch zu universalistisch argumentierenden Konzepten, die allerdings realpolitisch auf nationalstaatliche „Einpassung" zielten. Aus diesem Widerspruch sind auch die folgenden Passagen meiner in den 70er Jahren niedergeschriebenen Gedanken zu verstehen. Und die 90er Jahre haben diese Widersprüche nicht gelöst, sondern weltweit verschärft! Kann es einen Dialog geben, der die Widersprüche benennt – und sich dennoch nähert?

Wir sind einmal Vögel gewesen

„Ja, so sind wir Zigeuner geworden. Wir hatten alle Flügel, ich meine, die damals gelebt haben, und wir verdienten unser Brot nicht mit Buti und Tschore, wir flogen nur immerzu und aßen, was die anderen aßen. Im Herbst, wenn schon schudripe hi odjari – das heißt, wenn es draußen anfing kalt zu werden –, schwangen auch wir uns mit den anderen Vögeln in die Luft und flogen weit weg nach Afrika.

Hatten wir es an dem einen Ort satt, flogen wir weiter. Paßte es uns dort auch nicht mehr, suchten wir uns wieder einen neuen Platz – so lebten wir.

Na, aber auch das war nicht das Paradies, der Vogel im Käfig hat es besser. Der närrische Gadscho, der sich ihn hält, hätschelt ihn – tschiriklori, werebori – und streut ihm jeden Tag sein Futter hin. Aber der freie Vogel muß es sich selber verschaffen, da hilft nichts. Aber er ist frei.

Ich will es kurz machen. Als wir schon viele, viele Tage über eine dürre Gegend geflogen waren, hungrig und durstig, da geschah es eines Abends. Es war eigentlich erst Dämmerung, denn man konnte noch sehen, daß unter uns fette Äcker lagen. Unser Führer, der Vajda, ich meine der Vogelvajda, gab mit einem Winken der Flügel das Zeichen zum Landen, und wir ließen uns nieder und begannen die feinen Weizenkörner zu picken. Wir aßen und aßen, und aßen uns ganz voll nach den vielen Tagen bokhalipe, so daß wir am selben Tage gar nicht weiterfliegen konnten. So blieben wir dort bis zum nächsten Morgen, und dann fingen wir wieder an zu essen, denn wir waren wieder hungrig. Da konnten wir uns wieder nicht aufschwingen, und es wurde Mittag und Abend, und die Nacht fand uns immer noch dort.

Dabei wurden wir dick und fett. Auch wenn wir es gewollt hätten, wären wir nicht imstande gewesen, wieder aufzufliegen. Dann gewöhnten wir uns an das gute Leben, daß wir nicht hierhin und dorthin fliegen mußten und alles fanden, wo wir waren. Bald hatten wir nicht nur das Fliegen verlernt. Nicht einmal hüpfen konnten wir mehr, nur noch langsam und behäbig schreiten.

Es kam der Herbst, und der schöne Acker begann zu welken. Es wuchs nichts mehr, und die Körner, die auf der Erde verstreut waren, die halfen uns Ratten und Mäuse aufklauben. Was konnten wir tun? Wir machten uns ans Speichern, wie wir es den Feldtieren abgeguckt hatten. Wir kratzten Gruben in die Erde, verschalten sie und trugen hinein, was wir noch übrig hatten. Dann deckten wir das ganze zu. Schließlich gingen wir daran, uns aus Reisig und Stroh kleine Hütten zu bauen, wo wir überwintern konnten.

Bei der Arbeit wurden uns die Beine dick und dicker, und aus unseren Flügeln wurden Arme. Vorbei war es mit dem schönen Leben, mit dem Fliegen von einem Land ins andere. Ja, und so sind wir rumänischen Zigeuner – so schloß der puro Roma – auch jetzt noch Vögel. Haben wir unsere Zelte im Tal aufgeschlagen, sehnen wir uns auf den Berg hinauf, und wenn wir oben auf dem Berg sind, möchten wir hinunter ins Tal. Aber jetzt müssen wir zu Fuß gehen.

Doch wir sind nicht verzagt und leben nicht knauserig, denn eines Tages werden wir uns in Vögel zurückverwandeln“ (Zigeunermärchen 1976, 31 f.).

Sicher hätte keiner der von uns befragten Zigeuner diese Erzählung gekannt, selbst wenn wir ihn danach gefragt hätten. Aber: Wir waren auch nicht auf der Suche nach alten Geschichten und Experten, die sie noch erzählen konnten, sondern auf der Suche nach der Identität der heutigen Zigeuner. Und es war sicher Denkanstoß und Erkennen für uns, daß auf dieser Suche unsere eigene – berufliche und private – Identitätsdiffusion gar nicht mehr so verschieden von derjenigen der Zigeuner war, daß sich vielfach isolierte Individuen gegenübertraten, die – sicher vorübergehend – Identitätsbestätigung aus einer zwischenmenschlichen Kommunikation unter Fremden gewannen, da Ethnie, Sippe, Familie, Schicht, lokale/regionale Einheit, die Träger jener von Erikson (1971) als Grundpfeiler für die Ausbildung einer „gesunden“ Ich-Identität bezeichneten Zugehörigkeit mit einem gemeinsamen Lebensplan und einer gemeinsamen Lebenswelt, immer weniger prägend sind. Auch jener Geschichten erzählende Rom mit seinen „neunzig und etlichen Jahren“ fand seine vorübergehende Identitätsbestätigung durch einen Gadscho (Weißen), den Märchensammler, denn:

„Ja, wem sollte ich etwas erzählen? Meinen Söhnen? Wenn die sich irgendwie einen besseren Anzug verschafft haben, schwören sie bei der Jungfrau Maria, daß sie keine Zigeuner seien. Damals, in den alten Zeiten, war alles ganz anders. Also meinetwegen, wenn ihr mir heilig versprecht, daß ihr mich alten Mann nicht auslacht, erzähle ich euch ein oder zwei von meinen alten Geschichten“ (Zigeunermärchen 1976, 8).

Daß Ethnologen auf ihrer Suche nach „Volkstraditionen“, deren Fund ihre Identität als Forscher bestätigen mußte, oft zu Identitätsinstanzen für jene zumeist alten Menschen wurden, die in ihren ursprünglichen Identitätsgruppen keine Bestätigung mehr fanden, ist ein bekannter Vorgang (vgl. Greverus 1978, 230 ff.). Das soziale Dasein der Menschen (als Zugehörigkeit, Interaktions- und Kommunikationsmöglichkeit) ist von kulturellen Mustern abhängig, die in Raum und Zeit verschieden sind, aber als „gekonnte“ Muster für jedes Mitglied einer Kultur den sozialen Imperativ des Sich Erkennens, Erkannt- und Anerkanntwerdens, aus dem Identität resultiert, erbringen müßten.

„Unser Glück besteht darin, daß wir zusammenhalten“

Daß dieses mit der Vogelmetapher beschworene ethnische Charakteristikum „Freiheit“ der Fahrenden allerdings nicht nur „Märchen“ oder Ethnizitätsforderung etablierter Zigeunervertreter war, sondern im Weltbild von Zigeunern, die tatsächlich noch Fahrende waren, einen kulturellen Wert darstellte, konnten wir in Gesprächen immer wieder erfahren. In den Gesprächen mit Paul S. (vgl. Greverus/Liogier 1979), einem französischen Gadscho, der in Südfrankreich in einem Zigeunerlager lebte und

Abb. 3: In Stes. Maries de la Mer 1979. Foto: Institut für Kulturanthropologie und Europäische Ethnologie, Frankfurt a. M.

mit einer Zigeunerin verheiratet war, wurde diese Freiheit lebendig. Und obgleich er sich in vielem von den Zigeunern distanzierte, wurde das „sie" hier plötzlich zum „wir": „Ja, man drängt sie in die Häuser, aber wir wollen nicht in Häusern leben. Wenn man in Häusern lebt, ist man nicht mehr frei, gefangen" (ebd. 31). Und auf die Frage nach dem Alltagsleben antwortete er wieder mit einer Vorstellung von Freiheit:

„Freiheit bedeutet für uns, einen Platz in jedem Land zu haben, es gibt gar keinen Platz. Man jagt den Zigeuner. Man soll ihn aber nicht jagen. Normale Leute bleiben auf elf Monate zu Hause und einen Monat im Jahr machen sie Caravaning, also Zigeuner – genau so wie wir. Also schlafen sie auch auf dem Boden und laufen sie barfuß, elf Monate arbeiten sie – in diesem einen Monat spielen sie Zigeuner, genießen die ‚Freiheit'" (ebd. 27).

Ein im Gegensatz zu den zahlreichen Wohlstandszigeunern in Stes. Maries besonders ärmlicher Zigeuner, ein Rom, mit dem ich mich erst bei Paul S. und später in seinem eigenen Wohnwagen unterhielt, vermittelte vielleicht am stärksten jenen Begriff von Freiheit, die nicht Freiheit von etwas, sondern Freiheit für etwas ist: nämlich zu einem integrierten Dasein. Wolf In der Maur meinte diese Freiheit, als er sagte:

„Die Zigeuner wissen nicht, was Freiheit ist. Aber sie nehmen, haben und lieben sie . . . und weil sie nirgendwo zuhause sind, sind sie überall daheim . . . Sie bringen überall hin nur sich mit“ (In der Maur 1978, 8).

Einer unserer ersten Gesprächspunkte waren unsere Berufe und die damit verbundenen Reisen. Er selbst war Korbflechter und ständig Fahrender ohne einen festen Wohnsitz. Er kannte viele Länder Europas: Im Frühjahr ist er im allgemeinen in Norditalien, fährt dann nach Spanien und Deutschland, insbesondere ins Rheinland, und kommt im Herbst nach Frankreich, wo er sich mit seiner Familie sehr lange in der Bretagne aufhält. In der Familie sprechen sie untereinander einen Roma-Dialekt, mit seinen Freunden in der Gesprächsrunde sprach er französisch, und wir unterhielten uns auf italienisch. Er konnte lesen und schreiben. Auch seine Kinder, die auf den einzelnen Stationen lernten, könnten französisch lesen und schreiben. Viel erzählte er uns von seiner Familie, seiner Frau und neun Kindern, das älteste 14, das jüngste anderthalb. Und das zehnte Kind war unterwegs. Und wenn es da wäre, dann gäbe es die größte Tauffeier, ein Fest, bei dem die ganze Familie zusammenkäme und tagelang feiere. Das Zusammensein der Familien war ihm auch in Stes. Maries das Schönste und Wichtigste, aber er war auch ein eifriger Kirch- und Prozessionsgänger.

Die Familie bliebe immer beieinander, auf allen Fahrten. Oft würden sie auch mit anderen Familien seiner Sippe zusammen reisen. Abends säßen sie dann alle zusammen, eine der Mamas würde kochen und es gäbe spontan ein Fest. Dann machten sie Musik und meditierten über den Sinn des Daseins. Diesen Ausdruck „Sinn des Daseins“ oder „unsere Lebensphilosophie“ benutzte er oft. Und als ich ihn fragte, ob er es für sich und seine Kinder nicht besser fände, seßhaft zu sein, meinte er, daß sie sehr glücklich seien und auch die Kinder später das gleiche Dasein führen möchten: Sie wären auch nicht eifersüchtig, daß andere Kinder eine Wohnung oder viel Spielzeug hätten.

„Über uns allen steht eine große Macht, und wir sind auf dem Weg zu einem Geheimnis, das wir selbst nicht ergründen können. Aber hier wollen und müssen wir glücklich sein, und unser Glück besteht nicht darin, daß wir arbeiten und auf die Uhr schauen, sondern unser Glück besteht darin, daß wir zusammenhalten, daß die Familie zusammenhält“.

Für die Zigeuner wäre es das Wichtigste, so weiterleben zu können, wie sie wollten; für uns so, wie wir es wollten. Daß die Menschen trotz ihrer

Verschiedenheit miteinander leben und sprechen könnten, wie wir, wäre überall der Fall. Diejenigen, die das nicht wollten, wären die Herrschenden in den einzelnen Staaten, diejenigen wären es auch, die die Zigeuner seßhaft machen wollten, ihnen ihren Weg nicht lassen, gleichgültig ob kapitalistische oder kommunistische Staaten. Schlimmer wäre es noch in letzteren, dort würden alle Zigeuner seßhaft gemacht oder vertrieben. Und er könnte auch nicht nach Ungarn, obgleich seine Vorfahren von Ungarn gekommen wären.

Freiheit war für ihn das Recht der Menschen, ihr Leben selbst zu gestalten. Auf die Frage, was er von den Alternativversuchen junger Gadsche halte, antwortete er mit einem Lächeln, daß sie wohl scheitern müßten, weil wir ganz anders aufwachsen und erzogen würden und sehr viel größere Ansprüche hätten. Trotzdem betonte er immer wieder, daß es nicht die menschlichen Unterschiede zwischen Ethnien, zwischen Armen und Reichen, zwischen Fahrenden und Seßhaften gäbe, sondern nur den der Personen. Es käme darauf an, was der Einzelne im Inneren dächte, ob er das Herz auf dem rechten Fleck habe.

Nach einer Weile fragte er mich, ob ich nicht mit ihm zu seinem Wohnwagen kommen würde, um seine Familie kennenzulernen. Sein Wohnwagen war ein Kleinbus, innen von einer geradezu erschreckenden Ärmlichkeit. Die eine Hälfte des Wagens wurde in halber Höhe von einem großen Brett mit Matratzen ausgefüllt: Schlafplatz der Kinder. Darunter wieder Matratzen: Schlafplatz der Eltern. Rundherum Regale, auf der einen Seite für die Wäsche, auf der anderen für Geschirr und Lebensmittel. Zwischen dem Fahrersitz und dem Brett ein kleines Schränkchen mit einem Gaskocher, statt des Beifahrersitzes zwei Kisten als einzige Sitzgelegenheit, die mir dann angeboten wurde. Ich führte das Gespräch mit dem Mann weiter, da eine Verständigung mit seiner Frau aus sprachlichen Gründen nicht möglich war. Um uns herum die vielen Kinder: die einen schrien, zwei schlugen sich um eine Puppe und bekamen eine dazu, die größeren Kinder gingen raus und rein oder saßen auf dem oberen Schlafbrett. Werden sie nie nervös, was tun sie, wenn es regnet, war meine von unseren Raumansprüchen ausgehende Frage: „Ach, wir haben noch ein Zelt dabei, und im übrigen sitzen wir dann halt zusammen hier im Wagen. Meine Frau ist ein Engel an Geduld und ist zu allen Kindern lieb, und die Kinder sind untereinander auch lieb. Wir führen ein wunderschönes, glückliches Familienleben."

Die Wiedergabe dieses Gespräches wollte keine „heile Welt der Freiheit in Armut" verherrlichen, sondern vielmehr die Relikthaftigkeit und ihre Konsequenzen eines an unsere seßhafte, individualistische, leistungs- und konsumorientierte Gesellschaft unangepaßten und doch von ihr abhängigen Daseins aufzeigen. Wenn In der Maur von den Zigeunern sagt,

„sie bringen überall hin nur sich mit“, dann entspräche dies einem Charakteristikum der „Folk-Gesellschaft“ in Redfields Sinn als einer isolierten Gesellschaft, die selten zu Fremden in Beziehung tritt, selbst wenn sie saisonale Wanderungen unternimmt:

„Die Zigeuner haben sich generationslang unter den verschiedensten Völkern der Erde bewegt, und dennoch haben sie viele Charakteristika einer Folk-Gesellschaft bewahrt“ (Redfield 1966, 332).

Diese idealtypische Folk-Gesellschaft ist weiterhin durch folgende Merkmale geprägt: Sie ist eine kleine Gesellschaft mit ständigen Primärkontakten und intensiver Kommunikation mit Hilfe des gesprochenen Wortes und einer starken Personalisierung des interaktiven Verhaltens, wodurch das Individuum einen festen Platz innerhalb der Gruppe, aber keine individuelle Position besitzt. Die Folk-Gesellschaft ist ökonomisch relativ unabhängig, treibt Bedarfswirtschaft und kennt nur zwischen den Geschlechtern eine strikte Arbeitsteilung. Die Sozialisierung findet über die in der Gruppe integrierte Familie statt. Die Gesellschaft ist traditionsgelenkt und sorgt ohne die Zwischenschaltung spezifischer Instanzen für die Erhaltung ihres Ordnungssystems. Das Verhalten der Mitglieder orientiert sich an einem von allen geteilten gemeinsamen Verständnis für den gegebenen Sinn des Lebens. Das Gegenteil dieser Folk-Gesellschaft ist für Redfield unsere moderne Stadtgesellschaft.

Für In der Maur sind es nur noch die Zigeuner, die sich als „wahre Fremde“ *in* und *gegen* die Provinzen der organisierten Seßhaftigkeit (und damit organisierten Gleichheit), symbolisiert durch die Stadt, behaupten. Aber beinhaltet diese verbliebene „Freiheit“ des Sich-nicht-Einfügens in die Wert- und Ordnungssysteme dieser Gesellschaft auch noch die Freiheit zu jenem Glück, das aus dem je autonomen, sinnerfüllten und identitätgebenden Zusammenleben einer Gruppe erwächst? Unser Zigeuner hatte es so formuliert. Doch in seiner Kritik an den gefährdenden Institutionen sah er nur den Bereich der Freiheitsbeschränkung durch die herrschenden Institutionen. Er sah nicht, daß die „Provinzen der Seßhaftigkeit“ auch neue Werte und Bedürfnisse geschaffen haben, die auch für viele Zigeuner zu Orientierungsmaßstäben werden.

Der Erzähler unseres Märchens hatte dies viel deutlicher gesehen: Seßhaftigkeit, die zu planendem Wirtschaften und Besitz- und Konsumstreben führt; institutionell abgesicherte Wohlfahrt, die angepaßte Einordnung in ein übergreifendes System fordert. Die Autonomie-Alternativen zu unseren heutigen Provinzen der Seßhaftigkeit, die keine Provinzen mehr sind, sondern eher Megalopolis, getrennt durch nationale Grenzziehungen, bedeuten nicht nur Freiheit von den Zwängen dieses Systems, sondern auch Verzicht auf seine Leistungen und Werte. Das kann nur von einer starken, in ihrer Identität gefestigten Gruppe getragen werden, wenn es nicht zur

Ghettosituation „geschützte Minderheit" führen soll, für die sich die nationalen Grenzen, die es im Weltbild der Zigeuner nicht gibt, trotzdem nie mehr öffnen werden.

Ethnizitätsforderung für Zigeuner

Ethnizität als „Bewegung" benachteiligter Minderheiten findet ihren Niederschlag vor allem in Forderungskatalogen und Statements, die von den Interessenvertretern ethnischer Gruppen öffentlich proklamiert werden (vgl. Michel/Schilling 1979, 195 ff.; Greverus 1981). Gehören die Forderungen der Zigeunervertreter zu jenem ethnischen Identitätskonzept Aronsons, das er als „Ideologie des Disengagements" bezeichnet und aus den Forderungen der erwachenden ethnischen Minoritäten in den USA entwickelt hat: „Ethnizität unterscheidet sich von anderen Ideologien dadurch, daß sie eine Ideologie von und für Wertabweichungen und Nichtbeteiligung innerhalb des soziopolitischen Raumes ist" (Aronson 1976, 14). Gorter hat diese Ethnizität im Zusammenhang der „Lappischen Bewegung" als Forderung nach Sonderrechten aufgrund ethnischer Andersartigkeit in einem Nationalstaat beschrieben (Gorter 1975).

Welche Sonderrechte aber sind es, die in diesen offiziellen Zigeunerforderungen auftreten? Was haben sie mit ethnischen Charakteristika zu tun, und inwieweit sind sie mit national-staatlichen Rechten und Pflichten nicht zu vereinbaren?

Wenn die internationalen Vertreter auf dem im April 1978 stattgefundenen „Romano Kongreso 2" in Genf zwar Staatsbürgerschaft fordern, aber gleichzeitig unter Berufung auf die UN-Menschenrechtskonvention (geschützte ethnische Minderheit, autonome Kultur) eine Integration in die Rechte-Pflichten-Organisation der Staaten ablehnen, dann wird staatsbürgerliche Identifikation zugunsten einer ethnischen abgelehnt, wobei für die über vier Millionen Roma Südeuropas der Status „ethnische Minderheit" zu demjenigen einer „nationalen Minderheit" indischen Ursprungs aufgewertet werden sollte, um eigene kulturelle Vereinigungen und Publikationsorgane sicherzustellen (Puxon 1978). Grundlage dieser Selbstäußerungen sollte die Standardisierung zu einer einheitlichen „Romani"-Sprache werden. Wenn Schulbildung in eigener Sprache und Ermöglichung der bisherigen Wirtschaftskultur („Fahrende") gefordert wird, dann bedeutet auch dieses „Sonderstatus" (vgl. Cibula 1978; Puxon 1978). Daß sich diese Forderungen für *„die"* Zigeuner[1] auf eine immer stärker

[1] Daß der Stamm der Roma im Zusammenhang einer Zigeuner-Bewegung zum Synonym für eine alle Stämme und Unterstämme übergreifenden Identität gesetzt

schwindende Minderheit beziehen, daß es *„die"* Zigeuner als ethnische Identifikationsgruppe nur im Heterostereotyp der „Weißen" und Beschwörungen ihrer auf internationaler Ebene argumentierender Vertreter

wird, entspricht den „panistischen" Bewegungen der Neuzeit, in denen bisher kulturell autonome Gruppen national oder übernational zusammengeführt werden sollen. Die „stärkere" Gruppe setzt die Zeichen. Unser „Forscherdilemma" der richtigen Benennung dürfte allerdings auch mit der „Flexibilität der zigeunerischen Ordnung", die sich auch in der Flexibiltät der Selbstbezeichnung ausdrückt, zusammenhängen (vgl. Münzel/Streck 1981, 23 ff.). Daß mit der Abschaffung einer Bezeichnung – hier Zigeuner – ein Problem der historischen Schuld bewältigt werden könnte, entspricht der – immer wieder neuen – Hoffnung immer wieder neuer Generationen, nicht beteiligt gewesen zu sein. Daß die neuen Bezeichnungen das alte falsche Bewußtsein nicht überwinden können, sei hier durch einen Interviewtext (1993) mit einem deutschen Sicherheitsbeamten bzgl. einer unterirdischen U-Bahn-Station dargestellt: „. . . Jetzt mal ganz ehrlich, wissen Sie, es müssen ja nicht gerade böse Jugendliche sein, haben wir leider Gottes unsere Ausländer, ob wir das wahrhaben wollen oder nicht, man darf es nicht sagen, gerade was Taschendiebstähle anbelangt, das sind zu 90 % Straftäter nicht aus Deutschland. Nordafrikaner, seit einigen Jahren stellen wir immer wieder fest, aus den ehemaligen Ostblockländern, Zigeuner, ganz viele Zigeuner – Sinti und Roma, Zigeuner darf man nicht mehr sagen, aber Sinti und Roma, da wird massiv gebettelt und die haben sehr viele Tricks drauf, da wird schon einiges . . . Und alle diese Personen, die wir da unten haben – urbanes Leben, man hat von urbanem Leben gesprochen, urbanes Leben ist eine gute Sache, das möchte ich gar nicht missen, das urbane Leben, es soll schon da sein, aber in dieses Leben, da schleichen sich Figuren ein, die hätten wir schon gerne raus".

„Zigeuner", das ist der Name für die „Unberührbaren" in einem Kastensystem, für das ihre indische Herkunft steht, die Unberührbaren, die Parias einer Gesellschaft. Aber diese „Parias" gewannen ihre „alte Heimat" zum Interessenvertreter. Indien erreichte in der UN- Resolution von 1977 die Anerkennung der Zigeuner als „ethnische Minderheit". Und 1981, beim III. Welt-Roma-Kongreß, sandte der Außenminister Indiens folgende Botschaft: „Die Romani haben eindeutige ethnische und historische Verbindungen mit Indien, die von Gelehrten überall in der Welt nachgewiesen worden sind. Es ist eine historische Tatsache, daß sie im Laufe der Jahrhunderte bis weit über die Grenzen unseres Sub-Kontinentes hinaus gewandert sind und das soziologische und kulturelle Milieu anderer Länder in Zentral- und West-Asien und Europa mitgeprägt haben. Obgleich sie in anderen Gesellschaften ansässig geworden sind, haben die Romani doch vieles von der Farbenpracht und dem Temperament, viele Sitten und Traditionen bewahrt, die auch unser Land für sich in Anspruch nehmen kann. Der Welt-Roma-Kongreß ist daher ein Ereignis, an dem wir in Indien besonderen Anteil nehmen. Ich wünsche ihm großen Erfolg" (Darbara Singh, Ministerpräsident von Punjab in: III. Welt-Roma-Kongreß 1981, 7). Die Parias von einst avancieren zu folkloristisch ausgewiesenen Vertretern der nationalen Farbenpracht! Zu den Herkunfts- und Benennungsproblemen vgl. Gronemeyer 1988.

(„Roma du monde entier" heißt es 1978 in der Ansprache ihres Kongreßpräsidenten, Dr. Jan Cibula[2]) gibt, während sie selbst sowohl stammliche, also eigentlich ethnische, als auch nationalstaatlich-herkunftsmäßige und soziale Segregationen vornehmen, wird dabei übersehen. Außerdem zwingt der fortschreitende Prozeß der Seßhaftwerdung (und -machung) nicht nur im Wohnbereich zur Übernahme der herrschenden Verhaltensmuster der sogenannten „Wirtsvölker". Am gravierendsten für die Spaltungen dürfte die ideologisch argumentierende Unterscheidung aus den eigenen Reihen zwischen „richtigen", und das heißt die traditionelle nomadische Lebensweise fortführenden, Zigeunern und den „falschen", das heißt seßhaften und je nationalstaatlichen Mustern angepaßten, Zigeunern sein.[3] Die offiziellen Zigeunervertreter in Genf (und sie entstammten der sozialen Oberschicht; so wurde z. B. die abschließende Pressekon-

[2] Diese Beschwörung setzt Cibula im „III. Welt-Roma-Kongreß" 1981 in Göttingen fort:

„Wir haben viel gesprochen über unsere Probleme, Schwierigkeiten und unser altes Kulturerbe, sowie über unsere Romani-Sprache. Auch sprachen wir darüber, daß wir Roma als ein Volk weiterleben wollen, und daß wir uns jede Manipulation mit uns von seiten der Nicht-Roma, der Gadzos, ablehnen. Wir Roma wollen unser Schicksal in die eigenen Hände nehmen. ... Roma, uns fehlt die Koordination! Viele lokale Roma-Organisationen versuchen, eigene Wege zu gehen, auch herrscht manchmal Rivalität unter ihnen. Das Schlimmste ist, daß wir nicht immer zusammenhalten. Wenn wir uns weiter nur als Lovar, Kalderasch, Sinto oder Gitano betrachten, können wir nicht zusammen auftreten und wir bleiben alleine und isoliert, auch wird es keine internationale Stärke der Roma geben, wie es die Romani-Union versucht zu sein. Wir wollen uns nicht parteipolitisch betätigen, denn das entzweit unser Volk. Roma, wenn wir keine Einheit erreichen, so kommt es, daß wir unsere Nationalität mit der Zeit verlieren, und unsere Kinder werden Gadze. Dann wird man sich Geschichten erzählen, die so beginnen: ‚Es war einmal ein Volk der Roma . . .'. Die Bewahrung unserer Identität und unserer Kultur sollte unser größtes Ideal bleiben. Wenn wir uns treffen, werden wir konkrete und kritische Diskussionen haben, aber ich bitte Euch, betonen wir mehr das, was uns einigt, als das, was uns trennt. Vergeßt die Streitigkeiten, lassen wir uns von der Vergangenheit nicht deprimieren. Die Zukunft soll uns ein freundlicheres und positiveres Leben bringen, denn in unserer Umwelt ist schon genug Haß. Uns soll die Schönheit der Natur erfüllen, wie das in unseren Roma-Liedern und Erzählungen fixiert ist" (Cibula in: III. Welt-Roma-Kongreß 1981, 6).

[3] „Nicht alle Roma, die heute in Rumänien leben, entstammen ein und derselben ethnischen Gruppe. Sie unterscheiden sich untereinander nicht nur durch ihre Tätigkeiten, sondern auch durch ihren Ursprung, ihre Traditionen, ihre Sitten, ihre Tracht . . . Wir, die Roma-Nomaden und -Kalderaschen haben nichts gemein mit seßhaften Roma (romii de Vatra) oder romanisierten Roma (romii romanizati)". So die Darstellung des selbsternannten „Internationalen Roma-Königs" Ion Cioaba in einem Interview 1990; in Oschlies 1992, 109.

ferenz von dem Halbzigeuner Yul Brynner präsidiert!) aber argumentieren mit einer übergreifenden Zigeunereinheit – „tous les Roms seront des Frères, et seulement de cette façon nous serons vraiment fort“ (Alle Roma werden Brüder sein, und nur auf diese Weise werden wir stark sein; Cibula 1978). Gleichzeitig wurde von ihnen letztendlich die für eine affirmative nationalstaatliche „Beruhigungspolitik“ so bequeme These des einseitig auf volkskulturelle Überlieferungen zurückgreifenden kulturellen Pluralismus, unter Einschluß vom „Reichtum der Armen“, vertreten, wenn es heißt: „Nos contes, notre langue, nos belles chansons tsiganes, c'est ça notre philosophie. Je connais la pauvreté mais aussi la joie tsigane“ (Unsere Erzählungen, unsere Sprache, unsere schönen Zigeuner-Lieder, das ist unsere Philosophie. Ich kenne die Armut, aber auch die Lebensfreude der Zigeuner; Cibula 1978).

In der Ideologie der Zigeunervertreter in der Siedlung Polygone bei Straßburg[4] hatten diese „zigeunerischen“ Kulturspezifika eine andere Bedeutung: die Organisation von Zigeunermusik-Festivals. Zigeunermusik als stereotypes, außenwirksames und ökonomisch relevantes Ethnospezifikum! Wie stark dieses Stereotyp im Autostereotyp verankert ist, zeigte uns nicht nur die Musikszene in Stes. Maries (vgl. Romanowski 1979), sondern auch jene Antwort auf unsere Frage nach einer „Erhaltung von Elementen der Zigeunerkultur“ in der Mustersiedlung Freiburg i. Br. und der „Integrationssiedlung Plan de Grasse“. So heiß es von den Bewohnern von Plan de Grasse:

„Die Zigeuner in diesem Dorf haben eigentlich gar keine Kultur mehr. Es gibt einen Sänger dort ... Aber er ist zum Singen erst durch einen Erzieher angeregt worden. Er ist der Verantwortliche für die Zigeuner in diesem Bezirk ... Wollen die Zigeuner nun tanzen, müssen sie sich einen Gitarristen aus Toulon holen, denn in diesem Dorf gibt es keinen. Es ist möglich, daß sie eine große Kultur hatten. Einige der Großväter konnten Violine

[4] „Am äußersten Rand von Straßburg-Polygone wurde seit 1970, nachdem man von ‚Problemfamilien‘ bewohnte Nachkriegsbaracken abgerissen hatte, eine Siedlung mit ca. 100 quadratischen, einstöckigen Flachdachhäusern gebaut, in denen jetzt neben den Zigeunern auch sogenannte Obdachlose und sozial Schwache wohnen.... Der Sprecher der Zigeuner, Rigo Steinberger, erzählte uns, daß er die Planer der Stadt noch davon abbringen konnte, Hochhäuser zu bauen, so daß nun jede Familie ein Häuschen für sich hat. Für seine Mitarbeit wurde ihm von der Stadt ein Grundstück mit Haus außerhalb der Siedlung übereignet, wo er mit seiner Familie und der seines Bruders zusammenlebt. Der Bruder sagte uns, er sei ganz froh, nicht mit den anderen zusammenzuwohnen, da die meisten Mischlinge seien, und er wollte nicht, daß seine Kinder ‚in so was heiraten‘ – dann eher noch einen Gadscho. Rigo Steinberger organisiert heute Zigeunermusikveranstaltungen und berät bei Ausstellungen ...“ (Schröder 1979, 187).

spielen, aber das gibt es heute nicht mehr ... Ich persönlich glaube, daß vor allen Dingen die Musik ein großer Traditionsfaktor war. Zigeuner sind außerordentlich musikalisch. Aber dies ist leider hier völlig verschwunden."

Kultur reduziert sich auf Musik, deren Kommerzialisierung in Straßburg vorangetrieben wird, und Erzählungen und eigene Sprache als „Philosophie", von denen eine Zigeunerbewegung getragen werden soll!

Das Ethnizitätskonzept „Wir Zigeuner" wird gerade im Gespräch mit Zigeunervertretern in Polygone, die sich als „Verantwortliche des Terrains" bezeichnen, aber selbst nicht dort wohnen, sehr stark revidiert. Sie hatten sich zwar, in Auseinandersetzung mit der ursprünglichen Planung, außerordentlich für eine „kulturgerechte" Siedlung eingesetzt, haben sich dann aber aus dieser Siedlung auf ein ihnen von der Stadt als Dank geschenktes Territorium außerhalb zurückgezogen, von wo aus sie weiter die ethnische Selbstdarstellung der Zigeuner (über Musikfestivals) und ihre religiöse Identitätsfindung (über Wallfahrtsorganisation) „planen".

„Lieber einen Gadscho heiraten"

Daß Zigeuner für die Zigeunervertreter in Polygone keine ihre gemeinsamen Rechte fordernde Einheit darstellen, wie stark die Segregation zwischen den stammlich und den nationalstaatlich geprägten Zigeunergruppen und die Absetzung von „Mischlingen" von ihnen gesehen und perpetuiert wird, geht aus dem Gespräch über die Verschiedenheit der Stämme, die „Mischlinge" in Polygone, die Wallfahrtsorganisation und Heiraten zwischen Zigeunern und Gadsche deutlich hervor.

Nachdem wir unsere ethnologische Profession offengelegt hatten, wurde uns sehr ausführlich – „ethnologisch gesehen" – über verschiedene Zigeunergruppen berichtet. Unsere weitere Frage zielte auf ihre Arbeit für die „Erhaltung der Zigeunerkultur", welcher Zigeuner? Es waren die Sinti, zu denen sie selbst gehörten. Und die anderen?

„Nein, ... die machen es sowieso, z. B. was die Roms anbetrifft, die sind viel strenger in ihrem Glauben. Der gute Beweis zeigt ja noch, ihre Frauen sind noch gekleidet wie dazumal ... Da braucht man nichts zu unternehmen. Die brauchen gar nicht erst zu kämpfen."

An einer anderen Gesprächsstelle ging es um die Platzorganisation bei der Wallfahrt:

„Erstens mal mußte ich mich bekümmern, damit z. B. ein Klassement für, sagen wir mal für die deutschen Zigeuner, die ja nun wieder eingeteilt sind in verschiedene Gruppen. Die müssen sich eben vertragen. Ich kann doch nicht z. B. eine Gruppe von 100 Personen aus dem baden-württembergischen Raum nehmen und die mit Sinte aus Hannover, Dortmund usw., aus der oberen Gegend, zusammenlegen. Das tut kein gut! Die haben Dialekt . . . Das ist der Unterschied. Das verträgt sich eben nicht . . . Und nun hatte ich erst mal eine Stelle für die Sinte . . . die preußischen Sinte und daneben die holländischen, belgischen. Die haben eine regelrechte Wagenburg gebildet, obwohl ich das verhindern wollte. Schließlich gibt es ja keine Indianer in Deutschland, auch nicht bei den Sinte . . . Schwamm drüber, es ging auch so. Und dann die Italiener und so weiter, und für die französischen Sinte mußte ich die vordere Reihe freihalten . . . Es sind schon Probleme."

Die Zigeuner der eigenen Siedlung waren für ihre eigenen Interessenvertreter „Mischlinge":

„Das ist eine Mischung, wenn Sie bißchen französisch verstehen, ich würde da ein Wort gebrauchen: Panaché. Sie nehmen nicht ganz ein halbes Glas Bier, machen Limonade dreiviertel und machen Picon da drin . . . So was würde ich die betiteln . . . Ich möchte vor allen Dingen nicht, daß meine Kinder in so etwas heiraten. Lieber einen Gadscho, da bin ich sicher, was das ist . . . Hauptsache ist, er erkennt mich an als Zigeuner, er weiß, daß ich ein Zigeuner bin, also muß er mich dementsprechend anerkennen. Und er darf nicht zu weit über den Strang schlagen. Den Rest wird sie ihn schon lehren, eine gute Lehrerin sein, eine von meinen Töchtern . . . was nicht so wirken würde, wenn sie so einen Mischling da heiraten würde, der würde nämlich gar nicht spuren!"

Wichtig bleibt, daß die Kinder, auch wenn sie einen Gadscho heiraten dürfen, den Familienzusammenhalt aufrecht erhalten, den Vater fragen, seine Autorität anerkennen: „Ich würde sagen, meinen Kindern, denen habe ich zu bestimmen in einer bestimmten Form", aber dieser Gadscho gehört eben nicht jener Gruppe von „weißen Asozialen" (denen der „dritten Klasse") an, mit denen die Zigeuner bei der Seßhaftmachung allgemein konfrontiert werden (und gegen die sie sich abzugrenzen versuchen), sondern der „zweiten oder ersten Klasse", wie unser Gesprächspartner es ausdrückte. Integration über Heirat, bürgerliche Berufe und Wohnungen werden bei sozialem Aufstieg akzeptiert. Das als eigenkulturell interpretierte zigeunerische Verhalten reduzierte sich in diesen Aussagen auf die „Einhaltung der Ordnung" durch Anerkennung der väterlichen Autorität, das heißt ein Konzept, das durchaus mit den Wertvorstellungen der erwünschten mittelständischen weißen Integrationsgruppen übereinstimmt.

Modellversuche: Integration oder Sonderrechte

In einem Beitrag zu dem Freiburger Modellversuch einer integrativen Zigeunersiedlung wird hinsichtlich der neuen Sozialisation jugendlicher

Abb. 4: Kinder von der Ecole du Polygone. Foto: Institut für Kulturanthropologie und Europäische Ethnologie, Frankfurt a. M.

Zigeuner durch „weiße" Erzieher darauf hingewiesen, daß diese sich „viel mehr als ihre ‚weißen' Altersgenossen am Verhalten der Erwachsenen, in diesem Fall der erwachsenen Zigeuner, orientieren" (Mehl 1978, 46). Dieser Ausspruch bezieht sich vorrangig auf die ökonomische Szene der „alten" Zigeunerberufe – die Szene der Fahrenden –, von der allerdings ursprünglich auch das gesamte soziale Leben geprägt war, in das die Kinder durch aktive Teilhabe, „sich am Verhalten der Erwachsenen orientierend", integriert wurden.

In den von uns besuchten Modellsiedlungen in Straßburg, Plan de Grasse und Freiburg wurden die Kinder aus diesen ganzheitlichen Alltagsbezügen gelöst. Die Kinder der französischen Siedlungen besuchten – sofern nicht „echte" Sonderschüler – gemischt-ethnische Schulen, sie sprachen französisch. Die Kinder des Freiburger Modells werden von engagierten Sozialarbeitern, Kindergärtnerinnen und Lehrern ganztägig, unter Einbeziehung ihrer besonderen „zigeunerischen" Ausgangslage, auf die ethnisch gemischten weiterführenden Schulen vorbereitet.

Die Erzieher dieser Kinder waren sich durchaus des Problems bewußt, das mit der Herauslösung aus der Familie als Erziehungsinstanz (und Identitätsinstanz der ethnischen Gruppe) verbunden war. Aber: Wie soll soziale Diskriminierung aufgehoben werden, wenn Zigeunerkinder in „Sonderschulen" in eigener Sprache unterrichtet werden (eine Forderung des Romano Kongreso 2)? Soziale Diskriminierung in Leistungsgesellschaften orientiert sich an einem sozialen Status, der beruflich dominiert wird. Die Schule ist dafür die Ausgangssituation. Sonderrecht „eigene Sprache" – welchen Status bringt es jenen Zigeunern, für die diese Sprache nicht nur eine ethnische Attitüde (wie für die mehrsprachigen Zigeuner), sondern ethnische Geprägtheit in einer an anderen und verbindlichen Sprachnormen orientierten Leistungsgesellschaft ist?

Stärker als die Sprachforderung zeigt sich die Kollision der ethnischen Ideologie mit den nationalstaatlichen Orientierungen in Europa wohl noch in der Forderung nach Ermöglichung der Beibehaltung der einstigen Wirtschaftskultur. Wie abweichend „Freiheit" von einem planend-vorsorgenden haushälterischen Verhalten von Zigeunern, ihren Interessenvertretern, Betreuern, Erforschern und Bewunderern betrachtet wird, zeigt die Diskrepanz in den Wertorientierungen unserer komplexen Gesellschaft besonders deutlich auf. Wenn allerdings zu der Forderung der „ethnischen Sonderrechte" eines anderen Wirtschaftsverhaltens gleichzeitig die Forderung nach gleichberechtigter nationalstaatlicher Sozialversorgung tritt, können die Forderungen zu einer Sozialfürsorge gerinnen, die wenig geeignet ist, interethnische Spannungen zwischen Zigeunern und den je nationalstaatlichen „weißen" Arbeitnehmern auszugleichen. Die Mustersiedlung des Freiburger Projekts warf diese Fragestellung sehr deutlich auf.

Die Ghettosituation einer Zigeunersiedlung soll hier nicht nur durch die gemischte Bewohnung von Zigeunern, Jenischen und auch „weißen" Sozialschwachen aufgehoben werden, sondern auch durch das Heranrükken dieser Siedlung über „die grüne Wiese" (des Stadtrandes) an die übrigen Wohngebiete und eine alles verbindende neue Brücke. Dazu kommt der systematische Abriß der alten Baracken, die durch den „Komfort angemessener Wohnungen" ersetzt werden sollen:

„Wie können diese Mieten bezahlt werden? Und es ist eben so, daß wir unter 80 Familien nur 10 Familien hatten, die frei Mieten auch in diesen Wohnungen bezahlt haben. Und für die ist ein Sparverfahren entwickelt worden, daß sie statt einer Mietzahlungsleistung das als Ansparkonto halten und die Stadt den Ausfallbetrag gewissermaßen finanziert. Bei etwa 30 bis 40 Sozialhilfeempfängerfamilien haben wir dieses Verfahren abgelehnt, weil es eine Privilegierung gewesen wäre. Aber weitere 20 bis 30 Familien zählen zu den konstanten Nichtzahlern. Hier ist eine Mietmotivation und eine Mietleistungsbereitschaft gering entwickelt".

Zwar wird auf das Anwachsen der Mietzahlungsmotivation hingewiesen, aber gleichzeitig für einige „Fälle“ überhaupt die Erbringung der Leistung bezweifelt. Werden aber durch eine noch so wohlmeinende, duldende Sozialfürsorge, die sich einem diskriminierten Teil der Bevölkerung zuwendet, die Spannungen zwischen den „Eingesessenen“ und den „Eingewiesenen“ überwunden, die sich in folgenden Äußerungen niederschlagen:

„. . . was zu Beginn unseres Unterfangens wie eine Mauer stand: wir und die anderen da unten. Nämlich wir im Hochhaus – und wir können auf die da unten sehen, die da im Grunde genommen den lieben Gott einen schönen Mann sein lassen. Was, wir sollen da noch Steuern zahlen für die, die im Grunde genommen so entweder als Faulenzer oder Tunichtgute oder andersartig betrachtet worden sind . . . daß wir allerdings große Widerstände hatten bei der Siedlung, die hier jenseits in den Einzelhäusern steht. Das ist eine Nachkriegssiedlung für die aus dem Osten vertriebenen sogenannten Tannenbergsiedler, die mit viel Lastenausgleich und Kriegsfolgenhilfe ihr Häuschen, um nicht zu sagen Häusle, bekamen“.

Sowohl die Hochhausbewohner als auch die „Häuslebesitzer“ gehören jener arbeitnehmenden Unter- und Mittelschicht unseres politökonomischen Systems an, die dessen Hauptwerte (= Forderungen) für den abhängigen Bürger – Leistung und Anpassung – voll internalisiert haben. Daß gerade sie sich in neofeudaler Absetzung (vgl. dazu Hoffmann-Novotny 1973) gegen „Sonderrechte“ einer „fremden“ Gruppe zur Wehr setzen, ist ein Zeichen von Gefährdungsangst in einem System, das den „kleinen Mann“ auf sein „Prestige-Häusle“ reduziert und dafür Leistung fordert und bei Versagen für ihn „Enteignung“ (nicht nur des Häusles, sondern auch des Selbstwertes) bereithält.

Der mit einer Zigeunerin verheiratete Gadscho Paul S. aus Südfrankreich, der in einem festen Wohnwagenlager lebt, schildert die Feindschaft gegenüber den Zigeunern, die bis in die Schule hineinreicht und die Probleme, die den Integrationsversuchen entgegenstehen, drastisch. So antwortet er auf die Frage, ob seine eigenen Kinder sich mit den Zigeunerkindern verstehen:

„Die verstehen sich gut: gehen zusammen in die Schule, spielen zusammen, aber die Gadsche, die Leute in der Umgebung, nennen uns Zigeuner. Das gefällt uns nicht, genauso, wie wenn wir einen Araber auf der Straße sehen, würden wir auch nicht sagen: ‚Oh, ein Araber!‘ Man sagt ‚Sie‘ zu einem Araber, aber zu den Zigeunern nicht. Die Kinder werden verachtet in der Schule. Manche Kinder lernen sehr spät lesen und schreiben. – Warum? Ganz einfach, weil der Lehrer sie fragt, daß sie den Hof putzen, daß sie die Papiere in der Klasse sammeln und so weiter, die kümmern sich nicht um den Zigeuner, die lassen ihn allein. Sie verstehen – er wird von der Gesellschaft abgedrängt, ja, richtig abgelehnt. Ich habe einen Sohn, der ist 12, er war schon immer in der Schule, und doch kann er nicht lesen, weil der Lehrer sich nicht um ihn kümmert. Wir werden so wie die Zigeuner behandelt . . .

Haben Sie versucht, etwas dagegen zu machen?

Ja, ich habe den Lehrer besucht und den Schulinspektor. Aber es gibt nichts zu machen, die bleiben in ihren Ideen und es ist nicht zu ändern. Wenn sie lernen, lernen sie, wenn sie nicht lernen, lernen sie nicht. Deshalb wird es bei den Zigeunern nie Lehrer, Professoren, Wissenschaftler oder Doktoren geben. Zwei Möglichkeiten, entweder dürfen wir an einem Ort nicht bleiben und die Kinder können nicht in die Schule gehen, oder wir bleiben an einem Ort, aber die Kinder werden ignoriert – so ist es. Es ist Rassismus" (Greverus/Liogier 1979, 25f.).

Ein Artikel über die Freiburger Zigeuner heißt „Auf der Suche nach einer neuen Identität" (Mehl 1978). Entsprechen Seßhaftmachung, Einzug in Sozialwohnungen, Berufsbildungsprogramme, regelmäßiger Schulbesuch tatsächlich der Identitätssuche der Zigeuner, oder handelt es sich um nationalstaatliche Assimilationsangebote, die von engagierten Sozialarbeitern fortgeschrieben werden?

Dieses Assimilationskonzept, das überall letztendlich auf einer sozialen Ghettoisierung beruhte, war in allen „geplanten" Zigeunersiedlungen feststellbar (vgl. Schröder 1979). „Die Identitätskrise der Zigeunervölker zu beheben, geht nicht ohne Schwierigkeiten" heißt es in einem Kommentar (Frankfurter Rundschau v. 10. 4.78) zum Romano Kongreso 2. Ist aber diese Krise durch den Status „geschützte Minderheit" zu beheben? „Wir sind alle einmal Vögel gewesen", die eingangs gebrachte Zigeunererzählung schildert deutlich einen zivilisatorischen Prozeß, der, über die spezifische Situation der Zigeuner hinaus, den Weg von einer schöpferischen arbeitenden Aneignung der Umwelt zu Versorgungsempfängern totalitärer Institutionen zeigt.

„. . . und eines Tages werden wir uns in Vögel zurückverwandeln" . . . und das heißt „freier Vogel", der sich sein Futter selbst verschaffen muß – „aber er ist frei"! „Freiheit" als Charakteristikum zigeunerischen Wir-Bewußtseins gerinnt in den Verbalakklamationen einer „Zigeuner- Bewegung" im nationalen Kontext dagegen zu jenem Pluralismus, bei dem soziale Diskriminierung durch anpassende ökonomische Hilfsmaßnahmen (z. B. Seßhaftmachung in Sozialwohnungen) und Gewährung kultureller Sonderart, deren folkloristischer Charakter unübersehbar ist (die Gleichsetzung von Zigeunerkultur mit Zigeunermusik und ihre Kommerzialisierung ist dafür kennzeichnend), behoben werden soll.

Und wenn jener rumänische Zigeuner, dessen „Märchen" wir eingangs erzählt haben, fordert, daß seine Enkel die Schule wie die anderen Kinder besuchen können, „wo sie schön zigeunerisch sprechen, Märchen, Geschichten und Lieder lernen", um sagen zu können: „Ich habe meine Sprache wie ihr, meine Märchen, meine Lieder, alles wodurch ein Volk ein Volk ist" (Zigeunermärchen 1976, 88), dann wird damit die für jede Identitätsarbeit gefahrvolle Abhebung auf sogenannte „geistige" Güter ebenso deutlich, wie wenn der Präsident des Zigeunerkongresses auf die „Philosophie unserer Sprache, unserer schönen Lieder" (Cibula 1978) verweist.

Ist es das Bild der Zigeunererzählung vom Vogel im Käfig, den „der närrische Gadscho, der sich ihn hält, hätschelt" und füttert? Ist die einzige Alternative Anpassung, und ist der als „Märchen" veröffentlichte Ursprungsmythos mit seinem letzten Satz – „denn eines Tages werden wir uns in Vögel zurückverwandeln" – tatsächlich zu einem Märchen geworden, das nicht mehr jenes ursprüngliche „Prinzip Hoffnung" beinhaltet, sondern nur noch nostalgische Illusion?[5]

[5] Daß die für die einen Bürger „geöffneten Grenzen" zur doppelten Falle für die anderen Bürger werden können, haben gerade die rumänischen Zigeuner in den 90er Jahren erfahren. Und da gab es auch keinen Gadscho, der sie „im Käfig hätschelte", weder in dem Land Rumänien, aus dem sie kamen, noch in dem Land Deutschland, in das sie als Asylbewerber flohen. Sie gehören zu den Ärmsten Rumäniens, sie waren und sind Verfolgte, Anschlägen ausgesetzt, aber ohne Anerkennung ihres Begehrens auf „politisches Asyl", da es sich um keine staatlich organisierte Verfolgung handelt, sondern um Opfer des „Abschiebungskarusells" (vgl. Remmel 1993), wie es im Hinblick auf das Repatriierungsabkommen (1992) für illegale rumänische Immigranten zwischen Deutschland und Rumänien hieß. Abschiebung in ein „Vaterland" („patria"), dessen nationalstaatlicher Verantwortung nicht nur die dortige politische und ökonomische Situation nicht gewachsen ist, sondern dem auch der Grenzüberschreitungswunsch seiner „antistaatlich" sozialisierten Zigeuner-Bürger entgegensteht. Auch die wissenschaftliche Literatur zur „Lage" der rumänischen Zigeuner steht zwischen den politischen Fronten, vgl. z. B. die unterschiedliche Darstellung in Oschlies 1992 und Remmel 1993.

„Mein Sizilien". Eine Näherung

Meine prägende Feldphase hatte nur wenig mit dem von mir absolvierten Studium der Volkskunde zu tun. Sie war ein einjähriger Aufenthalt, sehr privat, in Sizilien Ende der 50er Jahre, sehr gewollt ‚primitiv' mit meiner Familie in einer Höhle lebend, mehr Aussteigerin als Forscherin. In dieser ‚Feldphase' war Interaktion mit der Fremde und den Fremden keine Forschungsstrategie, sondern ein auch subjektiv notwendiger Schritt der Gegenseitigkeit des Sich Erkennens. Wenn ich zwanzig Jahre später das Problem der Identität über das Beispiel eines unserer sizilianischen Gesprächsfreunde aufzurollen versuchte (vgl. Greverus 1978, 227 ff.), dann zeigt das wohl deutlich die Prägung durch intensives Erleben in einer fremden Kultur, die die Selbstverständlichkeiten unseres Denkens und Handelns infrage stellt. Zu meiner Assistentenzeit gehört der Versuch, mit einigen Studierenden meine Erfahrung der Fremde in einem kleinen, natürlich nicht finanzierten, Feldforschungsprojekt zur Situation italienischer Gastarbeiter in der BRD umzusetzen (vgl. Greverus 1965; 1966; 1971).

Die Feldsituation für uns: Das waren Wohnheime, Kneipen, in denen man sich treffen konnte, und vor allem die eigenen Wohnungen. Trotz Fragebogen ergab sich sehr schnell eben jene interaktive Feldphase, bei der jeder jeden fragt, jeder jedem antwortet – und das sicher nicht nur, weil wir nicht genügend geschult für harte Interviews waren. Allerdings, es kostete die Zeit unseres privaten Daseins, und wir waren damals (Anfang 1960, als weder die Volkskunde noch die Soziologie sich um Gastarbeiter kümmerte) noch so betroffen, daß wir das Ganze auch nicht als Job oder Initiationsritual betrachteten (Greverus 1982, 212).

Obige Zeilen stammen aus einem Vortrag von 1982, den ich „Die Sehnsucht des Ethnologen nach dem Feld" genannt hatte. Diese Sehnsucht durchzieht meinen wissenschaftlichen und wohl auch privaten Lebensweg. Mit dem „Ausstieg" nach Sizilien wurde sie das erste Mal erfüllt. Was ich bei meiner ersten, sehr unsystematischen Feldforschung in Sizilien gelernt habe, ist die Wechselseitigkeit in den Interaktionen und Gesprächen, das Wissenwollen um die Erfahrungen des Anderen. War das „dialogische Ethnographie"?

Wieder im Deutschland der 60er Jahre begann ich vor dem Erfahrungshintergrund Süditaliens, der damals sich intensivierenden Gastarbeitermobilität mit einem ersten Höhepunkt von 1,3 Mio in 1966, an denen prozentual Italiener den höchsten Anteil hatten (1966 waren es 400 000 Personen;

vgl. Schrettenbrunner 1971), und der in Deutschland selbst erlebten Mobilität der Kriegs- und Nachkriegszeit, mich mit den Problemen von Migranten zu beschäftigen. Dies zu einer Zeit, in der Ethnologen diese Untersuchungen nicht als ihr Feld betrachteten und ich bei meinem ersten Vortrag zum Problem bei einer volkskundlichen Arbeitstagung 1966 ermahnt wurde, die „Sachgüter nicht außer Acht zu lassen" (Populus revisus 1966, 142f.).[1]

Wenn in meinen damaligen Untersuchungen zur Gastarbeiterproblematik die Analyse der Fremdheitserfahrung und nostalgischer Phänomene im Vordergrund standen, dann war das auch durch eine Situation bedingt, in der die Intentionalität der Zeitwanderer rückkehrorientiert war, in der Rotationspolitik vorherrschte, in der kaum Familienzusammenführung stattfand und die deutsche Bevölkerung – wie noch immer oder immer wieder – ihr Land nicht als Einwanderungsland verstehen wollte.

„Mi manca (come a molti altri) l'egualianza di personalità. ... Un straniero, anche se è bravo, è sempre trattato da straniero" (Mir fehlt, wie vielen anderen, die Gleichheit der Person. ... Ein Fremder, auch wenn er tüchtig ist, wird immer wie ein Fremder behandelt).

Diese Aussage steht wie ein Motto über meinen Ausführungen von 1966 zu Gastarbeiterproblemen. Heimweh wurde dadurch bewirkt, und zentrales Heimwehmotiv war die Familie (vgl. auch das Lied von Buttitta in Greverus 1972, 192f.).

Besonders auffällig war, daß gerade die jüngeren unverheirateten Befragten sich nach der Familiengeborgenheit zurücksehnten, einer Geborgenheit, für die „la mamma" zum Symbol wurde. So konnte bei dem überwiegenden Teil der Befragten das durch Giglis Interpretation bekanntgewordene Lied „Mamma sono tanto felice perchè ritorno a te" als beliebtestes „Heimatlied" festgestellt werden, und die Dichtung eines Gastarbeiters „Nostalgico emigrante", die als Platte ein Verkaufsschlager wurde, handelt vom Heimkehrwunsch zur „mamma" an den „focolare" – den heimischen Herd –, dem bereits von Pitrè heraufbeschworenen „fuculareddu". Die Familienereignisse in der Heimat sind häufig – für den deut-

[1] Die kultur- und sozialwissenschaftliche Beschäftigung mit diesen neuen Formen der Migration blieb in Deutschland vor den 70er Jahren vereinzelt (vgl. z. B. Kurz 1965), und erst seit 1970 ist eine besonders auffallende Konjunktur der Publikationen zum Problem der Ausländerbeschäftigung zu verzeichnen, wobei allerdings die Anzahl der empirischen Untersuchungen zur soziokulturellen Situation weitaus in der Minderzahl steht gegenüber popularisierenden Sekundäranalysen und Anthologien (z. B. Kammrad, „Gast"-Arbeiter-Report 1971; Klee, Nigger Europas 1971; Leudesdorff/Zilleßen, Gastarbeiter 1971) oder Veröffentlichungen zur Imperialismuskritik am Beispiel „Fremdarbeiter" (z. B. Elsner, Fremdarbeiterpolitik 1970; Cinanni, Emigration und Imperialismus 1971; Ausländerbeschäftigung und Imperialismus 1971).

schen Arbeitgeber schwer verständlich – Grund eines plötzlichen Arbeitsvertragsbruches. Die ökonomische Zielhaltung war weitgehend von dieser Familienmonopolstellung bestimmt: Die meisten Befragten, verheiratet und unverheiratet, unterstützen die Familie und sparten für familiäre Ziele. Die nicht sparenden und nicht rückkehrwilligen Italiener wurden häufig durch ihre Landsleute mit dem Verdikt „ohne Familiensinn" bedacht (Greverus 1966, 132 f.)[2].

Das Lied „Mamma sono tante felice perchè ritorno a te" wurde uns häufig auf Direktbefragung nach dem Lieblings- oder Heimaterinnerungslied spontan vorgesungen, mit der Bemerkung, daß es genau richtig für die Italiener in der Fremde sei. Auch auf einem schriftlich zu beantwortenden Fragebogen zu Liedbestand und Singgewohnheiten stand es prozentual an erster Stelle.

1964 nahmen wir in Marburg das selbstgedichtete Lied „Scende la sera" des Italieners Romolo Longo, 20 Jahre, aus der Provinz Lecce auf:

> Der Abend kommt und die Glocke läutet,
> sie schlägt dir das Ave Maria an.
> Ich denke an dich Mama, die du fern bist,
> denn die Mama ist immer meine Mama.
> Mama ich leide vor Schmerz,
> denn die Mama ist immer meine Mama.

Die Nachfrage nach dem Liedtext mußte abgebrochen werden, da der Italiener weinte. Er schrieb mir den Text später, aber mit einigen Auslassungen, auf. In einem Interview zum Thema Heimat trat bei ihm am typischsten die Reaktion des „Bei uns zu Hause ist alles schöner" zutage. Auf Fragen nach seinem Leben hier kam stereotyp die Antwort „io me ne vado al paese" oder „voglio ritornare" (was er auch sehr bald durchführte). Auf die Frage nach seinen Lieblingsliedern sang er nach den Schlagern „T' amo e t' amerò" und „Stasera pago io" den Anfang eines Schlagers „Sono stanco" – und setzte fort – „di stare in Germania" (Ich bin müde – in Deutschland zu bleiben; vgl. Greverus 1965, 28; 1972, 194).

Als ein besonders eindrucksvoller Beleg seien hier noch Inhalt, Entstehungs- und Verbreitungsgeschichte des Liedes „Nostalgico emigrante" aufgeführt, in dem sich die Rolle der „mamma" in der Heimweh-Dichtung besonders deutlich herauskristallisiert:

[2] Vgl. auch die Feststellungen bei Kurz (1965); Vöchting (1951) weist darauf hin, daß in Amerika die Spar-Askese, Familiensinn und Kindestreue der eingewanderten Italiener weitgehend auf Mißtrauen und Mißbilligung stießen. Zum Familiensinn vgl. auch Greverus 1971; 1972; Devaux/Halva 1986.

In der Fremde bin ich, um zu arbeiten,
und verlange und hoffe heimzukehren,
dorthin wo mein Heimatort und meine Mama sind,
denn seit jenem Tag, da ich sie nicht mehr sehe,
ergreift mich immer wieder Heimweh
an all‘ den Abenden, wenn ich an dich denke
und dich am Herde sehe,
die an mich denkt und allein um mich weint.

Denke nicht, weine nicht mehr um mich,
der heimkehrt an den Herd,
an deine Seite.
Ich habe dich lieb bis zum Sterben
und will dich nie mehr leiden sehen.

Denke nicht, weine nicht mehr um mich,
der heimkehrt an den Herd,
an deine Seite,
um dich zu lieben,
um dich zu küssen immer mehr.
O Mama, Mama,
doch nur ein Traum bist du mir.
. . . .
(Decca-Platte D 1963f.; vgl. Greverus 1965, 29; 1972, 194)

Der Verfasser des Liedes, der Italiener Francesco Frascino, hatte sein Lied einer Zürcher Schallplattenfirma zugeschickt, die sich zunächst nicht darum kümmerte. Erst nach einer Flut von Nachfragen ermittelte man, daß Frascino das Band gleichzeitig an Radio Prag geschickt hatte. In der dortigen Sendung für italienische Arbeiter im Ausland wurde es mehrfach ausgestrahlt unter dem Hinweis auf das Erscheinen der Platte in der Schweiz. Darauf erschien schließlich die Platte und erzielte allein in Zürich im ersten Monat einen Verkaufserfolg von 40000 Stück (Angaben nach persönlichen Mitteilungen und „Die Weltwoche“ vom 18. Dezember 1964, Nr. 1623, S. 39: „Grüße aus Prag ... Welchen Sender hören unsere Gastarbeiter?“).

Diese „Gastarbeiterlieder“ gehören zu der „Literatur der Betroffenheit“ (Biondi/Schami 1982), die Gino Chiellino (1986), allerdings in bezug auf die Anthologien der frühen 80er, „von nun an als historisch betrachtet. Sie werden der Obhut der Literaturwissenschaftler anvertraut“ (ebd. 129). Und er fährt fort: „Heute ... kann offiziell mitgeteilt werden, daß die Betroffenheit endgültig gestorben ist, daß mit ihr keine Literatur zu machen ist. Ab jetzt heißt die Parole, sich von ihr zu distanzieren, ja zu befreien:

Distanz zu schaffen, weil sie keine Erweiterung der Themen erlaubt, keine Differenzierung ermöglicht, ja die Gefahr in sich birgt, Phantasie und Analyse zu verdrängen" (ebd. 132). Er spricht von einer neuen Generation der in Deutschland geborenen „Ausländer", setzt sie ab von jener „Zeit einer notwendigen Solidarität, die die Autoren zusammengeführt hat": „die Zeit eines gemeinsamen Aufbruchs, zu der die Autoren mehr auf Gemeinsamkeiten geachtet haben als auf die individuellen Besonderheiten ihrer Inhalte und ästhetischen Vorstellungen" (ebd. 130). Ist „Die Falle" (Biondi 1984, 49–54) Schicksal des Ausländers oder des vereinzelten Individuums in unserer Gesellschaft?

> In der Halle einer Falle
> schwebend
> besinne ich mich
> der Unmöglichkeit der Rückkehr
> und der Schwierigkeit
> nach vorne zu dringen.
> ....
> Dann hat sich die Sehnsucht an die Gitter geklammert
> und hat hinausgeschrien
> die mechanische Rhapsodie.
> (Franco Biondi, zit. n. Chiellino 1986, 137 f.)

Mein Sizilien. Das war eine Näherung, die Ende der 50er in eine „nahe Fremde" des alltäglichen Miteinander geführt hatte. An dieses Miteinander dachten auch die Italiener der 60er/70er Jahre in Deutschland – und hatten Heimweh. Welches „Eingesperrtsein" meinen die „einheimischen" und die „fremden" Vereinzelten in Deutschland heute? Gibt es für sie ein „Wohin gehöre ich"?

Ich habe sicher nicht nach Sizilien gehört wie die Sizilianer, und doch war dieser Ort in Sizilien für mich ein Ort, wohin ich gehörte. Und „die Höhle" ist für mich nicht Metapher für Kerker oder Falle, sondern für Begegnung und Gespräche und die Erfahrung der Anderen.

Aber: Zunächst sind wir eigentlich nicht zur „Erfahrung" der Sizilianer nach Sizilien gefahren; eigentlich auch nicht im „strengen Sinne" des Wortes zwecks ethnologischer Feldforschung. Vielmehr erprobten mein Künstler-Mann und ich (promoviert und arbeitslos) mit unseren beiden kleinen Töchtern ab Winter 1958 den (mit Unterbrechungen) mehr als einjährigen „Versuch, der Zivilisation zu entkommen" (Greverus 1983). Das war damals seltener als seit den 70ern. Wollten wir das „ganz Andere", oder wollten wir's einfach warm? Jedenfalls legitimierten wir unseren Ausstieg mit „Kunst sehen" und „Sprache lernen". Wegen der Wärme landeten wir in Sizilien (weil es von dort auch nicht mit dem Auto weiterging), wegen der finanziellen Mittel, der Abenteuer- und der Baulust landeten wir in einer Höhle, die wir uns zur Wohnung ausbauten. Die „Exoten" waren wir, und das Rätselraten um uns ging vom Schmuggel bis zur Buße in einer Höhle. So dauerte es eine Weile, bis wir akzeptiert wurden und die vielen gemeinsamen Aktivitäten und Gespräche mit den Einheimischen begannen. Sie wurden auch beim Schreiben (1986) des hier abgedruckten Beitrags über Sizilien wieder lebendig und sind in zahlreiche andere Veröffentlichungen eingegangen.

1962 waren wir als Familie zum letzten Mal für kürzere Zeit in unserer Höhle und nahmen Abschied von ihr. Für meine Töchter hatte die Schule begonnen, mein Sohn war gerade ein Jahr alt, und ich selbst war Assistentin geworden.

Erst 1981 kam ich nach Sizilien zurück, um gemeinsam mit Christian Giordano und Erika Haindl ein studentisches Forschungsprojekt vorzubereiten, dessen Feldphase in Sizilien 1982/83 stattfand und in dem Buch „Sizilien, die Menschen, das Land und der Staat" (Giordano/Greverus 1986) dokumentiert ist.

Wir besuchten meine Höhle: da war sie noch auf dem dornigen Feld am Meer, das wie eine unberührte Insel in der sonst so veränderten, touristisch aufbereiteten Umgebung lag. Die Höhle war nicht mehr sehr wohnlich, die Natur hatte sie sich wieder angeeignet; aber es gab noch sichtbare Erinnerungsspuren an ihre bewohnten Zeiten, und die von uns angepflanzten Kakteen überragten den Eingang wie Bäume. Einen Hirtenjungen fragte ich nach „unserem" Schäfer Tondo. Verwunderung, bis ich erzählte, daß ich die „Frau von damals" war, die mit ihrer Familie in dieser Höhle gelebt hatte. Und wieder war ich Exotin! Der Junge rannte weg, holte andere junge Einheimische, und ich merkte an den Fragen, daß die „Geschichte von den Deutschen in der Höhle" tradiert worden war. Und wieder begann für mich eine neue Erfahrungssuche, in die jene Erfahrungen von damals eingingen.

Tradition der Traurigkeit und anarchische List. Zu einer sizilianischen Identitätsarbeit

Der kranke Körper

> Wo man viel Unzufriedenheit, allgemeine Übelstände, Beschwerden, Armut, Barbarei, Bettelei, Plagen, Kriege, Rebellionen, Aufruhr, Meutereien, Streitereien, Trägheit, Aufstand, Epikuräertum sehen kann, wo das Land unbestellt liegt, öde, voller Sümpfe, Moore, Einöden und dergleichen, wo die Städte verfaulen, Ortschaften niedergedrückt und arm daliegen, Dörfer entvölkert sind und die Bevölkerung schmutzig, häßlich und unzivilisiert ist: ... dieses Land muß notwendigerweise unzufrieden und melancholisch sein, einen kranken Körper haben und dringend reformiert werden.
>
> Burton 1621, in: Lepenies 1972, 23

Diese Aussage wurde zwar nicht über Sizilien gemacht, sondern galt dem England des frühen 17. Jahrhunderts und steht in Burtons „Anatomie der Melancholie" (1621), aber es ließen sich aus der Beurteilung Siziliens viele ähnliche Zitate aufführen (vgl. Giordano 1992), die als „questione meridionale" nach dem Risorgimento für den Einheitsstaat existentielle Bedeutung gewannen (vgl. Romano 1980, 195 ff.).

„Entweder", schrieb Villari in „Le lettere meridionali" (1878), indem er die „Stimme" der Bauern und Armen des Südens persiflierte, „es gelingt euch, uns zu zivilisieren, oder es wird uns gelingen, euch zu Barbaren zu machen" (in: Romano 1980, 198). Villari ging es – ebenso den beiden konservativen toskanischen Sozialpolitikern Franchetti und Sonnino, die 1877 eine umfängliche zweibändige Enquete über Sizilien veröffentlichten – um die Erhaltung der urban-bourgeoisen Kultur. Diese sahen sie als Norditaliener eben durch jene „Barbaren" des Südens gefährdet und plädierten für soziale Reformen. Aber im Hinblick auf deren Durchsetzbarkeit halten die Autoren nicht nur die Sizilianer selbst für unfähig („dem Sizilianer zu große Freiheit zu geben, wäre das gleiche, wie eine Pistole oder ein Stilett in die Hände eines Kindes oder eines Narren zu legen", so Mazzamuto 1975, 12), sondern sehen auch das Verharren oder den Rückfall in die alten Verhaltensformen als „condizione quasi biologica" (nahezu biologischer Zustand). Und diese Verhaltensformen beschreiben die Autoren – in ihrer Ablehnung des tiefen Südens – als ein sich wechselseitig bedingendes violentes Verhalten zwischen Unterdrückern und Unterdrückten und gegenüber ihrer Umwelt, nämlich dem agrarisch nutzbaren Land, aufgrund der schamlos triumphierenden privaten Interessen aller Sizilianer (vgl. Franchetti/Sonnino 1974).

Doch nicht nur norditalienische Kritiker beschreiben Sizilien wie jenen „kranken Körper“ aus Burtons Melancholie-Anatomie, sondern auch ein Sizilianer wie der Journalist und Schriftsteller Giuseppe Fava, der sein Buch über die Sizilianer mit dem Satz beendet: „Aber ich bin Sizilianer, ich bin es so zutiefst, daß es mir niemals gelingen wird, ohne den Traum zu leben!“ (Fava 1980, 320)[1]. Diesen Traum und die schonungslose Offenlegung seiner Verhinderung hat Fava mit dem Tod, der ihn aus seinem eigenen Land durch einen mafiosen Meuchelmord ereilte, bezahlt. Und so beschreibt er dieses Land und seine Menschen:

„Sizilien, ein Kontinent innerhalb einer Nation. Die ältesten Kirchen, die berühmtesten Monumente, die ärmsten Dörfer Europas, die aristokratischsten Paläste, das Unglück über Bedürfnisse und Ehre, das die Individuen überlebt, die Väter der Literatur und des europäischen Theaters, die geduldigsten und die gewaltsamsten Menschen, die Mafia und die Lust zu töten, die Jungfräulichkeit und die Demütigungen der Liebe, die Sonne über unbeweglichen Dingen, die unbeweglichen Menschen, eine andere Perspektive der Existenz, in der die fundamentalen Gefühle auf ihre Reinheit und Gewalt reduziert sind, die tragischsten Namen der italienischen Geschichte der letzten dreißig Jahre, die größten sozialen Probleme, ein ständiger wilder Kampf, eine ständige Korruption. Und über allem die menschliche Rebellion gegen das eigene Schicksal ... Es ist schwierig in die Seele des Südens zu schauen, denn sie ist dunkel und tragisch. Die lange Gewöhnung an den Schmerz hat sie mißtrauisch gemacht“ (Fava 1980 a, 5).

Dunkel, tragisch und unbeweglich – hier begegnen uns die Begriffe der Melancholie-Diskussion, die nicht nur bei Fava zur „Seele des Südens“ gehören.

[1] Fava nennt sein letztes Kapitel „La speranza“ (Die Hoffnung), und er bezieht sich, nachdem er die Geschichte der Überlagerungen und Unterdrückungen Siziliens aufgeführt hat, auf jene Hoffnung, jenen Traum von der Befreiung, wie er dem sizilianischen Volk in der Gestalt seines „sizilianischsten“ Helden Orlando aus der Runde der Paladine um Karl den Großen in den berühmten Marionetten-Theatern vorgeführt wird: „Der Traum war, daß Orlando schließlich seine humane Schlacht gegen alle Hinterhalte ... gewinnen wird ..., daß ihm die Befreiung gelingen wird“ (ebd. 319 f.).

Ohne Utopie

Burton setzte dem melancholischen Land seine literarische Ordnungs-Utopie eines durchgeplanten Staatswesens entgegen, in dem es die Krankheit Melancholie nicht mehr gibt. Sizilien dagegen hat aus sich heraus keine Utopien entwickelt, weder literarische noch politische. Selbst das „paese di cuccagna" (Schlaraffenland), die volkstümliche Phantasie von jenem fernen Land des Überflusses, blieb ihm fremd. Der sizilianische Schriftsteller Leonardo Sciascia schreibt dazu in seiner Einleitung zu Giuseppe Cocchiaras Veröffentlichung: „Keine der Mythen und Riten, die hier beschrieben und interpretiert werden, ist Teil meiner Kindheitswelt gewesen ... Diese Themen sind also der volkstümlichen sizilianischen Erzählkunst fremd geblieben" (Cocchiara 1980, IX). Und Sciascia stellt die These auf, daß die Sizilianer keine sozialutopische Volksliteratur entwickeln konnten, weil ihre historische Erfahrung sich auf eine Macht bezieht, die nicht aufbaut und nicht für das Wohl der Gemeinschaft arbeitet, sondern für das Wohl der Mächtigen. Die für den Sizilianer als zerstörerisch erfahrene Macht und das Handeln der Mächtigen wurden Themen der Literatur, nicht aber ein auf Gemeinschaft bezogenes Handeln. Der „mito del buongoverno" (Mythos der guten Regierung, Salvadori 1960) ist nicht in Sizilien, sondern für Sizilien von den verschiedenen überlagernden Herrschaftssystemen entwickelt worden, von denen die „schwerste" Überlagerung, nämlich diejenige durch den italienischen Einheitsstaat, als Beginn des „fine di una nazione" (Endes einer Nation, vgl. Cimino 1977) bezeichnet wird, eines Endes, das für Cimino mit der zweiten Annexion durch die Niederschlagung der sizilianischen Autonomiebestrebungen nach dem Zweiten Weltkrieg besiegelt ist. Der Prozeß der Denationalisierung korrespondiert mit demjenigen fortschreitender Kolonisierung und Marginalisierung.[2] Für Cimino hat Sizilien seine Identität verloren. Die von ihm gesehene Dekulturation ist dem letzten „Überlagerer", dem kapitalistischen

[2] Diesem Annexions- und Denationalisierungskonzept steht in den (vor allem von den reichen Regionen Europas ausgehenden) Regionalisierungs-Konzepten der 90er Jahre eine erneute Abspaltung vom unterentwickelten Süden gegenüber, die in „tre Italia" gipfelt (vgl. Corriere della Sera v. 8. Juni 1993). Hinter dem Wahlsieg der Lega Nord, die sich zum Vereinten Europa und den Maastrichter Beschlüssen bekennt, stehen die populistischen Wahlverkündigungen, daß der korrupte Süden nicht mehr mit Milliarden Lire subventioniert werden soll. „Ein Trentiner und ein Sizilianer passen einfach nicht zusammen" verkündete ein Lega-Aktivist (Süddeutsche Zeitung v. 18. Juni 1993, S. 3). Man kann sich auch in einem Leitartikel auf den Oxford-Politologen David Hine berufen, daß „la meridionlizzazione della vita publica è all'origine della degenerazione del sistema" (die Meridionalisierung des öffentlichen Lebens ist Ursprung der Degeneration des Systems): und unter Meridionalisierung wird Korruption und Kriminalität in der politischen Kultur verstan-

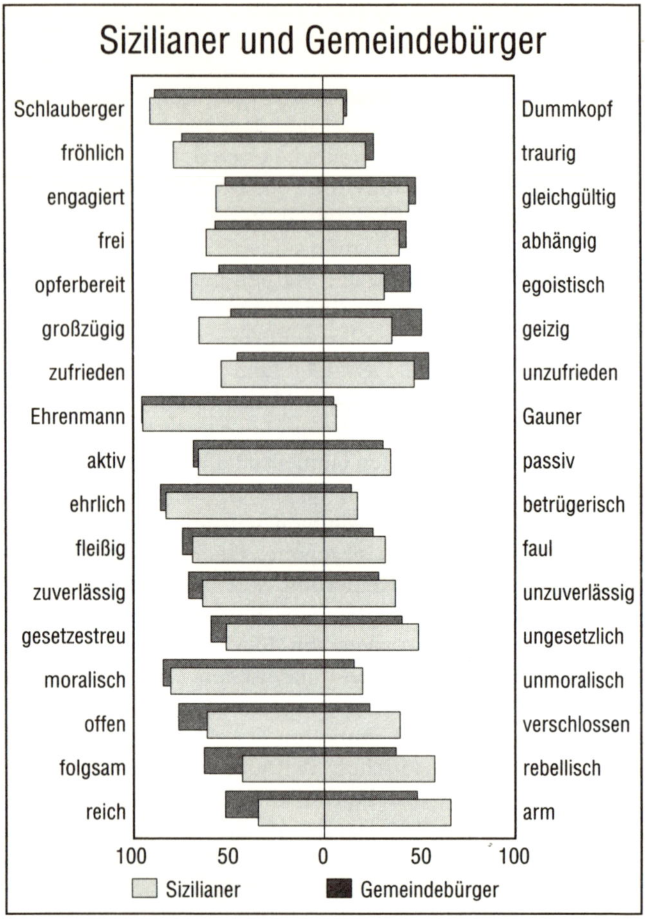

Abb. 5: Wie der Sizilianer sich selbst einschätzt.
Aus: Giordano, Greverus 1986, 365.

Staat, gelungen; zurück blieben marginale Territorien – „Territorien, die vom Prozeß der nationalen Identifikation ausgeschlossen sind, nachdem sie ihre traditionelle lokale Identifikation verloren haben, weil die Organisation des kapitalistischen Systems ihre Isolation und ihre Selbstgenügsamkeit überflüssig macht“ (Pizzorno 1966, 65).

den (vgl. Corriere della Sera v. 15. April 1993). Zu der tiefen Spaltung zwischen dem Norden und dem Süden Italiens vgl. auch Giorgo Bocca „L'Inferno. Profondo sud, male oscuro“, 1993.

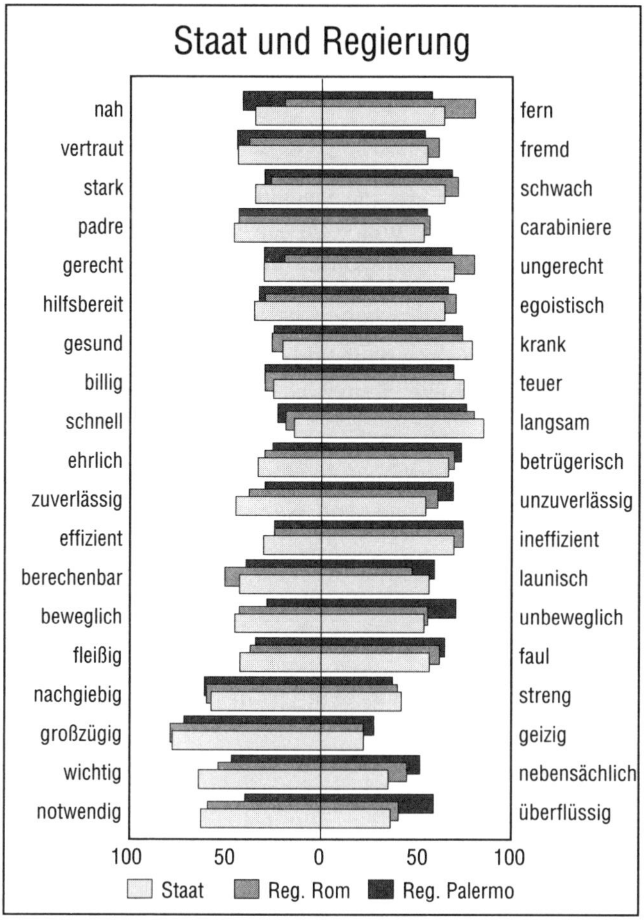

Abb. 6: Wie der Sizilianer Staat und Regierung einschätzt.
Aus: Giordano, Greverus 1986, 344.

Fröhliches Selbstbild oder Poesie der Verzweiflung?

Aber ist dieses Land, sind seine Menschen ohne Identität, weil der Staat die Identifikation verweigert, weil die Identifikation mit lokalen Traditionen keinen Sinn mehr hat? Sind sie melancholisch und ist ihre Melancholie eine Krankheit? Leisten sie über die Tradition der Traurigkeit eine negative Identitätsarbeit?

Für den „fernen" Staat, aber auch für die Regierungen in Rom und Palermo, treffen die Kriterien der Burtonschen Krankheit für unsere sizilianischen Gesprächspartner zu (vgl. Hof 1986; Giordano 1992, 368ff.), aber nicht für den Sizilianer, nicht für die eigene Gemeinde: Da ist man vor allem ein Ehrenmensch, moralisch, ehrlich, fleißig, aktiv und auch kein Dummkopf, und die Fröhlichkeit überwiegt bei weitem die Traurigkeit. Es ist das Selbstbild einer „positiven“ Identität.

Sind das Antworten aus jenen Gemeinden, von denen Fava von einer sagte: „Palma di Montechiaro, die Schande Europas, die Poesie der Verzweiflung ... der stinkendste und verlassenste Ort, der Extremfall der italienischen Armut und der politischen Impotenz Siziliens, und gleichzeitig der Raum, wo die Tragödie des Südens die Maske einer Farce annimmt ... Es war eine unglückliche Bevölkerung, die, in Abwesenheit der öffentlichen Macht, in Jahren der Opfer und der Einsamkeit versucht hat, sich wenigstens einen Schein aufzubauen, ja eine Hoffnung auf ein ziviles Leben; und die Hohlheit der politischen Macht, ihre Willkür, ihre Neigung zu Bestechlichkeit und Korruption, ihre Trägheit, besonders ihre Dummheit, haben sogar jene letzte Hoffnung zerstört, die tausende menschlicher Wesen mit der eigenen Haut und dem eigenen Schmerz bezahlten“ (Fava 1980a, 9, 16). Fava begann dieses Kapitel mit dem Satz: „Ich wollte nie mehr nach Palma di Montechiaro zurückkehren“. Und er kehrte immer wieder zurück – „Poesie der Verzweiflung“?

Gedanken aus dem Ort des Grauens

Ich war viermal in Palma di Montechiaro. Beim ersten Mal habe ich nur leere Häuser und Hausgerippe fotografiert und an einen Satz von Bloch gedacht: „Heute sehen die Häuser vielerorts wie reisefertig drein. Obwohl sie schmucklos sind, oder eben deshalb, drückt sich in ihnen Abschied aus“ (Bloch 1967, 858). Beim zweiten Besuch schrieb ich in mein Feldtagebuch:

„Palma di Montechiaro: Ort des Grauens. Die Wirtin unten am Meer, die vor zwei Jahren noch ganz freundlich war, hatte sich inzwischen so etabliert, daß sie das – in Deutschland angenommene? – Tourismusmuster voll durchspielen konnte. Wir nahmen uns dann oben im Ort Zimmer in der einzigen Pension, im ‚Gattopardo‘. Was sollte der Name, was das Leoparden-Emblem an jener innen und außen verfallenden Pension bewirken?[3] Der Wirt machte sich sogleich zu unserem padrone,

[3] Palma di Montechiaro ging über den Roman „Der Leopard“ von Giuseppe Tomasi di Lampedusa (1896–1957) als Donnafugata in die Literatur ein. Der fürstliche Sommerpalast war zur Zeit unserer Untersuchung (1984) eine leerstehende Ruine. Und Fava hatte 1980 geschrieben: „Der Palast des Leoparden ist zur Hälfte in ein Untersuchungsgefängnis umgewandelt worden; die andere Hälfte mit der großen,

Abb. 7: „Gastarbeiterhaus“ in Palma di Montechiaro. Foto: I.-M. Greverus.

was wir noch recht bedauern sollten. Er hatte den Ehrgeiz entwickelt, uns mit dem Bürgermeister zusammen zu bringen; es artete (wir waren wohl ‚kostbare Fische‘ für seine Statusverstärkung) in ein Suchspiel aus: vom Privathaus zur Bar, zur Piazza; zum Sommerhaus am Meer; zurück und das ganze von vorn, ohne daß wir den Gesuchten fanden. Zwischendurch mit für mich unwirschen anderen Gemeindevertretern und einem Lehrer gesprochen (typische Konkurrenz-Besserwisser-Situation!). Einziges Gesprächsthema: die ‚politica cleptomanica‘ (kleptomanische Politik), das heißt jeder, jede Partei versucht das meiste zu bekommen, Mißtrauen überall.

Unser Wirt war ein gutes Beispiel für den hier besonders auffälligen ‚fame di case‘ (Hunger nach Häusern). Das Gebäude der Pension war gemietet, aber jetzt in seinem verfallenden Zustand wohl ohne Zahlung. Unten am Meer, in der immer mehr ausufernden Zweithaus-Siedlung, hatte er für 40 Millionen Lire ein dreistöckiges

---

vornehmen, nach Süden gerichteten Fassde ist voller Risse. Die Balkone sind herausgerissen, die Fenster eingeschlagen und im Inneren ahnt man die bröckelnden Decken. Über die ganze Vorderfront ist mit rotem Lack ein gigantischer Schriftzug angebracht ‚Scheißhaus‘“ (Fava 1980 a; vgl. Merk/Tusar 1986, 122).

Haus gekauft – wie alle rundum: Fertigbetongerüst zwischenvermauert, kahle Räume, eine abenteuerlich anmutende Treppe außen – ‚etwas ‚luxuriert', und zwei Jahre später wurde eine Etage für 40 Millionen verkauft (‚so ist die Preissteigerung'). Das Geld wurde zum Ausbau des gekauften Stadthauses verwendet. ‚Man hat Häuser', das heißt, die Häuser sind nicht nur finanzielle Investition und Spekulation, sondern Prestigeinvestitionen. Die Häuser am Meer (die Sommervillen) werden nur einen Monat im Jahr bewohnt, die meisten von Einheimischen, und selten vermietet. Im Ort erschreckt das Anwachsen der Bauruinen, dazu die trostlose Felsenkargheit, auf der diese halbgebauten, unbewohnten Objekte stehen ... Und der Lärm! Neben uns wurde morgens ab 6.00 Uhr gerade ein Haus abgerissen. ‚Man hat auch Autos' (unsere Wirtsfamilie hat fünf.). Ein Rolls Royce, täglich auf der Piazza, verwundert nur noch uns. Die Straßen sind eng; die Piazza auf zwei Seiten von ihnen umzogen, vor der Bar muß man schreien; die Piazza ist vollgeparkt; hinten die Schule und in der Mitte eine – auch verlassene und verfallende – Bude ‚Pane con milza e wurstel. Essen da Filippo' – ausgeträumter Gastarbeitertraum vom Geschäft in der Heimat! ... Es war ‚festa' im Ort; mit Böllerschüssen und anderem zusätzlichen Lärm wurde es eröffnet. ‚E una festa grande e bellissima' (Es ist ein großes und wunderschönes Fest), erklärte mir eine Frau. Leider konnten wir deshalb mit einem Gewährsmann, der für die ‚sicilianità'-Philosophie ganz interessant zu sein scheint, nicht sprechen. Aber das Stichwort ‚mobilità' – die Ruhelosigkeit – fiel nicht nur als Entschuldigung, sondern als Hinweis auf die ‚passione dei Palmesi', der Fava in seiner ‚Passione di Michele' (1980 b) Ausdruck gegeben hatte.

Der dritte Besuch, jetzt schon mit unseren Studierenden, die knapp drei Wochen in diesem Ort bleiben sollten; ‚vertrautere' Gespräche; Versuche, uns in ein klienteläres Netz einzubeziehen, das heißt der deutsche Professor sollte in einem ‚politisch abgesicherten Millionengeschäft' (10 % Beteiligung) nach Deutschland vermitteln. Mafiosi aber? ‚So etwas gibt es bei uns nicht', hatte gerade vorher seine Frau gesagt; die finstere Gasse, von der gerade die Presse eine Familienschlägerei (Frauen und Männer, spuckend, beißend, tretend, schließlich eine Pfanne heißer Most, Schüsse, Verletzte, Gefängnis) berichtet hatte; dort das als Garage getarnte Lokal eines ‚Mörders', bei dem wir ‚zu Gast' waren (seine Frau kam wegen der weiblichen Gäste dazu); mafios-politische Geschichte, in die ein Gemeindevertreter aktiv verwickelt war; acht Jahre Gefängnis; die Pressebilder über seinen Fall wurden ebenso stolz gezeigt wie das Hochzeitsbild der Tochter: das Brautpaar in kostbarer weißer Robe; nächtliche Heimbegleitung durch das Ehepaar zum Schutz vor drei Männern, die uns auflauern würden, weil die fünf deutschen Frauen nur zwei Männer dabei hätten. Und tags darauf die Straßen staubig und trostlos wie immer in sengender Sonne; die Fensterhöhlen der Häuser noch immer leer; die Hausskelette wie verwesende Kadaver in der Wüste. Und trotzdem: warum sagten wir plötzlich, es ist der faszinierendste unserer Untersuchungsorte?

Der vierte Besuch, nur kurz, die Studentinnen kannten inzwischen die ‚Szene', den Rolls Royce-Besitzer und insbesondere jenen legendären Gewährsmann, dessen selbsterzählte Lebensgeschichte – von der rührenden Kindheit in Armut, mit Liebe zu Familie und Natur, über den Aufstieg ‚in die Welt' mit Juwelenschmuggel und Rauschgifthandel, zurück nach Sizilien als vielgefragter Helfer in größeren und kleineren Geschäften, beliebt und umgeben von seiner Klientel auf der Piazza und in der Bar, gleichzeitig von Drohungen umgeben, Mitherausgeber einer links-alternativen Zeitschrift, schonungslos über die Baumafia berichtend – eher an eine moderne Form des ‚Rächers der Armen und Unterdrückten‘ als an einen Mafioso erinnerte.“

Faszination der Entropie? So wie es Lévi-Strauss, der am Ende seiner „Traurigen Tropen“ unsere Wissenschaft Entropologie (eine Disziplin, „die sich damit beschäftigt, den Prozeß der Desintegration in seinen höchsten Erscheinungsformen zu untersuchen“; Lévi-Strauss 1974, 367) nennen möchte, vorgeworfen wurde? Erleben der eigenen (zeitspezifischen?) Intellektuellenmelancholie in einer traurigen Landschaft? Und mir fällt ein, daß die Spuren meiner ersten kulturanthropologischen Reflexionen über das Nostalgie-Phänomen bis zu meinem ersten Sizilienaufenthalt zurückgehen. Nostalgie, die Gehlen (1980) als „das entflohene Glück“, als „die Stimme glückloser Nationen“ deutet?

Da steht die Bemerkung eines italienischen Kollegen im Raum, daß es kein „befreiendes Lachen“ in Italien gebe. Und ich suche tatsächlich vergeblich in meinen Gedanken nach lachenden Gesichtern im Sizilien von damals und von heute. Ich sehe Kinder vor meinen Augen, wie sie der Schriftsteller Pier Paolo Pasolini in seiner zynischen „Skizze über die anthropologische Revolution in Italien“ beschreibt: den „fröhlichen“ Bäckerjungen von einst, der „mit einem von der Natur aus anarchistischen Lachen“ in die Häuser der Reichen kam, gegen den „fast schon tragischen Ernst“ des heutigen Bäckerjungen – „diese Jugendlichen sind traurig, weil sie – nachdem ihre Werte und ihre kulturellen Modelle zerstört wurden – sich ihrer gesellschaftlichen Unterlegenheit bewußt geworden sind“ (Pasolini 1978, 38). Ich sehe das meistens ernste Gesicht des kleinen Schäferjungen von damals, kaum älter als meine vier- und fünfjährigen Töchter, den ganzen Tag bei der Herde, morgens vier Uhr der erste, der aufstehen mußte, Analphabet und doch so lernbeflissen im Sprachaustausch mit den deutschen Kindern. Seine Cousine ging zur Schule, sein Cousin „studierte“.

Ein anderes Bild: Am Fischmarkt von Catania, in der Kneipe, in der ein Teil der „Bleiernen Zeit“ gedreht wurde, ein kleiner „Hilfskellner“: auf dem schmächtigen, kindlichen Körper eines Zehnjährigen das traurig-verschlagene Gesicht eines Greises (der Junge war vierzehn); er deckte, bediente, rechnete ab, war fleißig, und in einer Pause spielte er vor und für uns mit seinen Plastikautos auf dem Boden, während die lolitahafte zwölfjährige Tochter des Hauses, in rosa Dreiviertelhosen, Pumps, Ohrringe, mit wiegendem Gang, das kindliche Spiel keines Blickes würdigend, vorbeiging. Und war es der gleiche Junge, der uns in Gangi mit todernstem Ge-

Abb. 8: Andrea und Cornelia Greverus mit dem Schäferjungen in der „Fonda Tondo“ 1960. Foto: I.-M. Greverus.

sicht, in einem viel zu großen Kellnerjackett, bediente, der nur mit uns zu sprechen wagte, wenn der „padrone“ nicht da war?

Melancholie und Traurigkeit. Eine Arbeitsdefinition

Melancholie und Traurigkeit sollen hier weder als individuelle Krankheit noch unter dem Aspekt der Temperamentenlehre diskutiert werden, sondern als historisch herleitbare kollektive Verhaltensweisen, wie es Lepenies, von dessen Werk meine Argumentation ausgeht, in seiner historisch verstehenden Soziologie des Melancholie-Phämonens versucht (1972). Wie abhängig allerdings auch Lepenies' Melancholie-Verständnis von einer individualpsychologischen und psychopathologischen Deutung des Phänomens ist, zeigt sich deutlich an der Entwicklung seines Konzepts,

Abb. 9: Der kleine Kellner in Gangi. Foto: Institut für Kulturanthropologie und Europäische Ethnologie, Frankfurt a. M.

einschließlich seines Rückgriffs auf Mertons Adaptionsverhalten des Rückzugs (vgl. Merton 1964), und seiner – entscheidenden – Definition, die genau in einem Exkurs zur psychopathologischen Melancholiediskussion steht: „Melancholie stellt sich so als verhinderter Zugang zur Welt und ihrer Bewältigung dar und bedeutet das Zurückwerfen des Menschen auf eine Situation, in welcher ihm Welt entzogen wird. Soziologisch" – und kulturanthropologisch – „ist diese Frage in bezug auf den je Einzelnen irrelevant; sie wird von nicht zu unterschätzender Bedeutung, wenn im Vergleich mehrerer Epochen und Kulturen nach den strukturellen Bedingungen gefragt wird, die Isolation begünstigen oder verhindern" (Lepenies 1972, 162).

Über den Vergleich melancholieträchtiger Epochen (und sozialer

Schichten) bestätigt Lepenies das entscheidende Kriterium der psychoanalytischen Melancholie-Kasuistik: Handlungshemmung oder Verlust der Handlungsfähigkeit in der Gesellschaft oder „Traurigkeit mit Handlungshemmung" (Tellenbach 1961, 45). Der psychopathologische „Lasterkatalog" des Melancholikers (Passivität, Resignation, Trübsinn, Eskapismus, Phantasiekompensation und überhandnehmender Reflexionsfluß, singuläres Dasein, Einsamkeitsgefühl und Heimweh nach der Vergangenheit) wird nun von Lepenies in Anlehnung an Mertons singuläre Randseiter im Rückzugsverhalten (Ablehnung der gesellschaftlichen Ziele und Mittel und politische und organisatorische Apathie) hinsichtlich gesellschaftlicher Gruppen hinterfragt.

Da Lepenies der Melancholie der Unordnung, wie sie Burton darstellt, diejenige der totalen Ordnung gegenüberstellt, in der gesellschaftliche Gruppen über die „Entlastung von Handeln" (das heißt aber die Vorenthaltung der Macht) zu füllende Langeweile erhalten, ist für ihn die Frage von Handlungshemmung und ästhetisch-reflektierender Kompensation – vom adligen französischen Salon über das deutsche Bürgertum des 18. Jahrhunderts bis zu „Camp", dem von Susan Sontag (1966) beschriebenen modernen Dandyismus mit seiner Goutierung der Massenkultur und des Vulgären und bis zum melancholischen Klima in der „traurigen Wissenschaft" eines Adorno oder Gehlen – wesentlicher, also die Frage der intellektuellen Kompensationen und „Reflexionen aus dem beschädigten Leben" (Adorno 1987), als die Frage nach der „Traurigkeit der erlebten Welt ... als Verlust kultureller Selbstverständlichkeiten" (Lepenies 1972, 191) einer auch die körperlich arbeitende Bevölkerung – die ohne „Lange Weile" ist – einbeziehenden Unordnung oder Instabilität des gesellschaftlichen Systems als Oikos. Damit wird die von Burton angeschnittene Frage einer gesamtgesellschaftlichen, kulturökologisch relevanten, das heißt auch *alle* Mitglieder der Gesellschaft *und* ihre Umwelt (das „Land") umfassenden, Handlungshemmung und Traurigkeit nicht mehr gestellt. Auch die über den Topos „Wer den König von Mazedonien erzieht, erzieht alle seine Untertanen" angesprochene Enkulturationsthese, die erst den Gedanken einer gesamtkulturellen Tradition der Traurigkeit ermöglicht, wird in einem Konzept, das Melancholie mehr als inszenierte Intellektuellen-Attitüde beschreibt, vernachlässigt.

Die im Zusammenhang dieser melancholischen Attitüde hervorgehobene Nobilitierung der Melancholie soll hier im Kontext einer Identitätsarbeit gesehen werden. Identitätsarbeit zielt auf die Bestätigung, Verbesserung oder Verteidigung der Identität eines Individuums oder einer Gruppe. Sie wird nur dort virulent, wo Identität – als Phänomen des Sich Erkennens, Erkannt- und Anerkanntwerdens – stigmatisiert oder gefährdet ist oder Identitätswandel als Verwandlung (Konversion) erstrebt wird.

In diesem Zusammenhang spielt der Aufbau einer „negativen" Identität, das heißt die Identifikation mit gesamtgesellschaftlich nicht anerkannten Werten und ihr Einbau in einen neuen, eigenen Kulturstil eine wesentliche Rolle. Diese negative Identität als Verteidigungsmechanismus sollte nicht mit einer Identitätsresignation verwechselt werden. Wenn in der Identitätsresignation auf Erkennen und Anerkennen, oft auch auf Sich Erkennen verzichtet wird, will die Übernahme einer negativen Identität eben jenes verlorene oder verloren geglaubte Erkennen und Anerkennen erzwingen. Die Negation in dieser Identitätsarbeit gilt nicht einer Negation von Identität überhaupt, sondern der Negation einer zugeschriebenen Identität (vgl. Greverus 1978, 233 f.; Greverus 1981). Die melancholische Isolation und Resignation des handlungsgehemmten Individuums weiß auch um die „trauernden Dinge" (Gehlen 1963), aber es gewinnt keine Identität aus ihnen, während der „Heroismus des Stillstands" in der melancholischen Kollektiv-Attitüde „die trauernden Dinge auf seiner Seite weiß" (Lepenies 1972, 253).

In der Terminologie Freuds trifft hier der Begriff der Trauer, bei der „die Welt arm und leer geworden" ist, eher zu als Melancholie, bei der, über Regression der Libido ins Ich, Ambivalenz und Objektverlust, „das Ich selbst" leer ist (Freud 1982, 200).

Das utopische Heilmittel des programmierten Handeln-Dürfens oder -Müssens in den Ordnungsgesellschaften von Campanella bis Gehlen, für den der „jedermann zugängliche Weg zur Würde" heißt: sich in „Dienst und Pflicht" von den „Institutionen konsumieren zu lassen" (Gehlen 1969, 160), ist kein Weg aus einer Traurigkeit, die um die Un-Ordnung jener Ordnung weiß, die Handeln auf konsumierendes Tätigsein und auf Arbeiten ohne Weltteilhabe reduziert.

Pasolini hat, bezogen auf die italienische Gesellschaft, dieser Traurigkeit beredten Ausdruck gegeben: „Ich weiß wohl ... wie sich das Leben eines Intellektuellen abspielt. Ich weiß es, weil es zum Teil auch mein Leben ist. Lektüren, Einsamkeit in der Werkstatt, Kreise aus wenigen Freunden und vielen Bekannten, alles Intellektuelle und Bürger. Ein Leben aus Arbeit und im Grunde Anstand. Aber ich habe ... ein anderes Leben. Beim Leben dieses Lebens muß ich die ... Klassenschranken durchbrechen, die Wände „Italiettas" einstoßen und in eine andere Welt dringen: die Welt der Bauern, die Welt des Subproletariats und der Arbeiter ... Bis vor wenigen Jahren war das die vorbürgerliche Welt, die Welt der beherrschten Klassen. Nur aus nationalstaatlichen Gründen hat sie zum Territorium der „Italietta" gehört. Außer dieser bloßen Formalität hatte diese Welt mit Italien nichts zu tun ... Das bäuerliche Universum ... ist transnational: es erkennt Nationen nicht einmal an. Es ist der Überrest einer vorhergehenden Kultur (oder von Schichten vorhergehender Kulturen, die einander sich gleichen) ... Es ist diese grenzenlose, vornationale und vorindustrielle bäuerliche Welt, die bis vor wenigen Jahren überlebt hat, der ich nachtrauere" (Pasolini 1978, 45 f.).

An dieses Bekenntnis zur Traurigkeit schließt sich eine Kritik der neuen „Konsumzivilisation" an, in der sich die Menschen im „angsterfüllten Drang, sich zu nivellieren", gleichen. Pasolini spricht von einer „anthropologischen Mutation", die eine „Zerstörung der Kultur des Einzelnen" beinhaltet, oder von dem Verlust der kulturellen Selbstverständlichkeiten: das Beispiel des „nivellierten" Bäckerjungen, der um seine Unterlegenheit weiß – das vielbehandelte Thema der süditalienischen „miseria" (Elend), in der Armut zur „Gleichzeitigkeit des Ungleichzeitigen" wird und materielle Armut soziokulturelle Verarmung bedeutet.

Aus dem Gesagten wird deutlich, daß ich den Begriff der Traurigkeit demjenigen der Melancholie vorziehe. Diese hier zu analysierende Traurigkeit definiert sich als Reaktion auf den wahrgenommenen Verlust von Welt als Teilhabe an Gestaltung von Lebenswelt oder eigener Kultur. Der Stilisierung der Traurigkeit zur „heroischen" oder „stoischen" Attitüde liegt eine Identitätsarbeit zugrunde, die darauf zielt, sich wieder in einer eigenen Welt erkennen zu können. Kontemplation (Philosophie) kann hier nicht nur versagtes Handeln ersetzen, sondern als überlegen stilisiert werden, wobei die Identifikation mit den „trauernden", weil handlungsunfähig gemachten Dingen, auf ein Wissen (oder Ahnen) des ökologischen Prinzips schließen lassen könnte, das des dynamischen Gleichgewichts bedarf, um sich über die Interaktion aller Elemente immer wieder zu stabilisieren.

Burton, für den nicht nur Menschen, sondern auch Tiere, Pflanzen und Mineralien melancholisch sein konnten, insbesondere aber eben das System – das „Land" – hat dieses ökologische Disequilibrium als Un-Ordnung erkannt. Aus ökologischer Perspektive ist auch Lepenies' als Gegensatz gedachter Ordnungsüberschuß Un-Ordnung, da er Teile des Ganzen vom Handeln ausschließt.

Burton hatte der Un-Ordnung des Oikos seine utopische Neu-Ordnung entgegengesetzt. Das Fehlen von utopischen Entwürfen in Sizilien läßt auf eine historisch investierte Traurigkeit als *Tradition der Traurigkeit* schließen, die wir dem Typus der Überlagerungsmentalität zurechnen können, die Giordano – im Gegensatz zur Fatalismus- oder Resignationsthese – als „Überlagerungsrationalität" aufgrund des aus dem Erfahrungsraum sich „ständig wiederholender Überlagerungsprozesse" geprägten Erwartungshorizonts interpretiert, das heißt als „bestmögliche Adaption an die Überlagerungsumstände" (Giordano 1982; Giordano 1992).

Die Literatur der Traurigkeit

Literatur wird hier als eine schriftlich oder mündlich tradierte Sprachverdichtung aufgefaßt, die einen Teilbereich der kulturellen Möglichkeiten des Menschen zur Umweltaneignung und zur Auseinandersetzung mit der Umwelt darstellt. Als solche reflektiert Literatur die Wirklichkeit des Subjekts Mensch im Rahmen seiner jeweiligen historischen Bedingtheiten und Möglichkeiten (vgl. Greverus 1972, 6). Literatur ist somit immer kulturspezifisch. Da es uns um die sizilianische Version der Traurigkeit geht, also um die subjektive sizilianische Interpretation (und damit Selektion aus dem Wirklichkeitsstoff) einer objektiv in „Un-Ordnung“ geratenen, „arm und leer“ gewordenen Welt, können wir hier auf die literarische Fremdsicht auf den Sizilianer ebenso verzichten wie auf die Parallelen zu einer Literatur der Traurigkeit in anderen mediterranen Ländern (vgl. zum Beispiel die „dämonische Traurigkeit“, die Satta in seinem Buch „Der Tag des Gerichts“ [1983] von Sardinien vermittelt).

Eine andere Frage, die wir uns stellen müssen, ist allerdings, inwieweit „hohe Literatur“, bei der wir von einem intellektuell-ästhetischen Reflexionsprozeß ausgehen, und Volksliteratur, als Literatur des „Volkes“ oder für das Volk, gleiche oder ähnliche Themen der Traurigkeit behandeln und jene Gemeinsamkeit haben, die Giordano für das „Prinzip Skepsis“ hervorhebt, dessen Überschneidung mit einem Prinzip Traurigkeit evident ist (Giordano 1982; Giordano 1992). Weiterhin ist dann zu fragen, ob die Worte jener Schriftsteller der hohen Literatur, die die „Stimme des Volkes“ stellvertreten, der Stimme dieses Volkes entsprechen.

Pasolini hatte 1974 in einer Rezension zu Gedichten des sizilianischen Mundartdichters Ignazio Buttitta, mit dem er sich bis zur gemeinsamen Sprache hin identifiziert, geschrieben, daß Buttitta, wenn er immer wieder behaupte, die Stimme des Volkes zu sein – „Nicht ich sage das / sie sagen es“ (U rancuri) –, eigentlich das Gegenteil aussage: er entwerfe das Bild eines Volkes, „das einem grandiosen Modell historischen Aufbruchs“ entnommen sei und dann auf das wirkliche Volk projiziert werde. – Aber, fährt Pasolini fort: „Die sprachliche Gestalt des Volkes ... ist durchaus real – man darf sie nur nicht als aktuell ansehen ... Sie ist Teil jener Welt, in der man Dialekt sprach, der heute nur noch mit Scham gesprochen wird, wo man die Revolution wollte, die heute vergessen ist, wo jedenfalls eine Menschlichkeit (und eine Gewalt) herrschte, die heute verleugnet wird“ (Pasolini 1978, 109).

Dieses gebrochene Verhältnis zu einer neuen Realität und die mit einer nostalgischen Illusion verbundene Projektion eines „grandiosen Modells“ auf Enklaven der Vergangenheit, einschließlich der „stoischen Geste“ und einer Stilisierung des Stillstands zum „Heroismus des Stillstands“ oder eben zur „Tradition der Traurigkeit“, erscheint wie ein Leitthema sizilianischer Dichtung. Ihre Helden sind die „Versager“ im kulturellen Wandel, die hilflos von fremder Gewalt und fremden Werten Überlagerten, die gescheiterten Rebellen und die Narren. Es sind die der Tradition Beraubten:

> Ein Volk ... wird arm und geknechtet
> wenn ihm die Sprache geraubt wird
> das väterliche Erbe
> dann ist es verloren für immer.
> Es wird arm und geknechtet
> wenn die Worte keine Worte mehr gebären
> und sich gegenseitig verschlingen.
>
> (I. Buttitta, Lingua e dialettu, in: Pasolini 1978, 42.)

Ignazio Buttitta erweist sich hier durchaus als ein Vertreter der Sicilianità, die um die geistige und politische Autonomie der Insel kreist, und deren Anhänger seit den mythisch-genealogischen Forschungen aristokratischer Intellektueller im 18. Jahrhundert über die folkloristisch-linguistischen Beiträge seit dem 19. Jahrhundert bis zu den linken und rechten Argumentationen der Separatistenbewegung nach dem Zweiten Weltkrieg (vgl. Marino 1971; 1979; Kehr 1984) die „composita unicità“ genannte „sicilianità“ (Sterpa 1978, 528) nachzuweisen versuchen. Allerdings ist das Spektrum der über das ethnische Identitätsmanagement (vgl. Greverus 1981) intendierten Interessenverwirklichung ebenso different wie die als Träger der Sicilianità benannten Klassen, Schichten und Epochen.

War für die aristokratischen Intellektuellen des 18. und 19. Jahrhunderts das einfache Volk „Pöbel, Unbedeutendes, A-Sicilianità, höchstens an den Rändern, wie die Schattenzonen des lichten Siziliens“ (Marino 1971, 73), so ist eben dieses Volk für Buttitta und andere sozialkritische Schriftsteller unseres Jahrhunderts der eigentliche Träger der Sicilianità. Und in dieser Wendung zum „Volk“ begegnen sich linke Sozialkritiker wie Buttitta durchaus mit separatistischen Ideologen wie Cimino, nach dem sich die sizilianische Aristokratie nach dem Risorgimento schnell italianisierte, während „die Masse des sizilianischen Volkes dagegen ... verschlossen in sich selbst weiter [lebte], getrennt vom Rest des Landes, ausgebeutet und gedemütigt, mit ihren archaischen Sitten, mit ihrer Sprache, die mit dem Italienischen unvereinbar ist“ (Cimino 1977, 52). So argumentieren auch die bürgerlichen Volksforscher, für die seit Pitrè „die sizilianische Folklore ... eine der wesentlichen Manifestationen der historischen Individualität der Insel [bildet]“ (Cocchiara 1957, 381). „Volk“ bezieht sich dabei ausschließlich auf eine rurale Welt, eine bäuerliche Gesellschaft, die in einer ostsizilianischen Version der Sicilianità zu der These von den „zwei Sizilien“ führte: die europäischen Sikuler, die Ureinwohner und Begründer einer blühenden bäuerlichen Kultur, gen Ostsizilien verdrängt von den Sikanern (afrikanischen Ursprungs, rauhen Charakters, ohne Liebe und Neigung zur Landwirtschaft, dagegen zu Viehzucht, Bergbau und Kriegsführung befähigt, hierarchisch unter einem Führer gegliedert). So wurde Ostsizilien zur Mutter der Sicilianità, in der sich sikulische Ruralität mit griechischer Ästhetik vereinigte (Cosentino 1973). Sicilianità ist, von welcher Position die Fürsprache auch immer kommt, die „Seele der Unterdrückten", der „Betrogenen der Geschichte" (Giordano 1992). Und hier setzt die Tradition der Traurigkeit ein.

Die Helden dieser Tradition, die wir als Versager im kulturellen Wandel, als gescheiterte Rebellen und Narren bezeichnet haben, gehören nahezu immer zu den von W. H. Riehl (1851) als „Mächte der Beharrung" bezeichneten Ständen (Adel und Bauerntum/Landbewohner), während die „Mächte der Bewegung" (Bürgertum und Proletariat), als Parvenues, Opportunisten und Lebenskünstler auf der anderen Seite stehend, die Sicilianità, die einzigartige kulturelle Identität, zerstören. Das kommt nicht nur in dem feudalen Abschiedsgemälde des „Leoparden" von Lampedusa zum Ausdruck, dem Helden eines „Heroismus des Stillstands" par excellence, dem der aktive und anpassungsfähige Emporkömmling als Sieger aus dem Untergang der feudalsizilianischen Kultur durch das Risorgimento entgegengestellt wird: Die Leoparden und Löwen müssen weichen, ihren Platz werden die kleinen Schakale und Hyänen einnehmen (Lampedusa, o. J., 220).

Auch Leonardo Sciascia, dessen Hauptthema „der einfache sizilianische Mensch" ist, konfrontiert seine „traurigen Helden" immer wieder mit jenen Opportunisten, die „als schwimmendes Fettauge auf jeder neuen politischen Suppe, Königtum, Revolution und Restauration", überleben (Erné in: Sciascia 1980, 228). Sciascia, der einen Fremden sagen läßt: „Weil ich an die Sizilianer glaube, die wenig sprechen, die sich nicht viel bewegen, die sich innerlich aufreiben und leiden: die Armen, die uns mit müder Geste grüßen, wie aus einer Entfernung von Jahrhunderten" (Sciascia 1980, 159), relativiert die Traurigkeit allerdings immer wieder, wie der sizilianische Schriftsteller Luigi Pirandello (1867–1936), im Bild des Narren, wobei er die „corda pazza" (1970) für die „dritte Schnur" des sizilianischen Charakters hält.[4] Pirandellos melancholische Narren, die Zögerer, die „Angst vor dem Glück" haben, die körperlichen und geistigen Außenseiter, die von überholten Werten und Normen Geplagten gehören – selbst wenn sie im bürgerlich-urbanen Milieu leben – zu den Mächten der Beharrung: „uomini soli" (einsame Menschen) im Gefängnis ihrer schicksal-

[4] Der Titel geht nach Erné von dem Bild aus, daß jeder Sizilianer drei Schnüre habe, die sein Triebwerk in Gang halten. Die dritte ist die Schnur der Narrheit (ebd. 234).

haften Rollen, die nur in ihren Träumen lachen können, deren Erinnerung ihnen „die gütige Natur“ versagt, wie dem Herrn Anselmo. Denn als er sich einmal erinnert, da wußte er, daß er nur über eine grausame Albernheit lachte: „Aber der philosophische Geist, der sich schon seit Jahren seiner bemächtigt hatte, kam ihm auch diesmal zu Hilfe und bewies ihm, daß ein Mann wie er ja doch nur über Albernheiten lachen konnte. Worüber hätte er auch sonst lachen sollen? In seiner Lage mußte er wohl oder übel zum Schwachkopf werden, wenn er noch lachen wollte. Wie hätte er anders lachen können?“ (Pirandello 1954, 269).

Schließlich bedient sich Elio Vittorini, einer der Führer der Untergrundbewegung gegen den Faschismus, in seinem „Gespräch in Sizilien“[5] des Bildes der Narrenbühne: Die „traurigen Männer“, die „Erben des Schmerzes der beleidigten Welt“, bemächtigten sich in der „närrischen Dunkelheit“ der Geister der Vergangenheit, „traten in sie, weckten in ihnen Elend und Träume und zwangen sie, die Schuld zu bekennen, für den Menschen zu leiden, für den Menschen zu weinen, für den Menschen zu sprechen, Sinnbilder für die menschliche Befreiung zu werden ... Ein großer Shakespeare in der Reinheit seiner Nächte des Sinnens ohne Furcht und mein kleiner Vater in der närrischen Dunkelheit seiner im Wein geborenen Nächte“ (Vittorini 1966, 112).

Vittorinis Ich-Erzähler, wie sein Autor ein Migrant in den urbanen Norden, schildert seinen Seelenzustand vor der Rückkehr nach Sizilien wie die klassischen Symptome einer klinischen Melancholie. Diese ich-zentrierte Melancholie läutert sich im „reinen Herzen Siziliens“, in den Gesprächen mit den traurigen und närrischen einfachen sizilianischen Leuten zu einer Philosophie der Traurigkeit, der Trauer um die beleidigte Welt: „Die Welt ist groß und schön, aber sie ist sehr beleidigt. Alle leiden, jeder um seinetwillen, aber sie leiden nicht an der Welt, die beleidigt ist, und so bleibt die Welt weiterhin beleidigt“ (ebd. 98).

Die Begegnungen, die Gespräche in Sizilien sind für den Erzähler zunächst eine Reise aus seiner „Ruhe in der Hoffnungslosigkeit“: „Und die Reise war auch ein Gespräch, war Gegenwart, Vergangenheit, Erinnerung und Einbildung, nicht Leben für mich und doch Bewegung“ (ebd. 77). Doch diese innere Reise, die Ruhelosigkeit, die kein Leben ist, endet auch in Sizilien: „... ich ging durch die Straßen Siziliens und war nicht mehr auf Reisen, immerzu und rauchte und weinte“ (ebd. 126). Dieses Weinen ist Erinnerung oder auch das Wiederfinden der Identität, das Sich Erkennen in einer Mitwelt und Umwelt „voll von Zeit“, aber „alles andere als Geschichte“ (ebd. 126). Die Geschichte aber, als Ereignisgeschichte des Fortschritts und der Kriege, ist es, die die Welt beleidigt hat; deshalb sind die Weinenden, die Verfolgten, die Kranken und Hungernden „mehr Mensch“ (ebd. 74), und sie können, wie die Bronzeplastik und sein gefallener Bruder, aber auch wie seine Mutter und die närrischen Männer unverletzbar und unberührbar werden: „‚Muß darum viel gelitten werden?‘ fragten die Sizilianer“ (ebd. 130).

[5] Der Roman „Conversazione in Sicilia“ entstand zwischen 1936 und 1938 und wurde 1941 erstmals publiziert, allerdings bald darauf beschlagnahmt.

Diesem Leiden Siziliens, der Sizilianer, gibt nun nicht nur die hohe Literatur, sondern auch die Volksliteratur Ausdruck. Auch hier sind die Verfolgten, Unterdrückten und Betrogenen ihre Helden. In einem Aufsatz zum sizilianischen Bänkelsang schreibt Schenda geradezu: „Der Sizilianer ist tragisch gestimmt ... Bei solchen Voraussetzungen darf man vom sizilianischen Bänkelsänger keine heiteren, sondern eher tragisch-epische Lieder erwarten“ (Schenda 1967, 27).

Ignazio Buttittas „Lingua e dialettu“ endet mit der Zeile „... sind wir dennoch arme Waisen“. Die Metapher von kulturellem Tod und Verwaisung wird in Buttittas Fremdarbeiterlied „Lu trenu di lu suli“ (der Sonnenzug; vgl. Schenda 1967, 30ff.; Greverus 1972, 192ff.) zu einer am Einzelfall konkretisierten Schicksalstragödie. Auch dieses Lied Ignazio Buttittas wurde, wie ein Klagelied über den durch die Mafia erschossenen Arbeiterführer Turiddu Carnevale, von dem Bänkelsänger Cicciu Busacca über die Insel verbreitet (vgl. Schenda 1967, 29).

Wie lebendig die Tradition dieser sizilianischen Bänkelsänger auch heute noch ist, erlebten wir in Mirabella, jenem Ort, der so stark an der Modernisierungsfront nach vorn drängt (vgl. Horn 1986). Abends auf der Piazza errichtete ein Bänkelsänger die Bildertafeln auf seinem Auto und kommentierte mit reicher Gestik die über Kassette und Verstärker laufende Geschichte von „Carmelo Ciaramedda“. Die Kassette und eine „Astrologia teorico-praticà“ von einem Paolo Busacca, mit dem Hinweis auf die Möglichkeit, gegen Einsendung von 500 Lire sein persönliches Schicksal (unter anderem: in welchem Land man besser sein Glück machen kann) zu erfahren, konnte man anschließend erwerben. Und die „theoretisch-praktische Astrologie“ wurde von den umherstehenden Männern – und nur Männer waren bei dem Vortrag auf der Piazza – rege gekauft. Modernität (Technik der Übertragung und die Gastarbeiter-Mobilität) mischte sich einträchtig mit der Tradition des alten Bänkelvortrags.

Das Lied war nicht von der Qualität eines Buttitta, die Sozialkritik nur angedeutet im Gegensatz von arm und reich und der daraus erwachsenden tragischen Liebesgeschichte des Carmelo, des „am meisten vom Unglück geschlagenen Menschen der Welt“ („L' omu cchiù sfurtunatu di lu munnu“). Gleichgültig welches Thema – von der Liebe bis zu Naturkatastrophen und mafiosen Morden – die Autoren anstimmen, zentral ist immer das unausweichliche, tragische Schicksal, dem der einzelne ausgeliefert ist. Und Schicksal ist auch die Ungerechtigkeit in der Machtausübung der Mächtigen: „Sie können tun, was sie wollen und wie es ihnen paßt, denn es gibt keine Gerechtigkeit, die sie auf den rechten Weg führt“ (Orazio Strano in: Schenda 1967, 38). Zwei herausragende Themen des Leidens an fremder Macht, an Ungerechtigkeit und Verrat, in Liedern und Sprichworten sind das Risorgimento und Verhaftungen (vgl. Uccello 1965; Uccello 1978).

Die Wehrlosigkeit gegenüber den Naturmächten und den Mächtigen ist, ebenso wie der Verrat, das Schicksal des Volkes und seiner Helden. Ihnen gelten die Klagen, die wie in der Totenklage der Mutter um den ermordeten Salvatore Giuliano[6] an die Marienklagen der Passion erinnern:

Unglücklicher Sohn meiner Seele!
(sagte sie, während ihr Schmerz am schwersten war)
Sei gesegnet, sei selig,
Sohn meiner Seele,
es ist keine Hilfe mehr da;
du bist tot, da ein ehrloser Mensch dich
verraten hat,
meinen geliebten Sohn.
(In: Greverus 1971, 292.)

Mit welcher Inbrunst die Traurigkeit der Erzähllieder tradiert wird, erweist sich an dem bekanntesten Lied „La barunissa di Carini“, von dem Salomone-Marino in der zweiten Hälfte des 19. Jahrhunderts um 400 Varianten in Sizilien sammelte (vgl. Rigoli 1963). Es ist die tragische Liebesgeschichte der jungen Herrin von Carini, die 1563 von ihrem Vater ermordet wurde, nachdem ein Mönch ihre Liebe verraten hatte. Zentrales Thema der Volksüberlieferung ist das Mitleid mit dem unglücklichen Höllenschicksal der jungen Fürstin – „lu malu distinu cca nn'ha jittatu sempri in eternu, ca chiusa e' ogni vita“ (Rigoli 1963, 245, 101–102; vgl. Schenda 1965, 137: „Das böse Schicksal hat uns hergeworfen für ewig, denn die Wege sind verschlossen“) –, die ohne Beichte sterben mußte. In diesem Lied wird die weinende Traurigkeit, wie auch in italienischen Brautabschiedsklagen (Greverus 1972, 90; vgl. Profeta 1965), auf die gesamte Umwelt übertragen (Rigoli 1963, 245, 57–66; vgl. Schenda 1965, 136):

Ihr Berge, Flüsse und ihr Bäume weinet;
ihr Sonne, Mond verdunkelt eure Lichter!
ihr kleinen Vögel in der Luft, schweigt Stille;
die Freude ging verloren, sucht nicht länger!
O gute Leute weinet, weinet weiter,
mit schwarzem Flor bekleidet alle Straßen,
denn trocken liegt die liebe Blum' am Boden
gebissen von der Herrin aller Liebe (dem Tod).
Nun weint, Palermo, Trapini und Siracusa,
Carini wein' noch mehr in allen Häusern …

[6] Der Bandit Salvatore Giuliano, der in der Volksüberlieferung als „Retter der Armen“ galt, war nach dem Zweiten Weltkrieg in die separatistische Bewegung gegen den italienischen Staat verwickelt. Er wurde 1950 von einem ehemaligen Vertrauten, der Agent der Regierungspolizei geworden war, ermordet (vgl. Kehr 1984, 83 ff.).

Das Ohnmachtssyndrom oder: „uomo solo“ (der einsame Mensch)

Come il sedere si serve del rotolo
Così il potere si serve del popolo
(Wie der Hintern das Clopapier benutzt
So benutzen die Mächtigen das Volk)

So stand es 1983 auf einer Hauswand in Catania. Der Protest an der Wand ist ein in unserer Gegenwart verbreitetes und so gesehen in Sizilien sogar relativ seltenes Phänomen. Die hier benutzte Metapher entspricht allerdings nicht den Kampfansagen der meisten Wandbilder auf der anderen großen Insel der zentralstaatlichen italienischen Überlagerung (vgl. Greverus 1984 a, Greverus 1984 b; Granzer/Schütze 1979): Sardinien, Insel der „dämonischen Traurigkeit“ (Satta 1983). Sind es dort drohende Gesichter, erhobene Fäuste, Schreie der Wut, Aufrufe zum gemeinsamen Kampf gegen die Unterdrücker, so bleibt hier nur das anale Bild. Dieses anale Bild findet in einem animalen seine Ergänzung, das uns in vielen ähnlichen Äußerungen wie der eines Gesprächspartners aus Gangi begegnete: „Ma che cosa è a Gangi? Nessuna! Viviamo come asini, mangiamo, lavoriamo, dormiamo“ (Aber was gibt es schon in Gangi? Nichts! Wir leben wie die Esel, wir essen, wir arbeiten, wir schlafen).

Ist dieses Bild Teil des „psychopathologischen Lasterkatalogs“ des Melancholikers (vgl. Lepenies 1972), Übernahme und Selbstzuschreibung einer stigmatisierten Identität (vgl. Greverus 1978, 229 ff.), hierarchische Ontologie (Mühlmann/Llaryora 1973; Giordano 1982), Inferioritätskomplex (Belluardo 1977), internalisierte miseria-Haltung (Lepsius 1965) oder Überlagerungsrationalität (Giordano 1982)?

Die Ohnmacht der Sizilianer gegenüber dem „fernen“ Staat und ihre antistaatliche Gesinnung hat vielfache Erklärungen und immer neue Belege gefunden, ebenso die Ohnmacht gegenüber den Mächtigen im eigenen Land und ihrer Korruption (vgl. Hof 1986; Harnack-Riaz/Rohr/Werdecker 1986; Giordano 1992).

Die reale Ohnmacht läßt sich aus der Geschichte ablesen, das Ohnmachtssyndrom dagegen bedeutet einen verinnerlichten Komplex von Ohnmachtsanzeichen (als Handlungshemmungen) und reaktiven Verhaltensmustern.

Was erzählten uns Sizilianer auf unsere Frage nach einem Protest gegen Unterdrückung und Ausbeutung? „Non ci ribelliamo mai, che siamo abituati a stare sotto“ (Wir rebellieren niemals, denn wir sind es gewohnt, unten zu stehen). Diese – in ähnlicher Form oft gehörte – verallgemeinernde Aussage zu einer kollektiven Haltung ist faktenhistorisch falsch: Sowohl im 18. /19. als auch im 20. Jahrhundert haben zahlreiche Bauernaufstände, Landbesetzungen und Streiks das Land erschüttert (vgl. Renda

1976; Renda 1977), und auch die separatistische Bewegung der Nachkriegszeit hat zu bewaffneten Aufständen gegen das italienische Militär geführt, von denen der Verteidigungskampf der „Republik von Comiso“ im Januar 1945 von der Bevölkerung mitgetragen wurde. Die neunzehn Toten und dreiundsechzig Verletzten waren umsonst geopfert, rundum in der Provinz Ragusa hatten die Aufständischen sich ergeben, die Regierungsparteien stempelten den gewaltsamen Widerstand als faschistisch gelenkten ab, und die Bevölkerung merkte, daß die „wohlverstandenen Interessen aller Sizilianer“ diejenigen der Mächtigen waren, die ihre Privilegien über den Separatismus verteidigen wollten (Kehr 1984, 63 ff.).

Und Comiso 1983, der organisierte Protest gegen die Pershing-Stationierung? Der Protest war als internationales Friedenscamp von der IMAC (international meeting against militarization and cruise) mit Organisationsstellen in Deutschland, den Niederlanden und USA organisiert worden. Ein vorbereitendes Dossier in englischer Sprache sollte über die Geschichte Comisos, die Militarisierung und Mafiasierung Siziliens sowie über die Friedensbewegung unterrichten und gleichzeitig jenes „How to behave“ in einem Gastland vermitteln („Please remember to respect local feelings“), dessen Nichtbeachtung bereits vorher zu Schwierigkeiten geführt hatte. Die Geschichte Comisos liest sich in diesem Dossier als eine lokale Geschichte des ökonomischen Fortschritts (Greenhouse-Kultur mit vier erwarteten Ernten jährlich (!) und kooperativer Vermarktung) aufgrund der Bauernaufstände seit dem 17. Jahrhundert: „Peasants and Communists have always enriched Comiso's history“ (IMAC Dossier, summer 1983, 5). Die Stilisierung des neuen Feindes USA scheut die historische Fälschung nicht: Hier ist es nicht mehr die italienische Armee, die der „freien Republik Comiso“ mit der totalen Vernichtung drohte (Januar 1945), sondern „the Americans threatened to bomb the town“.

Unser PCI-Bürgermeister aus P. war hingefahren, wie auch einige unserer jungen Gesprächspartner aus M., Mitglieder der Democrazia Proletaria, die unsere Studierenden mitnahmen. Was sie dort trafen, war der in den italienischen Zeitungen mit Schlagzeilen beschriebene Polit-Tourismus: Jugend aus Norditalien, den Niederlanden, Deutschland, Campsituation zwischen Demonstrationen und Blockaden einerseits und Ingroup-Festivals andererseits: „Wir haben Musik gehört, getanzt, die Stimmung wurde immer ausgelassener“, beschreibt eine Studentin ihre Eindrücke.

Warum blieben die Einheimischen fern? Aus ihrer Überlagerungserfahrung vom Norden? Aus Erinnerung an den Betrug gegenüber der freien Republik Comiso 1945 und das Alleingelassenwerden? Aus Angst vor der immer wieder erfahrenen polizeilichen und militärischen Niederschlagung von Aufständen? Oder aus „wohlverstandenem Interesse“ eines materiellen Fortschritts über das Projekt für die Gemeindebürger?

Der „uomo solo" als Selbstbild und Handlungsstrategie des Sizilianers gegenüber der Macht der Mächtigen wird sowohl in der einen als auch in der anderen Richtung interpretiert. Wenn Giordano den „uomo solo" als „uomo vero" (echten Menschen) im sizilianischen Verständnis nur für diejenige Person gelten läßt, die Freundschafts- und Patronagebeziehungen geschickt zum eigenen Vorteil instrumentalisieren kann (Giordano 1983), dann entspricht dieser „uomo solo" dem amoralischen Familisten Banfields, der nach der Devise lebt: „Vergrößere den materiellen kurzfristigen Erfolg deiner eigenen Familie" (Banfield 1958, 85). Er ist der „furbo", der Schlauberger, der den Staat betrügt. „Es ist niemals als ein Verbrechen betrachtet worden, den Staat zu betrügen", erklärte uns der Professor für Kulturanthropologie, Antonio Buttitta. Darüber hinaus kann der Schlauberger sich, schlauer als sein Nachbar, Vorteile über „Empfehlungen" verschaffen: Nach Meinung einer Gesprächspartnerin kann man heute nur über „Empfehlungen", insbesondere aber über das in einem Umschlag überreichte Geld (busta con soldi) einen Posten bekommen.

Ihr Ausruf „Diese Gesellschaft! Sie entmutigt!" verdeutlicht allerdings, daß die „furberia" (Schläue, List) nicht nur Intelligenz – „per essere furbi ci vuole intelligenza" (um schlau zu sein, braucht man Intelligenz) –, sondern vor allem Empfehlungen und Geld erfordert; jedoch von denen, die ohne „Empfehlungen" leben, als demoralisierend empfunden wird.

„Chi gioca solo" (Der allein spielt; Dolci 1967)[7] ist nicht der handlungsgehemmte Melancholiker aus Ohnmacht, sondern der handlungserfinderische Egoist, der sich arrangiert. In Umkehrung von Sciascias „A ciascuno il suo" (jedem das Seine) könnte man ihm das Signum „ciascuno per il suo" (jeder für das Seine) geben. Aber Sciascia meint einen anderen „uomo solo": „Bei uns ist die Idee zutiefst verwurzelt, daß man einsam sein muß, um vollkommen man selbst zu sein, daß die Einsamkeit der Ort der Wiederfindung des Selbst ist, ... weil man mit den anderen nicht zum Menschsein gelangt, ist es notwendig, sich in Richtung Einsamkeit davonzumachen, ist es notwendig, ein einsamer Mensch zu sein" (Sciascia 1979, 45 f.).

Und Sciascia zitiert Pirandellos „Uno, nessuno e centomila" (Einer, keiner und hunderttausend), wo der „uomo solo" als Name für jene vielen Sizilianer geboren wurde, die Pirandello in seinen Werken darstellt. Der Inbegriff dieses „uomo solo" ist Giufà, der siculo-arabische Held, der unschuldige Spaßmacher und Narr, ohne „furberia", der in einsamer Geste („un gesto isolato") – wie aus Versehen – den Mächtigen eine Lehre erteilt. Er ist nicht Aufrührer, sondern weiser Narr, Einzelgänger. „Eterno

[7] Danilo Dolci gehörte zu den führenden Vertretern eines Entwicklungshilfeprogramms „von unten", das heißt ausgehend von der Mobilisierung der Bevölkerung zur Selbsthilfe, für Sizilien in der Nachkriegszeit (vgl. Giordano 1992, 197 ff.).

isolamento dell' isolano?" (Ewige Isolation des Inselbewohners?) fragt Sciascia (ebd. 45).

Der nach dem Krieg auflebende Pirandellismo als Intellektuellen-Attitüde hat sich besonders mit dieser „Philosophie" auseinandergesetzt und identifiziert (vgl. Sciascia 1953) und die einfache Welt der einfachen Sizilianer Pirandellos mit sprachlicher Virtuosität in eine weltumfassende Einsamkeitsmetapher transponiert: „Man kann das Universum Pirandellos als eine andauernde Knechtschaft in einer Welt ohne Musik zusammenfassen, unterbrochen von einer unendlichen musikalischen Möglichkeit: von der unversehrten und sich selbst genügenden Musik des einsamen Menschen" (Debenedetti 1945, zit. nach Sciascia 1953, 55).

Bei diesem hochgestimmten Bild der freien Einsamkeit im Gefängnis des Systems – „Le proprie idee si esprimono in una gabbia" (Die wahren Ideen drücken sich in einem Gefängnis aus; A. Buttitta) – wird allerdings jener Aspekt in der Alltagswelt der Figuren Pirandellos übersehen, wo die des Lebens Betrogenen um der „fama" (Ruf) willen sich selbst und die anderen betrügen (vgl. Sciascia 1953; Mühlmann/Llaryora 1973, 96 ff.). Ist der betrogene Ehemann, der die Blutrache nicht vollziehen will und deshalb seine ehebrecherische Frau auf der Piazza als Verrückte die Schande herausschreien läßt (einer Verrückten glaubt man nicht!), ein „pazzo" (Narr) oder ein „furbo" (Schlauberger)? Die Ohnmacht gegenüber der Macht des Systems der sozialen Kontrolle (Schande oder Rückgewinnung der Ehre durch Blutrache) wird allerdings handelnd überspielt, nicht passiv leidend hingenommen (Pirandello, Berretto a sonagli). „Uomo solo" war auch er, auch „furbo", aber mit Sciascias Augen gesehen wohl ein edlerer „furbo" unter der Tyrannei der immateriellen Ehre als derjenige, der nur unter der Tyrannei des materialisierten Respekts handelt.

Das Ohnmachtssyndrom hat die Imagination und den Typus des „uomo solo" bewirkt, aber gewissermaßen in Variationen

- den „rassegnato" (Ergebenen), der passiv sein Schicksal und seine negative Identität (Esel, Clopapier!) hinnimmt,
- den „furbo" (Schlauberger), der als Individuum materielle oder immaterielle Umgehungsstrategien entwirft,
- den „individualista" (Individualisten), der Einsamkeit zur stoischen Attitüde der individuellen Freiheit erhebt.

Aber sie alle tragen eine Maske, und „... jeder schminkt sein Gesicht, geht seinen Part nochmals durch und wiederholt im Kopf die Einsätze der Mitspieler, um den Rhythmus des Stückes nicht zu stören" (Sciascia 1953, 78). Das ist für Sciascia die Quintessenz aus dem sizilianischen Pirandellismo, der, so Gramsci, an „erlebte historisch-kulturelle Erfahrungen anknüpft", der das „bäuerliche ‚dialektische' Leben" darstellt (Gramsci 1983, 195, 193).

Das Erdbeben-Syndrom oder: die liegengelassenen Dinge

Si passa oggi, non passa dumani,
ca tirrimoti, disastri, alluviuni,
valanghi, mari moti e grossi frani
vannu mietennu genti a miliuni.[8]

Dieses 1966 auf einem Bänkelsängertreffen vorgetragene Lied von Turi di Prima spricht die andere Seite der Ohnmacht an, die Ohnmacht gegenüber den Naturgewalten. Jede Fahrt durch Sizilien führt sie als Realität und als erinnerte Erfahrung vor Augen. Und oft bedarf es gar nicht der Erinnerung der Vergangenheit, da ihre liegengebliebenen Zeugnisse augenscheinlich sind.

1983 stand ich auf einer Anhöhe oberhalb des verlassenen, 1968 erdbebenzerstörten Poggioreale, und mein Blick umfaßte gleichzeitig ein Viereck, an dessen Ecken sich vierfach der Ort – erdbebenzerstört, liegengelassen, halb aufgebaut und vieles schon wieder zerschlagen und liegengelassen – widerspiegelte: Es waren wenige Kilometer vom neuen Ort zu der Trümmerstätte des einstigen, zu dem alten Friedhof mit seinen nicht mehr gepflegten Grabhäusern und zu der Barackensiedlung, in der zwischen abgerissenen und verfallenen Baracken, zwischen zersplittertem Fensterglas und Abfall noch immer Menschen lebten – 15 Jahre danach!

Ein Dorfpoet aus Roccamena las uns sein Erdbebengedicht von damals vor: über Poggioreale, Salaparuta, Montevago, S. Margherita, Gibellina, Camporeale und Roccamena. Für ihn haben die Heiligen ihre Kinder verlassen:

... tutta la famighia perdinu la strata
chiancinu tutti quanti a ginucchiuni
ca persiru la strata e li soi beni
li lagrimi ci currianu a canaluni
picchi MADONNA nun li vuoi chiu beni
(La Monica, Lu Tirimmotu a Roccamena)[9]

[8] „Heute kommt man durch, morgen nicht, denn Erdbeben, Katastrophen und Überschwemmungen, Lawinen, Meerbeben und Erdrutsche mähen die Leute zu Millionen" (Turi di Prima: Da Mattmark ad Agrigento; aufgez. und übers. von Schenda 1967, 37).

[9] Die ganze Familie hat die Straße verloren; sie knien alle und weinen, denn sie haben ihre Straße und ihren Besitz verloren; die Tränen fließen gleich Flüssen. Warum, Madonna, liebst du die Deinen nicht mehr?

Das Erdbeben ist für ihn „cani e tradituri“ (Hund und Verräter). Dem Verräter Erdbeben allerdings folgen in der Sicht des Volkes viele weitere Verräter.

Das Erdbeben vom Januar 1968, das viele Orte Westsiziliens, insbesondere im Belice-Tal, zerstörte, hatte weltweite Hilfeaktionen hervorgerufen. Wo haben sie getragen? 1980 hat der Sozialreformer Lorenzo Barbera ein Buch mit dem Titel „I ministri dal cielo“ (Die Minister vom Himmel) herausgegeben, in dem er Bewohner des Belice berichten läßt. Die Geschichte von den Ministern vom Himmel beschreibt das Warten der hungernden und frierenden Menschen auf Hilfe, aber jeder Helikopter bringt nur neue Minister, wie der erste: „Aus ihm wird unsere Rettung entsteigen, dachten wir. Und dagegen entstieg ihm Moro, Haupt der Regierung, mit einer Trauermiene und Augen, die jeden anschauten und keinen sahen“ (Barbera 1980, 20).

Und wie in vielen dieser Geschichten richtet sich die Anklage gegen den Staat, gegen die Regierung und ihre Vollstrecker, die versprechen, aber ihre Versprechen nicht halten.

Aus Roccamena ist eine Proklamation vom 10. Oktober 1968 abgedruckt, in der es heißt, daß statt des versprochenen Staudamms das Erdbeben gekommen sei – und die Folgen:
- die Straßen zu den anderen Orten und den Feldern sind unpassierbar
- für 600 erdbebenbetroffene Familien sind nur 120 Unterkünfte geschaffen worden; die anderen müssen in Zelten und in einsturzgefährdeten Häusern leben
- der Friedhof ist zerstört: „Dal cimitero spaccato dal terremoto i morti escono letteralmente dalle tombe“ (Auf dem erdbebenzerstörten Friedhof steigen die Toten buchstäblich aus ihren Gräbern)
- Trinkwasser gibt es nur für dreißig Minuten am Tag
- die Emigration entvölkert die Gemeinde (ebd. 72).

15 Jahre später: Der Staudamm ist noch immer nicht in Betrieb, und wenn er je betriebsfertig sein sollte, hat Roccamena nichts davon, weil er zu hoch liegt. Unser Gewährsmann, der unter anderem auch uns 1981 zu viel von der Korruption um diesen Staudamm erzählte, war 1983 bereits ermordet. Die Straßen nach Roccamena sind nach heftigen Regenfällen immer noch unpassierbar, und auch wir blieben in einem „mare di fango“ (Meer von Schlamm) stecken – Naturgewalten oder Mißwirtschaft? „Ma il governo fango era e fango è“ (Aber die Regierung ist und bleibt Schlamm/Schmutz; Barbera 1980, 71). In den Baracken wohnen immer noch Menschen. Unsere Untersuchungsgruppe mußte Tage ohne Wasser leben. Die Emigration hält an. Die Toten von Roccamena liegen immer noch unbegraben auf dem alten erdbebenzerstörten Friedhof, der durch einen neuen ersetzt worden ist.

Ein anderer Blick auf Roccamena. Das Ende eines Festes. Für Gina T. ist es „la cosa più brutta" (die gräßlichste Sache), wenn die Piazza in Gleichgültigkeit zurückgelassen wird: „Le persone cominciano a portare via le sedie in piazza, ci sono tutte le bucce dei semini, tutte queste cose qua, e gli spazzini cominciano a pulire, come se dicessero andate via, andate a casa, la festa è finita".[10]

„Ciascuno per il suo"? Gemeinsames Handeln wirkt weder über die gemeinsam erlittene Katastrophe noch über das gemeinsam gefeierte Fest hinaus? Und die Dinge werden liegengelassen: die Totenschädel auf dem Friedhof wie die Schalen auf der Piazza, die erdbebenzerstörten Häuser wie die Baracken, die nie vollendeten Autostraßen (zum Beispiel die nach dem Erdbeben begonnene Autostraße, die das Belice-Tal an Palermo anbinden sollte und mitten in einem kühnen Brückenschlag abbricht) wie die Steine auf den Feldern, die verrottenden Industrieanlagen wie die nie bezogenen Agrarreformdörfer.

Haben die Sizilianer die Philosophie des „fico cascami in bocca" (der Feige, die in den Mund fällt) oder den „bacillo del fannullone" (Bazillus des Nichtstuns), wie es, nach dem Bericht eines Bauern, die staatlichen „Ordnungshüter" der Erdbebengebiete behaupteten (Barbera 1980, 29)?

Doch die liegengelassenen Dinge sind aus verschiedenen Gründen liegengelassen worden. Wenn ein Grund die Gleichgültigkeit des Volkes sein mag, dann ist ein anderer die Unfähigkeit der Regierung, der Korruption der Baumafia Herr zu werden; wenn ein Grund die Unmöglichkeit ist, der Steine in einer der fruchtbaren Erde beraubten Landschaft Herr zu werden, um das Land bestellen zu können, dann ist es ein anderer, die landwirtschaftlichen Aussiedlerdörfer nicht beziehen zu wollen, weil das zugeteilte Land zu klein ist und dazu dem urbanen Ideal zu fern (vgl. Giordano 1992).

Und ein weiterer Grund schließlich ist die Modernisierungsideologie. Der Ortshistoriker von Partanna vertrat die Meinung, daß der eigentliche Schaden in bezug auf das alte Ortsbild durch die Menschen und nicht durch das Erdbeben entstanden sei, denn, „wenn man Zeugnisse der Vergangenheit bewahren will, so kann man das auch" (Saladino). Barbera nennt drei Kategorien von Menschen, die im Sommer 1968 das Wiederaufbauprogramm diskutierten: die Bevölkerung, die ihre Wurzeln in der Vergangenheit behalten und Garantien für die Zukunft haben wollte; die Spekulanten, die die „Goldgelegenheiten" des Erdbebens ernten wollten; die Experten, die ihre architektonischen und urbanen Träume verwirk-

[10] Die Leute beginnen die Stühle auf der Piazza fortzutragen, dort bleiben alle diese Samenschalen, alle diese Dinge zurück, und die Mülleute beginnen zu fegen, als ob sie sagen wollten, geht fort, geht nach Hause, das Fest ist zu Ende!

lichen wollten („nati chissà come e chissà dove"; „wer weiß wie und wo geboren", Barbera 1980, 73).

Die Experten planten eine vom Norden inspirierte Moderne, die Spekulanten wollten eine solche Moderne mit Mehrfamilienhaus, Schnellstraße und Industrieanlagen. Und die Bewohner? In Gibellina veranstaltete das Centro Studi Valle Belice eine Umfrage „Stadt der Zukunft oder die alten Dörfer?". Es waren vor allem die Älteren, die ihr „paese" rekonstruiert haben wollten:

„Noi gibellinesi abbiamo le nostre terre insieme e insieme vogliamo restare, senza miscela (65 J.) – A solo, per distinguere un paese da un altro, come si distingue un uomo da un altro (55 J.) – Se mescoliamo con altri paesi, si perde Gibellina (50 J.) – Un paese si forma pietra a pietra, ogni uomo la sua pietra, in cento anni o in mille anni. Chi nasce comincia a succhiare alle mammelle di sua madre e succhia latte e conoscenza del paese ... E tu assorbi, apprendi con le prime parole il nome del quartiere, della contrada, che significano cose che vedi con gli occhi, persone e storie. Perciò ognuno che nasce in un paese naturale conosce l' impianto del suo paese (50 J.)" (Barbera 1980, 73 ff.).[11]

Die Jüngeren wünschten die Stadt der Zukunft, eine große Stadt, die die Bewohner der erdbebengeschädigten Dörfer vereinigen sollte, eine Stadt, in der die Jugend Schulen und Arbeit findet – „case e industrie per cambiare la vita" (Häuser und Industrie, um das Leben zu ändern) –, Kino, Tanz und Unterhaltung und mehr Freiheit im Zusammensein der Geschlechter (vgl. Barbera 1980, 73 ff.).

Und 1983 wurde bei Gesprächen in Partanna und Roccamena das Erdbeben bereits als „kulturelle Revolution" bezeichnet und mit der 68er-Bewegung verglichen: "É stato come il movimento del '68" – "È servito per sbloccare una certa mentalità! Si vedono i ragazzi anche di sera passeggiare assieme ..." (Es ist wie die 68er-Bewegung gewesen – Es hat dazu gedient, eine bestimmte Mentalität aufzubrechen! Jetzt sieht man die jungen Leute auch am Abend zusammen spazieren).

Die Katastrophe als Katharsis für eine neue Zeit? Das erinnert an die

[11] Wir Gibellinesi haben unser Land zusammen, und zusammen wollen wir bleiben, ohne Vermischung. – Allein, um einen Ort vom anderen zu unterscheiden, wie sich ein Mensch von dem anderen unterscheidet. – Wenn wir uns mit anderen Orten vermischen, verliert man Gibellina. – Ein Ort formt sich Stein um Stein, jeder Mensch seinen Stein, in hundert Jahren oder in tausend Jahren. Wer geboren wird, beginnt an den Brüsten seiner Mutter zu saugen und saugt Milch und das Wissen um seinen Ort ein. Und du saugst auf in dich, du erlernst mit den ersten Worten den Namen des Quartiers, der Straße, und diese bedeuten Dinge, die du mit deinen Augen siehst, Personen und Geschichten. Deshalb kennt jeder, der in einem gewachsenen Ort geboren wurde, die angelegten Spuren seiner Heimat.

Argumente subkultureller Bewegungen der Nachkriegszeit, insbesondere an die New Age-Aussage „Die Bombe ist schon gefallen, und wir sind die Mutanten". Diesen Wandspruch von Berkeley gab Roszak seinem Buch über die spirituelle Transformation des „unvollendeten Tiers" Mensch als Motto (Roszak 1982). Die Welt-Erdbeben als Zeichen des Untergangs der alten Welt und des Beginns eines neuen Zeitalters sind der Inhalt neuer Weissagungen (vgl. Greverus 1990).

Allerdings, das Erdbebensyndrom im industrialisierten Westen (in Amerika und Mitteleuropa) läßt die Dinge des Fortschritts liegen (auch hier unter dem Zeichen der kulturellen Revolution), das Erdbebensyndrom im „unterentwickelten" Süden die der Tradition. Doch das ist nur die eine Seite dieses Syndroms im Süden. Die andere ist Resignation und Trauer:

- heute kommt man durch, morgen nicht
- die Heiligen haben ihre Söhne verlassen
- Erdbeben immer und nur gegen das Volk
- der Staat bringt keine Hilfe
- die Erdbebengewinnler und die Zerstörung der Tradition
- die Erdbebengewinnler als Verstärker des sozialen Ungleichgewichts
- die Erdbebengewinnler als verlängerter Arm der kultur- und naturzerstörenden Naturkatastrophen.

Das Erdbeben schließlich als Metapher für alle Leiden des Volkes: „Geographisches Erdbeben, Erdbeben des Arbeitslosen und des Emigranten; Erdbeben des Jugendlichen, der nicht weiß, ob morgen die Sonne aufgehen wird. Erdbeben des einfachen Volkes. Stürzt ein Palast ein? ... Und dann haben die Reichen alle ein Schloß, das nicht unter Erdbeben, Erdrutschen und Überschwemmungen leidet: das Schloß in der Bank, die niemals einstürzt" (Barbera 1980, 47 f.).

Das urbane Syndrom oder: ortu omu mortu[12]

Das Buch des Erdbebens im Belice-Tal endet mit den Gedanken eines Autors, der sich „Aceddu Senzaniru" (Vogel ohne Nest) nennt. Seine Geschichte heißt „Dodici anni un cammino di cent' anni" (Zwölf Jahre, eine Wegstrecke von hundert Jahren). Und der alte Mann beschreibt sein Tal als eine Welt, die sich verändert hat (Barbera 1980, 184 ff.): „hanno inchiappato il mondo di cemento e ancora vanno cacando calcestruzzo in tutta la Valle del Belice". (Sie haben die Welt mit Zement vollgestopft und immer noch sind sie dabei, das ganze Belice-Tal mit Beton vollzuscheißen.)

[12] Gemüse(garten) – toter Mensch.

„Il mondo non va più avanti a colpi di zappone. Non senti più il raglio del mulo che ti chiama ... Senti, invece il motore del trattore". (Die Welt geht nicht mehr nach den Schlägen der Hacke. Du hörst nicht mehr den Schrei des Maultiers, das dich ruft ... Stattdessen hörst du den Motor des Traktors.)

Aber: Im Belice hat sich der Mensch verändert, er hat neue Dinge gesehen und hat deshalb seinen Einsatz und seine Hoffnungen verändert: „Dodici anni di terremoto sono assai" (Zwölf Jahre Erdbeben sind genug). Und Aceddu Senzaniru bedauert, daß die „Musik" der ruralen Welt verschwunden ist, aber er sieht die Ursache: „La vacca, la pecora, il mulo e lo zappone facevano una musica più bella, ma erano le catene del villano, perché come si dice, ‚armali e ortu omu mortu'". (Die Kuh, das Schaf, das Maultier und die Hacke machten eine schönere Musik, aber sie waren die Ketten des Bauern, denn, wie man sagt, Tiere und Gemüse, toter Mensch.)

Dieses Sprichwort von den Mühen des Kleinbauerntums, der harten („tödlichen") Arbeit ohne Ertrag, hatte der Sammler sizilianischer Volksüberlieferung Pitrè schon im vorigen Jahrhundert in ähnlicher Form aufgezeichnet: „A favi e ad ortu, un omu mortu" (Von Bohnen und Gemüse, davon stirbt ein Mensch; Pitrè 1978, I, 27). Es ist die Quintessenz jener traditionellen antiruralen Haltung, die auch als mediterrane urbane Ideologie bezeichnet wird (vgl. Lepsius 1965; Pitt-Rivers 1961; Giordano 1982; Giordano 1992; Greverus 1982a).

„Borghesia nel senso che siamo noi" (Bürger im Kopf, das sind wir), sagte uns die Lehrerin Claudia R. Aber diese erträumte „Bürgerlichkeit" – und ihre Folgen: Landflucht, Emigration, die Suche nach Büroarbeit, Stipendien und Renten – sah auch unsere Respondentin nicht als „Natur" des Sizilianers, sondern als Ergebnis einer historisch investierten Erfahrung, die sich immer wieder neu bestätigt. Heute ist es für sie die EG, über deren Importe alles zu verlieren und nichts zu gewinnen war: „Schließlich, was die Tatsache der Einfuhren durch die EG anbetrifft, da haben wir alles zu verlieren und nichts zu gewinnen". Und selbst die intensive Mono-Hortikultur, auf deren Basis sich in den Augen vieler Planer und Hoffender die sizilianische Landwirtschaft erholen sollte (und die sich bei den mitteleuropäischen Politökonomisten zur viermaligen Jahresernte steigerte!), sah sie aufgrund der norditalienischen und europäischen Marktsituation als stumpfe Waffe im Kampf gegen die Unterentwicklung.

Ausgeträumt auch dieser Traum, bei dem sich das Sprichwort „orto, uomo morto" in „orto, uomo benestante" (Gemüsegarten, wohlhabender Mensch), das heißt Wohlhabenheit über eine intensivierte Hortikultur, wandeln würde? Der Traum hat schon kostenintensive Gestalt angenommen: Um Vittoria/Prov. Ragusa und um Canicatti/Prov. Caltanisetta verschwindet die Landschaft quadratkilometerweit unter glänzender Plastikfolie, wird zu einem überdimensionierten Treibhaus: dort Tomaten und anderes Gemüse, hier Tafelwein. Auch unsere PCI-regierten Gemeinden Roccamena und Mirabella sahen in der Treibhauskultur die Zukunftschancen für ihre Gemeinden. Stichworte waren die Industrialisierung (und dadurch „Humanisierung“) der Landwirtschaft, der Agritourismus und die Kooperativen. Allerdings hielt der Vize-Bürgermeister von Roccamena, der die EG-Hilfen als eine positive Entwicklungshilfe betrachtete, die kooperative Bereitschaft für noch sehr schwach: „Jedoch auf der Ebene eines kooperativen Geistes, das gibt es noch nicht, diese Mentalität für bäuerliche Vereinigungen, bäuerliche Kooperativen, nein, die gibt es noch nicht“. Das gleiche sagte der Agrartechniker Tito Z. über Gangi im Hinblick auf eine nicht mögliche demokratische Organisation der Kooperativen: „Non si fa associazione nemmeno con la moglie ... Solo contro tutti, e questa esperienza la porta con sè“ (Man geht keine Verbindungen ein, nicht einmal mit der Ehefrau ... Allein gegen alle und diese Erfahrung trägt man mit sich; vgl. auch Giordano/Hettlage 1979). Ursachen sind auch für ihn die historischen Erfahrungen, das Mißtrauen gegenüber den „Herren“, auch gegenüber jenen neuen Latifundisten, die ihre Ländereien über die fehlgeplante Agrarreform vergrößert haben. Auch Tito Z. fordert für die Vieh- und Weidewirtschaft der Region die Industrialisierung und den Typus des Unternehmer-Bauern: Er beklagt, daß man versäumt habe, den Bauern in einen Agrarunternehmer zu überführen, er bliebe Tagelöhner der Erde, ohne Verantwortlichkeit, ohne Erfahrung, ohne Möglichkeiten der Wandlung.

Hat das urbane Syndrom einer ruralen Ideologie Platz gemacht? Wird der landwirtschaftliche Garten Eden der Vergangenheit heraufbeschworen, wie bei unserem Gesprächspartner, dem Apotheker und Ortshistoriker von Mirabella, Salvatore Cosentino, für das siculische Ostsizilien (vgl. Cosentino 1973). Und wie bei Lorenzo Barbera in seinem Aufruf zum Marsch auf Palermo („Marcia per la Sicilia Occidentale“) 1967 für das Belicetal als Vergangenheit und Zukunft: „Dort wird von dem Traum der Vielen von kooperativen Gütern berichtet, von großen landwirtschaftlichen Kooperativen, aus denen eine andere Industrie, ohne die ‚Gier der Herren‘ und ohne die Vergiftung der heutigen Industriezonen, erwachsen soll“ (Barbera 1980, 9).

Die neue Landwirtschaft der Planer, vor allem aus dem linken Flügel, ist keine rurale Attitüde, kein „Zurück zur Natur“, sondern läßt sich durchaus dem urbanen Syndrom, das sich allenthalben auch als Modernisierungssyndrom zeigt, zuordnen: die industrialisierte Landwirtschaft, der Unternehmer-Bauer, der nicht mehr den Makel der Handarbeit, den Makel der Hacke trägt.

„Ortu, omu mortu“ wird planend abgeschafft. Das Sprichwort existiert nur noch in der schlechten Erinnerung. Für den zukünftigen Unternehmer-Bauern gilt es nicht mehr. „Uomo morto“ ist in dieser Perspektive nicht mehr der Bauer, sondern der landflüchtige Arbeitsmigrant.

In diesem Sinne hörte ich es auch zum erstenmal von einem Gemeindepolitiker in Mirabella in einer parabelhaften Geschichte von zwei Schwagern. Der eine ging als Arbeiter nach Deutschland, um schnelles Geld zu machen; krank von der Lohnarbeit in der Fremde, hatte er schließlich nichts anderes erworben als ein paar Luxusgüter; der andere hat auf dem Land gearbeitet, neues dazugekauft und über eine intensive Hortikultur sich schließlich auch die Luxusgüter leisten können – aber immer war er „un uomo autonomo“ (ein autonomer Mensch) geblieben. Und für unseren viel in der Welt herumgekommenen aktiven PCI-Respondenten in Roccamena bedeutete „Ortu, omu mortu“ nur eine gedankliche Verlagerung der realen sozialen Ausbeutung der Landbevölkerung auf die Arbeit mit Tieren und Feldfrüchten: „Latifondo [nicht animali, fave, orto], uomo morto“ (Großgrundbesitz [nicht Tiere, Bohnen, Gemüse – toter Mensch] war sein Gedankengang.

Aber die Zeichen für den selbständigen Bauern stehen schlecht, solange der urbane Absentismus der alten und der neuen Großgrundbesitzer das nachgeeiferte Ideal bleibt: das Haus in der Stadt, und sei es im Ausland, und die brachliegenden Felder in der Heimat. Kann eine großzügigere Unterstützung das urbane Syndrom auflösen? Schafft es das Agrarprojekt in Mirabella zum Beispiel (von den Landbesitzern haben nur wenige ihre Rückkehrbereitschaft erklärt), was eine halbherzige Agrarreform nicht geschafft hat?[13]

In den Geisterdörfern der Agrarreform (vgl. dazu Giordano 1992)

[13] „Mit dem Ziel, Arbeitsplätze in Mirabella zu schaffen und der Tendenz des ‚Ausblutens‘ entgegenzutreten, veranlaßte die Gemeinde, insbesondere der damalige Bürgermeister Matteo Peri (PCI), 1980 die Erarbeitung eines umfassenden Entwicklungsprogrammes. ... Im Vordergrund dieses Entwicklungsprogrammes steht eine Umstrukturierung der Landwirtschaft vom extensiven Weizenanbau zum Anbau von Südfrüchten und Gemüse auf einem 220 ha großen Gelände ... Diese Transformation soll auf lange Sicht mehreren hundert Einwohnern einen Arbeitsplatz sichern und zudem achtzig neue Arbeitsplätze schaffen. Der landwirtschaftliche Entwicklungsplan (Piano di Sviluppo Agricolo) von 1981 basiert auf einer wissenschaftlichen Studie über Bodenzusammensetzung, Wasservorkommen und klimatische Bedingungen. Aber auch die finanziellen Aufwendungen, die zur Verwirklichung des Projektes nötig sind, wurden in dieser Studie erarbeitet.... Das Hauptproblem stellt wohl die Finanzierung dar. Hier rechnet Mirabella mit dem Geld der Emigranten, denen circa 60 % der Piana dei Minelli gehören“ (Horn 1986, 141 f.).

Abb. 10: „Abbiamo una vita antica" 1983. Ehepaar in einem sizilianischen „Geisterdorf" aus der Agrarreform. Foto: I.-M. Greverus.

wächst – trotz des Grases über den Ruinen – zwar neues Leben, aber es ist städtisch geprägt: die Bauernhäuser werden zu Sommerwohnsitzen. Ein altes Ehepaar, das in einem dieser Dörfer noch von seiner Landwirtschaft lebte, war eine Ausnahme (und ihre Kinder waren als Arbeiter bei Fiat in Bari).

„Abbiamo una vita antica", sagten sie, und „si lavora colle braccia fino quando è possibile" (Wir führen ein altertümliches Leben; man arbeitet mit den Armen, so lange es möglich ist). Aber wie lange ist es möglich auf drei Hektar zugeteiltem Weizenland, wenn die Mittel für weiteren Landkauf fehlen, wenn helfende Kinder fehlen und Nachbarn und Kooperativen fern sind? Erzwungenes „uomo solo"-Sein? „Ma qui è tranquillo" (Aber hier ist es friedlich), sagten sie.

Das Odysseussyndrom oder: siamo gli zingari del mondo[14]

Der Staat und die Mächtigen als Feind, die Natur als Feind und der (ländliche) Boden als Feind. Welche Wege aus der Ohnmacht gegenüber diesen Feinden hat das sizilianische Volk beschritten? Renda zitiert in seiner Emigrationsstudie, insbesondere in bezug auf das Anwachsen des sizilianischen Exodus nach der Einigung, drei Wege für den Bauern des meridionalen Italien: „sich in seine miseria schicken, rebellieren oder emigrieren". Für den Süden erwies sich die Emigration letztendlich als „logischste und praktischste Entscheidung mit den geringsten Mitteln, und den besten Resultaten" (Renda o. J., 55).

Diese Entscheidung – nicht die Resultate – belegen statistische Zahlen. Um 1900 betrug die Auslandsmigration aus Sizilien bis zu 30000 Personen und steigerte sich bis zum Jahr 1920 auf über 100000 Auslandsemigranten jährlich. Nach dem Rückgang in der faschistischen Ära stieg die internationale Arbeitskräftewanderung Mitte der 50er und Anfang der 60er Jahre wieder auf über 30000 an, mit deutlich abfallender Tendenz seit Beginn der 70er Jahre (vgl. Renda o. J.; Vita italiana 1965; Cosentino 1978, 60; Delhaes-Guenther 1984; Reimann/Reimann 1985, 154).

Zu dieser Auslandsmigration kommen für die Nachkriegszeit die noch höheren Arbeitswanderungen in den italienischen Norden und die Binnenmobilität in die Städte und Industrialisierungszonen des Südens, so daß sich für den Beginn der 60er Jahre Spitzenwerte von um 200000 Abmeldungen jährlich ergaben. Die Binnenmobilität führte insbesondere zu Bevölkerungsverlusten in den Berggemeinden, vergleiche zum Beispiel 1951–1971: Bevölkerungszunahme im Industrialisierungsviereck Siracusa-Floridia-Melilli-Augusta 72 %; Bevölkerungsrückgang in den Berggemeinden um Palazzola Acreide 34 % (Reimann/Reimann 1985, 154).

[14] „Wir sind die Zigeuner der Welt", sagte uns ein Gesprächspartner, um die Mobilität der Sizilianer darzustellen.

Diese neue industrie-urban orientierte Binnenmobilität ist eine Parallele zu jener agrar-urbanen Binnenmobilität der „Refeudalisierung" (1500–1700), in der die sizilianischen Barone über die Erweiterung und Neugründung baronaler Städte eine Agrarmigration vom Domanialland zu ihren feudi bewirkten; außer den Neugründungen konnten für die Baronalstädte zehn- bis achtzehnfache Bevölkerungszunahmen verzeichnet werden (vgl. Renda o. J., 6ff.).

Diese Zahlen sprechen eine deutliche Sprache. Zwar haben Remigration und Geburtenüberschüsse nicht zur Ausblutung Siziliens geführt, aber es zeigt sich ein Bewegungspotential, das durchaus mit dem Ausspruch „siamo gli zingari del mondo" (wir sind die Zigeuner der Welt) korrespondiert. Wenn wir die potentielle Mobilität (als Mobiltätsbereitschaft) dazurechnen, verstärkt sich dieses Bild. Eine Befragung von 1971 in Westsizilien zur psychischen Mobilität aufgrund von Ortspräferenzen hatte ergeben, daß in allen Gemeinden etwa die Hälfte der Bevölkerung woanders leben wollte, wovon allerdings 27 % die Realisierung für unmöglich hielten und 22 % es erfolglos versucht hatten (vgl. Galtung 1971; Reimann/Reimann 1985, 160; Lauer/Wilhelmi 1986).

Galtung (1971) hatte von den „zwei Welten" der potentiell Mobilen gesprochen, wobei das Spannungsverhältnis allerdings zu beschädigter Identität führen kann (vgl. Greverus 1978, 229ff.). Der Begriff der „Zwischenwelt" (Hettlage-Varjas/Hettlage 1984; Giordano 1984) dagegen insistiert stärker auf Bewältigung des Spannungszustandes zwischen diesen beiden Welten (Heimat – Fremde, Tradition – Modernität). Hier wird geographische Mobilität als „Pendeln", als „eine wohlüberlegte, sinnvolle und rationale Handlungsstrategie zur Satisfaktion einer ‚bilateralen' Struktur von Bedürfnissen und Interessen kultureller, sozialer und ökonomischer Art" (Giordano 1984, 456) interpretiert.

Der Pontbus zwischen Mirabella und Sindelfingen[15] (vgl. Giordano 1984; Neef 1986) wurde damit zum Symbol für den neuen Typus des mobilen Sizilianers, wobei Mobilität hier nicht mehr die ökonomisch bedingte endgültige Flucht aus dem feindlich-geliebten Land bedeutet, nicht das hoffnungslose psychische Pendeln zwischen Heimat und Fremde, nicht die zum endgültig neuen Wohnort führende Binnenmobilität, sondern die rationale Strategie zur Teilhabe an beiden Welten (was auch für die Stadt-Land-Pendler gilt!). Allerdings zeigen Untersuchungen zu nostalgischen Reaktio-

[15] Der Industrieort Sindelfingen bei Stuttgart gilt als Ort, der „die größte italienische Gemeinde" außerhalb Italiens darstellt, wie uns der Bürgermeister von Mirabella mitteilte. 1984 lebten dort allein 3000 Mirabellesen. Im Zuge eines „Austauschs" zwischen den Städten Sindelfingen und Mirabella wurde eine wöchentlich verkehrende Buslinie als „interkulturelle Brücke" eingerichtet (vgl. Giordano 1984; Neef 1986).

nen deutlich, daß diese Strategie nicht immer zur satisfaktionierenden „balancierenden Identität“ (Krappmann 1973) führt, sondern von Konflikten in beiden „Welten“ begleitet ist (vgl. Greverus 1965; Greverus 1972, 189 ff.; Braun 1970; Lauer/Wilhelmi 1986; Frigessi-Castelnuovo/Risso 1986).

Unsere Untersuchungsorte haben uns diese Mobilität und ihre Auswirkungen deutlich vor Augen geführt. Zahlen wurden in diesen überschaubaren Räumen anschaulich. Wenn in Mirabella die Bevölkerungszahl seit 1971 von 9000 (statistische Zahl) auf 6000 (reale Zahl) Einwohner zusammengeschrumpft ist, wenn 3000 Mirabellesen heute allein im Landkreis Böblingen arbeiten, dann heißt das nichts anderes, als daß ein Dorf sein kulturelles Gleichgewicht verliert und damit weder den Zurückgebliebenen noch den Pendlern eine identitätsstabilisierende Raumorientierung (vgl. Greverus 1979, 212 ff.) bieten kann. Würden die Bemühungen der Gemeinde für eine bessere ökonomische Struktur genügen, um diese Mobilität zu stoppen? Wenn wir geographische Mobilität nur unter dem Aspekt der instrumentellen Raumorientierung, das heißt der materiellen Existenzsicherung betrachten, wie es die meisten Autoren tun, sicher. Aber es gibt andere Interpretationen für diese geographische Mobilität: urbanistisches und modernistisches Streben, Flucht aus dem traditionellen Wertsystem, Abenteuer-Lust und „Ausreißer“-Mentalität (vgl. Lauer/Wilhelmi 1986).

Der Autor des sizilianischen Tagebuchs „Dice lo Speziale“, Salvatore Cosentino (1978), faßte letztere Motive unter Berufung auf Freud in dem Stichwort „Odysseuskomplex“ zusammen. Auch Odysseus, so Cosentino in einem Gespräch, ist aus der Heimat und von Penelope davongelaufen, trotz seines Wohlstandes und Intellekts und obgleich Penelope eine perfekte Hausfrau war. Und so fliehe auch der Sizilianer aus der Dominanz und Herrschaft seiner Frau, die unzufrieden, neurotisch und sexuell unattraktiv immer mehr verlange und ihre Komfortbedürfnisse immer mehr steigere: Das Gastarbeitergeld wird in Häuser, die Domäne der Frau, investiert. Soweit der Sizilianer Cosentino.

Allerdings: Die Sehnsucht nach dem Typ „deutsches Einfamilienhaus“ ist bei Männern und Frauen gleich groß (vgl. Abb. 11), wenn sich auch die bestbenoteten Qualitäten unterscheiden. Frauen geben – wie Männer – der Privatheit die beste Note, aber dann folgen die guten sanitären Einrichtungen und die Kostengünstigkeit, kurz vor Prestige und Wohlbefinden. Bei Männern dagegen gewinnt der Aktionsspielraum – „man kann tun und lassen, was man will“ – den zweiten Rang vor dem Wohlbefinden. Die schlechte Bewertung des traditionellen sizilianischen Hauses einer Agrostadt insgesamt und besonders hinsichtlich der Wunschhausqualitäten liegt sogar bei den Männern noch niedriger: das „Wohlbefinden“ bekommt mit 4,1 die schlechteste Note, bei Frauen immerhin 5,7 – zu 8,7 und 8,6 für das Einfamilienhaus.

Migration wird im „Odysseuskomplex“ ambivalent thematisiert, als Opfer für die Familie und als Flucht vor der Familie und den einengenden Sitten: „... um sich anderswo ein neues Leben aufzubauen, das heißt in einer vorurteilslosen Gegend, wo niemand Rechenschaft über ihre Vergangenheit verlangen wird“ (Cosentino 1978, 57). Familie steht in diesem Kontext für jenen Antagonismus zwischen (fest)haltendem Eingefügtsein in eine Traditionsgemeinschaft und dem Ausbruch in die Zentren des Fortschritts bzw. der individuellen „Freiheit“ (vgl. Greverus 1972, 196ff.). Dieser Antagonismus aber bedingt jene geographische und psychische Mobilität des ruhelosen Pendelns, wie sie ein Sizilianer in Deutschland beschrieb: „Viele sind hierhergekommen, ausgewandert, um von Anfang an mit diesem Gedanken zu spielen, irgendwann zurückzugehen. Dazwischen vergehen die Jahre, Jahrzehnte; ja, dieses Spiel ist immer im Kopf, aber es wird nicht realisiert“.

Die „Zigeuner der Welt“, die Irrfahrten des Odysseus und die Straße werden zu Metaphern einer immer nur als Ausweg und nicht als neuer Weg gesehenen Mobilität: „C'è qualcuno che continua la sua strada. Ma per continuare la tua strada non hai tanta alternativa; o devi andare via“[16], sagte der junge Familienvater Sandro A., der über zehn Jahre periodisch in Deutschland gearbeitet hatte. Und der Maurer und engagierte Streiter der PCI, der in dieser Funktion viel gereist war, Cicio Termini sagte: „A liberarti e a scegliere una certa strada, per dire, vai all' estero, vai guadagnare un pezzo di pane“.[17]

Während Sandro A., der zehn Jahre Arbeit in der Fremde hinter sich hat, den „Individualisten“ meint, der nur über die Fremde den beharrlichen Traditionen entgehen kann, sieht der aktive Kommunist Termini diesen Ausweg als einen Scheinweg, der wahre Weg – als „un detto politico del partito communista“ (ein politisches Wort der kommunistischen Partei) – liegt im eigenen Land: „La via d' uscita c'è ... non andare all' estero, stare qua, anche se crepiamo di fame, a lottare nella nostra terra per potere migliorare ... Bisogna, lottare nella propria terra“.[18]

[16] Da gibt es wohl irgendeinen, der seine Straße geht. Aber um deinen Weg fortzusetzen, hast du wenige Alternativen; oder du mußt fortgehen.

[17] Um dich zu befreien, und um, sagen wir, eine bestimmte Straße zu wählen, gehst du ins Ausland, gehst ein Stückchen Brot zu erwerben.

[18] Es gibt einen Ausweg ... nicht ins Ausland gehen, sondern hier bleiben, auch wenn wir vor Hunger krepieren, um in unserem Land für eine Verbesserung zu kämpfen ... Es ist notwendig, im eigenen Land zu kämpfen.

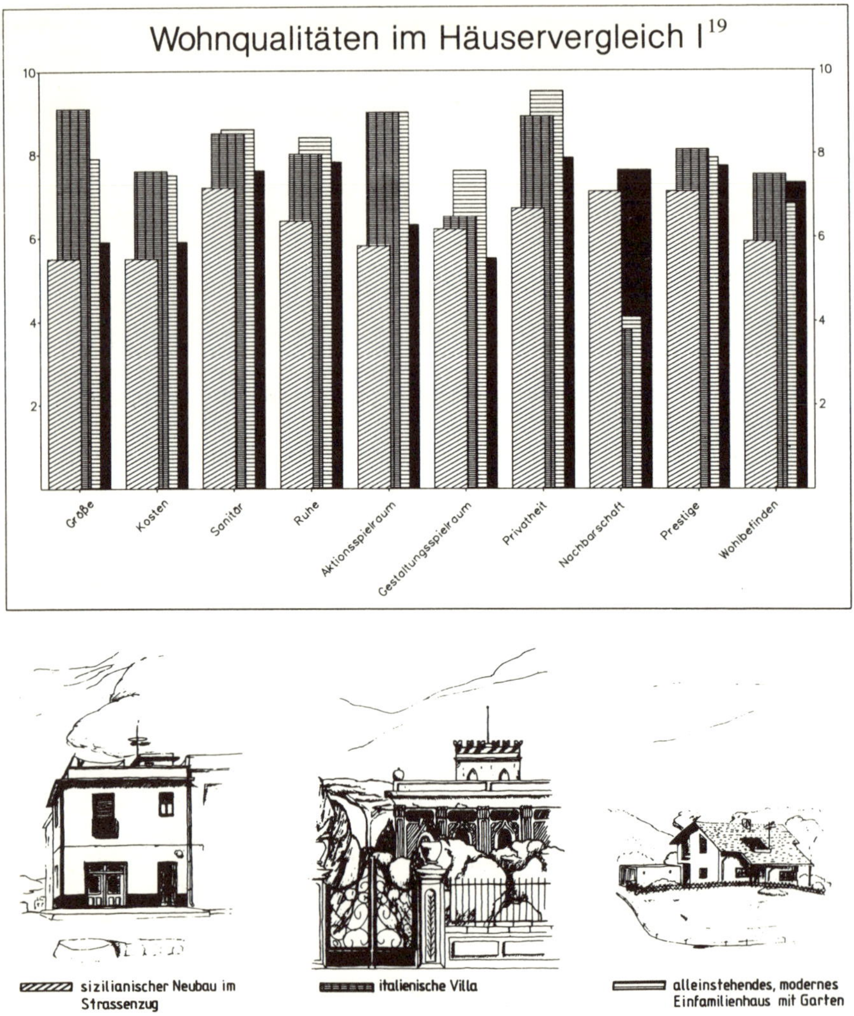

Abb. 11: Die Wohnqualitäten sizilianischer Häuser. Der schwarze Balken bezieht sich auf das eigene Haus der Befragten. Aus: Giordano, Greverus 1986, 518 f.

[19] Die Benotung richtete sich nach dem italienischen Notensystem, wonach 10 die beste und 1 die schlechteste Note darstellt.

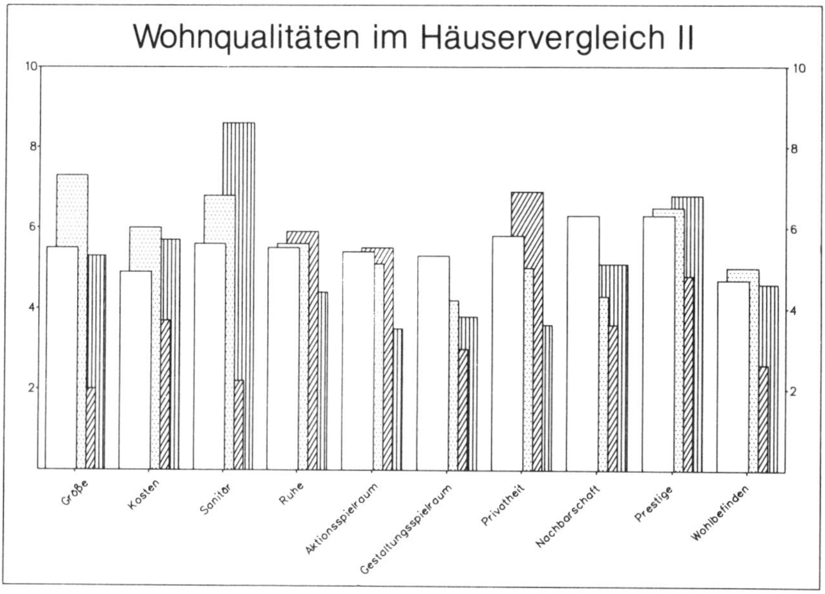

altes, mehrgeschossiges sizilianisches Wohnhaus

Palazzo

Wohnhöhle

Hochhaus

Das magische Syndrom oder: il caso dell' assistenza (der Unterstützungsfall)

„La lotta“ – das Ringen, der Kampf ums Überleben – hat nun allerdings eine Perversion in „il lotto“ erfahren, jenem Glücksspiel, das – im direkten oder übertragenen Sinne gehandhabt – Überleben nicht von gemeinsamer Anstrengung, sondern vom individuellen Glück, von Geschicklichkeit, von Kräften jenseits der kollektiven Arbeit abhängig macht. Die verbreiteten Glücksspiele gehören ebenso hierher wie Klientelismus, die instrumentellen Freundschaften und der Assistenzialismus (vgl. Giordano 1982; Harnack-Riaz/Rohr/Werdecker 1986). In diesem Assistenzialismus wird die sonst als so beschämend gesehene Armut zur Waffe gegen die Armut. Der Ort, von dem uns erzählt wurde, daß alle Bewohner im Armenregister eingetragen sind und 1300 Menschen zusätzlich Rente wegen „geistiger Behinderung“ erhalten, ist nur ein herausragendes Beispiel unter vielen.

Diese Waffe allerdings kann wieder nur der „furbo“ handhaben, ebenso wie nur er die Spiele um Klientel und Freundschaft beherrscht und dem Glück des Glückspiels nachhelfen kann. Es ist eine magische Waffe, wenn „Magie aus Handlungen besteht, die einen praktischen Nutzwert haben und wirksam sind nur als Mittel zu einem Zweck“ (Malinowski 1931). Der Magier allerdings muß diese „zwingenden“ Mittel beherrschen.

Die magische Akzentuierung im Umgang mit der Umwelt und den Menschen bezieht sich auch auf den Umgang mit den Heiligen: „Il concetto è proprio quello di trovare un padrino in cielo, in terro“ (Der eigentliche Gedanke ist, einen Paten im Himmel, auf der Erde zu finden), sagte der akademisch ausgebildete Gemeindearbeiter Pietro De M.

Gelübde und Protektion stehen in der magischen Verbindung des do ut des. Heilige, die man absetzen und bestrafen kann, wenn sie nicht funktionieren, verweisen auf jene Instrumentalisierung, jene Mittel-Zweck-Relation, die auch die klientelären und amizitären Verbindungen kennzeichnen (vgl. Weber 1966, 102f.; Greverus 1971, 291ff.; Greverus 1978, 96; Martino 1982).

Mühlmann erwähnt die Häufung magischer Handlungen in Krisensituationen: „Die extremen Manifestationen der Magie zeigen eine gewisse Korrelation mit den Zuständen technisch schwach bewaffneter, den „Mächten“ der Natur oder äußerer Feinde preisgegebener Gruppen. Ebenso disponieren Klassenlagen der Unterdrückung, der Miseria und der Hilflosigkeit, Situationen der Versagung usw. zu magischen Reaktionen und deren institutionsmäßiger Etablierung“ (Mühlmann 1969, 655). Und der Erforscher sizilianischer Volkskultur, Antonino Buttitta, berichtete vom Überleben von Magie und Volksmedizin trotz des Wandels und Untergangs der materiellen traditionellen Kultur. Wenn Politik versagt, setze die Rückkehr zur Magie ein: „sopravvivere all' aiuto dell' assistenza" (Überleben durch die Hilfe der Unterstützung)!

Die List des Magiers und die List des „furbo" bestehen in der operativen Energie des Individuums, Assistenz zur Bezwingung von Übermacht zu manipulieren. Dabei können die „Listigen" – über die Tauschgabe, das „Opfer" hinaus – sich selbst zum scheinbaren Opfer machen: Armutsbekenntnis gegenüber der Macht, um diese zu betrügen.

Horkheimer und Adorno haben in „Odysseus oder Mythos und Aufklärung" vom „Moment des Betruges im Opfer" als dem „Urbild der odysseischen List" gesprochen: „Weil er aber Allgemeines und Unausweichliches ineinander verschränkt vorfindet, nimmt seine Rationalität notwendig beschränkende Formen an ... Er tut der Rechtssatzung Genüge derart, daß sie die Macht über ihn verliert, indem er ihr diese Macht einräumt ... List aber ist der rational gewordene Trotz ... Die List als Mittel eines Tausches, wo alles mit rechten Dingen zugeht, wo der Vertrag erfüllt wird und dennoch der Partner betrogen" (Horkheimer/Adorno 1947, 65, 75, 78). Folgen wir diesem Gedanken, so führen allerdings die odysseischen Selbsterhaltungsopfer der sich anpassenden List, des magischen Betrugs und des Selbstbetrugs zu einem Selbst, das „das Leben versäumt, das es rettet und bloß noch als Irrfahrt erinnert" (ebd. 71).

Das Besitzsyndrom oder: „la roba"

Die liegengelassenen Dinge, die Mobilität, die Instrumentalisierung menschlicher Beziehungen und die „uomo solo"-Attitüde lassen auf einen objektschwachen Charakter[20] schließen. Wie aber verträgt sich damit jene Objektbindung, die unter der Bezeichnung „roba" (Sachen, Habe) nicht nur den Besitz an Land und Häusern meint, sondern sich auch auf bewegliche Güter und sogar Menschen erstreckt? Friedmann spricht von einer „außerordentlich ausgeprägten Besitzhaltung" des mediterranen Bauern, die sich sowohl im Hinblick auf Kleidung als auch auf weibliche Keuschheit und männliche Potenz, auf Familienehre und die „omertà" (das Schweigen gegenüber den Vertretern der Regierungsgewalt, selbst als Opfer von Verbrechen) und vor allem auf die Frau als Besitz zeige (Friedmann 1953). „La roba" werden in der Sprache junger Männer dann schließlich alle Mädchen.

[20] Der objektschwache Charakter (oder Philobat) ist nach Balint (1973) dadurch gekennzeichnet, daß er die Nähe zu Objekten (als Menschen und Dingen) meidet; vgl. auch Greverus 1990, 110ff.

Friedmann bezeichnete die „roba“-Haltung als eine Pseudo-Würde aus „vorsokratischer Einsicht“ in die Hierarchie der kosmisch-weltlichen Ordnung, die dem Bauern Armut als Schicksal auferlegt und nur Kompensationen möglich macht. Als Hintergrund dieses Verhaltens wird das „Weltbild der beschränkten Ressourcen“ (limited good) herausgearbeitet (Foster 1965; Giordano 1982; Giordano 1992; Greverus 1989; vgl. S. 175). Foster beschreibt es für Bauerngesellschaften allgemein anhand der Faktoren Wohlstand, Freundschaft, Gesundheit und männliche Ehre, wobei in seinen „geschlossenen“ ruralen Gesellschaften als „moralischen Gemeinschaften“ ein Equilibrium über das Wissen erhalten wird, daß aufgrund der Knappheit der Güter die personale Bereicherung zum Zusammenbruch des Systems und damit auch zum eigenen Schaden führen würde.

Dieses System einer „Torte“, die sich nicht vergrößern kann, gilt allerdings nach Giordano nicht für die Handlungsintentionen der „offenen“ sizilianischen Bauerngesellschaft. Der „furbo“ versucht immer die größeren Stücke zu bekommen, wobei die Torte letztendlich jener überquellende Weltbrei ist, an dem die Reichen draußen sich sattfressen, und der sich für diese immer wieder erneuert: „La roba“ im großen und der Versuch zu partizipieren!

Während der materielle „roba“-Hunger sich in der latifundistischen Geschichte Siziliens vor allem als „fame di terra“ (Hunger nach Land) zeigte (Mühlmann/Llaryora 1973; Giordano 1982; Giordano 1992), scheint sich ein Wandel zu einem „fame di case“ (Hunger nach Häusern) anzubahnen, der den Übergang dieser Agrargesellschaft in eine urbanistische Arbeiter- und Dienstleistungsgesellschaft begleitet. Das Motiv der prestigefördernden Anhäufung von materiellem Besitz ist das gleiche geblieben, nur die Besitzinhalte haben sich geändert.

Für die ehrbare sizilianische Familie steht das Haus in der Besitzwunschliste an erster Stelle vor dem Wunsch nach einem eigenen Betrieb, nach Landbesitz und einer modern eingerichteten Wohnung (vgl. Devaux/Halva 1986, 254 f.). Daß dieses Sparziel „Haus“ der Gastarbeiter – 18,5 % der Italiener gaben 1983 in einer Umfrage den Hausbau als Sparziel an (vgl. Harsche/Rautenberg 1983, 269) – sich verwirklicht, dokumentiert die neue sizilianische Hauslandschaft am deutlichsten.

Das im Häusertest (vgl. S. 132 f.) neben der sizilianischen Villa bevorzugte Einfamilienhaus im Grünen verdeutlicht auch die neuen Wohnqualitäten: Privatheit und die Freiheit, „zu tun und zu lassen, was man will“, sind noch vor den erfüllten Sanitärwünschen und der Ruhe die höchsten Qualitäten. Unter die guten Noten sinken nur die Nachbarschaftskontakte, die allerdings für die Villa und die Wohnhöhle noch schlechter liegen.

Wohnhöhle – wir hatten das Foto einer noch existierenden Wohnhöhle gezeigt – und die freistehende baronale Villa sind die beiden Extreme von vorstellbarem Unbehagen und Wohlbefinden, von geringem und hohem Prestige. Auf einer realistischeren Ebene bewegt sich der Vergleich zwischen dem traditionellen Agrostadt-Haus und dem Einfamilienhaus, die von unten bzw. oben die nächste Stufe bilden.

Daß unsere Befragten das Stadium des traditionellen Hauses schon weitgehend in Richtung Umbau oder Neubau überwunden hatten, zeigt sich an der Beurteilung ihres eigenen Hauses: die sanitären Anlagen, die Ruhe und das Prestige nähern sich den Werten des Wunschhauses, das Wohlbefinden liegt sogar darüber, und die Nachbarschaft scheint man nicht verloren zu haben. Die gedachte Kostengünstigkeit schätzt man allerdings realistischer ein und die Bereiche Privatheit, Aktions- und Gestaltungsfreiheit im eigenen Haus werden aus der konkreten Erfahrung weitaus weniger gut benotet als bei den Wunschhäusern. Das Haus als Statussymbol, dessen Besitz man erreichen möchte, ist für den aus der Miseria herausstrebenden sizilianischen Bauern und Kleinbürger nicht gleich das große Spekulationsgeschäft des Besitzens von vielen Häusern (als ein nur ökonomisch orientierter „fame di case"), sondern vielmehr die Dokumentation des eigenen – ehrbaren – Status'. Es ist das eigene Haus, dessen prestigesteigernder Wert sich in seinen Qualitäten widerspiegelt: in der Größe, den sanitären Einrichtungen, der Ruhe und Aktionsfreiheit und der neuen Privatheit.

Daß die landschaftszersiedelnde Neubausiedlung – obgleich man sie hinsichtlich der existenzsichernden Eigenschaften, der Mitbestimmungsmöglichkeiten und der Kontakte im öffentlichen Raum für wenig attraktiv hält im Vergleich zu anderen Siedlungen, besonders auch dem traditionellen Agrostadt-Siedlungstyp – die besten Noten für die Ortsbildqualität und das Siedlungsprestige bekommen hat, unterstreicht nur die privatistisch-statusorientierte Eigenheimtendenz.

Da „roba" aber nicht nur die materiellen Güter betrifft, sondern auch Menschen und Werte als obsessive Objekte, wandeln sich nicht nur die ökonomischen Zielsetzungen (vom „fame di terra" zum „fame di case"!), sondern auch die sozialen und ideellen am Vorbild „der da draußen".

Was macht das Ansehen einer Familie aus, hatten wir gefragt. Und in den Antworten kommt dieses Streben nach neuen Besitzwerten deutlich zum Ausdruck (vgl. Devaux/Halva 1986). Die „Torte" der angesehenen Familie, um im Bild zu bleiben, hat sich zwar insgesamt nicht verändert, aber die begehrten Stücke haben neue Qualitäten bekommen.

Die Werte der neuen Mittelschicht des Nordens gelten auch für das an-

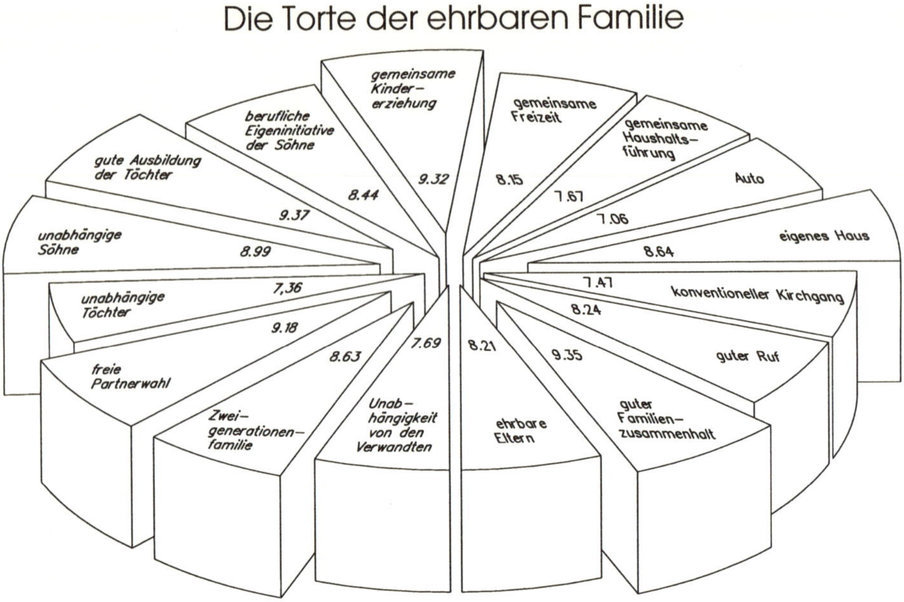

Abb. 12: Was macht das Ansehen der sizilianischen Familie aus?
Aus: Giordano, Greverus 1986, 261.

gestrebte Familienideal des Südens: die unabhängige (von Verwandten, Eltern und Nachbarschaft), in sich ruhende Kleinfamilie mit partnerschaftlicher Ehe (gemeinsame Haushaltsführung und Freizeit, Gleichberechtigung von Mann und Frau in der Erziehung), unabhängigen, gut ausgebildeten heranwachsenden Töchtern und Söhnen und demonstrativem Besitz (Haus, Auto).

Wenn Mühlmann und Llaryora (1973, 120 ff.) die Ablösung der feudalen Ehre durch den bürgerlichen Respekt herausarbeiten, den man auch über „roba“ (Besitz einschließlich des habgierigen Erringens) erhalten kann, dann könnte man aufgrund der gegenwärtigen Wertbetonung durchaus von einem neuen Trend sprechen, bei dem Ansehen weniger aus der Erwerbsmentalität und ihren Erfolgen resultiert, sondern aus dem Besitzen einer kleinbürgerlichen privaten Heimwelt (mit Eigenheim) sich liebender Ehepartner und Kinder, die früh unabhängig für eine neue Heimwelt werden. Der „uomo solo“ kompensiert nicht mehr nur über Erfolgsstreben und demonstrativen ökonomischen Besitz („aus purer Ehrsucht kauft man Land hinzu, das man gar nicht wirklich nutzen kann“; Mühlmann/Llaryora 1973, 116), sondern über das „Haben“ glücklicher Privatheit.

Das Besitzsyndrom ergreift in Sizilien viele Dinge, Subjekte und Werte als Objekte, sichtbare (wie Land und Häuser) und weniger sichtbare (wie Treue und Bildung); und das historische Nacheinander wird im Denken und Verhalten oft ein schichten-, alters- und auch individuell-spezifisches Nebeneinander. Mühlmann und Llaryora hatten „la roba“ vor allem als Haltung der emporkommenden „Erwerbsklassen“ analysiert (1973, 112ff.), und das von ihnen entworfene Bild zeigt noch immer am deutlichsten die hinter dem „roba“-Komplex stehende Mentalität, auch wenn sich die Inhalte wandeln.

Unter Bezug auf zahlreiche sizilianische Schriftsteller (Pirandello, Verga, Sciascia, Brancati) wird hier ein anschauliches Bild der „roba“ als „Raubbau an Mensch, Tier, Boden, Besitzgut“ entworfen – bis zum bourgeoisen Raubbau am eigenen Leib in der Völlerei, der Freßsucht. Pirandello übertrug das Satyrspiel des Euripides über den menschenverschlingenden Kyklopen im Ätna auf die „roba“-Gier der sizilianischen Bourgeoisie (U Ciclopu). Mühlmann und Llaryora sprechen von der Entlarvung einer kannibalischen Gesinnung ohne sittliche Gegenspieler, denn Odysseus‘ Übertölpelung des Oger sei nur eine „odysseische furberia“ (ebd. 118).

Nur? Horkheimer und Adorno hatten die homerische „odysseische List“ als formale Anpassung an das Opferzeremonial beschrieben: „Das Schema der odysseischen List ist Naturbeherrschung durch solche Angleichung. In der Einschätzung der Kräfteverhältnisse, welche das Überleben vorweg gleichsam vom Zugeständnis der eigenen Niederlage, virtuell vom Tode abhängig macht, ist in nuce bereits das Prinzip der bürgerlichen Desillusion gelegen ... Der Listige überlebt nur um den Preis seines eigenen Traums, den er abdingt, indem er wie die Gewalten draußen sich selbst entzaubert ... Man hat die Wahl zu betrügen oder selbst unterzugehen“ (Horkheimer/Adorno 1947, 74, 79).

Ist der Odysseus Pirandellos jener einfache, aber listige Sizilianer, der in einem System von beschränkten Ressourcen, von beschränkter und deshalb gefährdeter „roba“, einschließlich der Ehre, nur überleben kann, wenn er der bessere „furbo“ ist? Liegt dann die Ambivalenz gegenüber der „furberia“ aber weniger in der Angst, daß man selbst ihr Opfer sein könnte (Giordano 1982, 71), als vielmehr in der Preisgabe des eigenen Traums von Ehre und Würde, in der Entzauberung des eigenen Weltbildes?

Sciascia, der den „roba“-Komplex auch in bezug auf die affektive und besitzergreifende Mann/Frau- und Familienzuwendung analysiert, spricht von einem Untergrund von Traurigkeit und einem „Rhythmus des Todes“ im Rhythmus der Akkumulation von „roba“ (Sciascia 1979, 51).

Am Grab einer Selbstmörderin, die sich mit Säure umbrachte, weil ihr emigrierter Mann sie betrogen hatte, reflektiert ein Sizilianer das „Verhör“ im Krankenhaus: „Denn hier respektiert man die Logik, den Ehemann um jeden Preis zu verteidigen, auch wenn man im eigenen Inneren seinen Ehemann für einen Schuft hält; denn vor den Leuten darfst du nie sagen, daß dein Mann ein Schuft war und du dich seinetwegen umbringst ... Sie hat ihn verteidigt, hat gesagt nein, absolut nein, mein Mann hat nichts damit zu tun, er liebt mich, er verehrt mich.“

„Überleben“ – als Wahrung der „roba“ Treue – wird hier nur durch die Überlistung des Lebens durch den Tod und die dadurch mögliche Überlistung der „fama“ (des Rufs) erreicht. Der Rhythmus des Todes im Gefolge der „roba“ wurde konkret.

Sicilianità oder odysseische Irrfahrt?

Unser Weg durch das Sizilien von heute hat uns auf Straßen in die Vergangenheit und Straßen in die Zukunft geführt, aber überall begegneten wir auch den Trümmern der Burtonschen Krankheit. Noch immer spricht man davon, daß das Land „dringend reformiert“ werden muß. Die Reaktionen und Hoffnungen der Einzelnen, und mit diesen haben wir gesprochen, waren verschiedene. Lassen sie sich bündeln zu Typen einer kulturspezifischen Haltung namens „sicilianità“?

Sicilianità steht in der Literatur für eine Identität, die sich aus dem Leiden erkennt (und erkannt wird) und ihre Anerkennung über die Weisheit der Trauer findet. Der „uomo solo“, der Einsame, der als weiser Narr „die trauernden Dinge auf seiner Seite weiß“ (Lepenies), der an der „beleidigten Welt“ (Vittorini), die „arm und leer geworden ist“ (Freud), mitleidet, ist ihr Charakter. Dieser sizilianische Philosoph (und sie sehen sich alle als ein wenig philosophisch!) meint um die Vergeblichkeit eines Fortschritts zum Glück in der Welt der Menschen zu wissen, er sieht und fühlt die Ohnmacht in der Geschichte, aber er findet sich selbst – „unverletzlich und unberührbar“ (Vittorini) – in der Akzeptanz eines Seienden („voll von Zeit“) jenseits der Ereignisgeschichte. „Sotto il divenire c' è l'essere“ (Das Werden ruht auf dem Sein), sagte Antonino Buttitta, und im Hinblick auf die Besucher aus dem fortschrittsgläubigen Norden, aus der Welt der linearen und strukturellen Zeit, fügte er zwei Unterschiede der Erwartungen und Haltungen dazu: „Ciò che cercate è in noi, il tuo collettivo è diverso“ (Was ihr sucht, ist in uns, euer Sinn für Kollektivität ist davon verschieden).

Die kreative Kraft Deutschlands entsprang für ihn aus dem Logos, die kreative Kraft Siziliens aus dem Chaos: „Anche il disordine è ordinato“ (Auch die Unordnung ist geordnet). Diese kreative Kraft des Chaos, gehörte und gehört sie wie die Traurigkeit zur Sicilianità? Ist Chaos der schöpferische Bruch, aus dem Kultur dynamische Individualität entwikkelt? Die Vertreter der Sicilianità wenden die Geschichte der Überlagerungen auch in eine Geschichte der kreativen Identitätsarbeit: „Die sizilianische Volkskultur erscheint Pitrè wie eine Welt, in der sich das Echo ferner Zivilisationen reflektiert, verschmolzen und aufgelöst in einer eigenen Kultur" (Cocchiara 1957, 379).

Allerdings ist diese Sicilianità eine vergangene und was bleibt, ist wiederum die Traurigkeit der Auflösung des kulturellen Erbes über der Suche nach Modernität. Der alte Bauer aus dem Belice-Tal, der sich „Vogel ohne Nest" nannte, das Ehepaar, das in einem verlassenen Agrarreformdorf „sein" altertümliches, aber friedliches Leben führte, haben diese einsame Traurigkeit ebenso intoniert wie die bürgerlichen Volksforscher. Wer sieht die Ursachen und Folgen als Syndrome der Traurigkeit deutlicher? Der Bauer, der sagt:

„Die Menschheit wandelt sich, denn sie sieht und hört neue Dinge ... zwölf Jahre der Kämpfe mit dem Staat, den Ingenieuren, den Bürgermeistern und anderen Arten von Schacherern sind genug" (Barbera 1980, 186)

oder der Bürger, der, Jahrtausende der Überlagerung ins Feld führend, von einer „tetra tendenza alla malinconia" (düsteren Tendenz zur Schwermut) spricht:

„Ein solch tiefer Schmerz, von dem die Armut, der Einfluß der Kirche, die Mafia und alle anderen Aktualitäten nur Manifestationen, aber nicht die eigentliche Ursache sein können. Es ist ein Schmerz, der von einer langen unglücklichen Erfahrung verlorener Möglichkeiten hervorgerufen wurde" (Cosentino).

Für den einen sind zwölf Jahre der Ohnmacht, in denen „die Welt" eine Wegstrecke von hundert Jahren zurückgelegt hat, genug; für den anderen sind es Jahrtausende verlorener Chancen.

Die Sicilianità als Weisheit der Trauer bis zur melancholischen Attitüde des stoischen Überlebens im kulturellen Untergang trägt auch in der bürgerlichen und sozialkritischen Literatur noch immer die feudalen Züge des „Leoparden" Lampedusas. Lepenies hatte von der heroischen Attitüde des melancholischen Machtverzichts, einer elitären Position der Handlungshemmung und der Nobilitierung der Melancholie gesprochen (Lepenies 1972).

Der (nicht opportunistische) „uomo solo" der sizilianischen Dichter und Denker trägt immer diese Züge, auch noch als kleiner armer Narr. Die Traurigkeit an der Welt wird zu einer erhabenen Pose der Einsamkeit stilisiert. Diese List des Geistes als Rationalisierung von Weltverlust bedeutet allerdings Identitätsarbeit – und Identitätsangebote –, die der aktiven (und kooperativen) Selbsthilfe zur Weltteilhabe entgegensteht.

Doch da ist eine neue Generation von Sizilianern, die aus der Traurigkeit auszubrechen versucht, die ihr Heil und das Heil der Kultur im Fortschritt und der Überwindung von Traditionen sieht: „Ci sono quelle tradizioni che sono forti a morire, però quando c'è cultura allora si riesce ad elevarsi un pochino, a criticare la cultura; mentre quando manca l'istruzione, allora si è succubi delle tradizioni ... dove c' è cultura c' è civilità e quindi c' è progresso, c' è emancipazione."[21]

Aber die Lehrerin Claudia hatte uns nicht nur von der Last der alten Traditionen erzählt, sondern auch von ihrer Konversion in neue Buhldämonen einer Sicilianità. Einer war der neue „furbo," der materialistische „uomo solo". Für unseren Gesprächspartner Pietro De M. fließt die alte und die neue „furberia" des „uomo solo" in einer Tendenz zur Anarchie zusammen, die Reaktion und Charakter zugleich ist: „Aber hier war immer ein wenig Anarchie, das heißt nicht einmal eine Diktatur hat es geschafft, (Sizilien) einzugliedern ... Es ist keine Demokratie, es ist keine Diktatur, es ist nichts, es ist unsere Art zu leben und damit basta ... Na gut, wir wählen Democrazia (Christiana) oder die sozialistische Partei oder die kommunistische, aber im Grunde tun wir das, was wir wollen".

Der ferne Staat und der Wille zum Überleben bewirken diese anarchische List für Pietro ebenso wie die physische und intellektuelle Mobilität des Sizilianers, die auch in der Welt eine Gegenmacht zu der legalen staatlichen Macht darstellt: „Und es entsteht dieses Netzwerk von Sizilianern in der ganzen Welt, mit einem unmittelbaren Einverständnis, die Regierungen zu übertölpeln."

Letztendlich gewinnt auch dieses Selbstbild des Sizilianers, über die Negation der illegitimen Mittel hinaus, die positive Bewertung des „uomo solo": „uno spirito di indipendenza, di non volere sottostare agli altri; questo spirito un' po di rebellione" (ein Geist der Unabhängigkeit, nicht unter den anderen zu stehen, jener Geist von ein wenig Rebellion).

Die Rebellion aber ist Sache des Einzelnen, dessen, der, auch wenn er unter dem Nullpunkt beginnt, Protagonist sein will. Nicht immer rational ist das Handeln („l' irrazionale e una cosa commune"), aber von einer Kraft, Explosivität und Exaltation getragen wie das sizilianische Klima: „Und so hat auch der Sizilianer diesen oft zu heißen Charakter, ... doch dann ist er in anderen Situationen wieder kalt, eisig und distanziert; das heißt er hat keinen sehr gradlinigen Gang, keine sehr gemäßigte Selbstkontrolle und geht auch manchmal bis zum Mord, zur Gewalt ... Auf mich

[21] Es gibt diese Traditionen, die nicht vergehen, aber wo Kultur ist, dort gelingt es, sich ein wenig zu erheben, um diese Kultur zu kritisieren; aber wo die Bildung fehlt, dann freilich ist man den Traditionen gegenüber hörig ... Wo Kultur ist, dort ist auch Zivilisation und deshalb Fortschritt, Emanzipation.

hat das Klima einen beachtenswerten, einen äußerst beachtenswerten Effekt".

Im Kaleidoskop des sizilianischen Selbstbildes bleibt Traurigkeit zwar ein dominantes Thema, aber wenn wir Vittorini folgen, leidet jeder um seinetwillen und „nicht an der Welt, die beleidigt ist". Und so wird der Widerspruch zwischen „wir rebellieren niemals" und dem „Geist der Rebellion in jedem" aufgelöst. Da sind einerseits die Mächte außerhalb (der Staat und die Mächtigen, die feindliche Natur, die „tödliche" Landarbeit), die ihre Opfer fordern, da ist die Irrationalität des Klimas, die prägt; aber da ist auch die Rationalität des „uomo solo", der in je singulärer List nur scheinbar Opfer zu sein versucht. Dazu gehört der rationale Einsatz von Irrationalität ebenso wie die Mißachtung der (öffentlichen) Dinge und die eigene Bereicherung. Dazu gehört auch das Abenteuer des Aufbruchs und die Funktionalisierung von menschlichen und übermenschlichen Beziehungen.

Horkheimer und Adorno hatten den listigen Einzelgänger (die odysseische List als Urprinzip der bürgerlichen Gesellschaft), der aus dem traditionalistischen Umkreis ausbricht, als homo oeconomicus bezeichnet, „dem einmal alle Vernünftigen gleichen": „(Sie) machen aus ihrer Schwäche – der des Individuums selber, das aus der Kollektivität sich scheidet – ihre gesellschaftliche Stärke, ... diktiert ihnen ihre Isoliertheit die rücksichtslose Verfolgung atomistischer Interessen ... vollkommen abgetrennt von allen anderen Menschen. Diese begegnen ... bloß in entfremdeter Gestalt, als Feinde oder als Stützpunkte, stets als Instrumente, Dinge" (Horkheimer/Adorno 1947, 78f.).

Hat dieser Odysseus seine Spuren in Sizilien hinterlassen, ist seine List ein Teil der Identitätsarbeit des Sizilianers, die Trauer verstärkt, indem sie sie singulär zu überwinden versucht? Waren es nicht allein die Kyklopen Pirandellos, die in kannibalischem Traditionalismus die sizilianische Bourgeoisie ausmachen, nicht nur die „zivilen" Kyklopen, „mannhafte, halbfeudale Patriarchen", als Urväter der Sicilianità in der Ideologie des 18. Jahrhunderts (vgl. Marino 1971)? Ist es vielmehr die schichtenübergreifende odysseische Intentionalität des listigen Betruges der Macht, die Sicilianità prägte und prägt?

Im „ciascuno per il suo" wird es eine anarchische List, der das utopische Moment der im kollektiven Anarchismus liegenden Abschaffung von Macht fehlt. Ihr Ziel bleibt der eigene Besitz jener Güter, die die Mächtigen und die Welt schon besitzen.

Lohnen sich die Irrfahrten dieses „uomo solo" für die Teilhabe an jener „anthropologischen Mutation" zu einer Massenkultur, wie sie Pasolini für Italien geißelt? Die immer gleichen Neubauten, die Sizilien als Zeichen der ertauschten, aber immer noch armen „Reichtümer" der Entwicklung überziehen, sind nur das sichtbarste Symbol für eine geopferte eigene Kulturlandschaft, eine eigene Kultur. Nicht die Individualität des „uomo solo“ prägt, sondern die Konformität „roba“-hungriger „uomini soli“.

Entropologie statt Anthropologie? Oder die Traurigkeit des Anthropologen, daß er wieder eine Bastion kultureller Eigenart verliert? Oder bleibt die Hoffnung, daß die kritischen Ansätze aus Sizilien selbst nicht mehr im Keim erstickt werden, sondern daß „das Chaos“ den schöpferischen Bruch zu einer gemeinsamen Neuordnung der Sicilianità von innen darstellt: „quando c' è cultura allora si riesce ad elevarsi un pochino, a criticare la cultura“ – aber wo Kultur ist, dort gelingt es, sich ein wenig zu erheben, um diese Kultur zu kritisieren.

Das „wandelbare“ Glück in der westlichen Welt

„Ja, renn nur nach dem Glück ...“

Die Suche nach dem Glück und Glücksverwirklichungen ist nicht nur das Märchen vom Hans im Glück, sondern ein transkulturelles Phänomen gesellschaftlicher Wirklichkeit und Wirksamkeit. Und doch: wie verschieden sind die Glücksziele! Ihren gesellschaftlichen Ort aufzuspüren, gehört spätestens seit Johann Gottfried Herder zu den Aufgaben einer vergleichenden anthropologischen Forschung:

„Die menschliche Seele, an sich und in ihren Erscheinungen auf dieser Erde, ihre sinnlichen Werkzeuge und Gewichte und Hoffnungen und Vergnügungen, und Charaktere und Pflichten, und alles was Menschen hier glücklich machen kann, sei meine erste Aussicht. ... Hierzu will ich in der Geschichte aller Zeiten Data sammeln“ (Herder, Journal meiner Reise 1769, 364).

Meine Reflexionen zum Glück beruhen nicht auf Daten aller Zeiten, sondern beziehen sich vor allem auf die Glücksvorstellungen in unserer westlichen Gegenwartsgesellschaft mit ihren historisch investierten Erfahrungen und ihren Aneignungen aus der kulturellen Fremde. Die zentrale Rolle der USA in meinen Ausführungen hängt sicher nicht nur mit dem „Journal meiner Amerikareisen“ zusammen, sondern auch mit der Bedeutung des amerikanischen Imports und Exports von Glücksvorstellungen aus und nach Europa, wobei in der Gegenwart der Export hinsichtlich einer „Gesundheit des Glücks“ (Theodore Roszak) überwiegt. Und wenn Helmut Schelsky in seiner Einführung zu David Riesmans „Die einsame Masse“ sagte: „... schüttelt man dieses Kaleidoskop der Eigenschaften des amerikanischen Zeitgenossen auch nur ein wenig, so erhält man sicher bald Gestaltkonfigurationen, die uns selbst gleichen“ (Riesman 1958, 11), so gilt dies auch für die Glückssucher.

Es gibt einen Vierzeiler über das Glück von Bertolt Brecht, den René König 1971 seiner Erklärung eines europäisch-amerikanischen Glücksmodells zugrunde legte (König 1971, 13 ff.). Danach ist das Glück ein Ziel, dem man nachjagt, ohne es je zu erreichen. Bei Brecht heißt es:

Ja, renn nur nach dem Glück,
Doch renne nicht zu sehr!
Denn alle rennen nach dem Glück,
Das Glück rennt hinterher.

Diese vier Zeilen gehören zu dem „Lied von den Unzulänglichkeiten", nach dem menschliches Streben ein Selbstbetrug bleibt. An einer Kneipenwand in Amerika aber las ich:

Lonesome?
Like to meet new people?
Like a change?
Like excitement?
Like a new job?
Just screw up one more time.

Hier ist nicht die Rede von der Vergeblichkeit des Strebens, sondern davon, daß eben dieses individuelle Streben bei genügend Bemühungen zum Erfolg führe. Es wird zwar nicht direkt vom Glück gesprochen, aber in der Gegenüberstellung von „lonesome" und der Überwindung durch vier Möglichkeiten (neue menschliche Beziehungen, Wechsel, Anregung/Reizmittel und neuer Job) deutet sich jenes Glücksprinzip an, das als der amerikanischen Weltsicht zutiefst verhaftet gilt: die Faszination des Neuen und die Freiheit des Individuums, „zu handeln und sein Schicksal in die Hand zu nehmen", wie es im Schlußkommentar des amerikanischen Western „How the West Was Won" heißt. Daß für dieses Individuum Alleinsein zum Verlust von Selbstwert führt, dem durch ständige Gegensteuerung mit neuen, den Beliebtheitsgrad beweisenden Objektbesetzungen Einhalt geboten werden soll, gehört zu jenen Widersprüchen, die nicht nur die Erforscher des amerikanischen Sozialcharakters herausgearbeitet haben, sondern auch Howard Mumford Jones (1953) in seiner Analyse des amerikanischen „Pursuit of Happiness" (Glücksstreben), die mit der „Technique of Happiness" endet. Diese Technik basiert einerseits auf dem Rechtsanspruch auf Glück, der sich zu einer öffentlichen Pflicht erweitert hat – „In dieser Demokratie ist es zu einer öffentlichen Pflicht geworden, so glücklich zu sein, wie man nur sein kann" (Thompson 1941, 6) –, zum anderen eben auf dem Glauben an die Machbarkeit der Dinge, der Beziehungen und des eigenen Schicksals. Allerdings ist dafür „adjustment" (Anpassung) als „mentale Hygiene" notwendig, wie es bereits 1930 in einem psychologischen Lehrbuch „Introduction to Mental Hygiene" formuliert wurde.

Daß die Anpassung an die „Pflicht zum Glücklichsein" scheinbar gelungen ist, hat die statistische Untersuchung „Reports of Happiness" von 1965 gezeigt: Ein Drittel der Befragten gab an, sehr, zwei Drittel recht glücklich zu sein. Aber das Glücklichsein ergab sich weniger aus dem Streben als vielmehr aus dem Haben, wobei an der Spitze die Befriedigung in Beruf und Ehe und zufriedenstellende ökonomische Verhältnisse standen – und diese persönlichen Glücksgefühle wurden auch nicht durch politische Krisen (hier die Kuba-Krise) getrübt. War es dieses Recht auf Glück, das die amerikanische Unabhängigkeitserklärung garantieren wollte? Eine Garantie, die im 20. Jahrhundert von Psychologie und Werbung gleichermaßen übernommen wurde, indem sie die inneren und äußeren Mittel anbieten, um das Glück auf der Haben-Seite dauerhaft verbuchen zu können.

Die Untersuchung „Reports of Happiness“ von N. Bradburn und D. Caplowitz erschien 1965 in Chicago (zit. bei Ch. Bühler 1971). Die Ähnlichkeit der statistisch ermittelten deutschen Glücksinhalte der Nachkriegszeit werden von einer Reihe von Autoren betont (vgl. Scheuch 1971; Lehr 1971; Fürstenberg 1971). So schreibt auch Helge Pross in ihrem Buch „Was ist heute deutsch“ zu den deutschen Glücksvorstellungen: „In erster Linie sind es ‚Güter‘ des privat-persönlichen Lebensbereichs. Als wünschenswert gelten vor allem Gesundheit, Ehe und Familie, soziale Sicherheit, ein hoher materieller Lebensstandard, der befriedigende Beruf, reichlich Freizeit, persönliche Unabhängigkeit“ (1982, 73).

In den „Allensbacher Berichten“ von 1986 heißt es: „Die meisten finden ihren Lebenssinn nur noch im privaten Glück“. Ludwig Marcuse (1972, 314ff.) erwähnt für eine französische Glücks-Enquete ebenso als „Glück Nummer Eins“ die materielle Sicherheit. Allerdings, im Gegensatz zur amerikanischen Umfrage, waren in Frankreich nur acht Prozent sehr glücklich. Sollten in diesen Enqueten – über die gemeinsamen Glücksinhalte hinaus – nationale Mentalitäten sich äußern, die als moralisches Prinzip der Pflicht zum Glück einerseits und als menschliche Attitüde oder „Tradition der Traurigkeit“ (vgl. 95ff.) andererseits stärker von einer differenzierten philosophisch-literarisch geprägten historischen Erfahrung ausgehen als von gemeinsamen gegenwärtigen materiellen und familiären Satisfaktionsinhalten?

Schon der liberale französische Staatstheoretiker Alexis de Tocqueville, der 1835 die „Demokratie in Amerika“ als Vorbild für Europa darstellte, entwirft am Ende seines gleichnamigen Werks ein warnendes Bild von den Gefahren der Demokratie, bei dem man sich kaum noch fragt, ob es eine Vorwegnahme der Anti-Utopien unseres Jahrhunderts oder seiner Realität ist. Zentralisierung, Bürokratisierung und Wohlfahrt sind für Tocqueville die gefährlichen Klippen des kommenden demokratischen Zeitalters, die den Menschen in jene „geregelte, friedliche und freundliche Knechtschaft“ bringen, mit der sich, nach Tocqueville, durchaus einige äußere Formen der Freiheit verbinden lassen:

„Die Unterdrückung, die ein demokratisches Volk bedroht, wird meines Erachtens in nichts einem früheren Vorgang gleichen ... Ich sehe eine zahllose *Masse Menschen*, die einander gleich und gleichgestellt sind und sich auch ruhelos mit sich selbst befassen, um sich kleine Freuden des Alltags zu verschaffen, die ihre Seelen erfüllen. Jeder von ihnen, für sich genommen, steht wie ein Fremder dem Geschick der anderen gegenüber; seine Kinder und seine einzelnen Freunde stellen für ihn das ganze Menschengeschlecht dar; ... Über diese Masse Menschen erhebt sich eine *gigantische Gewalt*, die diese Menschen bevormundet und es übernimmt, allein für die Befriedigung ihres Lustgefühls zu sorgen und über ihr Schicksal zu wachen. Diese Gewalt ist unbedingt, aufgegliedert, regelmäßig, vorsichtig und freundlich. ... Sie sorgt für seine Sicherheit, sieht voraus und stellt sicher, wessen er bedarf, erleichtert seine Vergnügen, führt seine Geschäfte, lenkt seine Industrie, ordnet seine Erbfolge, verteilt seinen Nachlaß ... sie schränkt das Wirkungsfeld des Willens schließlich auf einen ganz kleinen Raum ein und nimmt so jedem Bürger allmählich alles – selbst seine Persönlichkeit und das Verfügungsrecht über seine eigene Kraft“ (Tocqueville 1955, 233 f.).

Daß Tocqueville dieses Bild im wesentlichen für Europa zeichnet, in dem die über revolutionären Umsturz erzielte Gleichheit zur Freiheit führen sollte, für Amerika aber, dessen Weg für ihn ohne Umsturz über Freiheit zur Gleichheit führte, eine Begrenzung der Zentralisation durch das Festhalten an althergebrachten individuellen und örtlichen Freiheiten sieht, hat sich als falsche Prognose erwiesen. Allerdings schließt das nicht aus, daß im Selbstbild der Amerikaner diese individuelle Freiheit weiterbesteht und als Absonderung im kleinen oder größeren Glück der Familie, der Vereine, Sekten und ethnischen Zirkel gepflegt wird. Aber haben die Amerikaner tatsächlich „im Zeichen der Freiheit den Individualismus, den die Gleichheit entstehen ließ, bekämpft und besiegt“? Im Zeichen einer Freiheit, die, so Tocqueville, die Möglichkeit für die Bürger zum gemeinsamen Wirken ins Unendliche vermehrte und sie damit auch auf ihre Abhängigkeiten voneinander verwies? Oder ist Individualismus eben jenes demokratische Glück, „sich eine kleine Gemeinschaft für den Eigengebrauch zu schaffen, so daß man die große Gemeinschaft gerne sich selbst überläßt“? Oder ist die Folge des Individualismus im Zeichen der modernen Demokratien die Vereinzelung des Menschen, die wieder den Rückfall in den Egoismus als verewigten Haß aus der Ungleichheit bewirkt?

Die „offenkundige Bestimmung“ des amerikanischen Glücksimperialismus

Tocquevilles Werk, in dem er nicht nur Nordamerikas demokratische Sonderstellung gegenüber Europa beschreibt, sondern auch das Bild einer idealen Demokratie für den „glücklichen Bürger“ entwirft, wurde nicht nur im 19. Jahrhundert Europa als Spiegel vorgehalten, sondern sowohl von amerikanischer als auch europäischer Seite dem Nachkriegsdeutschland. Friedrich August von der Heydte hat seine deutsche Übersetzung 1947 mit der Intention herausgegeben, daß sie als Vorbild für „unser eigenes Ringen um eine Staatsform“ dienen soll. Die Schweden Gunnar und Alva Myrdal, deren „Kontakt mit Amerika“ 1944 erschien, beziehen sich über Tocqueville auf die gleichen Grundpfeiler der amerikanischen Demokratie und erahnen für die Zukunft ein „amerikanisches Jahrhundert“

oder einen „demokratischen Imperialismus“ Amerikas. Und die Anthropologin Margaret Mead sieht in ihrem Kriegsbuch „... und haltet euer Pulver trocken“ (1943) die Amerikaner als die Ingenieure einer neuen demokratischen Weltordnung; die Nachkriegsplanung soll so angegangen werden wie einst die Eroberung des „wilden“ Westens, in der die Amerikaner „die Kraft empfingen aus dem Glauben, daß [sie] im Recht sind“ (Mead 1946, 214). Es folgt sogleich die Warnung an alle, die sich dieser Weltmission der amerikanischen Glücksbringer in den Weg stellen wollen: „Als die Indianer und einige europäische Völker sich damals in die Aufgaben einmischten, die wir auf diesem Kontinent lösen wollten, schoben wir sie bedenkenlos beiseite. Es ist für den Amerikaner bezeichnend, daß er bei einem Unternehmen, das er für wichtig hält, das Recht beansprucht, anderen Leuten zu sagen, sie sollen die Finger davon lassen“ (ebd. 223).

Was sich in diesen Sätzen ausdrückt, könnten wir unter Gert Raeithels Charakterisierung des Amerikaners als objektschwachem Charakter subsumieren: ein Charakter, der keine festen Objektbeziehungen zu Menschen und Dingen hat, Angstlust und grenzüberschreitende Phantasie und die (ihm) freundlichen objektlosen (bzw. objektlos gemachten) Weiten liebt (Raeithel 1981; vgl. a. Greverus 1990, 90ff.). Positiver kennzeichnen den Amerikaner die Myrdals oder Mead als kreativen, individualistischen Pionier der „frontier“[1], mit dem rechten Glauben an die rechte Mission: „manifest destiny“ (vgl. Smith 1970).

> Zum „manifest destiny“ heißt es bei Raeithel: „Die ideologische Konsequenz der Frontier-Mentalität war das Manifest Destiny, als Begriff 1845 von einem Journalisten in Umlauf gebracht. Manifest Destiny – das heißt die offenkundige Bestimmung, den ganzen Kontinent zu erobern und vielleicht noch ein bißchen mehr. Man wird auf gerader Linie über diesen Kontinent fliegen, prophezeite Thomas Hart Benton, fliegen bis nach China. Man wird fliegen – ohne Bodenberührung. Ebenfalls in der Mitte des 19. Jahrhunderts erklärte der Gouverneur des Territoriums Colorado, William Gilpin: ‚Es ist die unerledigte Bestimmung des amerikanischen Volkes, den Kontinent zu unterwerfen – über dies weite Feld bis zum Pazifik zu eilen – um die vielen hundert Millionen seiner Einwohner zu begeistern und sie nach oben zu jubeln‘.... Sind die irdischen, die wirklich erreichbaren Ziele erreicht, verlängert sich der Vektor ins Überirdische. In der amerikanischen Literatur stößt man auf dieses Phänomen immer wieder. Melville stellt sich im Moby Dick die Welt als Infinitum vor, auf dem man ewig weitersegeln kann“ (Raeithel 1981, 46f.).

Die einen würden sagen, daß die Überschreitung der Grenzen auch die Grenzen des eigenen Kontinents übersprang, als dort die Besiedlung abgeschlossen war, die anderen, wie die Myrdals und Mead hinsichtlich des

[1] „Frontier“ ist das Grenzgebiet zwischen dem von Menschen erschlossenen und besiedelten Land und der Wildnis oder dem durch Pioniere zu besiedelnden Land.

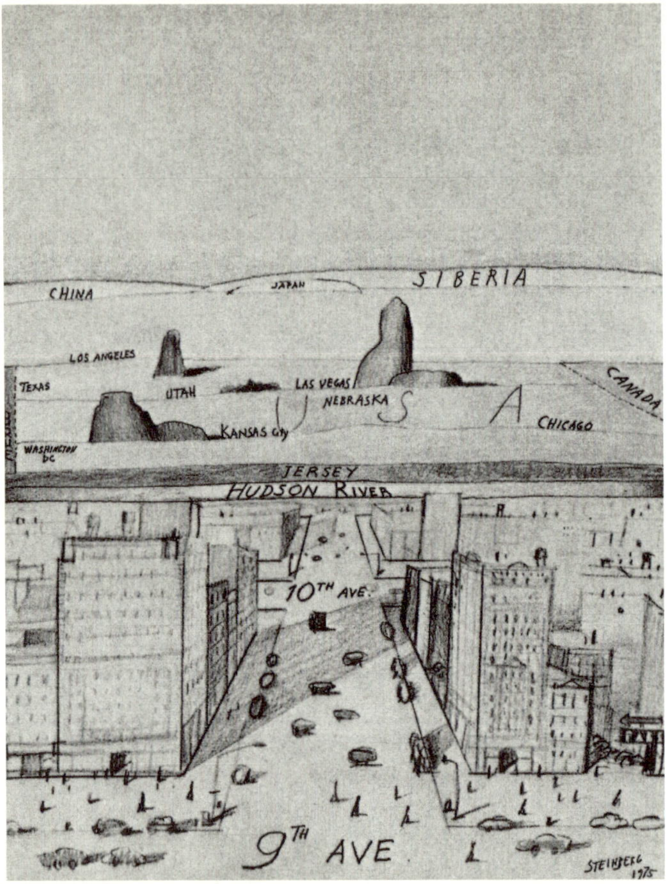

Abb. 13: Saul Steinbergs Perspektive der „offenkundigen Bestimmung“, von der Ostküste aus über Kontinent und Pazifik in endlose Weiten vorzudringen. Aus: Raeithel 1981, 47.

Eingreifens der US-Amerikaner in die europäische Kriegs- und Nachkriegspolitik, daß die Isolationspolitik aufgegeben wurde, weil „die Amerikaner die Kluft zwischen Lebensanschauung und praktischem Handeln nicht länger ertragen konnten“ (Myrdal/Myrdal 1944, 261). Für die Übergangszeit während des Aufbaus der „neuen Weltordnung“, in der die „schädlichen“ Elemente der anderen Kulturen (Kriegstendenzen, Separatismus, Vorherrschaft einzelner und Ausbeutung) beseitigt werden müssen, benutzte Mead das Bild des Krankenhauses: Amerikas neue Mission sei es, ein Krankenhaus für die Welt zu sein, in dem von den Planern der neuen Zeit über eine neue Erziehung „immer neue Heilungen" erzielt würden.

Die „Gesundheit des Glücks"

Ist diese Gesundung zum Glück als amerikanischer Import bereits die „Gesundheit des Glücks", oder führt sie dorthin? Der Begriff „Gesundheit des Glücks" entstammt dem Vokabular anderer amerikanischer Planer eines neuen Zeitalters, die sich auch als „New Age-Bewegung" oder als „aquarianische Konspiration" bezeichnen (vgl. Greverus 1990); noch enger gefaßt aus einer neuen psychologischen Richtung, der Humanistischen Psychologie, deren führender Vertreter Abraham A. Maslow ist. Seine „Psychologie des Seins" wird als ein Buch angepriesen, „das eine geistige Wende in der modernen Psychologie signalisiert" (Maslow 1981). Für Roszak, einen vehementen Verteidiger der aquarianischen Evolution ist die „Gesundheit des Glücks" eine höhere Gesundheit, die er gegen ihre Rivalen – die Gesundheit des tragischen Humanismus (Freud); die Gesundheit der Anpassung (Behaviorismus); die Gesundheit der sozialen Relevanz (Radikale Therapie) und die Gesundheit des Wahnsinns (Laing) – verteidigt.

Wie, fragt Roszak, wird man das vor uns liegende Zeitalter bezeichnen? „Kein Zweifel: Zeitalter der Therapie ... als eine paradiesische Gesundheit die Erde überflutete" (Roszak 1982, 244; vgl. dazu und zum folgenden Greverus 1990 b).

Diese paradiesische Gesundheit ist eben jene höhere Gesundheit des Glücks, die „Ganzheit *und* Heiligkeit" bedeutet, die „ihr Normalitätsmodell aus der visionären Wahrnehmung bezieht ... und die uns ermutigt, unsere menschliche Identität als eine brachliegende Urkraft zu begreifen, die nur durch eine Ätherisierung des Lebens geweckt werden kann" (ebd. 246). Gesundung meint hier die persönliche Transformation in eine kosmische All-Einheit mit Hilfe der transzendentalen Vernunft. Die „Gesundheit des Glücks" ist der Seinszustand, in dem Zeit und Materie überwunden sind.

Entspricht dieses dem von René König angesprochenen zweiten Glücksmodell, Glück als ein Zustand, verbreitet im gesamten Orient und dem „Pursuit of Happiness" strikt entgegengesetzt? Und die „Verschwörer" des New Age in den USA, seine Propheten und Gurus, wenden nun nicht nur tatsächlich ihren Blick über Europa hinweg gen Osten und zu den Vergessenen ihres eigenen Landes, den Indianern, sondern die Beschworenen kommen selbst als Missionare, um ihre Philosophie eines Seins-Glücks zu verbreiten. Waren es zunächst die Gurus aus dem Orient, die seit dem Weltparlament der Religionen in Chicago von 1893 ihre Zentren in Amerika errichteten und von dort aus ihr Gedankengut nach Europa schickten (vgl. Hummel 1980), so sind es neuerdings auch Indianer, die den Westen heilen wollen, die nicht nur in Amerika, sondern auch in Europa ihre Workshops veranstalten (vgl. Greverus 1990, 127 ff.; 193 ff.). Seltsame Umkehr seit Meads Äußerung aus der Kriegszeit, wenn ein Indianer auf seiner Europa-Tournee einen Anthropologen als Manager mitbringt, der zu seinem Gebet die Trommel schlagen darf, und der Indianer die deutschen Studierenden der Kulturanthropologie mit folgenden Worten begrüßt: „So we are here to warn these people [the white society] that at the rate we're going, we might go over the edge and no return" (Wallace Black Elk).

Der europäische, vor allem mitteleuropäische Import einer Gesundheit des Glücks, für das die USA immer wieder als direkter und indirekter Absender ausgemacht werden kann, reicht von den Meditationskursen in den Städten über Wochenkurse mit ausländischen Leitern in „alternativträchtigen" Landschaften (vgl. Greverus 1983, 23 ff.; Greverus 1985; Greverus/Welz 1990) bis zu sogenannten „Intercultural Gatherings", bei denen die Stars des New Age vortragen und diskutieren und ihre Gefolgschaft für nicht unbeträchtliche Teilnehmergebühren zuhören darf.

Fallbeispiel soll das Treffen „Spirit of Peace. Culture, Religion and Science at a Turning Point" vom 2.–7. März 1985 in Amsterdam sein (vgl. Greverus 1990, 57 ff.), das gleichzeitig „40 Jahre Vereinte Nationen" feierte.[2]

Das Thema Frieden bewegte sich von der Forderung der New Age-Publizistin Marilyn Fergusons „take yourself seriously enough" über den „inner peace" der Transformation bei der Sufistin Irina Tweedie und Joan Halifax' – Gründerin der Ojai-Foundation und ausgestiegene Anthropologin – „coming home to spirit" zu Fritjof Capras viertem Level von Frieden, nämlich „nonviolence as an inner (spiritual) state" in der „human family", woraus sich die Unmöglichkeit von Krieg ergäbe. Jenseits von Wissenschaft siedelt der New Age-Physiker Capra dieses neue Paradigma der spirituellen Bewußtheit an. Es ist seine „tiefe Ökologie", die der spirituellen Tradition verwandt ist. Und Glück findet sich dicht neben diesem Friedensparadigma. Robert Muller, der „Philosoph der United Nations", schloß seinen Vortrag mit dem Satz: „I am an extremely happy man." Diesen Glauben an das Glück, das Finden des Glücks beschreibt er in seinem eigenen Weg zur Spiritualität. Und in seinem Buch „New Genesis" (1984)

[2] Vgl. die Ankündigung in der Nullnummer von „Neue Zeit. Zeitung für ein neues Bewußtsein", Th. Kippenberger und F. Köchlin (Hg.), Freiburg, Februar 1985.

gibt es ein Kapitel „My Creed in Human Happiness“ (ebd. 179f.). Dort heißt es unter anderem:

„Ich glaube, daß Glück die Liebe zum Himmel ist, Liebe zu unserem schönen Planeten, Liebe zur gesamten Menschheit, Liebe zu meiner Familie, Liebe zu meiner Arbeit, Liebe zu meinem wunderbaren Leben“. ... „Ich glaube, daß Glück durch Konzentration auf einen selbst erreicht werden kann, sich den anderen öffnend, sich selbst zu Gott erhebend“. ... „Ich glaube, daß Glück heißt, immer auf die gute Seite des Lebens zu schauen, in ständigem Staunen und ständiger Ehrfurcht für das Leben sein, leidenschaftlich dem Leben zugewandt sein, enthusiastisch für das Leben sein“.

Auffällig blieb in allen Vorträgen und Diskussionen der spirituellen Friedensbewegung der Vorrang der personalen Glücksverwirklichung, für die im Foyer als Angebote die einladenden Werbeprospekte zahlreicher spritueller Vereinigungen und Einzelpersonen zu Workshops auslagen, durch abgedruckte „Berichte von Teilnehmern“ Glück versprechend:

„Ich habe, ohne ein Thema zu setzen, wieder das Bild des ersten Tages gesehen, wie ich auf einer Bank im Wald sitze, glücklich mit einem Partner und Geistheiler bin. Dann wieder nur Augen. Dann kam eine Tafel, auf der stand: ‚Mehr brauchst Du nicht zu wissen. Du hast alles durchlebt. Du bist freiwillig auf Erden, weil Du Gutes tun willst und helfen willst.‘ Die ganze Zeit lag ich im hellen Licht, hatte ein glückliches Gefühl, so glücklich, daß mir die Tränen kamen. Dann kamen keine Bilder mehr, ich lag nur noch im hellen, warmen Licht und war sehr glücklich ...“

Die „Gesundheit des Glücks“ will *Hedonismus im Hier und Heute* und *Garantie für das Danach*:

„Die Gesundheit des Glücks ... besteht auf der Existenz höherer Bewußtseinszentren, die unseren instinktiven Kräften transzendentale Fähigkeiten verleihen. ... schließlich ... zögert die Therapie des Glücks keinen Augenblick, ihren Patienten persönliche Zufriedenheit und Selbstverwirklichung zu versprechen. Ihr Verhalten ist bedenkenlos hedonistisch, ja sogar spielerisch. Ihr ist jeder Aspekt der persönlichen Erfahrung recht, wenn er nur Vergnügen, Spaß, Heiterkeit und erotische Befriedigung verspricht. Kunst, Gesang, gutes Essen, Tanz, freies Spiel, Wanderungen durch die Natur, Sport – all das haben die besagten Entwicklungszentren in ihren ‚Lehrplan‘ aufgenommen, und zwar als Mittel der Selbsterfahrung und des Selbstausdrucks“ (Roszak 1982, 268).

Roszak weist allerdings darauf hin, daß diese teuren Sonderbehandlungen „zu jenen Belohnungen zählen, die an den loyalen erfolgreichen Bürger gehen. Herbert Marcuse hat so etwas ‚repressive De-Sublimation‘ genannt“ (ebd. 270). Ist die Gesundheit des Glücks demnach nur über die vorausgehende erfolgreiche Gesundheit der Anpassung möglich?

Robert Castel spricht in seinem Aufsatz „Der Markt der Seele“ nicht von einer Gesundheit des Glücks, sondern von einem „featuring der Seele“ (Castel 1988), das als „Wachstumsmodell“ personale Selbstfindung und Selbsterlösung auf den Markt bringt und den so geschaffenen „meta human“ (Solomon 1979) von der Last der Gesellschaft unabhängig machen will. Was in einer kritischen Analyse zum „individuellen Synkretismus“ als Ausdruck der Moderneproblematik bezeichnet wird – „daß jeder sich individuell das zusammenstellt, was für sein Problem eine Lösung darstellt“ (Bischoff/Gärtner 1990) – wird in den Angeboten nicht als Problem, sondern als Befreiung hervorgehoben. Die „spirituelle Topographie des urbanen Raumes“ (vgl. Greverus/Welz 1990) zeigt kaum neue Orte sozialer Modelle auf spiritueller Grundlage, sondern eine Vermehrung des bisherigen „Reparaturmarktes der Seele“ um den Featuring-Markt der Seele. Das „Abenteuer der Seele“ beginnt oft mit einer Reise. Ob diese Reise real ist oder Simulationsangebot – sie ist immer eine Reise „nach innen“; nicht Fremderfahrung wird gesucht, sondern Selbsterfahrung. Unsere Gesprächspartnerin Angela reiste – wie viele ihrer westlichen Zeitgenossen/innen – nach Indien, um „Nahrung für ihre Seele“ zu finden. In einem Ashram „schwebte sie irgendwie über den Dingen“, Rebirthing war für sie der Weg, der sie „an einen Ort führte“, wo sie sich „eigentlich Gott sehr nahe fühlte. Also an einen Ort, der nicht von dieser Welt ist und der halt in mir drinnen war“. Das „Element des positiven Denkens im New Age“ wird ihr zentral, einmal als Selbstakzeptanz – „das Rebirthing will dir also zeigen, daß du halt, oder zeigen, wie du dich selber akzeptieren kannst, wie du bist und wie du halt die Sachen, die dich daran hindern, das zu sein, was du wirklich bist, wie du die halt loswerden kannst.“ – zum anderen, „daß es die positiven Gedanken sind, die die Welt verändern können“. Bei letzterem allerdings kommen in Angela Zweifel auf (vgl. Bischoff/Gärtner 1990). Diese Zweifel zu zerstreuen, ist Aufgabe des Featuring der Seele. Das reicht von der Mißachtung unseres Planeten – „... seid nicht besorgt wegen der Zerstörung dieses Tonklumpens, der die Erde ist. Und wenn alle Körper mit ihm zerstört werden, es ist ohne Bedeutung. Ihr seid nicht Körper, sondern das höhere Bewußtsein, das diese Körper als ein Werkzeug benutzt“ (Solomon 1979, 34) – bis zu seiner Gleichsetzung mit der menschlichen Psyche im „Manifest der Person“: „... die Bedürfnisse des Planeten und die Bedürfnisse der Person sind eins geworden ... Ich werde behaupten, daß die sich ausbreitende personalistische Sensibilität eine globale Dimension hat, welche die Suche nach einer authentischen Identität mit dem Zustand der planetaren Umwelt verbindet (Roszak 1982a, 11, 20).

Roszak, der vielgelesene amerikanische Interpret und Anhänger des New Age, nennt eines seiner Kapitel über das Abenteuer der Selbstentdeckung „Ich bedeute etwas. Ich bin etwas Besonderes“ (Roszak 1982a, 42). Ein Freiburger Sanyassin fordert seine Klienten in der Meditationsübung auf, sich selbst zu lieben und „Ich habe mich ganz lieb“ in das Zentrum der Meditation zu stellen (vgl. Ferber/Werthmann 1990). Bei Rickie Moore sangen die Teilnehmer nach der Melodie von „Ach du lieber Augustin“, einen Partner an der Hand haltend, „Ich muß mich nicht verändern, ich lieb mich hier und jetzt“ (vgl. Werthmann 1990, 307). Eine Heilpraktikerin erläuterte im Rahmen des „Universellen Lebens“ „Heilung durch Gedankenenergie“, d. h. durch „positive Gedanken“ und Liebe-Energie, vor allem am Beispiel Krebs. Von einem ihrer Hörer wurde die Verlängerung seines Arbeitsvertrages auf Gebete zurückgeführt. Auf die Frage nach dem Nutzen positiver Gedanken bei dem bevorstehenden Weltuntergang kam die Antwort, daß positive Empfindung Macht und Stärke habe und wir „die Politiker annehmen und lieben müßten, damit ihnen ein Lichtimpuls zukäme“ (Weiß 1990, 299). Die „Light Age“-Expertin Sharla Euler schließt ihre Klienten, insbesondere Manager, an das „All-Wissen“, die „All-Liebe“ an. Sie bezeichnet „Light Age“ als die „Veredelung der Seele“. Ihr „neuer Mensch hat ein Herz“, weil er von „innenher rein“ geworden ist (so Sharla Euler in einer Talkshow des „Club 2“/Wien vom 17. 5. 1988 über „New Age“). Die Städte, in denen sich die spirituelle Psychotherapie immer stärker konzentriert, scheinen ein unerschöpfliches Reservoir von Klienten für den Featuring-Markt der Seele zu haben. Und Roszaks Prognose für das vor uns liegende Zeitalter ist nicht zynisch gemeint:

„Zeitalter des Glaubens ... Zeitalter der Vernunft ... Zeitalter der Angst – welchen Beinamen wird man dem vor uns liegenden Zeitalter geben? Kein Zweifel: Zeitalter der Therapie ... als alle kranken Seelen nach Hause kamen, um geheilt zu werden, und als eine paradiesische Gesundheit die Erde überflutete“ (Roszak 1982, 244).

Dieses Zuhause, diese neue Heimat wird nicht als Gemeinwesen thematisiert, sondern in der Selbstfindung verankert, wobei auch die religiös-mystische Interpretation – die Erfahrung des Göttlichen – im Seelen-Featuring-Klima der Städte in den Hintergrund zu treten scheint. Nicht die mühsamen Wege der „Seele auf den großen Straßen des All“, wie es Walt Whitman im vorigen Jahrhundert ausdrückte (Whitman 1980, 152), werden gesucht, sondern das therapeutische Wochenende, das den eigenen Alltag erträglicher macht. In diesen Schnellkursen für Klienten und Trainer treten auch die Reflexionen über die Stellung des Menschen im Kosmos aus den doch so vehement für dieses neue Zeitalter angeeigneten fremden Religionen und Philosophien zurück.

Der Blick auf östliche Glücksvorstellungen

Erich Fromm hatte seinen aktiven Seinsbegriff („Sein ist Leben, Tätigsein, Geburt, Erneuerung, Ausfließen, Verströmen, Produktivität“; Fromm 1980, 69) von dem radikalen Hedonismus unseres Zeitalters, dem er seinen Haben-Begriff zuordnet, abgegrenzt. Sein Versuch, östliche vita contemplativa mit westlicher vita activa über die Seinslehre des christlichen Mystikers Meister Eckart zu versöhnen, wird im „Zeitalter der Therapie“, des Workshop-, Encounter- und Selbsterfahrungsmanagements, zur Selbstverwirklicher-Ideologie, in der jede Lehre als Mittel zum Ziel „Gesundheit des Glücks“ eingesetzt werden kann, sofern der Klient (der kein Patient mehr ist) die Bildungs-, Zeit-und Einkommensvoraussetzungen für seine Seinsverwirklichung aufbringt. Maslow hatte die Selbstverwirklicher und Seins-Erkenner durchaus auch als einen gesellschaftlichen Gefahrenherd gesehen. Die Gefahren sind: die Unmöglichkeit oder Unentschlossenheit zum Handeln, die Entlassung aus der Verantwortlichkeit für andere, Rückzug von jeder Tätigkeit durch reine Kontemplation, Verwischung der alltäglichen Werte und allesumfassende Toleranz und Anerkennung. Maslow sieht im Prinzip der Arbeitsteilung allerdings einen Weg, die „egoistischen Selbstverwirklicher“ vom Handeln auszunehmen, „wenn andere das Handeln besorgen können“, um damit sogar gesellschaftliche „Schuld zu vermindern“ (Maslow 1981, 127 ff.). Max Weber hatte in seiner Analyse der indischen Heilslehren von dem Mangel an weltlicher Ethik gesprochen und die aktivitätsfremde Zuständlichkeit des klassischen Buddhismus als die maximale Steigerung des „spezifisch asozialen Charakters aller eigentlichen Mystik“ bezeichnet (Weber 1978, 230), die allerdings nur jenen wenigen „Hauslosen“, das heißt auch Wirtschaftslosen, vorbehalten blieb, die auf die Unterstützung der „Hausbewohner“, die nur ihr Karmaschicksal verbessern konnten, angewiesen waren.

Auch die westlichen „Selbstverwirklicher“, die „sanften Verschwörer“ der New Age-Bewegung betonen die Erwähltheit der „Wenigen“, aber der Weg der Erlösung führt nicht über die asketische Hauslosigkeit, sondern ist geradezu bedingt von der privilegierten Behaustheit. Welches Glücksmodell liegt also der „Gesundheit des Glücks“ zugrunde? Ist es eine Abkehr vom amerikanischen „Pursuit of Happiness“ oder nur seine historische Konsequenz? René König hatte nur die beiden Glücksmodelle aufgestellt: die Jagd nach dem Glück ist das europäisch-amerikanische und Glück als Zustand, als etwas, das man hat, das orientalische Modell. Das Frommsche Modell von „Haben oder Sein“, auf dem die Psychologie des Seins und die Gesundheit des Glücks aufbauen, zeigt allerdings deutlich, daß im west-östlichen Dialog Sein nicht als Zustand des Habens erfahren wird, sondern als der individuelle Prozeß eines seienden Werdens; das heißt, als Ideal ist es ein Seins-Weg, der sich immer weiter vom Haben entfernt. Hier finden wir im theoretischen Ansatz durchaus die Charakteristika der brahmanisch-buddhistischen Intellektuellenphilosophie einer individualistischen und selbstverantwortlichen Erlösungslehre wieder, deren asketisches Ideal allerdings in keiner für den Westen aufbereiteten Heilslehre bis zur Konsequenz der Hauslosigkeit geht, sondern Haben unangetastet läßt. Und wenn König davon spricht, daß auch die westlichen Gesellschaften an dem zweiten, dem orientalischen Glücksmodell Anteil haben und seine Chancen positiv beurteilt, dann spricht er von diesem Modell des Habens als Voraussetzung für die – wie er es nennt – „freie Entfaltung der menschlichen Person“: Familie, andere Kleingruppen, Freizeit und Ferien gehören für ihn zu dem Glück, dem man nicht nachjagen muß in dauerndem Konkurrenzverhalten, sondern das man als Entfaltungsraum hat.

Königs, Fromms und Maslows Glücksmodelle stellen trotz aller Verschiedenheit den Versuch dar, über einen westlich ausgelegten Seinsbegriff des indischen philosophisch-religiösen Intellektualismus der „Marketing-Gesellschaft“ (Fromm 1980) der Nachkriegszeit oder auch der außengeleiteten Gesellschaft (Riesman 1958) ein innengeleitetes Glücksmodell als humanistisches Bollwerk entgegenzusetzen. Bei König verharrt es unhinterfragt im spätbürgerlichen Selbstverwirklichungsfreiraum oder der „Dimension der Spannungsbewältigung, in der die Konflikte zur Ruhe kommen“: Familie und Freizeit. Bei Fromm und Maslow und bei ihren Nachfolgern setzt zwar die Kritik an diesem Haben-Glück ein, stellt es allerdings als Grundlage und Ausgangsposition ihrer Selbstverwirklicher-Klienten ebensowenig in Frage. Das „Manifest der Person“ (Roszak 1982) fordert darüber hinaus die Transformation der Beziehungen und ihre Erweiterung in eine „planetarische Familie“ (Ferguson 1982) aus „Netzwerken und Gemeinschaften, experimentellen und zweckbestimmten Gruppen sowie Freundschaften“ zur Unterstützung des gegenseitigen Wachstums. Ferguson beruft sich dabei auf Teilhard de Chardins „Wir können unser Wachstum nicht alleine finden“. Sie ließ einen „Fragebogen zur Verschwörung im Zeitalter des Wassermanns“ ausfüllen. Ihre Befragten, alle aus dem gehobenen Mittelstand, gaben Antworten, die, wenn auch in der Sprache der „Gesundheit des Glücks“ abgefaßt, vom Katalog des Kneipenwandspruchs „Lonesome?“ gar nicht weit entfernt sind.

„Ein großer Teil der Transformation ist durch Beziehungen in Gang gebracht worden. Daß ich Frauen hatte, die mich wirklich liebten, half mir meine sexistischen Haltungen abzulegen. Dies trug sehr zu der anwachsenden Natur des „Yin“ bei, die ich in mir selbst anerkannte; es hat mein Leben und meine Arbeit vereinheitlicht“ (Ferguson 1982, 449), erklärte zum Beispiel ein Mann. Man (und frau!) beachte, wie sich in das Seins-Werden sprachlich – und nur sprachlich? – das Haben als Voraussetzung einschleicht!). Und einer antwortenden Therapeutin wurde auf dem Weg ihrer persönlichen Transformation das Glück zuteil, „immer dann einer wesentlichen, starken Persönlichkeit im Leben zu begegnen, wenn man sie benötigt. Jede dieser Persönlichkeiten führt mich zu einem bestimmten Punkt, dann folgt eine Periode der Integration – und die nächste Persönlichkeit tritt in Erscheinung“ (ebd. 445) .

„Like to meet new people? Like a change?“ hieß das auf der Kneipenwand.

Den westlichen Heilssuchern des New Age gilt als Ideal weder die religiöse Einsamkeit der Erlösung suchenden Einzelseele, noch die Einkehr in das ewige Schweigen der Einsiedler im Schweigen des Waldes, wie in der klassischen brahmanischen Lebensführung, noch auch jenes „Leben in den Wäldern“, wie es der amerikanische Transzendentalist Henry David Thoreau im 19. Jahrhundert pries. Dort hieß es: „Vor allem aber kann der Mann, der allein geht, heute schon abreisen, wer aber mit anderen reist, muß warten, bis der andere bereit ist, und es kann lange währen, bis die Fahrt beginnt“ (Thoreau 1971, 19; 80).

Für Thoreau bedeutete die Freiheit der Person das Aufgeben von Bindungen an Beruf, Geld, Ruhm und auch Menschen. Das alles muß gleichgültig werden, „und schließlich ist es die Gleichgültigkeit selbst, die man hinter sich läßt“ (Richartz in Thoreau 1971, 15). Diese Überwindung der Gleichgültigkeit durch Gleichgültigkeit ist ein einsamer Vorgang. Walt Whitman, der wie Thoreau zu den Transzendentalisten um Ralph Waldo Emerson gehörte, besingt immer wieder diesen neuen Menschen, der alles sein kann, wenn ihm nichts gehört, wenn er nichts zu behalten begehrt, der immer wieder aufbricht „auf den großen Straßen des Alls“: „Fortan verlang ich kein Glück; ich selbst bin das Glück“ (Whitman 1980, 143).

Die Verkünder der New Age-Bewegung berufen sich auf die Transzendentalisten als Vorläufer der – ihrer – „zweiten amerikanischen Revolution“, in der das „Streben nach Glück“, „the Pursuit of Happiness“, als Menschenrechtsgarantie von der (spirituellen) „Gesundheit des Glücks“ abgelöst werden soll (vgl. Greverus 1990, 98ff.).

Das „Streben nach dem Glück“ als Menschenrecht

Zwischen dem 1776 erstmals und einmalig als Verfassungsrecht in der Unabhängigkeitserklärung angesprochenen individuellen Recht auf Glück und dem Glücksanspruch der New Age-Bewegung des 20. Jahrhunderts liegt ein weiter Weg von amerikanischen Glücksforderungen und -auslegungen und ein breites Spektrum des Imports und Exports von Glücksbegriffen. In der Unabhängigkeitserklärung wird jener Glücksbegriff manifest, der als Hoffnung Scharen von Auswanderern aus der Alten Welt in dieses Land der „unbegrenzten“ Möglichkeiten gezogen hatte. Dort heißt es: „Folgende Wahrheiten bedürfen für uns keines Beweises: daß alle Menschen gleich geschaffen sind; daß sie von ihrem Schöpfer mit gewissen unveräußerlichen Rechten ausgestattet sind; daß dazu Leben, Freiheit und das Streben nach Glück gehören“ (Sautter 1976, 536).

Was aber ist dieses Glück? In den überlieferten Dokumenten der Amerika-Immigranten – in Auswanderungsanträgen, Tagebuchnotizen, Briefen und populären Liedern – wurde es immer wieder formuliert (Greverus 1972, 137ff.). Man will sein „Brot und Glück“ auf dem fernen Kontinent, im „Lande Kanaan“ finden. Glück ist in den Augen der Einwanderer aus den armen ländlichen und städtischen Schichten nicht nur die Sicherheit der materiellen Existenz, sondern darüber hinaus die Freiheit der Religionsausübung, die Freiheit, sich zu bewegen und niederzulassen, die Freiheit zur Berufsausübung und die Freiheit der Person, die vor allem an der sozialen Gleichheit festgemacht wird.

1831 schreibt ein ausgewandertes Ehepaar: „Ihr lieben Brüder, Freund und Bekannten, wenn Ihr es machen könnt, brauchts nicht zu wagen, ich sage auch die Wahrheit. Wer arbeiten will, kann bestehen besser wie bey Euch. Denn der Verdienst ist viel besser wie bey Euch und keine Abgaben ... Es wird viel gessen in jedem Stand. Es ist alles gleich, es sey arm oder reich. Es werden nicht viel Komblementen abgespeist. Die Theutsche und Englische Sprach ist eins das gantze Land hindurch. Es ist nicht soviel Unterschied wie in Teutschland. So ist auch die Modi in der Kleidertracht. Bey uns sind 21 Freistadten ... Da sucht sich ein jeder seine Heimat nach seinem Werke ... Ich wolte, meine alte gebrechliche Mutter wer bey mir in der Freiheit und kennt das weiße Brod und kennt die guten Äpfel genießen, Malasig, Sirob und Honig und Butter wird erstaunlich viel gegessen. Diese Lebensart ist ganz anders wie in Birkenau. Vor die Weibspersonen ist es ein vortrefflich gutes Land. Das Waschen und Backen ist ihre Arbeit. Sie tragen sich wie Edeldamen, es sey Arm oder Reich, es ist alles gleich ... Sie haben ein großes Recht in diesem Lande. Ihre Männer darfen sie nicht briegeln, sonst kommen sie bös weg“.

Und die Frau sagt: „Mein Lebenswandel hat sich geendert, denn ein freies Leben ist edel ... Die geringste Geldmüntze enthält 7 $^{1}/_{2}$ gutes Silber. Es wird nicht roth wie Euer Lumpengeld ...“ (Diehl 1930, 84ff.).

Freiheit bedeutet hier also Freizügigkeit der Wohngebietswahl, Freiheit von Abgaben, Freiheit zur Arbeit (Der Mann erwähnt noch stolz seine handwerklichen Fortschritte „jetzt sollt ihr meine Arbeit einmal sehen, da sollt ihr euch verwundern“) und schließlich Freiheit zum gleichen Verhalten – „ob arm oder reich“ –, wobei Kleidung und Nahrung besondere

Wertaufladung erfahren. Es war die Freiheit, in seinem Glücksstreben nicht gehindert zu werden und Chancen auf seine Erfüllung zu haben.

Doch es waren nicht nur diese Glückshoffnungen der armen Auswanderer, die wir als Import eines Prinzips Glück in die Neue Welt erkennen können, sondern auch jene geistesgeschichtlichen Strömungen, die in der Alten Welt nicht Fuß fassen konnten und in Amerika ihre Umsetzung erfuhren.

Das Zeitalter der Aufklärung gilt als diejenige Epoche, in der „das Glück sozusagen wissenschaftlich erfunden worden“ ist (Mühlmann 1980, 207). Insbesondere bemühten sich die französischen Aufklärer um Bestimmungen des Glücks, die von Mauzi (1960) in seinem eindrucksvollen 700-Seiten- Werk „L' idée du bonheur au XVIIIe siècle“ analysiert werden. Der Grundtenor allerdings ist die Suche nach einem Glück aus dem bürgerlichen Nicht-Glück der Langeweile, des „ennui“, und der Melancholie als Grundstimmung heraus (Lepenies 1969). Nicht nach einem Hedonismus des Alltags und der Alltäglichkeit wird gesucht, sondern nach dem Absoluten oder der absoluten Verwirklichung des Individuums. Wilhelm E. Mühlmann nennt dieses Glücksverlangen einen „nostalgischen Versuch, aus dem Alltag auszubrechen in das ‚Außer-Alltägliche‘“ (Mühlmann 1980, 206). Dieses melancholisch-eskapistische Glücksverlangen – das Verlangen nach kontemplativer Erfassung der Glückswahrheit und einem einfachen Leben, die rurale Attitüde – gehörte zwar auch durchaus zum Glücks-Repertoire der amerikanischen Revolutionäre um Thomas Jefferson (vgl. Jones 1953, 61 ff.), aber es war mehr die private Seite, weniger der Glücksbegriff, der dem Ringen um eine eigene Verfassung zugrunde lag. In ihr kommt stärker die auf das materielle Diesseits gerichtete Prosperitäts-Theorie calvinistisch-puritanischer Prägung und der freie Wettbewerbsgedanke zum Ausdruck.

Prägend vor allem war, wie Edmond N. Cahn (1952, 256 ff.) und Howard Mumford Jones (1953) aufzuzeigen versuchten, das Gedankengut der beiden großen englischen Denker John Locke und William Blackstone über die aus der Freiheit – des Vernunftwesens Mensch – erwachsenden, je verschiedenen individuellen Strebungen nach Glück, die, wie Blackstone in seinen „Commentaries on the Laws of England“ (1765–69) sagt, „einer ewigen Regel, daß der Mensch sein eigenes Glück verfolgen soll“, entsprechen (Blackstone 1898, 40). Daraus leitete James Madison, Mitglied der Kommission zur philosophischen Untermauerung der Unabhängigkeitserklärung, als Basisproblem einer freien Gesellschaft die Notwendigkeit ab, die „innere Republik“ Lockes in die nationale Republik einzubringen (vgl. Cahn 1952 unter Bezug auf J. Locke: „An Essay Concerning Human Understanding“; vgl. auch Jones 1953, 93 ff.). Und John Adams, zusammen mit Thomas Jefferson und Benjamin Franklin Mitglied einer zweiten Kommission zur philosophischen Fassung der Menschenrechte in der Unabhängigkeitserklärung, sagte: „the happiness of society is the end of government ... the happiness of the individual is the end of man ...

the form of government which communicates ease, comfort, security, or in one word, happiness, to the greatest number of persons, and in the greatest degree, is the best“ (John Adams zit. in Jones 1953, 97)[3].

Glück ist hier nicht eine Kategorie neben den anderen, sondern der Deckungsbegriff für den naturrechtlich bestimmten Bedarf des Menschen. So dürfte auch das „Streben nach Glück“ in der Unabhängigkeitserklärung eher die Erfüllungschance der anderen Kategorien Freiheit, Gleichheit, Leben umfassen; dazu kommen in der ersten Fassung von George Mason Sicherheit und der Erwerb und Besitz von Eigentum. Daß die Verfassung die unveräußerlichen Rechte erweitert, aber das Recht auf Glück nicht aufgenommen hat, ist wohl auf diese Idee der Glücksverwirklichung durch die Erfüllung dieser menschlichen Grundbedürfnisse zurückzuführen.

Die Materialisierung von Glück und die Garantie, in seiner Erstrebung nicht gehindert zu werden, entsprach sicher mehr den Hoffnungen der Einwanderer, die nach „Brot und Glück“ (oder eben Glück durch Brot) suchten, als die Suche nach dem Absoluten, dem Außer-Alltäglichen, der Flucht aus der Langeweile. Amerika hatte ein Glücksversprechen für das Volk entworfen, und es hatte ein Land anzubieten, in dem es diesem Volk eigenen Grund und Boden in einem agrarischen Glücksland versprach, das der europäischen Industrialisierung mit der „Vielzahl armer Menschen ohne Land, die für niedrigen Lohn für andere arbeiten müssen oder verhungern“ (Franklin IV, 49), entgegengesetzt wird. Und Franklin beschreibt die Ausdehnung der amerikanischen Agrikultur wie den Garten Eden, in dem „gutes Auskommen und Glück für jeden aufrichtigen, sparsamen und fleißigen Menschen zu erreichen ist“ (Franklin V, 156).

Der landwirtschaftliche Garten Eden war das Thema und Versprechen des puritanischen Amerika im 18. Jahrhundert. Dazu gehörte aber auch der Pionier, dessen Glück sich nicht im Haben, sondern im Streben vollzog, der sich von seinen Gütern löste, um immer weiter gen Westen, über die „frontier“, wie Benjamin Franklin es ausdrückte, hinaus in das „virgin land“ (unberührtes, „jungfräuliches“ Land) vorzustoßen.

Ob wir dieses Streben nach Neuem auf die Wettbewerbs- und Konkurrenzideologie zurückführen, auf die Expansionsideologie (Smith 1970), auf den objektschwachen Charakter (Raeithel 1981), auf die in praktische Tugend umgesetzte „innere Republik“ Lockes oder auf die puritanische Ethik, wonach der Mensch irdischen Wohlstand schaffen, aber ihn nicht als seinen Besitz betrachten soll, so bildet dieses Streben als Mobilitätssyndrom neben dem Individualitätssyndrom eine der wichtigsten Charakteri-

[3] Das Glück der Gesellschaft ist das Ziel der Regierung ... das Glück des Individuums ist das Ziel des Menschen ... die Form der Regierung, die der größten Zahl von Personen im höchsten Maße Erleichterung, Wohlbefinden, Sicherheit – mit einem Wort Glück – vermittelt, ist die beste.

Abb. 14: Virgin Land – der amerikanische Traum, in jungfräuliche Gebiete vorzustoßen und sich in objektlosen oder von Objekten geräumten Gebieten zu verlieren. Aus: Raeithel 1981, 43.

stika des weißen, protestantischen Amerikaners angelsächsischer Herkunft (WASP) und seines optimistischen Glaubens an Fortschritt und die Machbarkeit der Dinge bei genügend persönlichem Einsatz und entwikkelten Fähigkeiten. Wir könnten dieses im 18. Jahrhundert entstandene Glücksmodell des Strebens, das den wichtigen ideengeschichtlichen Import aus Europa materiell-pragmatisch in Amerika umsetzt, auch mit David Riesmans Begriff der „Innenlenkung“ umschreiben. Die Innenlenkung des aufgeklärten Individuums als Ideal setzte seiner Freiheit allerdings die Schranken der moralischen Vernunft[4]. Mühlmann argumentiert, daß „in Wahrheit alles Schwindel“ war, weil „das 18. Jahrhundert an dem Versuch scheiterte, das Glück mit der Tugend zu verbinden“ (Mühlmann

[4] Vgl. Locke: „The highest perfection of intellectual nature lies in a careful and constant pursuit of true and solid happiness, so the care of ourselves, that we mistake not imaginary for real happiness, is the necessary foundation of our liberty“ (Die höchste intellektuelle Vollendung liegt in einem sorgfältigen und beständigen Streben nach wahrem und solidem Glück, und so ist unsere Sorge, das wirkliche Glück nicht mit Einbildung zu verwechseln, das notwendige Fundament unserer Freiheit; Locke o. J. XX, sec. 51). Locke betont, daß „das natürliche Streben und Begehren nach Glück als eine Pflicht“ gilt (ebd. XXI, sec. 52).

1980, 207).[5] Dabei geht er jedoch von dem Glücksverlangen nach dem Außer-Alltäglichen aus, in dem sich individuelles Glück und kollektives Glück nicht verbinden lassen.

Auf dem Weg zum Glück des Habens und zu seiner Versagung

Die amerikanischen Gerichte, die mit dem legalisierten Recht der Bürger auf das Streben nach dem Glück arbeiten mußten, hatten, wie es Jones an zahlreichen Fällen des 19. und 20. Jahrhunderts nachweist, über andere persönliche Glücksansprüche zu entscheiden (Jones 1953, 29 ff.). Und hier wird deutlich, daß es vorrangig um das Recht des Individuums auf privates Haben geht, wobei der Staat die Freiheit des Individuums zum „Haben von Glück" unterstützen soll. Was Tocqueville für die europäischen Demokratien vorausgesagt hatte, entwickelte sich schon im Amerika des 19. Jahrhunderts: Der Fortschrittsglaube und die Tugend des tätigen Lebens wurden zu Materialismus und privater Erfolgsmentalität; die Idee der Freiheit des Individuums führte zu Egoismus und privatistischer Absonderung und die Idee der Gleichheit zum Garantieanspruch an den Staat.

Aus dem einsamen individualistischen Pionier des tätigen Lebens wird Fromms „man for himself", wie ihn so zahlreiche Negativanalysen Nordamerikas darstellen. Er tendiert zum Glück des Habens: des Habens von Macht, Reichtum, Status. Das mag noch innengelenkt sein, hat aber die moralische Basis des Strebens nach dem rechten Glück verloren. Der Übergang in das Haben-Glück der Außenlenkung – Konsum und Beliebtheit – erweitert schließlich nur den Katalog und macht „adjustment" zum Leitbegriff des „Pursuit of Happiness" (Jones 1953, 131 ff.).

Und zuständig für den richtigen Weg, über Anpassung das Glück zu finden, werden nun der Psychologe und der Psychotherapeut. Der Behaviorist B. F. Skinner (1973) entwickelt daraus in der Nachkriegszeit eben jene von Roszak kritisierte „Gesundheit der Anpassung": „Jenseits von Freiheit und Würde", wie sein Buch heißt; und die über die richtige Konditionierung zur Selbstkontrolle geführten Menschen sind glücklich, denn „was einzig zählt, ist das Wohl von einem Tag auf den anderen und die gesicherte Zukunft" (Skinner 1970, 240). Den Anpassungstherapien zum Haben-

[5] Benjamin Franklin gibt uns in seiner Autobiographie über sein „Tugendbuch" ein gutes Beispiel für die Versuche, Tugend und Glück zu verbinden. Er allerdings kommt zu dem Schluß: „Wenn ich aber auch im ganzen niemals zu jener Vollkommenheit gelangte, nach der ich mit solchem Ehrgeiz gestrebt hatte, ... so war ich doch durch mein Streben ein besserer und glücklicherer Mensch" (Franklin 1954, 159).

Glück, die keinesfalls nur behavioristische sind und auch nicht nur im therapeutischen Setting stattfinden, sondern ebenso über die Unterhaltungsmedien und die Werbung, setzt die „Gesundheit des Glücks" nun ihr Seins-Glück entgegen. So hatten schon die Transzendentalisten des 19. Jahrhunderts, auf die man sich immer wieder bezieht, gegen die Anpassung an die Materialisierung des Glücks protestiert und dagegen das Glück der Selbstvollendung im kosmischen Sein gesetzt. Auch ihre Gedanken waren schon von diesem anderen, dem amerikanischen „Pursuit of Happiness" entgegengesetzten, orientalischen Glücksmodell geprägt (vgl. Greverus 1990, 90 ff.).

Wieviel mehr und direkter die New Age-Bewegung in Amerika dieses Glücksmodell aus dem fernen Osten importiert hat, zeigt sich in allen Grenzbereichen der „Aquarianer". Aber da ist nichts mehr vom Aufbruch der Beatniks, der „lonesome travellers", wie sie ihre literarische Leitfigur Jack Kerouac nannte, noch vom konsum- und leistungsfernen Hier und Heute der Hippie-Generation, sondern eben der bezahlte temporäre Ausstieg in die „Gesundheit des Glücks" mit jenem hedonistischen Sein der scheinbaren Selbstfindung durch Selbstauflösung in die spirituelle Gemeinschaft, von dem man in sein Haben-Glück zurückgehen kann.

Auch die sogenannten psychosozialen Kommunen, die nach Rosabeth Moss Kanter (1972) das Kennzeichen der Kommunebewegung des 20. Jahrhunderts sind, erstreben ihr Ziel des persönlichen Wachstums („doing one's own thing") eben in diesem Haben der Rückzugsgruppen, ohne in die weitere Gesellschaft hineinwirken zu müssen. Es gibt Ausnahmen: sicher sind es einige Denker des New Age, die nicht von ihrem eigenen Charisma und dessen Massen-Rezeption verführt werden, sicher auch spirituelle Kommunen wie die Farm in Tennessee, die sich ein Armutsgelübde auferlegt hat und sehr viel Engagement in Hilfswerke außerhalb ihrer Kommune einbringt: nach dem Bodhisattva/Heilands-Prinzip, daß jeder ein Bodhisattva sein kann, der als Akt der Gnade und Verkörperung der göttlichen Energie und Liebe auf sein erlöstes Selbst verzichtet, um im Hier und Heute anderen zu helfen (vgl. S. 190 ff.).

Modelle des Glücks sind schon zahlreSiche erstellt worden (vgl. Greverus 1986, 284 ff.). Die einzige verfassungsmäßige und juristische Legalisierung hatte das Glück aber eben in dem jungen amerikanischen Staat gefunden. Die Objektivität des Glücks wurde als ein unveräußerliches allgemeines Menschenrecht begriffen und stand im Kontext zu Gleichheit und Freiheit. Die Inhalte des Glücks sind diesseitige: materielle und soziale. Aus dem Modell oder dem Entwurf als solchem folgt allerdings noch nicht notwendig Konkurrenz im Sinne der „Jagd nach dem Glück" um des Habens willen. Vielmehr steht das Streben, das heißt das ungehindert tätige Leben, als Glück im Zentrum. In diesem Glücksmodell des Strebens hat jeder Mensch sein je eigenes Glücksstreben. Die Gesellschaft, der Staat, sind dazu da, jedem Menschen die Freiheit zu dessen Verwirklichung zu geben. Die Fähigkeit dazu ist aufgrund der natürlichen Gleichheit in jedem Menschen angelegt. Dieses Streben nach Glück ist in der westlichen Welt, trotz aller Anleihen bei östlichen Glücksmodellen des Seins, vor allem vom Glücksmodell des Habens verdrängt worden. Nicht das tätige Leben an sich ist das Glücksziel, sondern das, was man damit erlangen kann: Wohlstand, Besitz, Macht, Status, Beliebtheit, Konsumgüter.

In einer Gesellschaft des machbaren Glücks gehören selbst Gesundheit und menschliche Beziehungen in diesen Machbarkeitsentwurf. Das Scheitern an der „Pflicht zum Glücklichsein" – im gesellschaftlich vermittelten Glücksversprechen – wird schließlich den kranken, beziehungslosen, armen, machtlosen, fremden, unangepaßten Individuen als selbstverschuldet angelastet,[6] wenn „die Regierung" nicht mehr „der größten Zahl von Personen im höchsten Maße Erleichterung, Wohlbefinden, Sicherheit – mit einem Worte Glück –" vermitteln kann (John Adams, zit. in Jones 1953, 97).

In der Kritischen Theorie dagegen wurden Freiheit und Glück aufeinander bezogen. „Glück *wäre* die verwirklichte Idee der Menschheit" (Schmidt 1980, 93), aber die Erkenntnis des Glücks wurde durch die Entwicklung der gesellschaftlichen Antagonismen verdeckt und: „gegenüber der geschichtlichen Möglichkeit der allgemeinen Freiheit", so Herbert Marcuse (1968, 159), ist auch „das faktische, wirklich empfundene Glück in den bisherigen Daseinsverhältnissen als unwahr zu bezeichnen".

[6] Vgl. dazu auch die Arbeit von Judith Borgwart „Krebs – Krankheit als Realität und Metapher der anderen Seite einer Gesellschaft des machbaren Glücks" (Borgwart 1993).

Landbewegungen. Remythologisierung oder Redefinition ruraler Weltsicht?

„Labora et ora". Bäuerliche Weltsicht?

Auf dem besonders reich verzierten Torbogen eines besonders wohlhabenden bäuerlichen Anwesens in einem (ehemals) besonders wohlhabenden Agrargebiet Deutschlands, dem Alten Land an der nördlichen Elbe, steht der Spruch:

> Labora diligenter atque ora libenter
> nihil melius nihil homini libero dignius
> quam agricultura.[1]

Diese Umkehrung der Rangfolge des Handelns aus dem Leitspruch der Benediktiner „ora et labora" ist keine zufällige, sondern eine bewußt gesetzte und bewußt tradierte. Ich habe in dieser Gegend meine Kindheitsferien verbracht. Der Spruch gehörte zu jenem Vokabular, mit dem einem Stadtkind bäuerliche Weltsicht vermittelt wurde. Und dieses Ethos der Arbeit wurde von jenem historischen Wir-Bewußtsein getragen, in dem Geschichte zum Mythos der großen Taten der Vorfahren gerinnt.

Hier: die Landnahme als schöpferische, arbeitende Gewinnung von fruchtbarem Land aus dem Meer, die ständige Verteidigung dieses Landes gegen die Sturmfluten durch die Gemeinschaft der Bauern unter ihrem Deichgrafen, das Selbstbewußtsein der freien Bauern und ihre enge Bindung an den ererbten Besitz (vgl. Röper o. J.; Siemens 1951). Schöpferische und selbstbestimmte Arbeit wird zum dominanten Thema dieses bäuerlichen Weltbildes erklärt:

„Nicht das Spiel der Natur schenkte ihnen ihren Boden, sondern der planende und kämpfende Mensch schuf ihn, daher fühlt er sich nicht als Eindringling, sondern als der wahre Schöpfer seines Landes" (Cordes 1966, 24).

„Denn wie sie durch ihre Arbeit die Landschaft formten, so formte wiederum die Landschaft sie. Das Leben der Marschbewohner war und ist Kampf und Kampfbereitschaft gegen einen unbändigen und unberechenbaren Feind, das Wasser" (Siemens 1951, 6).

Der bäuerliche Stolz materialisierte sich in einer reichen Kultur bäuer-

[1] Arbeite sorgfältig und bete freudig, es gibt nichts Besseres, nichts was eines freien Menschen würdiger ist als die Landwirtschaft.

licher Haus- und Wohninventargestaltung, in Trachten und Schmuck und einer ruralen Ideologie, die sich – trotz Übernahme zahlreicher städtischer Lebensformen – bewußt von den „nicht wirklich arbeitenden" Städtern absetzte. Ökonomisch hat diese Ideologie noch einmal nach dem Zweiten Weltkrieg ihre Bestätigung erfahren: die armen Städter wallfahrteten für Lebensmittel und das Luxusgut Obst in jene Landschaft und zahlten mit barer Münze.

Vom Reichtum dieser agrarischen Landschaft ist heute nicht mehr viel geblieben. Die allgemeine Landflucht hat sich hier durch die Obst- Monokultur, die Knappheit des Bodens, die durch die historische Entwicklung bedingte materielle Hybris und die durch den Reichtum bedingte Partizipation der jungen Generation an urbanen und bildungsbürgerlichen Werten über ihre schulische Langzeitbildung multipliziert.

Während die kleineren Bauern zu Nebenerwerbsbauern werden oder ihr Land ganz verkaufen, sind die größeren Bauern einem harten Existenzkampf ausgesetzt, der von ihren studierenden Kindern nicht fortgesetzt wird. Inzwischen besiedeln stadtflüchtige Hamburger die denkmalgeschützten Bauernhöfe, und die stolze Äußerung des Bauern-Interpreten Siemens, daß im Alten Land kaum noch ein bäuerlicher Besitz zu erwerben sei (da „diese starke Bindung an Landschaft und Hof mit dem Maß von Arbeit zusammenhängt, das die Menschen dem Boden gewidmet haben", Siemens 1951, 7f.), hat 30 Jahre später eine gegenteilige Bedeutung bekommen: den Ausverkauf der Höfe an Städter.

Kontroverse Weltsicht-Interpretation

Welchem Typus von „peasant view" (bäuerlicher Weltsicht) sollen wir diese Altländer, die damaligen und heutigen, zuordnen: „good life" (Redfield 1956), „bad life" (Bailey 1966) oder „image of limited good" (Weltbild der beschränkten Ressourcen, Foster 1965)?

Alle drei Autoren, insbesondere allerdings Redfield und Foster, tendieren zu einem systematisierenden Ansatz, der über den Kulturenvergleich zu generalisierbaren Aussagen über eine bäuerliche Weltsicht gelangen soll, ein Verfahren, das insbesondere aus der Sicht der nationalen Ethnologien Europas als ahistorisch interpretiert wurde (Hofer 1968). Diese Kritik übersieht allerdings, daß die eigenen regional-historischen Arbeiten, sofern sie einem zweiten Anspruch kulturanthropologischer Forschung gerecht werden – demjenigen, Kultur als ein interdependentes Muster handlungsrelevanter Wertsetzungen aufgrund ökologisch-ökonomischer Anpassungen zu interpretieren –, durchaus Beiträge zu einer systematischen Anthropologie kultureller Umweltaneignung darstellen.

Féls und Hofers „proper peasants“ (Fél/Hofer 1969; 1972) sind ein gutes Beispiel für die von Redfield durchaus bejahte, der Vergleichbarkeit vorausgehende Beachtung historisch und regional bedingter Variablen im Kontext bäuerlicher Weltsicht:

„Es mag sein, daß beide Erklärungen, die historische und die ökologisch-ökonomische, für die bäuerlichen Einstellungen gegenüber dem Land und der landwirtschaftlichen Arbeit mit je verschiedenen Gewichtungen und Wirkungen in den verschiedenen Regionen der Welt gültig sind“ (Redfield 1956, 67).

Damit bezieht sich Redfield auf eine Kritik, die an seinem „good life“-Konzept vor allem unter Bezug auf die „bad life“- oder „miseria“[2]-Weltsicht mediterraner ländlicher Gesellschaften geführt wurde. Redfield enthält sich der Entscheidung, ob historisch bedingte urbane Ideologie oder konkrete ökonomische Deprivation die Ursache für jene „miseria“-Haltung – „Wir hacken die Erde wie Tiere“ (Friedmann 1953, 220) – sind. Auch die für die mediterranen Agrargesellschaften herausgearbeitete polit-ökonomische Überlagerungsthese (Giordano 1982; 1992) scheint als Ursache-Wirkungs-Erklärung für die „bad-life“-Sicht, die sich u. a. an dem Gegensatz urban–rural festmacht und die Teilhabe am Fortschritt nur über die individuelle Flucht aus der „miseria“-Situation sieht, nur bedingt generalisierbar.

Good life – bad life: eine Frage der soziokulturellen Integration

Wenn die ländliche Bevölkerung in sich urbanisierenden oder urbanisierten Gesellschaften eine so verschiedene Sicht ihres Selbstwertes und ihres Wertes für die Gesellschaft hat, dann können wir das nicht nur auf deren verschiedene ökonomische und Abhängigkeits-Bedingungen (deren Bedeutung nicht unterschätzt werden soll) zurückführen, sondern müssen nach weiteren Erklärungen suchen. Eine dieser Erklärungen ist für mich der Grad der soziokulturellen Integration. Unter soziokultureller Integration wird hier der Einbezug aller Mitglieder in ein kulturelles System verstanden, d. h. die Teilnahme aller an dessen materiellen und immateriellen Werten und ihr jeweiliger, auch funktionsteiliger, aber als solcher nicht hinterfragter Platz in der Ordnung des Ganzen.

Redfield hatte den Idealtypus einer solchen „gelungenen“ soziokultu-

[2] Als „miseria“ (Elend) wird die als Elend bzw. Ohnmacht erfahrene Armut bezeichnet, die sich vor allem am ländlichen Ausbeutungssystem festmacht und dem die „Freiheit“ des urbanen Daseins gegenübergestellt wird (vgl. S. 123ff.). Giordano setzt sich in „Die Betrogenen der Geschichte“ (1992) ausführlich mit gescheiterten Agrarprojekten auseinander.

rellen Integration am Beispiel der „folk society“[3] festzumachen versucht, deren Integration „in dem von allen geteilten Verständnis in bezug auf den gegebenen Sinn des Lebens“ gipfelt (Redfield 1966). Die von Redfield aufgeführten Charakteristika finden sich bei anderen Autoren nur für historische Stammesgesellschaften, die Southall als geschlossene Gesellschaften, mit einem hohen Grad von Selbstgenügsamkeit nahe dem Subsistenzniveau, relativ einfacher Technologie, ohne Schrift und Literatur, politisch autonom, mit eigener spezifischer Sprache und Kultur, einer eigenen Stammesreligion und einem ausgeprägten Identitätsgefühl beschreibt (Southall 1970). Für die bäuerlichen Gesellschaften in und außerhalb Europas wird – in differenzierten Abstufungen – allenthalben die Abhängigkeit von einer herrschenden wirtschaftlichen und politischen Kultur hervorgehoben, in der die Bauern als die Beherrschten (Fallers 1961; Wolf 1966) bezeichnet werden.

Integration würde damit zu einem Phänomen passiver Anpassung an die herrschenden Werte der dominanten Kultur nationaler (und darüber hinaus internationaler) Provenienz. Elias hat diese Form der Integration unter dem Aspekt des fortschreitenden „gesellschaftlichen Zwangs zum Selbstzwang“ bzw. der Affektkontrolle, im Prozeß der Zivilisation analysiert, wofür er zwei Phänomene verantwortlich macht: den Wandel von der Vielfalt gesellschaftlicher Machtausübung zur Zentralisierung in immer größeren Staatenverbänden und den Wandel zu stärkerer Funktionsteilung sowie einer dadurch bedingten sozialen Differenzierung, Verlängerung und Verzweigung der Abhängigkeiten der Individuen voneinander (Elias 1969). Die höheren Integrationsebenen – Staaten und Staatenverbände – beinhalten demnach eine stärkere Institutionalisierung der Kontrolle einerseits und die Internalisierung der individuellen Affektkontrolle als Überlebensstrategie andererseits.

Ähnlich argumentiert Hondrich in seiner Analyse des Wandels der Zusammenhänge menschlicher Bedürfnisse und sozialer Steuerung (Hon-

[3] Die Herausgeber der ersten Übersetzung ins Deutsche bleiben bei dem Begriff „Folk-Gesellschaft“ und argumentieren mit einer Vorbemerkung: „Der Begriff der ‚Folk-Gesellschaft‘ soll keine Gesellschaftstypen definitiv klassifizieren; er wurde als vorteilhafter verallgemeinernder Begriff eingeführt, der die Aufmerksamkeit auf eine bestimmte Konstellation von Aspekten lenken soll, die in naturvolklichen oder bäuerlichen Gesellschaften von Bedeutung sind, in hochentwickelten Gesellschaften mit überwiegender Stadtbevölkerung jedoch stark zurücktreten oder gänzlich fehlen. In der Vorlesung über die Folk-Gesellschaft, die Redfield einige Jahre lang las, wurde der Begriff als Idealtypus ‚als gedankliche Konstruktion‘, als ‚Fragesteller, nicht als Antwort-Geber – als Quelle von Hypothesen, nicht als Behauptung einer allgemeinen Tatsache‘ behandelt“ (Vorbemerkung zu Redfield in: Mühlmann/Müller 1966, 327).

drich 1975), wobei er die Bedürfnisse ausgehend von einer empfundenen Mangelsituation definiert. Die zunehmende Differenzierung und Zentralisierung der Gesellschaft führt zu Bedürfnissen, die nach ihm in eher statischen Gesellschaften (vgl. sein „Modell ‚primitiver' Gesellschaft", 39ff.) nicht existieren, weil sie Selbstverständlichkeiten sind (Sicherheit des Unveränderten, überschaubare Zugehörigkeiten in relativ undifferenzierten Sozialbeziehungen, gegenseitige Achtung aufgrund sozialer Gleichheit, Gefühl der Selbstbestimmung in Kleinkollektiven, an deren Entscheidungen jeder teilnimmt).

Das entspricht wiederum den Kriterien von Redfield, von dessen Folk-Urban-Kontinuum auch Steward (1972) ausgeht, um in seiner Theorie des multilinearen kulturellen Wandels mithilfe des operationalen Konzepts der Levels soziokultureller Integration eine Grundlage auch für ethnologische Untersuchungen in komplexen Gesellschaften zu entwickeln. Er bietet dafür drei Levels an: die Familie, die Folk-Gesellschaft und den Staat. Diese Levels stellen sowohl Entwicklungsstufen soziokultureller Organisation als auch gleichzeitig und -räumlich existierende Ebenen in komplexen Systemen dar. Damit wandelt sich die eingleisige soziokulturelle Integration des Individuums in eine Produktions- und Reproduktionsgemeinschaft zu einer mehrstufigen, die von der Familie über die engere soziale Gruppe („Folk" bzw. hier Subkultur, ethnische Gruppe, Gemeinde) bis zur Nation reicht. Die „gelungene" komplexe Staatsgesellschaft müßte also für die soziokulturelle Integration ihrer Mitglieder ein „von allen geteiltes Verständnis in bezug auf den gegebenen Sinn des Lebens" entwickeln, das nicht im Widerspruch zu den unteren Integrationslevels steht. Das heißt aber, daß die nationalen Werte dieser Gesellschaft für alle Mitglieder akzeptierbar, praktizierbar und erreichbar sein müßten, was erst eine Identität auf allen soziokulturellen Integrationslevels bedeuten würde.

Für die mediterrane Miseria-Haltung hat Pizzorno in Auseinandersetzung mit dem Banfieldschen Konzept des Familienzentrismus (unterster Integrationslevel) und der daraus resultierenden Desintegration hinsichtlich der übergreifenden Levels Gemeinde und Staat (Banfield 1958) eine andere Kausalitätserklärung bereitgestellt. Danach führt nicht der „amoralische Familismus" zu kommunaler Inaktivität, sondern die Aufhebung des Levels Gemeinde durch den Level (kapitalistischer) Staat führt in den marginalen Gebieten zur Reduktion der soziokulturellen Integration auf den Familienlevel: „Die Formierung kapitalistischer Gesellschaften läßt bestimmte Populationen an ihren Rändern, die, obgleich sie irgendwie mit dem Rest des sozialen Systems in Beziehung bleiben, nicht mit dessen Fortschritt mithalten können.

Der Entstehungsprozeß von Nationen andererseits kann als ein Prozeß betrachtet werden, der in irgendeiner Form dazu tendiert, diese ökonomisch marginale Bevölkerung durch das Angebot einer neuen Identität – derjenigen der Nation – wieder zu kräftigen. ... Die Territorien, die aus dem Prozeß der nationalen Identifikation ausgeschlossen sind, nachdem sie ihre lokale traditionelle Gemeinde-Identifikation durch das Entstehen des kapitalistischen Systems, das ihre Isolation und Selbstgenügsamkeit nutzlos gemacht hat, verloren haben, können marginale Territorien genannt werden. In ihnen ist es nicht länger möglich, das Gefühl von lokaler Gemeinde-Identität zu rekonstruieren, das einer Bevölkerung erlaubt, lokale Organisationen durchzuführen" (Pizzorno 1966, 65).

Giordano (1982; 1992) erweitert diese These über das kapitalistische System hinaus (oder besser zurück) auf die polit-ökonomische Überlagerungsgeschichte der mediterranen Agrargesellschaften überhaupt, in der die „Geschichte als Feind" der einheimischen ländlichen Bevölkerung erscheint und sich gewissermaßen im „galantuomo", dem urbanen Überlagerer – vom absentistischen Großgrundbesitzer bis zum Staatsbeamten – personifiziert. Da kollektive Gegenstrategien aufgrund der „Überlagerungsmentalität" (Giordano) nicht möglich scheinen, kann die sozio-kulturelle Integration nur durch individuelle Anpassungsstrategien an die Werte der Überlagerer erfolgen, und das heißt: an Urbanität. Urbanität wird für die mediterrane Agrarbevölkerung als dominanter Handlungsentwurf oder antizipiertes Handeln beschrieben (vgl. Berger/Hessler/Kavemann 1978; Pitt-Rivers 1961; Lepsius 1965; Giordano 1982; 1992), dessen traditionelle Muster auch durch die Agrarreformen der faschistischen und der Nachkriegsära nicht aufgehoben werden konnten (vgl. Greverus 1982 a; Giordano 1992).

In den „verspäteten Nationen" Europas hat dagegen der bäuerliche Stand im Zusammenhang national argumentierender Staatenbildungsprozesse über eine ideelle Aufwertung als „Grundschicht" der Nation ein Identifikationsangebot bekommen, bei dem der soziokulturelle Integrationslevel Staat von dessen – der bäuerlichen – Kulturhöhe einen nationalen Wert bezog (vgl. Greverus 1978, 174 ff.).

Für die nationale Bewegung im Ungarn des 19. Jahrhunderts zum Beispiel macht Hofer auf die Aufwertung des Bauerntums über einen betont bäuerlich-nationalen Kulturstil aufmerksam: „Schon während der Reformzeit, die die Befreiung der Fronbauern vorbereitete, begann eine Einbeziehung der bäuerlichen Elemente ... in die bewußt erneuerte nationale Kultur ... im Grunde handelt es sich darum, daß in der Epoche, in der die Bauern wirtschaftlich und politisch immer enger in die Gesamtheit der Nation einbezogen wurden, diese Koppelung auch durch kulturelle Symbole artikuliert werden mußte" (Hofer 1973, 258).

Für Deutschland können wir die Geschichte dieser nationalen Aufwertung bäuerlicher Werte vom Humanismus über den „Musterbauern als bürgerlichem Menschheitsideal“ (Lange 1976, 76ff.) der Aufklärung, die national-romantische Idealisierung dieser Werte als Äußerungen des Volksgeistes, der Volksseele, die Restaurationsforderungen einer politischen Volkskunde Riehls – „Die innere Erfrischung und Verjüngung unseres Volkslebens kann nur noch von dem Bauernstande ausgehen“ (1851/58, 41) –, die Heimatkunst- und Heimatschutzbewegung der Wilhelminischen Ära bis in die nationalsozialistische Bauernideologie verfolgen (vgl. Emmerich 1971; Greverus 1972, 281ff.).

Schon bei Riehl prägte sich die Idee des nationalen Bollwerks Bauerntum gegen die Urbanisierung aus, die mit Proletariat, Sozialdemokratie, Internationalismus, Dekadenz, Bindungslosigkeit verbunden wird – kurz mit „sittlichem Ruin“ –, während die „Sitte des (noch nicht entarteten) Bauern“ als „lebendiges Archiv von unschätzbarem Wert“ galt, „wo Religion, Nationalgeist, Gesellschafts- und Familienleben noch naiver Instinkt, noch Sitte ist“ (Riehl 1851/58, 42f.). Der obere soziokulturelle Integrationslevel Nation bezog die unteren Integrationslevels Familie und Gemeinde (Dorf) als Grundpfeiler des nationalen Identitätsmanagements ein.

Die eigentliche Auflösung des bäuerlichen Selbstverständnisses setzte erst nach dem Zweiten Weltkrieg mit der wirtschaftlichen Stabilisierung der Bundesrepublik ein, wobei nicht nur Rationalisierung und Welthandel die arbeitsintensive, familienzentrierte Wirtschaftsweise sinnlos machten und damit den untersten soziokulturellen Integrationslevel infrage stellten, sondern über die Zentralisierung – Beispiel „Gemeindezusammenlegung“ – auch den nächst höheren Level; und schließlich über die Entwertung ruraler Werte auf national-argumentierender Ebene einer urbanen Ideologie auch den dritten sozio-kulturellen Integrationslevel. Die Provinz – und mit ihr die Bauern – wurde zum Inbegriff des Rückständigen, vielfach literarisch und politisch diskriminiert (vgl. Greverus 1982b). Die Neue Linke der 60er Jahre distanzierte sich von „bornierter Bodenständigkeit“ und setzte auf Fortschritt durch Urbanität (vgl. z. B. Baier 1980; s. a. Ronneberger 1990), Wissenschaftler sprachen vom Land als „Zonen verdünnten Lebens“ (Schwedt 1974) oder der „Endphase“ des europäischen Bauerntums, das nur durch die Entwicklung zum Managertum überwunden werden könne (Franklin 1969). Und der Staat bot diesen potentiellen Managern Rationalisierungshilfe und dem Dorf „soziale Aufrüstung“, denn „auch das abgelegenste Bauerndorf soll nicht zum Armenhaus unserer Wohlstandsgesellschaft werden“ (Regierungserklärung des Hessischen Ministerpräsidenten 1963).

Die Versuche, sich diesem materiellen und kulturellen „Armenhaus“, dem „bad life“, der gesellschaftlich induzierten Mangelsituation, zu entziehen, mündeten in Landflucht, Verstädterung des Landes und dem von Franklin geforderten Konzept eines „individualistisch eingestellten Manager-Bauern", um sich dem Identifikationsangebot, dem „good life" des staatlichen Integrationslevels anzupassen. Der Rückzug auf den Gemeindelevel oder auf den Familienlevel im Produktionszusammenhang entbehrte durch deren Funktionsentleerung und die internalisierte Verschränkung von Individualismus und staatlicher Wohlfahrt der Grundlage.

Die Kontroverse um eine „good life"- oder „bad life"-Weltsicht des Bauerntums erscheint vor dem Hintergrund der soziokulturellen Integrationslevels nicht nur als eine Frage der materiellen Satisfaktion, sondern ebenso als eine Frage der Identifikation über die Teilhabe an den Werten der vorhandenen Integrationslevels, womit Redfields „Sinn des Lebens" seine auch gegenwärtige Relevanz erhält.

Arbeit und zyklisches Denken

Der Wert (oder Unwert) bäuerlichen Daseins läßt sich nun insbesondere an zwei Phänomenen festmachen, die den Gegensatz zu urbanem Leben am deutlichsten zeigen: Arbeit „mit der Erde" und zyklisches Denken. Diese beiden Phänomene bedingen sich in der Landwirtschaft wechselseitig und können selbst in voll durchrationalisierten und hochtechnisierten Betrieben nicht vollständig aufgelöst werden. Damit aber stehen sie im Widerspruch zu einer Gesellschaft, deren Lebenszyklus und Lebensgefühl von einem linearen Zeitverständnis geprägt ist. Dieses ist nach Henri Lefèbvre kontinuierlich und diskontinuierlich zugleich, indem die lineare Zeit absolut beginnt, d. h. vom Nullpunkt ausgehend ins Unendliche führt, aber gleichzeitig in Zeitstücke zerfällt, die sich an einem von Menschen geschaffenem Programm orientieren und Arbeit repetitiv machen und parzellieren. Dagegen setzt Lefèbvre die an natürliche Rhythmen gebundene zyklische Zeit, die keinen Anfang und kein Ende hat, sondern ein Auseinanderhervorgehen, Sich-Wiederholen, Wiedererkennen darstellt und den Menschen in ihre Totalität einbezieht. In seinen „Notizen von einem Sonntag in der Campagne" beschreibt er – wie Redfield fasziniert vom antiken Griechenland – jenes zyklische bäuerliche Dasein als Einheit von Religion, Arbeit, Fest und Gemeinschaft, in dem menschliche Ordnung zugleich natürliche und kosmische Ordnung widerspiegelt (Lefèbvre 1974 I, 203 ff.).

Redfield wird die Mythologisierung bäuerlicher Weltsicht vorgeworfen, Bailey wird mit seiner „bad life"-Interpretation als Entmythologisierer dargestellt. Baileys Bauern kennen kein zyklisches Eingebettetsein in die Natur (da dieses mit Sicherheitsgefühl gleichgesetzt wird), aber für die gleichen Bauern wird als Weltsicht „the round of time“ (Kreislauf der Zeit) postuliert, dem modernes Denken als „time's arrow“ (Pfeil der Zeit) gegenübersteht. Was ist das anderes als zyklische gegen lineare Zeit? Und weiterhin: Bailey beschreibt die Situation einer östlichen, verarmten, überlagerten bäuerlichen Gesellschaft, deren religiöse und politische Prägung der Transformation zum linearen Denken noch stärker entgegenstehen muß als in westlichen Bauerngesellschaften, als „bad life“ unter der westlichen Sicht von Planung und Modernisierung. Und wenn Bailey die multiplexen Beziehungen der traditionellen Gesellschaften, die im Gegensatz zu Einzelinteresse und Spezialisierung in den modernen Gesellschaften stehen, als Hinderungsgrund für Modernisierung sieht, dann entspricht das den von Franklin, dem Entmythologisierer der westlichen Bauerngesellschaften (oder besser: Restgruppen von Bauern), herausgearbeiteten Hinderungsgründen für die individualistische bäuerliche Marktorientierung: Familienorganisation und Arbeitsintensitätsideale.

Ist Lefèbvre, der Kritiker der französischen Nachkriegsgesellschaft, ein Remythologisierer ruraler Weltsicht, wenn er die Rückkehr in eben jenes ganzheitlich-zyklische Dasein kleiner Gemeinschaften fordert? Oder war er weitsichtiger? Zur Zeit des Erscheinens seiner Kritik des Alltagslebens lief in Deutschland die Kritik der ruralen und provinziellen Weltsicht, nicht nur von der Neuen Linken, sondern auch im literarischen Bereich und insbesondere auch im Rahmen der sich zu einer modernen Sozialwissenschaft entwickeln wollenden Volkskunde. Es wurde die Abrechnung mit dem Land und dem Bauern vorgenommen, die die Geschichte des Faches so lange beherrscht und ideologisiert hatten. Ideologiekritik galt nicht nur der Wissenschaftsgeschichte (z. B. Emmerich 1971), sondern auch deren kulturpolitischer Umsetzung und schließlich dem Dörfler selbst. So beschreibt Ehni (1967) das „ländlich-bäuerliche Heimatbild“ des Schullesebuches mit ähnlichen Werten wie Lefèbvre, die aber unter der Herstellung der Tendenz „schöne Oberfläche, heile Welt, feierlicher Schauer, besinnliche Rückschau, schicksalhafte Bindung“ kritisiert werden. Der „Mythos vom deutschen Bauern“, der sein „Glück“ aus der Harmonie mit Natur und Arbeit, der Verantwortung für den Boden und die Familie, der Verbindung zu den Ahnen, der Gemeinschaft des Dorfes, der Tradition und der religiösen Durchdringung seines Daseins bezieht, wird hier als Scheinwelt bürgerlicher Literaten des 19. und 20. Jahrhunderts „entlarvt“ und eine realitäts- und sachbezogene Vermittlung gefordert. Rurales Dasein wird nun vorrangig unter dem Aspekt der „beschränkten (ökonomischen, sozialen und kulturellen) Ressourcen“ dargestellt (vgl. z. B. Jeggle 1977).

Limited Good und soziale Kontrolle

Alle Autoren, die die „bad life"-Weltsicht der Bauern hervorheben, gehen von einer Beschränkung der Ressourcen aus, die sich an der verhältnismäßigen Beschränkung im Vergleich zu anderen, besseren gesellschaftlichen Möglichkeiten mißt. Die Diskussion der mediterranen „miseria"-Haltung zeigt besonders deutlich, daß die Limitierung als schichtenspezifisches Schicksal gesehen wird, dem man nur durch persönliches Glück (einen Patron oder einen Lottogewinn), durch Auswanderung in die Gebiete des Fortschritts oder durch persönliche Geschäftemacherei entkommen kann (vgl. Giordano 1982). Diese „Offenheit" sieht auch Foster in seinem relativ geschlossen dargestellten Selbstregulierungssystem von Bauerngesellschaften, für die er insbesondere lateinamerikanische Kulturen heranzieht. Die Selbstregulation allerdings sieht er wie Bailey in einer „moral community". Die „Moral" ist weniger eine Sache der Ethik als vielmehr der Erkenntnis, daß die Initiative zur persönlichen Aneignung weiterer Güter in einem System beschränkter Ressourcen diesem System als Ganzem – und damit auch einem selbst – schadet. Allerdings erkennt Foster deutlich, daß die Aufrechterhaltung des Gleichgewichts vorrangig eine Sache der wechselseitigen sozialen Kontrolle ist, wie sie auch für vorindustrielle Bauerngesellschaften Europas dargestellt wird (vgl. z. B. Kramer 1974) und schließlich zur intellektuellen Weltsicht des individualismusfeindlichen, barbarischen Dorfes geführt hat (so bei Adorno 1969a; vgl. Greverus 1979, 199ff.).

Foster, ganz dem Fortschrittskonzept der Entwicklungsplanung verhaftet, fordert eine Änderung des Orientierungssystems der Bauern, in dem diese erkennen müssen, daß Initiative profitabel ist und keine negativen Sanktionen nach sich zieht. Über die dadurch entstehenden Gleichgewichtsstörungen und den Verlust der Selbstregulation des Systems wird kein Wort mehr verloren. Zurecht allerdings, wenn er die Partizipation der Bauern an der modernen Welt als Ziel nimmt.

Wie aber soll die Selbstregulierung dort erfolgen? Die Weltsicht der beschränkten Ressourcen ist inzwischen eine weltweite geworden, „Global 2000" (1980) ist kein relatives Phänomen mehr inbezug auf andere Schichten oder andere Länder. Jedoch liegt zwischen Weltsicht (zumal wenn sie so „neu" ist) und einsichtigem Handeln (zumal wenn die Begrenztheit der Ressourcen sich nicht im direkten Hier und Heute der auf individualistischen Fortschritt sozialisierten Menschen auswirkt) ein weiter Weg. Wenn Menschen aber nur über soziale Kontrolle das ökologische Gleichgewicht erhalten können, entsteht die Frage, wer unter welcher Perspektive wen kontrolliert bzw. kontrollieren soll. Das Problem der sozialen Kontrolle hat Bennett (1976) zur zentralen Frage seiner humanökologischen Analysen und Entscheidungsfindungen für das Überleben der gegenwärtigen Gesellschaften gemacht. Bennett stellt unter Bezugnahme auf Redfields Folk-Urban-Kontinuum den ökologischen Übergang vom Equilibrium zum Disequilibrium in modernen Gesellschaften fest, wobei er sowohl auf die materielle und demographische Entwicklung als auch auf die Bedeutung von Ideologien für spezifische Akzelerationen verweist.

Für Bennett geht die kollektive soziale Kontrolle der einfachen Gesellschaften, zu denen er auch die kleinen agrarischen Gemeinden der Neuzeit trotz der extremen Einflüsse von außen rechnet, zurück. Er exemplifiziert dies insbesondere an der Ressourcenzuteilung und ihrer Regelung hinsichtlich des Gemeindeeigentums und des Gemeinwerkes. Die Rückkehr zu einem Gleichgewicht sieht er einerseits über eine öffentliche übernationale „Zwangskontrolle" und andererseits in der Neudefinition von sozialen Gratifikationen, wobei er auf das intensive Studium von einfachen Gesellschaften und alternativen subkulturellen Versuchen verweist.

„Heute schon gelebt?" oder: „Der Bauer stund auf im Kopfe"[4]

Am Abend eines heißen Sommertages beginne ich dieses Kapitel. In meinem Dorf ist Heuernte und die verbliebenen Klein- und Nebenerwerbsbauern sind bis in die späte Dunkelheit, arbeitsintensiv und familienorganisiert, auf dem Feld. Sie würden sich wundern, wenn ich ihnen etwas vom zyklischen, vom Kreislauf der Natur bestimmten, Dasein erzählen würde. Die Sonne schien eben, und damit ist die Heuernte fällig.

Vor meinen Augen erscheint ein anderes Bild. Ich bin bei einer 1979 von Deutschen gegründeten ländlichen Großkommune auf der griechischen Insel Ithaka, heiße Sommertage auch dort. Der Bau von Zisternen und Trockenmauern steht an, Arbeitszeit von 7 bis 10 Uhr. Aber es sind nur wenige, die kommen, die anderen fühlen sich in ihrem Schlafrhythmus gestört. Oder die Olivenernte: die Diskussion über die Notwendigkeit zu ernten, über das Lustprinzip, autoritäre Arbeitsorganisation und soziale Kontrollen haben die reifen Oliven nicht abgewartet. Aber über zyklisches Dasein konnte man sprechen, denn schon vor der Abwanderung aus der urbanen Leistungsgesellschaft hatte man beschlossen, „in Übereinstimmung mit der Natur zu leben" (vgl. Greverus 1983a).

Harald Glätzer hatte, basierend auf Lefèbvres Unterscheidung von linearer und zyklischer Zeit, in seiner Analyse von Landkommunen als deren wesentlichstes Element die Einrichtung des Alltags unter dem Pri-

[4] Zu den Titeln vgl. Kremyer u. a. 1981 und Baier 1980.

mat der zyklischen Zeit herauszuarbeiten versucht: „Agrikultur ist die praktische tagtägliche Interaktion des Bodenlebens und der Bodengemeinschaft mit der community – ohne Herrschaft und orientiert an Zyklen (Jahreszeiten, Mondphasen, Tag-Nacht, kosmische Kräfte)“ (Glätzer 1978).

Andreas Wojak stellt seine Analyse amerikanischer Landkommunen mit der Frage „Was hat das mit uns zu tun“ unter das Motto „Dat wi överleven“ (Wojak 1980). Seine „Aspekte gegenkulturellen Lebens“ sind auf die Tendenz des „Zurück aufs Land“ bezogen. Sind es Werte einer neuen ruralen Weltsicht? Stadt, Technik, Rationalität, lineare Zeit und ihre Zeitabschnitte, Marktorientierung und Spezialisierung werden als Entfremdungsmomente von der Natur und den biologischen Rhythmen auch für die sich industrialisierende Landwirtschaft gesehen: „Die zunehmende Durchsetzung der Arbeitszeit/Freizeit-Trennung in der industrialisierten Landwirtschaft (‚Der Bauer hat – wie alle anderen auch – ein Recht auf Feierabend‘) steht im Zusammenhang mit dem Verdrängen natürlicher biologischer Rhythmen“ (Wojak 1980, 67).

Die „good life“-Version ist das zyklische rurale Dasein. Die Symbole dieses Daseins begegnen uns in allen „kognitiven Karten“ der Selbst- und sympathisierenden Fremddarstellungen – bis zum Titelnamen und zum Titelbild: „Was die Bäume sagen“ (Diamond 1972), „Pflugschrift“ (Leineweber 1981), „Heumarkt“ (Jarchow/Klugmann 1980); neben diesen Büchern der Landkommunen-Bewegung sind es vor allem die Alternativzeitschriften (vgl. dazu Lange 1982), die im Titel rurale Weltsicht symbolisieren – „Kompost“, „Der grüne Zweig“, „Mother Earth“, „Öko-Journal“ usw. – und schließlich die Covers: Der Bauer mit der Hacke auf dem Feld (z. B. Schönauer 1979), die durch Holzzaun, Bäume und große Vordergrundsblumen enttechnisierte, dezentralisierte und „natürliches“ Wachstum suggerierende Agrikultur-Landschaft (Seymour 1979).

Aus diesen intentionalen Setzungen spricht Zivilisationskritik als Kritik an der Entfremdung von einem „natürlichen“ Dasein (vgl. Greverus/Haindl 1983) und die Suche nach direktem Austausch mit der Natur über eine neue, dem Land zugewandte Weltsicht.

Ist diese Abwendung von der urbanen Zivilisation ein subkulturelles Jugendphänomen? Wojak schreibt, daß er in den „Aspekten gegenkulturellen Lebens“ versucht habe, „in allgemeiner Weise die Auswirkungen der ‚abendländischen Zivilisation‘ auf sich (Jahrgang 1952) und viele andere seiner Generation darzustellen“ (Wojak 1980, 17). Seine Generation gehörte nicht mehr zur Generation der Studentenbewegung: „mutig genug, der städtisch-industriellen Wirklichkeit ins Auge zu sehen, die Welt im kalten Licht der Aufklärung zu betrachten ... Umgewühlt werden sollte der ländliche Boden vor allem, damit der Faschismus keinen Humus mehr fände“ (Baier 1980, 45 f.).

Allerdings war es seit Mitte der 70er Jahre gerade diese Generation, die einen Großteil der neuen Landbevölkerung stellte, unter ihnen auch die „alten“ Neuen Linken. Doch während dem Kritiker Baier deren neue Sehnsucht nach dem Land „wie eine versteckte Todessehnsucht vorkommt“, argumentieren die landbewegten Linken: „Die Revolution können wir nicht machen, aber wir siegen, wenn wir daran gehen, uns von Abhängigkeiten, die uns diese Gesellschaft auferlegt, zu befreien“ (Leineweber 1981, 206). Der Ausstieg aufs Land wird nicht nur als Ausstieg definiert, sondern als politischer Akt, als ein pathetisch vorgelebtes Beispiel, für sich eine tragbare Gesellschaft aufzubauen („Wir meinen, daß unser Weggehen aus dieser von uns in Frage gestellten Gesellschaft keine Flucht ist. Das Projekt wird von uns im Gegenteil als ein politischer Akt verstanden, in dem wir eine andere, für uns tragbare Gesellschaft aufbauen. Unsere Kritik an der hiesigen Gesellschaft richtet sich gegen die Einengung der Person durch Isolation, Rollenklischees und staatliche Eingriffe, Entfremdung der Arbeit und Konsumverhalten. Wir wollen lernen, demokratisch und liebevoll miteinander umzugehen und dies in Einklang mit dem Leben in der Natur zu bringen. In diesem Projekt sehen wir eine Chance, ein praktisch vorgelebtes Beispiel zu geben, das anderen mit der Gesellschaft Unzufriedenen eine Möglichkeit aufzeigt, Veränderungen herbeizuführen“ vgl. Greverus 1983 a, 126). Die Motivation wird mehr als ein Hinzu, denn als ein Weg-von dargestellt, und man muß in Gesprächen und autobiographischen Notizen schon zwischen den Zeilen lesen, um das individualistische Weg-von aus gescheiterter politischer Bewegung, beruflichem Streß und Scheitern, gescheiterten menschlichen Beziehungen herauszuhören (vgl. z. B. Leineweber 1981; Sarakiniko-Schreibkollektiv 1981; Selbstdarstellungen in Greverus/Haindl 1983).

Von der Kritik an diesen Gruppen der Alternativler – „orale Riesenbabies“ (Huber 1981), „neue Innerlichkeit“ und „Egotrip“ (Schülein 1987; Hollstein 1978), „Fluchtbewegung“ (Kraushaar 1978), „Schmarotzer der freien Marktwirtschaft“ (vgl. Hettlage 1980) – bleibt jene Gruppe von Aussteigern im allgemeinen verschont, die sich – weniger auffällig – bereits seit den 50er Jahren in ländliche „Freiräume“, in die landschaftlich schön gelegenen, von den Bauern verlassenen Gehöfte der Provinz – zurückgezogen haben (vgl. die Beispiele in Greverus/Haindl 1983). Daß sie weniger solcher Kritik anheimfallen, liegt an ihrer verhältnismäßigen „Normalität“ hinsichtlich der Werte und Normen der sie umgebenden Gesellschaft, an der kleinfamiliären Stabilität und an dem Durchhaltevermögen für agrarische Investitionen aufgrund des finanziellen Hintergrundes, der nicht immer, wie bei dem Bestseller-Autoren Seymour, gleich durch den Massenverkauf von Anleitungs- und Unterhaltungsbüchern für „grüne“ Bürgerliche verdient werden muß, sondern auch durch ein Pensionspolster funktionieren kann. „Dat wie överleven“ klingt bei Seymour anders: „Wenn morgen die übrige Welt in die Luft gehen sollte, könnten wir hier glücklich weiterleben und würden kaum einen Unterschied merken“ (Seymour 1979).

Zwischen Spiritualisierung des Landbaus und Ökologisierung der Gesellschaft

Viele dieser bürgerlichen Neo-Ruralen tendieren über den biologisch-organischen hinaus zu einem bio-dynamischen Landbau, was sie mit einer weiteren Gruppe von ländlichen „Alternativlern“ verbindet – den anthroposophischen Landwirten und Landbaukollektiven (vgl. Limbacher/Pathé 1984; Blaser/Blaser 1984), die allerdings im Gegensatz zu den urbanen Aussteigern zumeist nicht nur eine rurale Vergangenheit, sondern auch eine landwirtschaftliche Ausbildung haben. Ihre rurale „good life“-Perspektive entspricht, als eine eher bewußte Weltsicht, am engsten der von Redfield hervorgehobenen bäuerlichen Weltsicht. Das betrifft nicht nur die Einschätzung von agrar-kulturellem Fleiß als einer Tugend, die die intensive Landarbeit dem rein kommerziellen Ertragsdenken überordnet, sondern auch und vor allem die Ehrfurcht gegenüber dem Boden und seinem Leben, die auf einem religiösen Gefühl beruht, das – vom Anspruch her – integrativ ist (ora et labora/labora et ora).

Kosmische Allverbundenheit und die Religion der Wiederkehr sind zyklisch geprägt: auseinander Hervorgehendes, Wiederkehrendes, sich Wiederholendes. Aber der Mensch ist im anthroposophischen Selbstverständnis nicht nur ein Element unter anderen, sondern zugleich befähigt, Lebendiges zur vollen Entfaltung zu bringen, Agricultura zu gestalten, schöpferisch zu sein:

> „Und die Produktivität, die dabei herauskommt, indem eben ein Hof an Fruchtbarkeit und Leistungsfähigkeit zunimmt, die liegt darin, daß menschliche Anteilnahme, menschliche Fähigkeit, menschliches Können und Wollen, menschliche Arbeit hereingegeben wird. Diese menschliche Arbeit und alles, was an Liebe bis zur Fachkenntnis mit hereinspielt, wirkt sich da an diesem Lebendigen noch ganz anders aus, als sich das in einem Industriebetrieb könnte; da ja etwas lebendig ist, was darauf anspricht und gerne bereit ist, mehr herzugeben. ... Und vor allem dieses ständige Interessehaben an den Vorgängen, an den Lebensvorgängen auf dem Hofe. Das ist das, was den Bauernhof eben aus dem reinen Naturbetrieb heraushebt und zum Kulturbetrieb macht. Im besten Sinne des Wortes. Aber eben nicht, daß Produktivität dadurch erzeugt wird, daß man möglichst viel Reinertrag herauswirtschaften will, sondern daß man jeden Acker und jedes Tier und alles, was zum Hof gehört, ständig neu im Bewußtsein hat und anspricht und ihm eigentlich hilft, mehr herauszugeben, als es von sich aus könnte. ... Und dann entsteht nicht nur diese ökologische oder biologische Geschlossenheit eines Hofes. ... Es entsteht eine

Art Individualität, wie Steiner es ausdrückt, die ja eigentlich etwas Wesenhaftes beinhaltet, was selbst zu leben beginnt auf dem Hof. Man kann den Begriff nehmen: Hofwesen. Es ist einfach etwas, was anfängt, von innen heraus Kraft und Gestalt zu bekommen" (aus einem Interview mit einem anthroposophischen Bauern in der Schweiz, Herbst 1980; vgl. Greverus/Haindl 1984).

Die von Redfield für die „good life"-Weltsicht hervorgehobenen dominanten Einstellungen – die ehrfürchtige, religionsbezogene Einstellung zum Boden, die positive Bewertung der Landarbeit, des Fleißes und der Bescheidenheit als einer Tugend – gehören auch zu den dominanten Werten anthroposophischer Landwirte. Das zyklische und ganzheitliche Denken und der Glaube an die schöpferischen Potenzen der Menschen stehen dem Denken in „limited good" sowohl im Sinne der von Foster hervorgehobenen bäuerlichen Sicht als auch in der Negativperspektive der „Grenzen des Wachstums"-Diskussion entgegen. Die anthroposophische Forderung nach einer neuen Zivilisation zielt nicht auf ein Aufhalten des Fortschritts, sondern auf einen neuen Weg des Fortschreitens, bei dem der Platz, den die Erde hat, nur sinnvoller genutzt werden muß.

Diese Sicht einer möglichen Umnutzung der Erde durchzieht nun auch die Öko-Bewegung von ihren Detailplanungen bis zu ihren utopischen Entwürfen. So entwarf Merete Mattern einen „ökologischen Sanierungsplan für Europa" mit sich selbst versorgenden und verwaltenden Ökoregionen, in denen auch die Städte autark sind. „Eine Stadt von der Größe Münchens könnte sich von einer Landfläche ernähren, die zum einen aus Grünzügen in der Stadt besteht und zum anderen aus einem zusätzlichen Landwirtschaftsring von ca. 15 Kilometern, der um die Stadt herum angelegt wird" (Mattern 1981, 92). Die Autorin gehört zu dem Gründungskreis der 1973 ins Leben gerufenen Gesellschaft GEO, die die „Entwicklung neuer, ökologisch orientierter Lebensmodelle und ihre Realisierung und Überprüfung in der Praxis" verfolgt. „Die ökologische Gesellschaft der Zukunft soll nicht mehr so zentralistisch organisiert, sondern von vielen kleinen, sich selbst verwaltenden Einheiten her neugestaltet werden. ... Das alles sollte in großer Variationsbreite entwickelt werden, weshalb wir mit vielen anderen Gruppen zusammenarbeiten (GEO-Ring), unter Wahrung der Autonomie einer jeden Gruppe. Deshalb wollen wir auch eigene Ökostationen in einem Verbundnetz gründen und langfristig ein Ökodorf aufbauen bzw. mit anderen Gruppen zusammenarbeiten, die ein Ökodorf gründen" (GEO Information 1978, 3). 1989 heißt die Gesellschaft „GEO-AEON (Gesellschaft für experimentelle und angewandte Ökologie e.V.), für eine neue Erde – für einen neuen Entwicklungszyklus" und stellt sich umfassend vor: „Landsuchegruppen haben in vielen Jahren für die Siedlungswilligen Bauland gesucht und in Partnerschaft mit anderen Gruppen sollen nun Siedlungen, Netzwerksuniversitäten und Dome entstehen. So vertiefte sich das Konzept TRAIN – transnationales Informationsnetzwerk in verschiedenen Gebieten: zueinander in Beziehung stehende Ausbildungszentren mit einem DOM, Heilzentrum, Dorf, Werkstätten und Ökoregion aufzubauen“ (GEO-AEON, Schreiben vom 28. 3. 89). In den Jahren seit der Gründung scheint wenig (oder nichts?) realisiert worden zu sein, aber die Wege sind spiritueller und anspruchsvoller geworden.

Die alternativen Dörfer, in denen man zur Arbeit mit der Erde und zyklischem Denken zurückkehren wollte, wandeln sich in papierne Utopien von universitären spirituell-holistischen Ausbildungs-Netzwerken oder zu einem „Tai-chi der Umweltgestaltung“ von Ökopolis (vgl. Lutz 1987) oder dem sich entwickelnden Workshop-Tourismus einer Findhorn-Community in Schottland, die 1962 von drei Menschen gegründet wurde, die Botschaften von Engeln empfingen: „Ich glaube, daß jede Einheit, sei es eine Farm oder eine Kommune, ein Paar oder eine Nation, eine überstrahlende Anwesenheit hat, die irgendwie die verschiedenen Ebenen der Energien umfaßt, die in dieser Einheit genutzt werden. Der Engel von Findhorn ist ein zusammengefügtes Wesen, geboren aus der Substanz unserer Gedanken und Ideale, den Ausstrahlungen des Landes und den Energien der höheren Selbste, nicht nur der Menschen, die dieses Land bearbeiten, sondern ebenso von den Pflanzen und Tieren dort“ (The Findhorn Garden 1975, 67; vgl. Greverus 1990, 146 ff.).

Als geplante „Wohnstätten des Seins“ (Greverus 1985) hatte ich die Raumorientierungen in vier alternativen nordamerikanischen Projekten beschrieben, die ich 1982 besucht hatte. Sie alle waren spirituell orientiert, sie alle waren auf dem Land angesiedelt, aber nur die Farm in Tennessee (vgl. S. 190 ff.) hatte jenes „ora et labora“ der Mönche wirklich auf die Landwirtschaft als Energieaustausch mit der Natur, als Yoga der Arbeit bezogen.

Natur zwischen Kopf und Bauch

Wenn auch nicht immer unter religiöser Perspektive, so gilt doch die Zentralität der Natur für die meisten Alternativen auf dem Lande, oft eng verbunden mit dem Arbeitszyklus. „Für mich ist das Land, der Berg, der Bauer, die Tiere, das Landleben oder das Leben als Bergbauer überhaupt etwas faszinierend Fremdartiges; etwas das mich lockt, das mich fordert, das mich anzieht“ (aus Gesprächen mit einer Züricherin, die in einer Walliser Landkommune lebt; vgl. Lutz 1983).

„Heute ist ein herrlicher Spätsommertag, Hochnebel, dann heiße Sonne: die freundlichste Ankündigung des Herbstes. Herbstlich auch meine Arbeit heute und die Stimmung auf dem Hof“ (Leineweber 1981, 76). Diese Natur-Arbeit-Interdependenz wird allerdings, und das sicher im Gegensatz zu bäuerlicher Weltsicht, von jenem Irradiationsphänomen Natur (vgl. Greverus 1972, 344 ff.) durchzogen, in dem Natur eine psychologische Kategorie wird, Auslöser und Fixpunkt individuellen Erlebens, das Hellpach sentimental nannte (Hellpach 1950), und das in der Romantik seine tiefste Prägung als romantischer Subjektivismus erfuhr.

Sieht ein linksintellektueller Aussteiger diesen romantischen Subjektivismus der Sublimierung (und Vereinnahmung) der Natur schärfer?

„Ich brauche es warm, ob es nun die Sonne ist oder die Menschen – wobei die Sonne das Vorbild ist: ‚acte gratuit', Wärme ohne zu heizen, die Kommune als Modell der sozialen Energieeinsparung unter dem Deckmantel der physischen. Heute scheint überraschend die Sonne und sie macht mich mißtrauisch. Ich sollte merken, daß sie mich blendet; wenn sie warm ist, spüre ich, wieviel Kälte in mir ist. Ich rücke näher an das Natürliche. Ich merke, daß eine Barriere, die mich vom Körper trennt und das Leben in der sozialen Dimension abriegelt, fällt. Ich fühle mich neophytisch, wieder eingepflanzt, aber der Natur wie ein Konvertit zurückgegeben. Ich möchte stark sein, ohne zu handeln, und in den anderen Objekte meines Mitleids haben. Ich möchte nicht mehr verantwortlich sein und in der Sonne sitzen, die über Gerechte und Ungerechte scheint, du sagen, indem ich das regennasse Gras, das wir heute auf die Heureiter gegabelt haben, nicht für vergeblicher halte als die Anstrengungen des Begriffs. In der Kommune kannst du dir sowenig davonlaufen wie nirgendwo sonst. Du mußt mit dir selbst ins Reine kommen, denn mit der Hilfe der anderen allein schaffst du es nicht. Ich hoffe, die anderen begrüßen mit mir die Ankunft der Sonne" (Leineweber 1981, 73).

Leineweber sagt es deutlich: Natur und Arbeit sind Medien und Ersatz einer sozialen Integration, deren utopisches Ziel immer wieder das „liebende Miteinander" einer Sinnbestätigung des Individuums durch die Anderen ist: „Ich hoffe, die anderen begrüßen mit mir die Ankunft der Sonne".

„Heute schon gelebt"? bedeutet auf die Ideologie der Landkommunen übertragen keine konkrete Utopie. Der „Bauer stand nicht im Kopf auf", sondern die Sehnsucht zum Bauer-Sein entstand im Bauch, und zwar im Bauch von Städtern, die „Bauer-Sein" nicht als arbeitende Nutzung der Natur (ihrer kulturellen „Aneignung"), sondern als Eingehen in die Natur („Mutter Erde") verstehen: „Ich brauche es warm"! Oder ist dieses Bauer-Sein doch im Kopf entstanden, bleibt kopflastige, antizivilisatorische Sehnsucht nach bergender Natur, nach Herz und Bauch? Ludwig Harig hat in seine Rousseau-"Biographie" oder dem „Roman vom Ursprung im Gehirn" das Thema eines Umgangs des Naturfernen mit der Natur dargestellt. Wir werden an unsere gegenwärtigen Landkommunarden erinnert. Harig beschreibt Leben und Werk Rousseaus als eine Geschichte des Widerspruchs. Zwar ließe er, in Umkehrung der alten Kopf- und Bauchtheorie, „die gesamte Kultur und ihre Bedürfnisbefriedigungen zur Verderbnis des Menschen in den Eingeweiden entspringen, weil er die gegenwärtigen Bedürfnisse am eigenen Bauch erfahren hatte; und er ließ die Natur und ihre Notwendigkeit zur Rettung der Menschen im Gehirn entspringen, weil sich ihre zukünftige Notwendigkeit auf einen Schlag in seinem Kopf bemerkbar gemacht hatte" (Harig 1978, 13), aber er dachte über die Natur mit dem Herzen, das dem Bauch näher ist. Rousseau entwirft eine neue Welt, so Harig, aber er handelt nicht („Rousseau hätte so gern gehandelt, wenn er nicht immerzu betrachtet hätte"). So bleibt der Widerspruch zwischen Kopf und Bauch in Rousseaus Denken – und auch in demjenigen der Aussteiger auf das Land. Sie wollen eine neue Welt vorleben, aber führen sie wirksam Veränderung herbei?

Das „integrierte Dasein" ohne soziokulturelle Integration

„Natur im utopischen Denken" (vgl. Greverus 1983) steht für ein „ganzheitliches" Dasein, in dem die Trennung zwischen den Menschen und ihrer natürlichen Umwelt aufgehoben sein soll: für ein integriertes Dasein. Kann aber dieses integrierte Dasein statthaben, wenn sich die Landkommunen real und symbolisch in ihren Werten und Handlungen von der sie umgebenden Gesellschaft abgrenzen? Da ist die einsame und von Einheimischen verlassene Berglandschaft, zu der der Aufstieg mühevoll ist (vgl. Freiburghaus 1983; Lutz 1983). Genügt es, mit den Einheimischen ein Fest zu feiern? Da ist die von der deutschen Großkommune besiedelte griechische Insel. Genügt es, den Kontakt mit Deutschland über Besuche, ein Informationsblatt, Verkauf von „alternativen" Überflüssigkeiten, Inanspruchnahme der Wohlfahrtsversicherungen aufrechtzuerhalten und sich den einheimischen Griechen durch eine Ausstellung vorzustellen? (vgl. Greverus 1983 a). Da ist die Farm in Tennessee, abgetrennt von der Außenwelt durch ein immer bewachtes Gate (vgl. S. 196). Genügt es, mit der amischen Minderheit nachbarschaftlichen Wissensaustausch zu haben, und daß jene Amischen von den Kommunarden denken, sie seien „Technicolor Amish". Das sind nicht vereinzelte Beispiele. Die neuen Landbewegten sind die „bunten Vögel" in einem Traum von ländlichem Dasein, der weder von der direkten bäuerlichen Umwelt noch von der größeren Gesellschaft geträumt wird.

Ich hatte die rurale „good life"-Weltsicht als eine Frage der soziokulturellen Integration bezeichnet, die die drei Levels Familie-Gemeinde-Staat umfassen müßte. Wir haben an den historischen und gegenwärtigen Beispielen bäuerlichen Selbstverständnisses die Integrations- und Desintegrationsbedingungen für Bauern aufgrund des „von allen (oder nicht) geteilten Sinns“ gesehen; ebenso die Rückzugsmöglichkeiten auf eingeschränktere Integrationslevels, durch die allerdings dann eine „bad life“-Sicht ebenso wenig verhindert wird, d. h. das Gefühl der Mangelsituation, wie der von Banfield beschriebene Familismus oder der von Foster beschriebene, auf Mißtrauen aller gegen alle beruhende, Individualismus.

Wenn in der neuen Landbewegung eine rurale „good life“-Weltsicht vorherrscht, dann gründet das nicht auf einer Identifikation über die Teilhabe an den Werten der vorhandenen Integrationslevels Familie-Gemeinde-Staat in ihren nationalen oder Gast-Gesellschaften. Sind sie deshalb ohne Integrationslevels? Wir haben hier einen Wandel der Werte, der sich jenseits der für unsere Gesellschaftsstruktur „normalen“ Levels befindet. Der oberste Integrationslevel ist ein übernationaler, der von einem westlichen Zeitgeist der „Landbewegung“ getragen wird. Der nächste Level ist die eigene „Gemeinde“ – das können die Gemeindemitglieder im Geist sein, wie zumeist bei den auf familiärer Basis lebenden Anthroposophen, oder die Kommunen, in denen man zusammen lebt und arbeitet.

Der kleinste Integrationslevel ist hier, im Gegensatz zur sonstigen Gesellschaft, wohl der schwierigste und differenzierteste. Die Wertbetonung der (Klein)Familie, die auch in der individualisierten Gesellschaft nach wie vor als der Faktor gesehen wird, über den individuelle Identität erst stablisierend erfahren werden kann, wird hier eher in Frage gestellt. Und selbst bei Gruppen, die der Kleinfamilie noch einen zentralen Platz einräumen, wie die Anthroposophen oder auch die Farm-People, wird diese in eine größere Haushaltsfamilie zu integrieren versucht, die unter Rückbezug auf frühere Gesellschaften als der eigentliche Oikos des Daseins in Gegenseitigkeit angesehen wird.

Der Schritt vom sinn- und ichbestätigenden Rechte-Pflichten-Kanon des kleinfamiliären Levels zu jenem des erweiterten Haushaltslevels scheint im Rahmen der Landbewegungen sehr viel einfacher zu vollziehen zu sein, als jener vom familienfeindlichen Subjektlevel der individuellen Selbstverwirklichung in eben diese Haushaltsgemeinschaft. Viel verbalisiert und auch praktiziert, ist sie zumeist nur Station auf Zeit und die äußere Mobilität (Verlassen der Kommune überhaupt, Wechsel der Haushaltsgemeinschaften, Einzelwohnen) ist nur ein Zeichen für die fehlende Integrationbereitschaft in neue Gemeinschaftsmodelle.

Gehen wir von Stewards (1972) kulturökologischem Modell aus, dann müßte sich die Organisation des sozialen Daseins und seiner Werte (und damit auch die Integration des Individuums) notwendig aus der Konstellation der Kulturzüge ergeben, die am engsten zu den Lebensunterhalts-Aktivitäten und den ökonomischen Arrangements stehen bzw. daraus bedingt sind. Für die traditionellen Bauerngesellschaften bedeutet das Familienbetriebsorganisation und Arbeitsintensität.

Aber Landkommunarden sind keine Bauern, die existenziell notwendig und deshalb „fraglos“ ihre Verhaltensmuster den Ressourcen der Umwelt in Relation zu den je entwickelten produktiven Techniken anpassen müssen, sondern sie sind zuvorderst die individualistisch-egoistisch erzogenen Kinder eines Wohlfahrtsstaates (über die Levels Familie-Gemeinde-Staat), deren Gegenleistung allerdings die Anpassung – von der fremdbestimmten Arbeit bis zum Konsum – war. Die soziale Gratifikation war und ist das aus der kollektiven sozialen Verantwortung, aber damit eben auch aus der kollektiven sozialen Kontrolle, entlassene Einzelwesen mit seiner scheinbaren Freiheit zur Selbstverwirklichung in der „Freizeit“, einschließlich des „liebenden Miteinanders“ in selbstgewählten Freundeskreisen und Zweierbeziehungen.

Wenn die neue Landbewegung aber ihrem Anspruch des „natürlichen“ Daseins, und das heißt der Wiederherstellung eines ökologischen Equilibriums gerecht werden will, kann dies nicht nur auf dem Level einer übernationalen Verbalkonspiration geschehen, sondern muß sich auch und gerade in den Zellen der unteren Integrationslevels zeigen. Die soziale Organisation, die das „liebende Miteinander“ einschließt, müßte sich nach den vorhandenen Ressourcen und den notwendigen ökonomischen Arrangements für die selbstbestimmte Existenzsicherung der Gruppe richten; denn auch die noch so „ideale“ soziale Organisation (oder Nicht-Organisation) kann sich nicht aus eigenverantwortlichem Wirtschaften befreien – es sei denn, daß man sich vom kapitalistischen Wohlfahrtsstaat gar nicht lösen will. Das integrierte Dasein kann weder durch ein Eintauchen, ein „Floating“, ein Versenken oder Treibenlassen des „Selbst“ in spiritueller Communio mit der Natur wiedergewonnen werden, noch durch den Einzel- oder Gruppenrückzug in ein soziokulturelles und ökonomisches Abseits.

Wenn das Land und die Erde, die Natur, als vom Menschen ausgebeutete und wiederzugewinnende und zu pflegende Umwelt gesehen wird, dann kann das nur über ein Umdenken bezüglich der „Aneignung“ von Natur geschehen. Denn ohne diese Aneignung, Umgestaltung und eben auch, und das ist das Vergessene, jene die Natur zur Entfaltung bringende Arbeit und Pflege, ist der Mensch physisch und psychisch nicht existenzfähig. Die Integration in die Natur heißt zunächst auch einmal Arbeit, um den Hunger zu stillen. Diese Arbeit bedingt eine soziale Organisation. Und damit läuft die Integration des Individuums in den sozialen Organismus über Arbeit. Das „arbeitende Miteinander“ ist aber auch das „liebende Miteinander“ und ermöglicht jene kollektive soziale Kontrolle, die Recht und Pflicht zugleich ist und zu einem gemeinsamen, in einer neuen

Form selbstbestimmten Dasein führt. Daß die rurale Bewegung dieses „integrierte Dasein“ selbst in ihren Inseln nur selten erreicht, liegt nicht nur an ihrer Chancenungleichheit und Desintegration gegenüber der herrschenden Gesellschaft und den herrschenden Ideologien, sondern auch an den Schwierigkeiten, die verbalisierten neuen Identitätsangebote des übernationalen ideologischen Konspirationslevels in die Praxis der unteren Integrationslevels umzusetzen. Dadurch wird der Multiplikationseffekt gelebter Beispiele reduziert, und sie bleiben im hoffnungslosen Defizit gegenüber den nur gedachten, geschriebenen und gelehrten Transformationen.

Remythologisierung als Weg zur Redefinition

Wenn wir heute von Mythologisierung sprechen, meinen wir immer etwas, das rationalen Kriterien nicht standhält. Wenn wir von Definitionen sprechen, glauben wir an eine nach bestem Wissen und Gewissen gegebene wissenschaftliche Bestimmung einer Sache oder eines Zusammenhangs. Mythologisierung und Definition schließen sich danach aus. Wir gestehen zwar den „primitiven Menschen“ noch ihre Mythen als präwissenschaftliche Erklärungsversuche der von ihnen nicht rational durchschauten Weltzusammenhänge (unsere Definition!) zu, aber wir werden zynisch und überlegen bis bösartig, wenn moderne Wissenschaftler diesem „Irrationalismus anheimfallen“. Redfield gilt als ein solcher „Mythologisierer“ der bäuerlichen Weltsicht des guten Daseins.

Mythologisierung unterliegt heute dem gleichen Verdikt wie Utopien. Und doch hatte Bloch Utopien als den „Gegenzug gegen das schlecht Vorhandene“ (Bloch 1967 II, 167) bezeichnet, der auf dem Noch Nicht- Bewußten, aber Möglichen aufbaut. Dieses Mögliche war nie das schlechthin Neue, sondern Collage, schöpferische Integration disparater Elemente aus bekannten Daseinsgestaltungen in ein sinnvolles und sinngebendes Neues. Und auch der Mythos ist Sinn – Interpretation des Vergangenen und des Kommenden, ist Schöpfung. Eliade spricht vom „Mythos als exemplarischem Modell“: „Jede Schöpfung bricht aus einer Fülle auf ... Aus diesem Grund wird der Mythos, ... der diese siegreiche Manifestation einer Seinsfülle erzählt, zum exemplarischen Modell für alle menschlichen Tätigkeiten. Denn er allein offenbart das Reale, das Überfließende und Wirkende“ (Eliade 1957, 57).

Haben Wissenschaftler kein Recht, diesen Schritt aus der positivistischen Quellenanhäufung und -interpretation nachzuvollziehen, zu remythologisieren?

Weder Robert Redfield noch Stanley Diamond oder Claude Lévi-Strauss, die uns die „good life“-Weltsicht der integrierten Folk-, Primitiv-

oder archaischen Gesellschaft entworfen haben (vgl. Greverus 1990, 79 ff.), können wir einen Mangel an Empirie vorwerfen. Was sie uns aber in ihren utopischen Anthropologien vorführen, sind Idealgesellschaften, von denen die von ihnen untersuchten Realgesellschaften immer mehr oder weniger weit entfernt sind. Sicher sind sie „Mythologisierer" oder „Remythologisierer", aber dieses Remythologisieren ist nicht der Versuch, Fakten zu verschweigen, sondern den gemeinten Sinn jener konkreten Gesellschaften synthetisch zu erfassen, ohne ihn in Fakten zu ersticken.

Lévi-Strauss verlegt seine „good life"-Gesellschaften in ein archaisches Zeitalter, in eine „wirklich primitive Gesellschaft", die er von den existierenden pseudoarchaischen absetzt: „Eine wirklich primitive Gesellschaft müßte eine harmonische Gesellschaft sein, da sie eine in sich selbst ruhende und zufriedene Gesellschaft wäre. ... Zahllose Sprünge, die als einzige die Zerstörungen der Zeit überleben, werden niemals die Illusion eines ursprünglichen Klanges aufkommen lassen, dort, wo einst Harmonien ertönten" (Lévi-Strauss 1972, 134).

Die Charakteristika dieser idealtypischen archaischen oder „kalten" Gesellschaft (vgl. insbesondere Lévi-Strauss 1975, 39 ff., 351 ff.), die „sich mit der neolithischen Revolution begnügt, die die Humanität mit der Landwirtschaft und der Viehzucht ausstattete" (Jaeggi 1968, 68), entsprechen weitgehend Diamonds und Redfields „Remythologisierungen", zu denen ebenso Lefèbvres (1974) kulturkritisches Gegenbild zu der französischen Gegenwartsgesellschaft gehört.

Bei Lévi-Strauss zeichnen sich die kalten Gesellschaften durch folgende Charakteristika aus (vgl. dazu auch Jaeggi 1969, 68 ff.): eine relative Geschichtslosigkeit, d. h. das Festhalten an Traditionen und der Versuch, die Wirkungen der Geschichte zu annulieren; die Einfügung in ein ökologisches Gleichgewicht, d. h. eine sparsame Nutzung der Ressourcen und eine Anpassung an die natürlichen landschaftlichen Gegebenheiten; der Aufbau des soziopolitischen Daseins auf kollektivem Konsensus und die Vermeidung von Machtkonzentrationen; eine ausgedehnte Familienorganisation; die Interpretation des Gefühlslebens in einem Komplex von Rechten und Pflichten; die direkte Beziehung zu den Mitmenschen und Vorfahren über eine mündliche Kommunikation; die Integration der Religion in die soziale Ordnung; die Ordnung der umgebenden Welt, d. h. die Überwindung des Chaos. Auch hier ist, wie für Redfields Folk-Gesellschaft, das Leben nicht eine Abfolge verschiedener Handlungen, sondern eine umfassende Handlung, in der die Dinge in ihrer Gesamtheit aufeinander bezogen sind.

Viele, wenn nicht alle Merkmale dieser idealtypischen Beschreibung der kalten Gesellschaften stimmen mit den Idealen der neuen Landbewegungen überein, wenn auch nicht alle für alle Gruppen, wenn auch die ausgedehnte Familienorganisation oft nicht als verwandtschaftliche, sondern als wahlverwandtschaftliche gesehen wird, wenn auch Traditionen und die Beziehungen zu den Vorfahren sich oft nicht auf das Eigene, sondern auf das Fremde beziehen, wenn auch „Religion" die disparatesten Phänomene zusammenfügt und oft nur eine wenig reflektierte kosmische Allverbundenheit beinhaltet, wenn auch die neuen religiösen Teacher oder Master zu „Führern" werden und gerade dadurch die Vermeidung von Machtkonzentration in ihr Gegenteil verkehren, wenn auch die zwischenmenschliche Kommunikation, der kollektive Konsensus und die Interpretation des Gefühlslebens in einem Komplex von Rechten und Pflichten in der Realität so schlecht klappen und der ökologischen Einfügung Unkenntnis, ein negativ internalisierter Arbeitsbegriff und eine irrationale Ich/Umwelt-Vermanschung entgegenstehen. Dadurch erscheint die Neuordnung der umgebenden Welt, die das Chaos überwinden soll, nicht nur von außen, sondern auch von innen eigentlich mehr als das erst konstituierte Chaos, in dem die alte erlernte Ordnung nicht mehr stimmt, aber keine neue vorhanden ist. Die reale Kultur spiegelt die ideale Kultur noch nicht wider. Diese ideale Kultur aber ist die Remythologisierung einer ruralen „good life"-Gesellschaft über ihre Redefinition im Sinne eines utopisch Möglichen. Das „Leben als Collage", und das würde eine neue ökologische Gesellschaft beinhalten, setzt das Chaos als schöpferischen Bruch, als Freisetzung von Bewußtsein und Phantasie, voraus, fordert aber gleichzeitig die Fähigkeit, systematisch und kontinuierlich an der neuen Ordnung zu bauen und von den disparaten Bausteinen, die man für seine ideale Kultur verwendet hat, nicht die unbequemen in der realen Kultur beiseite zu lassen. Eine Redefinition von „moral communities" (vgl. auch Greverus 1990, 86ff.) vor dem Hintergrund der beschränkten Ressourcen kann nur über gelebte Beispiele zu einem Multiplikationseffekt führen.

Dazu bedarf es aber eben auch der anderen sozialen Gratifikationen, die eine Teilgesellschaft im Übergang nicht nur aus sich heraus schaffen kann, sondern die neue Wertsetzungen in der Gesamtgesellschaft voraussetzen. Zwar wird das Chaos, der Mißklang, nicht nur von der ökologischen Bewegung wahrgenommen, von der wiederum nur ein geringer Teil „am eigenen Leib" die ökologische Transformation versucht, sondern ist das bevorzugte Thema weiter, auch politisch führender Kreise zwischen Angst und Hoffnung. Aber die Konsequenzen scheitern an nationaler, regionaler und kommunaler Kurzzeitpolitik, die im Konkurrenzkampf nicht zum Umdenken bereit ist, ihre sozialen Gratifikationen weiterhin über ökonomische Wachstumsraten verteilen möchte, aber das Disequilibrium im eigenen Land und auf unserem Planeten verstärkt, und nicht sieht, daß unsere Gesellschaft selbst einer armen Welt immer näher rückt. Und diese Verarmung, d. h. die Unfähigkeit der Menschen, sich selbst physisch und psychisch zu erhalten, zeigt sich heute zuerst im urbanen Bereich, der nicht nur die unerfüllten Versprechungen des urbanen Arbeitens und Wohnens beinhaltet, sondern auch die unerfüllten Versprechungen menschlichen Miteinanders und kultureller Lebensfülle. Die Landbewegungen sind ein Symptom für das Ende einer urbanen Fortschrittsideologie, für das Ende einer überbordenden Dienstleistungsgesellschaft, für das Ende auch der individualistischen Versorgungsmentalität. Als solches Symptom sollten sie gesehen werden (und nicht nur in ihren hilflosen Realisierungsversuchen): um das notwendige Gleichgewicht zwischen ruralem und urbanem Lebensraum, zwischen ruraler und urbaner Weltsicht, zwischen Landnahme (als kultureller „Entfaltungshilfe" für die materielle Umwelt) und Landvernichtung neu zu überdenken, um eine Redefinition von „Agricultura" vorzunehmen, jenem Begriff, der Rousseaus und Lévi-Strauss' goldenem Zeitalter zugrunde liegt, in dem die Menschen die Fähigkeit entwickelt hatten, sich den Boden anzueignen, ohne ihn zu zerstören.

„The Farm“ in Tennessee – Gelebte Collage des Möglichen?

Den Regenbogen festhalten

Abb. 15: Regenbogen auf einem Recycling-Gebäude der Farm in Tennessee. Foto: I.-M. Greverus.

„Malen ist Auftauchen an einem anderen Ort“. Diese Worte von Franz Marc stellt Ernst Bloch im „Prinzip Hoffnung“ seinem Kapitel „Dargestellte Wunschlandschaft in Malerei, Oper und Dichtung“ (Bloch 1967, 952) als Leitmotiv voran. Utopisches Denken lebt geradezu von dieser auf ein Mögliches bezogenen Konstruktion von Wirklichkeit, die bestehende (schlechte) Realität ablösen soll. Ja, sie ist Vorwegnahme, „Traum nach vorwärts“, wie Bloch es nannte.

Ist dieses Prinzip Hoffnung aber Naiver Malerei inhärent? Oder ist sie nur die von Adorno so verachtete „heile Welt“? Sind die Naiven „Maler des gebliebenen Sonntags“, wie es Bloch am Beispiel Seurats, Cézannes und Gauguins darstellt? Sind es, wiederum im Blochschen Sinne, echte oder unechte Wünsche in ein Noch-Nicht?

Auf einer meiner Reisen zu jenen Gruppen, die ihre Utopie eines Noch-Nicht-Ortes im Hier und Heute zu verwirklichen suchen, war ich auf „The Farm“ in Tennessee/USA (1982). Und bei dieser Landkommune mit damals über tausend Mitgliedern, vom Neugeborenen bis zum Greis, begegnete mir als lebendig bewegter Alltag jene Bildwelt, die wir jenseits von formalistischen Interpretationen als typisch naive sehen (vgl. Greverus 1984 b): sich unterhaltende Frauen, Männer und Kinder bei der Tomatenernte; dicke Pferde, die auf einem klapprigen Wagen die Ernte einfahren; „Kirchgang“ zum Gottesdienst im Wald in den bunten selbstgemachten Farm-Shirts, die wie eine Tracht wirkten; eine Gruppe Männer im Gespräch, alle mit den gleichen Wildwuchs-Bärten und langen wallenden, manchmal zu Zöpfchen geflochtenen Haaren; Squaredance bei der Hochzeitsfeier, an der das ganze „Dorf“ teilnahm, auf dem Versammlungsplatz im Freien. Aber es war mehr als die Themen und Motive der naiven bäuerlichen Maler: Es war die Atmosphäre jener Bilder, die lebendig gewordene arme *und* heitere Welt ländlichen Gemeinschaftslebens, in der die spirituelle Allverbundenheit die gegenwärtige amerikanische Umwelt vom Hier der Kommune in Richtung Kosmos zu überspringen schien.

Auf einem der vielen Recycling-Gebäude war jene „naive“ Wandmalerei: heile, bunte Natur, strahlende Sonne, ein Regenbogen, der Himmel und Erde verbindet, und: ein menschlicher Clown zwischen eben diesem Himmel und dieser Erde.

Diese Bilder, das gemalte und die bewegten, als bleibende – war es die verborgene Klarheit jener Erfahrung der ersten Eindrücke im Feld, die die Surrealisten den „objektiven Zufall“ in einem „privilegierten Augenblick“ genannt haben (vgl. Greverus 1990, X)? Für den Anthropologen kann dieser objektive Zufall sowohl das Potential der Authentizität enthalten als auch das Risiko selbstzentrierter Interpretation. Deshalb versuchen wir immer, diese sinnlichen Erfahrungen erster Eindrücke zu hinterfragen, sie auf anderen Ebenen zu reflektieren. Manchmal wird dadurch die Vision entschwinden oder aber mehr Klarheit erlangen, in der jener erste privilegierte Augenblick verborgener Klarheit sich verdeutlicht. Immer wird die wissenschaftliche Skepsis zunächst die verborgene Klarheit des ersten Blicks trüben.

Abb. 16: Ernte auf der Farm in Tennessee 1982.
Foto: I.-M. Greverus.

„Utopischer Vorschein“ oder „Jargon der Eigentlichkeit“?

Die „heile“ Welt der naiven Malerei und eines so gelebten Lebens: „gebliebener Sonntag“, „utopischer Vorschein“ (Bloch) oder „barbarische Zurückgebliebenheit“ und „Jargon der Eigentlichkeit“ (Adorno)?

Und ich erinnerte mich an einen anderen Regenbogen. Er war auf die Wand des langen sterilen Gangs einer psychiatrischen Klinik in der Bronx/New York gemalt. Und so muß ich mich immer fragen, ob es möglich ist, einen Text ohne seinen Kontext zu verstehen und ohne ihn der kritischen Gegenüberstellung zu unterziehen.

So führt eine andere Ebene von Erfahrung und Interpretation zu einer kritischen Hinterfragung der Darstellungen, der „Texte“, die sich uns in jenen ersten Bildern gezeigt haben. Verweisen die Bilder, die Darstellungen der Anderen wirklich auf eine erfahrene Bedeutung? Ist diese Bedeutung die einer geträumten oder einer gelebten Erfahrung? Ist die Bedeutung meine oder ihre?

Abb. 17: Ernte auf einem naiven Bild von Sokol „Ernte 1976“. Foto: Institut für Kulturanthropologie und Europäische Ethnologie, Frankfurt a. M.

Ist es der von Adorno kritisierte „Jargon der Eigentlichkeit“, der die Lebenswelt der Farm als utopische Konstruktion einer Wirklichkeit prägt, der aus den Worten, den Predigten ihres spirituellen Lehrers Stephen Gaskin spricht? Aus dem Kontext der alltäglichen Lebensführung gelöst, wäre es ein Leichtes, ihr Weltbild mit Adorno zu kritisieren:

Gaskin:

„Es ist eine Gnade, das erste Mal, in welchem Zustand auch immer, zu dieser Stufe des Bewußtseins zu erwachen. Es ist eine Gnade zu erfahren, daß nichts von allem, das dir geschehen ist, dich auf Dauer verändert oder bekümmert oder verletzt hat“ (Gaskin 1974, o. S.).

Adorno:

„Im Lob der Positivität sind alle des Jargons Kundigen von Jaspers abwärts miteinander einig ... ‚Alles atmet und dankt. O ihr Nöte der Nacht, wie ihr spurlos versankt‘ (Rilke)“ (Adorno 1969, 23).

Gaskin:

„Das Wesen des Universums ist, daß es das zu tun wünscht, was du wünschst – ... Und so lange du Dinge wünschst, wirst du bekommen, was du wünschst. Aber das Universum besitzt noch etwas sehr Kostbares, von dem du vielleicht nichts weißt. Wenn du es aufgibst, Dinge zu wünschen, wirst du herausfinden, was es ist. Das meinen sie mit dem Wegwerfen der Wünsche“ (Gaskin 1974, o. S.).

Adorno:

„Durchweg schmuggelt die Logik des Jargons Beschränktes, schließlich materielle Mangelsituation als Positivität ein und wirkt für ihre Verewigung in dem Augenblick, in dem, nach dem Stand der menschlichen Kräfte, solche Beschränkung real nicht mehr sein müßte" (Adorno 1969, 25f.).

Gaskin:

„Und die Teile, die gut arbeiten, sind diejenigen, die am weitesten von den technologischen Dingen getrennt sind. Die Farmen und ähnliche Plätze tun es ... Wir haben es immer und immer wieder gesehen, daß es die Übereinstimmung der Menschen ist, die die Ernten hervorbringt ... Und Gott unterstützt uns, indem er uns high genug hält, damit wir Arbeit nicht als Zwang empfinden. Wir fühlen, daß Arbeit die materielle Erfahrung von Liebe ist ... Wir sind durch unser Zusammenarbeiten eine Gemeinde geworden" (Gaskin 1974, o. S.).

Adorno:

„... kann er sich unter dem Heilen das Seelenheil vorstellen oder das richtige Leben oder noch nicht vom Industrialismus beherrschte soziale Enklaven ... Aber Geborgenheit als Existential wird aus dem Ersehnten und Versagten zu einem jetzt und hier Gegenwärtigen ... gekettet an jenes Moment bornierter Partikularität, das aus sich heraus das Unheil erneuert, vor dem keiner geborgen ist" (Adorno 1969, 25).

1977 schloß Gaskin eine seiner Predigten, die er „Theorie und Praxis" nannte, mit einer Metapher, die das Thema „Wir sagen: Arbeit ist ein Yoga" variierte und in den Zusammenhang von Pflanzen, Wachsen und Blühen in der Natur, im Spirituellen und im Hier und Jetzt des Farm-Alltags stellte: „Wir haben hier an einem guten Ort begonnen, so wollen wir im nächsten Jahr von hier aus eine Blume wachsen lassen" (Gaskin 1977, 120).

Ist die Wandmalerei mit dem Regenbogen nur die naive Wiedergabe eines sophistischen New Age-Weltbildes oder die einer gelebten Utopie? Und entspricht dann die naive Bilderwelt einem naiven Weltbild?

Ich könnte Adornos Kritik unterschreiben, wenn ich nur die Texte und Bilder hätte, ich kann es nicht aus dem Sehen und Erleben eines von den Menschen gelebten Alltags: eines Alltags, der nicht nur freiwillige Armut in einer spirituellen Enklave bedeutete, sondern auch sowohl in die eigene Lebenswelt als auch nach außen (in aktiven Hilfsprojekten gegenüber der fernen und der nahen materiell armen Welt) gerichteten Protest, der nicht nur verbal protestiert, auch nicht nur Hoffnung malt und spricht, sondern eine Gegenwelt lebt.

Die Farm in Tennessee blieb trotz ihres spektakulären Beginns unauffälliger als viele andere spirituelle Großkommunen. Ihre Selbstdarstellungen blieben Insider-Bücher, die Sonntagspredigten Gaskins kamen nicht auf den Kassettenmarkt, die Farm-People traten nicht auf Kongressen auf, es gab keine Workshops, und die Besucher gehörten mehr zu den Alternativ-Touristen. Mein Besuch führte zunächst zu jenen ersten Eindrücken eines in der Provinz „gebliebenen" Sonntags oder vielleicht besser eines „Sonntags", der in den Alltag hineinreichte, wo die Lebenswelt noch nicht (nicht mehr) in Alltägliches und Nicht-Alltägliches zerfiel. Es war eine Collage, bei der ich den „Funken Poesie" fühlte.

Mit den Anderen leben – die Anderen erleben

Fühlen und Erleben waren in der ethnographischen Beschreibung lange Zeit Tabubegriffe, als subjektiv und emotional wurden diese Erfahrungen, wenn überhaupt, allenfalls in Feldtagebücher verbannt und hatten in Veröffentlichungen nichts zu suchen. Nun ist aber Kulturanthropologie als Wissenschaft von den Menschen und ihren kulturellen Daseinsgestaltungen auf eben jene Begegnungen mit den fremden Menschen und ihren Werken angewiesen, die auch sonst in unserem Alltag Verstehensprozesse begleiten. Und wie im Alltag erste Begegnungen als Schritte zum Verstehen, auch zum Einordnen, mehr vom subjektiv-emotionalen als vom objektiv-klassifizierenden Erfahren geprägt sind, so ist es auch in der Feldforschung. Und oft kommt dieser erste Blick, vielleicht weil er ein poetischer Blick ist, in dem sich Geschautes und Gehörtes – noch ungeschieden durch zergliederndes Einordnen – „verdichtet", der „dichten Beschreibung" (Geertz 1983) als einer Hermeneutik des Wesentlichen näher. Diese Ebene einer Erfahrung der Anderen – das kann im ersten Augenblick der Begegnung, aber auch zu einem späteren Zeitpunkt des wirkenden Wahrnehmens sein – muß sich im Prozeß des Verstehens und Erklärens nicht bestätigen, aber wir tun gut daran, diese Ebene immer wieder in die denkende Annäherung zwischen ständigen Selbst- und Fremdreflexionen einzubeziehen. Wenn überhaupt etwas, außer dem spontanen und nicht wiederzugebenden Gespräch über das Erfahrene mit nahestehenden Menschen (die der Feldforscher nicht immer um sich hat), diese erste Wahrnehmungsebene zu vermitteln vermag, ist es das sogenannte Feldtagebuch. Es ist nicht, obgleich meist sehr deskriptiv und unpoetisch in seinen Aussagen, bloße Beschreibung, sondern immer schon Interpretation. Die Farm nimmt in meinem Feldtagebuch neben – und gegen – der Ranch von Bhagwan Shree Rajneesh in Oregon, dem behavioristisch orientierten Twin Oaks in Virginia und dem Paul Solomon-Zentrum in Virginia Beach einen besonders breiten Raum ein. Einige Passagen daraus sollen die weitere Ebene der Interpretation aufweisen, die aus der direkten sinnlichen Erfahrung teilnehmender Feldforschung erwächst.

„Wir wurden von zwei netten Typen mit Kleinkind im Wagen abgeholt. Dann kamen wir vor eine Schranke: ‚Dort beginnt die Farm', Begrüßung und anschließend 2 Stunden Dauerberieselung von Keeth. Seitdem versuche ich, bei Arbeit, Essen (kaum), Gesprächen, Eindrücke zu merken, zu verarbeiten, aber vorläufig ist alles noch ziemlich verwirrend.[1]

Vielleicht fange ich mit der Schranke an. Neben ihr ist das Office, in dem wirklich Tag und Nacht mehrere Leute Dienst haben. Die Schranke ist tagsüber auf, aber jeder Wagen (auch diejenigen der Residents) hält hier und der ‚Diensthabende' schreibt Name, Zeit und Ziel auf. Auf Frage nach Sinn wurde ‚Mitfahr-, Mitbringgelegenheit' angegeben, aber das ist es wohl kaum, die Stechuhrfunktion ist unübersehbar. Abends wird die Schranke geschlossen, wegen der ‚rough people', und von den die ganze Nacht aufbleibenden Gatekeepers bedient. Und, soweit ich es mitbekommen habe (spät und kurz geschlafen), geht der Betrieb auch tatsächlich die ganze Nacht (Visitors, Leute, die von der Arbeit außerhalb kommen, irgendwelche Anlieferer u.s.w.). Heute morgen noch eine Ergänzung zur ‚rough area'. Vorgestern ist ein betrunkener ‚moonshiner' mit Gewehr vor der Tür umgefallen. Die ‚moonshiner' sind die Schwarzbrenner von Whisky. Das wurde übrigens als Begründung dafür erzählt, daß die Frauen hier keine Nachtwache machen. Vorher: Sie haben wohl keine Lust.

Es wird hier immer gesagt, ‚mach das und das, wenn du Lust dazu hast', aber eigentlich wird erwartet, daß man sie hat.

Allerdings entstand dann gestern das übliche Problem, daß eigentlich keine Arbeit für uns gefunden werden konnte. Wir wurden ins Greenhouse gefahren, einer räumte auf und war froh, uns den Eimer für Kompost zu übergeben. Da es aber in Strömen goß, konnte nichts gemacht werden – Rumstehen, Erika und ich machten Gang durchs Dorf. Da hatte er seine Idee geboren: Tomaten aussortieren! Da wir aber 4 Gäste für diese Arbeit waren, wars in 1/4 Stunde bereits wieder getan. Dann Telefoniererei, die nicht klappte. Alles viel Investition für ‚Arbeitsbeschaffung'. Schließlich drangen wir allein bis zur Tomatenverarbeitungsanlage vor. Dort aber waren gerade die letzten Säuberungen für die Dinnerpause. Abends allerdings landeten wir auf den Tomatenfeldern und ernteten bis in die Dun-

[1] Die Passagen aus meinem Feldtagebuch 1982 in den USA sind unbereinigt, d. h. sie sind weder für didaktische noch literarische Zwecke aufbereitet worden, sondern sollen eben in ihrer „Roheit" eine Stufe der Interpretation von Erfahrung in einer Anthropologie der Erfahrung (Turner/Bruner 1986) wiedergeben, die jenem „Writing Culture" (Clifford/Marcus 1986) als Textualisierungs*prozeß* im Verstehensprozeß zugrunde liegt; zum Prozeßcharakter von Erfahrung und Interpretation in der empirischen anthropologischen Forschung vgl. auch Greverus 1989a.

kelheit. Ich mußte an die Tomatenpflückerinnen aus Messina denken, die billigen Arbeitskräfte.

Gearbeitet wird auch hier viel. Die Arbeitszeiten scheinen allerdings nicht so geregelt zu sein, sofern man auf der Farm selbst arbeitet. Oft, wie gestern bei der Tomatenernte, dann aber bis in die Dunkelheit, oder, wie der Mann in der Tomatenjuice-Anlage sagte, auch bis nachts 24.00 Uhr. Einige arbeiten außerhalb, z. B. die Ärzte einige Tage (2) in der Woche, die Anwälte führen z. Zt. einen Prozeß gegen die Nuklearpolitik des Staates, andere arbeiten als Dachdecker oder anderes Handwerk. Ein intensiver Austausch scheint mit den Projektstellen (Plenty) zu bestehen. In der Bronx ist eine Ambulanz eingerichtet, in San Diego vor allem eine Geburtshilfestation, in Florida eine Kommune für Alte, Behinderte und Waisen. Ein Projekt in Guatemala, das vor allem vom kanadischen Staat finanziert wurde (Wasserleitung, teaching, Soja), wurde wegen der Unruhen im Land aufgegeben. Auch in einem Indianerreservat ist ein Projekt gelaufen, geplant ist eine Farm in der Karibik (in Frankreich eine angelaufen, für Deutschland möchte Hanna eine Stadtkommune organisieren). Die Hilfsprojekte existieren als Ansatz seit 1974, d. h. mit diesem Zeitpunkt setzte größeres politisches Bewußtsein ein, heute z. B. auch Zusammenarbeit mit Greenpeace.

Die Existenzgrundlage ist vielfältig: Die Landwirtschaft, die allerdings noch nicht ganz zur Selbstversorgung ausreicht. Vieh ist nicht vorhanden, Pferde zum Spaß und leichter Arbeit (vor allem die weiblichen Teenager kümmern sich um Pferde), kaum Hunde und Katzen, kein Federvieh (strengste Vegetarier, weder Fleisch noch Eier, Milch, Käse).

Angebaut wird: (vor allem und tägliche Nahrung) Bohnen und Sojabohnen, Tomaten, Paprika, Kürbisse und sonstiges Gemüse, etwas Wein, Kartoffeln, Getreide, Obst. Vorhanden dafür sind Tomatenverarbeitungsanlage, eine Mühle, die Bäckerei. Handwerk: Töpferei (vorrangig für Eigenbedarf), Batik für T-Shirts (Regenbogenfarben), die auch verkauft werden, aber auch einen Einheitslook hier bilden. Buchdruckerei für die eigenen Bücher (insbes. die Veröffentlichungen und Predigten von Stephen Gaskin, das Buch über die spirituelle Geburt von seiner Frau Ina May, weitere Bücher über sanfte Geburt, ein Kochbuch). Was auffällt, sind die riesigen Lager von Schrottautos (der Motorpool, der sich aber geschwürartig über viele Gebiete ausdehnt). Hier wird viel gebastelt. Jeder Haushalt scheint mehrere Autos zu haben, die nicht zugelassen sind und nur auf dem Gelände gefahren werden dürfen; ansonsten kurvt man viel auf Fahrrädern rum (meist Easy Rider-Stil). Gearbeitet wird von Montag bis Freitag für die Farm, man gibt auch den Außenverdienst ganz ab.

Samstag ist Haustag bzw. die Möglichkeit, außerhalb für den Haushalt zu verdienen. Eigenes Geld hat keiner, Sonderwünsche müssen nach

Übereinstimmung aus dem Haushaltsgeld genommen werden (d. h. man darf eigentlich keine haben!). Von der Bank bekommt man monatlich 2 bis 3 Dollar für Kleidung. Es gibt einen second-hand-shop, in dem man einkauft. Auch die Windeln werden gebraucht gekauft. Die Grundnahrungsmittel (und sonst wird nichts gegessen) bekommt man vom food-store der Farm zugeteilt. Kinder finden eine Stadtfahrt mit Cola das Größte, Hannas dreijährige Tochter erzählte uns gleich von der Oma, die ihr so viel Schokolade gegeben hat, ‚wie man braucht‘. Am Sonntag ist die Hochzeit von einem, dessen Eltern ‚reich‘ sind und Geld gespendet haben. Dafür wird Eis für die ganze Kommune gemacht (Soja). Eltern und sonstige Angehörige scheinen überhaupt die Quelle für die kleinen Sonderwünsche zu sein (z. B. ein Film für den Fotoapparat u.s.w. oder Sachen für die Kinder). Grundsätzlich bringt man seinen Besitz ein, hat dann aber noch so etwas wie Foto, Radio o .ä. als Privatbesitz. Hanna meinte, man brauche es nicht. Wenn man eintritt, legt man das Armutsgelübde ab. Auf die Frage, wenn die Farm reich würde: dafür haben wir ja Plenty.

Hanna erzählte noch einiges über den spektakulären Auszug der Gruppe 1971 mit 250 Leuten in Bussen von San Francisco, um ‚sich und Menschen kennenzulernen‘. Als sie zurückkamen nach S. F., hatten sie das Gefühl, daß sie zusammengehören, und haben sich die Farm (vorher eine zur Verfügung gestellte?) gekauft (sie zahlen jetzt noch ab); andere Version: sie hätten sich gleich auf den gemeinsamen Weg der Suche gemacht. Beide Frauen, die uns davon erzählten, betrachteten als besonders wichtig, daß in den Bussen auch Babies geboren wurden. Die Busse stehen übrigens noch vielfach, z. T. bewohnt, z. T. in Häuser integriert, herum.

Noch etwas zum Wohnen: am Anfang war das Gate-Haus: großer Aufenthaltsraum als Büro und Gästeraum, Buchausstellung; Dusche, WC, Küche und ein Schlafraum unten, im Obergeschoß zwei Gästezimmer; vor dem Haus ein überdachter Freiplatz, wo man viel saß, auch zum Essen. Dann kam ein weiter Weg bis das ‚Dorf‘ begann, am Hauptweg vor allem die öffentlichen Gebäude: Mühle, Bäckerei, Greenhaus, Schule, Werkstatt, Solarwerkstatt, Tomatenverarbeitung, Molkerei (für Soja), Handwerker, Hospital und eine Art Klinik für Krankenhausaufenthalte, alles sehr primitiv von innen und außen aus Recycling-Material, der Maschinenschrott an sehr vielen – zu vielen – Stellen. Nur wenige Wohnhäuser dazwischen. Die meisten lagen weiter entfernt an Waldwegen, auch sie alle Recycling, alle sehr vereinzelt, d. h. das Ganze entsprach im kleinen den typischen amerikanischen Siedlungen mit weder Dorf- noch Stadtcharakter. Wohnen, auch was innen betraf, gehörte sicher nicht zu einem spezifischen Wert an sich; das Umziehen fiel sicher leichter, denn es gab wenig Persönliches. Gärten wie in anderen spirituellen Kommunen waren kaum da, wenige Gartenversuche überhaupt, z. T. mit Gemüse für eigenen Haushalt; nach Aussage eines Besuchers, der am Samstag in einem Hausgarten half, sehr verkommen (‚Die Tomaten verfaulen, weil sie niemand unter dem Unkraut finden konnte'). Irgendwo ein aufgestauter Teich, vor allem Kinder schwammen dort (auch sie alle mit Badeanzügen!).

Die Armut war eigentlich überall. Großer Unterschied zu der relativen Wohlhabenheit in Twin Oaks. War die Farm nicht als steuerfrei aufgrund von Gemeinwohlaufgaben anerkannt? Plenty wurde finanziell von Spenden getragen, nicht von der Farm (außer den Arbeitenden). Aber die Farm hatte eben sehr viele Kinder, die noch keine Arbeitskräfte waren, aber sehr viele Arbeitskräfte (Betreuung, Schule u.s.w.) erforderten. Das Hospital arbeitete nicht nur für die 1300 Mitglieder, sondern auch für Fremde gratis; die Landwirtschaft und das Handwerk waren nur für den Eigenbedarf und, da mit weitgehend primitiven Mitteln, sehr arbeitsintensiv. Außerdem war wohl vieles – Solar, die Fahrzeuge, Computer (?) – in einem Versuchsstadium, und auch das mit unzureichenden Mitteln.

Arbeit war, wie offensichtlich das ganze Dasein, wenig systematisiert, viel Spontanes.

Auf der Farm leben z. Zt. 1200–1300 Menschen (und es melden sich immer neue, für die vorläufig vom Baulichen zu wenig Platz ist), über die Hälfte davon sind Kinder (25 % davon Sozialwaisen u. ä.). Der Durchschnitt ist Mitte 30–40, aber auch ältere, der älteste Mann ist 83 (war zu Kindern gekommen, die jetzt fort sind), viele körperlich Behinderte. Die Familie mit Kindern erscheint als Ideal. Man bekommt hier als Frau auch noch verhältnismäßig spät, über 40, wieder Kinder. Kleinfamilien und Alleinstehende leben jeweils in Haushalten zw. 15–20 Personen zusammen, d. h. um das Zentrum Familie schließen sich die konzentrischen Kreise Haushalt und darum ‚die Farm-People'.

Jeder Haushalt hat Kinder, viele auch fremde. Die Kinder sind voll integriert. Der Schulunterricht (waren gerade Ferien) findet in der farmeigenen Schule statt, auf dem Feld sind sie dabei, überall auf den Straßen fuhren sie mit ihren Rädern herum, beim Fest bleiben die Kinder bis nachts (die Kleinen schliefen auf dem Rasen unter ziemlich ohrenbetäubender Musik). Von Kindern und besonders auch vom Kinderkriegen ist immer die Rede. Man ist gegen Abortus und fordert Frauen auf, ihre Kinder auf der Farm zu gebären und ggf. dort zu lassen. Sie können jederzeit zurückgeholt werden, ebs. größere ‚abgegebene' Kinder. Die Kinder machten einen sehr aufgeweckten Eindruck, bereits mit Dreijährigen konnte man sich richtig unterhalten.

Will man als Außenstehende sein Kind auf der Farm bekommen, kommt man im allgemeinen 6 Wochen vor der Geburt auf die Farm, lebt dort und wird von den Midwives auf die spirituelle natürliche Geburt (s.

Buch Ina May Gaskin) vorbereitet. Dann findet die Geburt als Hausgeburt statt (viele Häuser haben ein sog. Geburtszimmer), und man lebt anschließend in dem Haushalt, bis man die Farm wieder verläßt oder dort bleibt wie die Deutsche Hanna. Sie lebte in München, offensichtlich ledig, erwartete ein Kind, las Inas Buch, lernte Leute von der Farm auf einer Tournee kennen – und fuhr hin. Sie lebt jetzt bereits 4 Jahre dort, hat inzwischen O. L. geheiratet und ein zweites Kind. Sie ist, wie die meisten Frauen mit kleinen Kindern, vorrangig zu Hause, allerdings arbeitet sie manchmal mit in der T-Shirt-Herstellung und gibt in der Schule Deutschunterricht. Die Trennung in geschlechtsspezifische Aufgaben schien uns offensichtlich, wenn auch nicht ganz durchgängig. Die Außenarbeiten wurden vorrangig von Männern gemacht (so kam auch kaum mal eine Frau durch das Gate in die Außenwelt – Farmisolation?), die Wache am Gate machten während unserer Zeit nur Männer, in der Gate-Küche dagegen kochten nur Frauen (Zufall?), im Motorpool sahen wir nur Männer, die Maschinen bei der Tomatenverarbeitung wurden von Männern bedient, die Müller waren Männer; die Hebammen waren Frauen, die Ärzte Männer (allerdings machte Stephen G. auch Hebammenarbeit), tagsüber waren die Frauen im Haus, kochten, allerdings auch Männer beim Abwasch gesehen. Bei der Tomatenernte pflückten beide Geschlechter und auch die Kinder.

Die ‚Manager', ihre Rolle wurde allerdings nie ganz klar, waren Männer, offensichtlich war Gate-Dienst auch mit Arbeitsverteilung verbunden. Einige, wie O. L. oder auch ein anderer, von dem die jüngeren Männer beim Heimtransport sprachen, schienen viel zu sagen zu haben (Hierarchie? Heimliche?).

Stephen Gaskin wurde immer nur als teacher – nicht Führer – bezeichnet. Nachfolge sei, so jemand über seine Äußerung, ‚kein Problem', da sie alle im gleichen Geist lebten. Wenn Gaskin außerhalb ist, haben sie das System der freien Predigten (wer gerade will).

Kritik am System hört man selten und wenn, nur zufällig in nicht uns geltenden Gesprächen, immer von Jüngeren, so über die Unmöglichkeit, zu eigenem Geld zu kommen. Wollte es einbringen, daß mehr Zeit dafür gegeben werden muß: ‚schließlich will man ja auch mal raus, verreisen!'

Das Problem des Rauskommens gilt nicht für alle. Da ist einmal die Außenarbeit in der Umgebung, dann längerfristige Auftragsarbeiten (mit Verträgen) in anderen Regionen, z. B. Erntearbeit in Oregon, Waldaufforstung in Maine. Dann sind die Projekte von Plenty, die von Farmleuten durchgeführt werden (in der Bronx z. B. ist man 2–3 Jahre, dann geht man zurück).

Nach Aussagen pflegt man auch die Kontakte zu Nachbarn, insbes. wurden die Amischen hervorgehoben. Diese lehrten sie Pferdezucht, sie ihnen Heilung. Tatsächlich kam auch mal eine alte Kutsche, Frauen in Schwarz mit Kapotthütchen zum Hospital.

Wurde man aber als Besucher wirklich herzlich aufgenommen? Als wir kamen, war da Keeth, der Gästebetreuer, der von sich selbst sagte, daß er gern rede. Die Kommunikation war verschieden, am Gate waren es vor allem die etwas Älteren, die sich unterhielten, auch viel fragten. Gespräche gab es in der Küche bei der Arbeit und viel mit den beiden Deutschen, ansonsten waren es eigentlich mehr die kleinen freundlichen Gesten, daß man sich immer zuwinkte, mit dem Wagen hielt, um den anderen mitzunehmen. Man war einfach da und mußte sich sicher ein bißchen bemühen. So war es auch bei dem Fest, ganz anders als auf Twin Oaks. Hanne und O. L. nahmen uns mit, man saß auf der Wiese, tanzte, eine Gruppe inszenierte Squaredance, die Kinder waren dabei, es gab Eis und Kuchen, aber gesprochen wurde wenig. Brigitte und ich verzogen uns öfter zur ‚Zigarettenpause' in den Wald. Von dort war die Musik eigentlich noch schöner. Wie ich mich als Besucher dort allein gefühlt hätte? Ich weiß nicht – vielleicht wäre dann doch alles sehr fremd gewesen.

Erzählte und geschriebene Geschichte

Eine nächste Ebene der Textualisierung, bei der sich im allgemeinen Vorwissen, Felderfahrung und nachbereitende Lektüre und Analyse mischen, ist der Versuch, die Geschichte einer untersuchten Mikroeinheit – hier der Farm – aufzuzeigen, und die Einzelphänomene der Vergangenheit und Gegenwart in ein Beziehungsgefüge und einen historischen Kontext zu setzen.

Die Geschichte der Farm beginnt in den 60er Jahren in San Francisco, sie ist im Umbruch von der Beatnik- zur Hippie-Generation zu sehen, sie ist Teil der Studentenbewegung der 60er Jahre. Stephen Gaskin, der Kopf und spirituelle teacher der Farm, war Universitätslehrer, als er seine Montagabendklassen als Grundlage der Hippie-Philosophie zunächst in Berkeley begann:

„So begann ich einen experimentellen Klassenunterricht mit einer Anzahl Leute, und zuerst waren wir wie ein Untersuchungsinstrument, und wir lasen alle Bücher, die wir nur lesen konnten, über Tarot und das I Ching und Yoga und Zen und Märchen und Science Fiction und außersinnliche Wahrnehmung, und eine ganze Bandbreite von Zeug, das plötzlich so erschien, als ob es eine Kraft in sich trüge, die es zuvor nicht zu haben schien“ (Gaskin 1974, o. S.).

Vier Jahre lehrte Gaskin, manchmal vor bis zu 2000 Zuhörern, zwischen Berkeley und dem Haight Ashbury District in San Francisco seine Philosophie, in der die Gewaltlosigkeit eine ebenso große Rolle spielte wie religiöser Synkretismus, Bewußtseinserweiterung über Drogen und Meditation und die Suche nach neuen Formen menschlichen Zusammenlebens, die denen der „gierigsten Menschen“ („Die Amerikaner sind die gierigsten Menschen in der Welt. Sechs Prozent der Weltbevölkerung verbrauchen zweiunddreißig Prozent der natürlichen Ressourcen der Welt. Das ist Habgier“, Gaskin 1974, o. S.) entgegengesetzt sind.

Im Oktober 1970, als die Hippie-Bewegung schon weitgehend zerschlagen war, sich aufgelöst oder sich mit der neuen Linken zu einer alternativen gewaltfreien Politik verbunden hatte, startete Stephen Gaskin seine legendäre Hippiekarawane als Vortragsreise durch die USA. Die zu Wohnmobilen umgebastelten Schulbusse, es sollen zum Schluß 63 gewesen sein, waren die ersten Wohnheime auch auf der Farm, und einige von ihnen blieben – Werkstätten und Erinnerung – auf dem Gelände.

Zurückgekehrt von der monatelangen Tour durch die Staaten, beschlossen sie, weiterhin zusammenzubleiben, ein gesellschaftliches Gegenmodell aufzubauen:

Als wir nach San Francisco zurückkamen, waren wir etwas Neues geworden – und wir waren nicht mehr die gleichen wie zuvor, und wir konnten nicht einfach mit dem, was wir hatten, aufhören, denn wir waren durch unser Zusammenarbeiten eine Gemeinde geworden, und wir wußten, daß wir in unserer Zusammenarbeit Wesentliches erreichen könnten. Am nächsten Sonntag trafen wir uns, und ich sagte, ‚Leute, wir können uns nicht einfach so trennen, weil wir eins geworden sind. Wir sind etwas. Wir haben so viel Karma geteilt, und so viele bedeutende Sachen sind abgelaufen, und wir haben viel bedeutendere Sachen getan, als wir je gedacht hätten, daß wir sie miteinander tun könnten‘ Ich sagte, ‚Laßt uns nach Tennessee ziehen und eine Farm erwerben‘, und jeder entdeckte es. Wir packten alle Busse und fuhren am gleichen Nachmittag ab nach Tennessee (Gaskin 1974, o. S.).

Zunächst auf geliehenem Land, ab Mai 1971 auf einer 1750 Morgen großen erworbenen Farm starteten ca. 250 Menschen ihre Kommune. Zur Zeit meines Aufenthaltes 1982 hatte sie wohl mit über tausend Bewohnern ihren Höhepunkt erreicht, der Umbruch aus einer neuen Generation kündigte sich bereits an. 1987 lebten, die Hälfte davon Kinder, nur noch 300 Menschen auf der Farm. Stephen Gaskin sprach vom „Gesundschrumpfen“, plädierte auch für die „kleineren, ruhigeren Gemeinschaften, die lernen, selbständig zu sein und sich weiter zu entwickeln; sie lernen, wie man andere Menschen in der Welt erreichen kann“ (Gaskin zit. in Myrell/Schmandt/Voigt 1987, 36).

Trotzdem spricht aus Gaskins Worten auch Resignation, wenn er hinsichtlich der Privatisierung der ursprünglich ausschließlich kollektiven wirtschaftlichen Basis sagt: „Das hat schließlich die ganze Angelegenheit hier umgedreht. Anstatt daß die Leute arbeiteten, Geld verdienten, dieses ins Kollektiv zahlten, das sich wiederum um jeden kümmerte, zahlte auf einmal jeder Steuern an die Farm, anstatt daß die Farm für den einzelnen sorgte. Viele dachten, wenn sie schon Geld zahlten, warum sollten sie dann nicht in die Stadt ziehen mit Kino und Pizzeria um die Ecke. So gingen einige weg, was hier jeder versteht. – Man ist sich vielleicht selbst klar darüber, warum man ein einfaches Leben führt. Aber wie soll man das den Kindern vermitteln. – Kinder haben keine Veranlassung dazu, es sei denn, sie haben eine unglaublich perfekte Erziehung, was ein Ideal wäre in der Wirklichkeit“ (ebd. 37).

Die Farm war seit ihrem Beginn auf Selbstversorgung und eine eigene Infrastruktur orientiert: von der eigenen Landwirtschaft, dem Ausgangsprojekt, und Verarbeitungsstätten der Produkte bis zu Schule, medizinischer Versorgung, Druckerei und Verlag, Autowerkstatt, Wäscherei und Läden. Gleichzeitig wurden Verkaufsprodukte entwickelt, die durchaus im Rahmen der modernen sanften Technologie anzusiedeln sind (allerdings häufig der industriellen Konkurrenz nicht gewachsen waren): Solaranlagen, Geigerzähler, Parabolantennen.

Der Computer spielt als Kommunikations- und Koordinationsmedium im Netzwerk ihrer Außenstellen, die alle der Entwicklungshilfe gewidmet sind und vor allem über private Spenden finanziert werden, eine große Rolle. Sie laufen als Plenty-Projekte über die ganze Welt: von Hausbau- und Wasserprojekten, Ernährungs- und Kinderbetreuungsprojekten in Guatemala, Strahlenopferhilfe im Südpazifik, Wind- und Sonnenenergieeinsatz und Schaffung von Radiostationen in den indianischen Reservaten bis zum Erste-Hilfe-Projekt im Slum der amerikanischen Großstadt. Plenty arbeitet mit Farmbewohnern und freiwilligen Helfern. Die Farm als Modell eines neuen Gemeinschaftslebens ist nur eine Variante aus der Geschichte der Gegen- und Alternativkulturen der 60er/70er Jahre. Ihr Lebensstil, der Rückgang der Mitgliederzahl, die Tendenzen zur Privatisierung in den 80ern spiegeln generelle Tendenzen der alternativ-kulturellen Bewegung wider.

Alltagsprinzip Yoga

Aber die Farm lebt noch und ihre Bewohner versuchen ihren Gemeinschaftsgeist mit der „Welt draußen" zu teilen. Zentrales Argument für die materiellen Hilfsprogramme ist mit den Worten Gaskins aus den 70ern die spirituelle Grundidee des Bodhisattva/Heiland-Prinzips:

„Ich versuche, euch zu erzählen, was ich tue, warum ich es überhaupt tue, und über eine Ebene des Bewußtseins. Meine Bewußtseinsebene, wenn ich nicht beunruhigt bin, ist wie die eines Säuglings, und ich mag es so. Ich liebe es, mit den gerade geborenen Babies zusammenzusein, weil ich mich ihren Schwingungen hingeben kann und tiefen Frieden fühlen. Und ich kann das auch allein tun. Ich gehe nur hinaus in die Wälder und sitze, oder ich kann einen Joint rauchen – ich kann in einer ganzen Vielfalt von Möglichkeiten zu diesem friedvollen Platz gelangen. Aber wann auch immer ich zu diesem friedvollen Platz gehe und friedvoll werde, merke ich, daß ich aufbrechen und wieder zurückkehren und mich wieder um meine Pflichten kümmern muß, denn es gibt so viele Menschen, die noch immer Hilfe brauchen – und so kann ich noch nicht ruhen" (Gaskin 1974, o. S.).

Diese Worte Gaskins führen uns auf eine weitere Ebene ethnographischer Beschreibung, die die Bedeutung des Handelns und Denkens für eine kulturelle Gesamtgestaltung zu verstehen versucht. Was hält die Details zusammen, was ist die übergreifende Sinngebung, was das Kulturideal? Wie interpretieren diejenigen, die wir verstehen wollen, selbst ihre Weltsicht?

Die Grundidee der Farm ist die der Materialität übergeordnete Spiritualität, die sich synkretistisch bedient. Die Farm-People orientieren sich vor allem am Zen-Buddhismus, wie er über Schunryu Suzuki-roshi, den Begründer des Zen-Zentrums Green Gulch bei San Francisco, über Alan Watts, der in den 50er Jahren in San Francisco lehrte, und die Aneignung der Beat-Generation in Amerika verbreitet wurde. Neben Zen spielte der tantrische Einschlag des buddhistischen „Diamant-Fahrzeugs" (Vadschrayana) für das Ringen um ein neues Sexualgefühl eine große Rolle, ebenso das „Große Fahrzeug" (Mahayana), insbesondere mit seinem aktiven weltzugewandten Bodhisattva-Ideal, mit dem das Heiland-Prinzip des Christentums verbunden werden konnte. Das frühere Interesse für okkulte Weissagungspraktiken und psychodelische Erfahrungen ist der „Energie-Sprache" des Farm-Alltags gewichen.

In seiner Darstellung der ersten Zeit und ihres Aufbaus der alltäglichen Zusammenarbeit schreibt Gaskin:

„Wir sind spirituell, und das bedeutet, daß wir daran glauben, daß alles, was sich ereignet, sich von einer spirituellen Ebene zu der materiellen Ebene bewegt. Wenn du die materielle Ebene beeinflussen willst, mußt du von einem spirituellen Platz her beginnen ... Ich glaube nicht an zu viel religiöses Zubehör. Ich glaube, für das Verständnis der Lebensenergien ist am wesentlichsten zu erkennen, daß du sie mit deinem Geist bewegen kannst – und daß du keine Tarotkarten brauchst ... Ich glaube nicht, daß man eine spirituelle Initiation für fünfunddreißig Dollar erwerben kann, und ich glaube, daß jeder Lehrer, der Geld verlangt, ein Betrüger ist, denn spirituelle Lehre ist frei oder sie ist nicht wirklich. Und ich lasse meine Finger von Handlesen oder Astrologie oder dem I Ching oder irgendeinem Orakel oder Weissagungen, denn komplizierte magische Systeme haben nichts anderes mit der spirituellen Ebene zu tun, als dich daran zu erinnern, daß diese Ebene da ist. Diese Ebene existiert unabhängig, und wenn du guten Willens bist und Gott und deinen Nachbarn wie dich selbst liebst, kannst du die spirituelle Ebene bewohnen“ (Gaskin 1974, o. S.).

Dieses „Bewohnen“ aber führt zu dem Kern einer Alltagsphilosophie, die eine All-Tage-Lehre für eine neue menschliche Kommunität darstellt, die die spirituelle *und* materielle Existenz im Hier und Heute umfaßt. Sie geht aus von einer spezifischen Auffassung des Yoga, so daß wir von einem Alltagsprinzip Yoga sprechen können. Dieses Prinzip allerdings durchbricht sowohl die klassischen östlichen Yoga-Lehren als auch ihre westliche Therapie-Verdünnung. Verbinden wir einerseits mit Yoga jene Praxis zur Erreichung der „Leere“ oder des Seins ohne Lebensdurst, die im klassischen Yoga des Pantanjali über acht Stufen erreicht wird und zur Auslöschung des Individualitätsbewußtseins führt, in dem die unterschiedlose Alleinheit des Absoluten realisiert ist, so tritt uns andererseits Yoga als therapeutisches Mittel zur Selbstfindung und zum „persönlichen Glück“ im Hier und Heute des westlichen Menschen gegenüber. Auf beiden Seiten steht der meditative Ausstieg des Individuums aus dem Alltäglichen und Kommunitären im Zentrum.

Zen konzentriert sich dagegen in der Auslegung Gaskins auf die Interaktion mit der Welt: „Im Zen, so sagen sie, sollst du lernen, mit der Welt in Wechselwirkung zu stehen, anstatt sie zu verlassen. Nimm die Unruhe auf dich, denn auch sie ist Buddha“ (Gaskin 1974, o. S.). Und an anderer Stelle heißt es in einem poetischen Bild: „Manchmal, wenn der Wind weht, fühle ich ihn durch uns wehen als ob wir ein Weizenfeld wären. Ich kann den Wind in unser aller Haaren fühlen, und ich weiß, daß wir in Wirklichkeit nicht verschieden sind von dem Weizen ... Der Wind weht, und unsere Zeiten vergehen ebenso wie die Weizenzeit. Wir täten gut daran zu wirken, solange wir reif sind, ehe unsere Zeit vorüber ist" (Gaskin 1974, o. S.).

Dieses Tun aber ist „Yoga als Lebensstil" und „Energiesprache", die sich auch in einer physischen Welt vermittelt. Diese Energiesprache unterscheidet Gaskin strikt vom „Farm-Jargon", den man benutzt, „weil er eben edel klingt": „Da kamen Menschen und sprachen im Farm-Jargon Paragraphen zu mir, daß ich nicht mehr verstand, als von einer fremden Sprache, die ich nie gelernt hatte ..." Die Energiesprache als Yoga dagegen ist kein Jargon, sondern ein Tun, kein spezialisierter Trip, sondern das Ganze als „sozialer Sahana", als „Yoga einer wirklichen Gemeinschaft" (Gaskin 1977, 24, 27).

Die Begriffe Haushalt, Familie, Gegenseitigkeit, FüreinanderSorgen sind zentral. In einer Predigt über „Theorie und Praxis" vergleicht er die Farm mit einer künstlichen „Treibhaus"-Gemeinde, in der die Gegenseitigkeit des „natürlichen Dorfes" freiwillig übernommen werden muß. Und er beruft sich dabei auf den Synergie-Begriff von Buckminster Fuller:

„„... er bedeutet, daß aus dem Zusammenfügen eines Bündels von Bestandteilen neue Vorzüge und neue Energiequellen als Resultat dieser Mischung hervorgehen, die nicht vorhergesagt werden können" (Gaskin 1977, 110).

Aber, und das durchzieht alle Gedankengänge, der Energieaustausch ist kein Ritual für außergewöhnliche Zeiten, sondern eine Praxis des Alltags, die über die Grenzen von Sprachen und Nationalitäten, also auch über kulturell spezifische Manifestationen hinaus, Humanität bedeutet, Energie auch nicht zur Wohlfahrt macht, sondern sie als Pflichten und Rechte jedes Mitglieds in einen Haushalt des Lebens einbringt. So setzt er mit einem Beispiel aus der westlichen Übernahme der Energieübertragung im ekstatischen Sufi-Tanz des Pir Vilayat Khan – „und das ist ausgezeichnet, wenn du in einer Stadt lebst ... er macht mich high" – dieses Ritual vom Farmalltag ab: „Hier tun wir es notwendigerweise nicht in einem Rundtanz, wir tun es, indem wir unser Leben auf dieser Farm tanzen" (Gaskin 1977, 116).

Damit wird die gesamte Lebensführung Yoga, Energieaustausch: von der stillen Meditation über Arbeit und gemeinsame Feste, Heilen und Geburtshilfe bis zu Liebe und dem Gespräch mit dem Nachbarn. Es ist das Sorgen füreinander. Auch Arbeit wird zur „materialisierten Form von Liebe", und das heißt wieder zur Transformation von Energie. Arbeit bedeutet über die materielle Existenzsicherung hinaus eine symbolische Orientierung im Sinne der Ressourcenwandlung für neue Energien; Landwirtschaft und Handwerk sollen diesen Anspruch ebenso erfüllen wie die Erprobung technologischer Alternativen. Die gebaute Umwelt wird Ausdruck dieser Handlungsentwürfe und -vollzüge. Das Material ist Recycling: nicht nur Armut spiegelt sich darin wider, sondern auch die Erhöhung der Armut zum Glaubensbekenntnis. Selbstversorgung, Alternativen für die Umwelt und das Energieprinzip „Arbeit ist Yoga" erfordern nicht nur jene breite Streuung von Arbeitsanlagen, sondern auch eine weitgehende Durchlässigkeit gegenüber Spezialisierung, die Idee der Freiwilligkeit und der Arbeit für den anderen. Deshalb verteilte man in der Farm auch nicht, wie in anderen Kommunen, die sogenannten Kreditkarten für geleistete Arbeitsstunden.

Das Prinzip Heilen und die Zuwendung zum Leben als Energieaustausch, verwirklicht insbesondere in der spirituellen Geburtshilfe, ließ die Farm-People nicht nur eine eigene Klinik bauen, sondern auch Geburtszimmer in den Haushaltswohnungen einrichten, in denen auch vorübergehend mitwohnende Fremde für die Geburt aufgenommen wurden. Die aus der Weltsicht des Energieaustauschs alles Lebendigen erwachsene Ablehnung der Schwangerschaftsunterbrechung führte nicht nur zu Predigten, sondern zu sozialen Konsequenzen. Die Farm bot schwangeren Frauen vor und nach der Geburt einen sozialen Sicherheitsraum, sie konnten danach ihre Kinder mitnehmen oder bis zu einem späteren Zeitpunkt auch dort lassen, ohne sie ganz zu verlieren.

„Liebe ist Yoga" als tantrisches Prinzip des Energieaustauschs gilt allen Menschen, basiert aber auf der direkten Zuwendung zwischen zwei Energieträgern. Das Paar (Mann und Frau, Mutter/Vater und Kind) sind die sich ergänzenden Pole. Die Kleinfamilie wird damit zum zentralen Kern des sozialen Modells, das sich in konzentrischen Kreisen über die Haushaltsfamilie zur Farmgemeinschaft erweitert. Kleinfamilie und Einzelpersonen, je mit einem eigenen Raum, schließen sich in einer Haushaltsfamilie mit einem eigenen gebauten Haus zusammen. Die größere Gemeinschaft findet sich in der (vorrangig rotierenden) Arbeit; in der Church zu Meditation und Gottesdienst, wofür die Meditationshalle, die früher ein bewaldeter Hügel war, gebaut wurde; bei gemeinsamen Festen des Jahres- und Lebenszyklus.

Dieses soziale Modell baute auf der kommunalen Idee des Gemeinschaftsbesitzes und der Rechte- und Pflichten-Teilung auf. Persönliches Vorwärtskommen ist in einer Gesellschaft mit gemeinsamem Eigentum und gemeinsamer Arbeit ohne Wert. Und indem die Rolle des Familienversorgers in der Kleinstfamilie aufgehoben wird, der Haushalt mehrere Familien und Einzelpersonen umfaßt, Kinder nicht als Besitz der Frau angesehen werden, verliert auch die ökonomische und soziale Rolle des männlichen Familienoberhaupts ihre funktionale und kompensatorische Bedeutung. Damit wird das bürgerliche Familienideal fragwürdig gemacht, obgleich die Arbeitsteilung zwischen Männern und Frauen weitgehend durchaus traditionell ist. Das gedanklich Entscheidende aber dürfte die Bewertungsfrage sein. Wenn Arbeit nicht Selbstverwirklichung oder Geldverdienst für privates Glück, sondern Energieaustausch in einer Kommunität ist, dann trägt jede Arbeit den gleichen Wert für eben diese Gemeinschaft. Die Gleichwertigkeit erkennt die Ungleichheit (und das betraf auch die Arbeitsteilung mit alten oder behinderten Menschen und mit Kindern) an.

Arbeit als materialisierte Form von Liebe und die Idee des „Wir sind alle eins" muß in der Auffassung Gaskins schließlich über die Grenzen der Haushaltsfamilie in Welt hineinwirken. Sein Ideal war der Multiplikationseffekt des Vorbilds für neue freiwillig-notwendige moralische Kommunitäten. Aber darüber hinaus jene praktische Entwicklungsarbeit, die als Hilfe zur Selbsthilfe angelegt ist. Und Gaskin bringt in einer Sonntagspredigt „Richtiger Lebensunterhalt" (Gaskin 1977, 67ff.) die Notwendigkeit des veränderten Energieaustauschs in einer gewandelten Welt über das Beispiel des bettelnden Buddha:

„So dünn besiedelt, wie die Welt in jenen Tagen war, und ohne Medien, wie wir sie jetzt kennen – wurde sein Wort ... von Mund zu Mund, von Person zu Person verbreitet ... Nennt es Shakti, was er hatte, ein unglaublicher Bestand an Shakti – so viel, daß er es nötig fand, um sein Essen zu betteln. Aber er lehrte nicht, um eine Klasse von Menschen zu schaffen, die für ihre Nahrung betteln sollte – das war nicht seine Absicht. Er dachte, weil er solch eine gewaltige Kraft hatte, wäre es gut, wenn er sich erdet und jeden Tag hinausgehen und um seine Nahrung betteln würde, um mit der realen Welt in Verbindung zu stehen. – Aber wir leben jetzt in einer anderen Welt. Und die Frage, wieviele Menschen kann die Welt noch unterhalten, ist aufgekommen ... Und deshalb ist die Frage nach dem richtigen Lebensunterhalt mehr als eine persönliche Frage. Sie wird zur Frage nach der Verantwortlichkeit für unsere Nächsten."

Und er erläutert diese Verantwortlichkeit über eine „Karma-Industrie": „Well, wenn es gut ist, Nahrung wachsen zu lassen, muß es auch gut sein, sie auszutauschen, sie zu verbreiten und zu den Menschen hinaus zu bringen. Dies sind verwandte gute Karma-Industrien ...". Und hinter und über diesem steht die spirituelle Botschaft: „Es ist nicht das Lied, das du singst; es ist nicht der Name, mit dem du Gott benennst: es ist, wie du lebst. Und es ist eine Lehre, wie man leben soll".

„... läßt er jäh die dürren Bäume erblühen"

Schließlich verlassen wir als Anthropologen in unserer verstehenden Textualisierung auch die Ebene einer Interpretation, die sich an der Eigeninterpretation der Untersuchten festhält, hier der Interpretation des

Lebens als Energiesprache in einer gedachten, erzählten und zum Leben gebrachten besonderen Ordnung. Wir versuchen nun, das Besondere vor dem Hintergrund des historisch und transhistorisch Allgemeinen zu verstehen, und gleichzeitig versuchen wir manchmal als Anthropologen, dieses Besondere in seinem Hinweischarakter auf ein mögliches Allgemeines zu interpretieren. Dieser vorläufige Abschluß einer verstehenden Interpretation ist immer derjenige des Autors selbst im Spannungsfeld zwischen gespeicherten Erfahrungen aus dem Vorhandenen und Erwartungen an das Mögliche. Und das Mögliche ist allemal ein Aufbruch zu Utopia als einer besseren Welt.

Der immer wieder erneute Aufbruch in die Welt ist ein so integrierter Bestandteil der Farm-Lehre, daß wir ihn zum Ausgang einer weiteren Interpretationsebene machen wollen, die versucht, die hier zunächst aus sich heraus erfahrene Welt der Farm in den Kontext einer spirituellen westlichen Bewegung und ihren Anleihen einzuordnen und ihren utopischen Wert als Vorbild einzuschätzen.

Am Anfang meiner Überlegungen steht der „Ochsenpfad“[2], der zu den klassischen Darstellungen des Zenweges durch den Zenmeister Kuo-an Shih-yüan (Kakuan Shien) aus dem 12. Jahrhundert und anderer Meister gehört. Ich gebe ihn in der Interpretation von Hans Waldenfels wieder:

„Am Anfang steht die Situation, in der sich der Mensch vorfindet: eine Situation der Entfremdung, der Nicht-Identität des Menschen mit sich selbst, buddhistisch gesprochen: des Leidens, das aber in jeder geschichtlichen Stunde über die immer wiederkehrenden Formen menschlicher

[2] Der „Ochsenpfad“ erläutert in seinen Bildern den Weg und die Suche des Menschen nach seiner „Wahren Natur“ oder „Lebensenergie“ oder „Buddha-Natur“, für die der weiße Geist-Ochse steht, von dem er getrennt ist, der wildgeworden und verloren ist, gefunden und „gezähmt“ werden muß, um vergessen werden zu können. Im Zusammenhang mit der westlichen Aneignung des Zen (vgl. Werthmann 1992) wird der Ochsenpfad vielfach therapeutisch hinsichtlich einer individuellen Entwicklung ausgelegt, angeeignet und eingesetzt, vgl. z. B. Pema-Dorje: „Auf dem Ochsen reiten. Suche nach Erkenntnis, Glück und Erfüllung“ (1993). In diesem Buch wird gleichzeitig für die Yogacara Meditationsstätte des Autors geworben: „M. Pema-Dorje leitet die mehrjährigen systematischen Studiengänge, die Wochenend-Meditationsseminare und längeren Retreats und widmet darüber hinaus einen großen Teil seiner Zeit und Kraft den individuellen Fragen und Problemen von Menschen auf der Suche nach persönlicher Gesundung, Erkenntnis, Glück und letztlich Erfüllung“ (ebd. 206). Das Zitat zeigt, wie verschieden diese individualistische Auslegung des Ochsenpfades, die ich dem „Seelen-Featuring“, (vgl. Greverus 1990b) zuordnen würde, von der Kommunitätsidee der Farm ist.

Nichtverwirklichung hinaus seine konkrete Ausprägung erhält. Der Mensch muß sich folglich auf den Weg machen, um den Ochsen zu suchen und zu finden. Die Etappen des Weges sind gekennzeichnet durch das Erblicken der Spuren und des Ochsen selbst, durch das Einfangen und Zähmen des Ochsen, um mit ihm heimzukehren. Der Weg auf dem Rücken des gezähmten Ochsen endet im Vergessen des Ochsen, schließlich bei der achten Station im Vergessen von Ochsen und Hirten, in jener Leere, wo weder Ochse noch Hirte zählen, sondern nur noch die unsagbare Offenheit und Fülle, Einheit und Kommunikation, dargestellt in der Bildreihe durch einen großen, leeren, lichten, sonnengleichen Kreis. Doch das achte Bild ist nicht das letzte. Auch in der Erfahrung der Leere ist der Mensch nicht aus der Welt ausgestiegen; er ist in der Welt, auch wenn er das Vordergründige in der Kraft des Hintergründigen begreift und den Marktplatz der Weltgeschichte als Sehender betritt, mit offenen, leeren Händen: ‚Ohne Geheimnis und Wunder zu mühen, läßt er jäh die dürren Bäume erblühen'. Der Weg endet nicht in Weltlosigkeit, sondern in offener Geschichtlichkeit, nicht im Verlust von Ich und Selbst, sondern in selbstloser, Hilfe schenkender Kommunikation. Auch die Erleuchtung des Zenweges endet im Bodhisattvaweg" (Waldenfels 1976, 65 f.). Zentral wird die Strophe des „Ochsenpfades":

> Mit entblößter Brust und nackten Füßen
> kommt er herein auf den Markt.
> Das Gesicht mit Erde beschmiert,
> den Kopf mit Asche über und über bestreut.
> Seine Wangen überströmt von mächtigem Lachen.
> Ohne Geheimnis und Wunder zu mühen,
> läßt er jäh die dürren Bäume erblühen
>
> (Waldenfels 1976, 121)

Waldenfels zitiert die Interpretation des japanischen Zenmeisters tsu über den „heiligen Narren" („… wandert er … in der staubigen Welt umher wie ein Narr. Er wirft sich willig in das qualvolle, wogende Meer der ewigen Seelenwanderung und rettet die darin Versunkenen …"; Waldenfels 1976, 121), er weist auf das „Herausspringen" aus dem „großen Nein in das große Ja" und sagt: „Der Erleuchtete erreicht damit jene Weise ‚leer gewordener Leere', in der diese sich selbstlos-mitleidend mitteilt und so die Erkenntnis zum Mitleid wird" (Waldenfels 1976, 122 f.).

Und es folgt die Frage, ob sich – hier im gegenwärtigen Japan – die buddhistische Ununterschiedenheit nicht verkehrt habe: „… verkehrt sich das ursprüngliche Un-Unterscheiden, das Selbst selbstlos nicht vom Anderen zu unterscheiden, zum Un-Unterscheiden, das Andere selbstisch nicht vom Selbst zu unterscheiden" (Waldenfels 1976, 124 f.). Es ist die Verkehrung in einen Narzißmus, den Sennett als Sozialcharakter der modernen westlichen Gesellschaften beschreibt: „Die Auslöschung der Grenze zwischen dem Selbst und dem Anderen bedeutet, daß dem Selbst nie etwas Neues, ‚Anderes' begegnen kann. Dieses wird verschlungen und so lange umgeformt, bis sich das Selbst darin wiedererkennt – damit aber wird das Andere oder der Andere bedeutungslos" (Sennett 1983, 364).

Diese narzißtische Einverleibung des Anderen der fremden Kulturen, einschließlich Gottes, in ein „göttliches Selbst" begegnet uns als Kennzeichen neuer Spiritualität im „Manifest der Person" (Roszak 1982a) immer wieder: als ein egoistisches und narzißtisches „Ja" (vgl. Greverus 1990; 1990b).

Man kehrt nicht als Narr auf den Markt der Welt zurück, um dürre Bäume erblühen zu lassen, sondern man läßt die Narren auf dem Marktplatz, dem Platz der materiellen Entscheidungen und Mißstände zurück – und kauft sich auf einem anderen Markt Selbstfindung, die sich in Heimwelt einrichten kann. Selbstloses Un-Unterscheiden als Tätigwerden gegenüber dem Anderen steht ebensowenig im Zentrum der Gedanken der „sanften Verschwörer" wie die „Narrheit" lachender Besitzlosigkeit.

Aufbruch und Collage

Haben die Farm-People dagegen den zen-buddhistischen Ochsenpfad in einer für diese Welt wirkenden Weise beschritten? „Wir sind alle eins" zur Zuwendung selbstlosen Un-Unterscheidens in einem lebensfähigen Modell gemacht? Haben Sie utopischen Vorschein des Möglichen geschaffen?

Ich greife aus der Argumentation meiner verschiedenen Ebenen der Erfahrung drei Begriffe noch einmal auf: Aufbruch, Energiesprache, Collage.

Der Aufbruch hat sowohl eine physische als auch psychische, eine materielle und spirituelle Dimension, hat Vergangenheits-, Gegenwarts- und Zukunftsbezug, ist historisch zu verorten als Idee und Handlung und lebt aus der Forderung, ein Noch-Nicht kulturell zu verwirklichen.

Aufbruch war – mit der Beat- und Hippie-Generation – die Absage an die eigene Konsumgesellschaft, Protest und Provokation gegen den kapitalistischen Materialismus, gegen technologische Zivilisation und angepaßte bürgerliche Moral, gegen die Zwänge rationalen Fortschrittsdenkens und gegen entfremdetes Leben.

Aufbruch war die Suche nach alternativen Lebensformen in fremden Kulturen, wobei der Blick sich vorrangig „gen Osten" und zu „Positionen jenseits" (Roszak 1971, 183) wandte, zu denen auch der Aufbruch mittels psychedelischer Erfahrung gehörte.

Aufbruch war die „Rucksackrevolution", wie sie in der Beat-Generation unter Berufung auf Walt Whitman als „Weg der irren Zen Barden" von Kerouac (1981, 75) gepriesen wurde und in der Hippie-Generation zur Gründung zahlreicher Landkommunen als Orten des Rückzugs aus der Gesellschaft führte.

Aufbruch war die Schaffung einer „Narrenkleidung“ als Gegenbild.

Aufbruch war das Zurückgehen auf den Markt der Welt, um über Musik und Worte eine neue Botschaft zu verkünden.

Bis hierhin unterscheidet sich der Aufbruch der Farm-People nur graduell von der Jugendrevolte ihrer Zeit und ihres Raums. Und alle hier aufgeführten Momente drückten sich auch noch im Farm-Leben der 80er Jahre aus. Hinzugekommen aber war ein neuer Aufbruch, der die Grenzen und Freiheiten temporär-provokativen Ausstiegs in verlängerter Adoleszenz sprengte. Es war ein Aufbruch vom nur lachenden Narrentanz zum Bodhisattvaweg, der die materielle Ebene des Lebens einbeziehen mußte.

Dieser Aufbruch führte über Musik und Worte hinaus zur Arbeit und Mitarbeit auf einer materiellen Ebene in den Räumen der Armut des eigenen Landes und fremder Länder.

Dieser Aufbruch führte aber auch zu einer notwendigen Heimkehr, zur Arbeit an und in einem eigenen Haushalt des Lebens. Hilfe zu geben bedeutet zunächst, sich selbst helfen zu können, einen Ort des Vertrauens, der materiellen und sozialen und ideationalen Sicherheit für sich selbst und seine Gemeinschaft aufzubauen, eine mündige, eine „reife“ Gesellschaft (vgl. Greverus 1990) zu werden, nicht fordernd, sondern schaffend und gebend, kurz, um es mit Henri Lefèbvres kulturrevolutionärer Forderung auszudrücken, „Werk“ zu werden: „Tätigkeit einer Gruppe, die ihre Rolle und ihr gesellschaftliches Schicksal in die Hand und Pflege nimmt, mit anderen Worten Selbstverwaltung“ (Lefèbvre 1972, 276).

Diese Tätigkeit einer Gruppe sollte bei der Farm als Yoga oder Energiesprache den Alltag durchziehen. Das bedeutet zweierlei: Über das Prinzip Yoga wurde jede Tätigkeit als interdependentes Element in einen „Yoga als Lebensstil“ eingeordnet, und das heißt, daß den alltäglichen Handlungen wieder der übergreifende, auf ein Ganzes bezogene Sinn gegeben werden sollte. Die Energiesprache aber orientierte sich am alten Prinzip des Austauschs, der Gegenseitigkeit, der Sorge füreinander in einem Oikos, in einem Haushalt des Lebens. Wenn Gaskin sagte, „jeder kann ein Bodhisattva sein“, dann wollte er damit nicht nur das Guru-Prinzip abbauen, sondern auch die Ungleichheit zwischen Gebenden und Nehmenden. Die Forderung war allerdings nicht Gleichheit, sondern Gleichwertigkeit der verschiedenen Energien. Und nur so ist ein Haushalt des Lebens, der die Generationen, die Geschlechter, die Gesunden und Kranken umfaßt, möglich.

Allerdings zeigt die Entwicklung der Farm, daß das klösterliche Modell auch, selbst wenn es so lebenszugewandt ist, in einer umgebenden Welt von staatlicher Kontrolle und Wohlfahrt, Konsum, Privatisierung und individualistischen Glücksversprechungen, sich kaum zu halten vermag. Das „Gesundschrumpfen“ ist weder der klösterlich-spirituelle Weg der Gründung neuer Zellen noch der weltliche Weg der Polis zur Gründung von in einem Netzwerk verbundenen „Kolonien“. Ist der Weg in die Zukunft offen oder verschlossen? Führt er in dieser Kommune zur allmählichen Assimilation an die bestehende Gesellschaft oder wird er Bestandteil eines Diskurses, in dem sich Extreme aufeinander zubewegen, kritisch und selbstkritisch Decollage betrieben wird, um zu einer neuen Collage vorzustoßen?

Wir hatten der „gekonnten Collage“ verschiedene Stufen zugeordnet. Die erste war die Decollage und Ironisierung verfestigter kultureller Selbstverständlichkeiten. Diese Decollage haben die Farm-People im Rahmen ihrer Gegenkultur an der „habgierigen“ amerikanischen Gesellschaft – und darüber hinaus an der westlichen Gesellschaft – vorgenommen.

Der nächste Schritt war der Aufweis und die Gegenüberstellung anderer Möglichkeiten. Auch dieser ist vollzogen worden: Spiritualität gegen Materialismus, Religionen und Philosophien anderer Kulturen, Vegetarismus gegen eine „fleischfressende“ Nation, Drogen zur Bewußtseinserweiterung, „natürliche“ Kleidung, Haushaltsfamilien statt Kleinfamilien, eine andere Sexualität, natürliche Geburt, Rückkehr in den Primärsektor der Selbstversorgung, sanfte Technologien, Arbeit als Tun für den anderen, die Gemeinschaft, Wiederfinden des Gesprächs in einer verstummten Gesellschaft.

Schließlich die Stufe der Schöpfung eines kulturell Neuen aus den verschiedenen Realitäten über den Funken Poesie in einer gekonnten Collage. Ich habe diesen Funken Poesie aus meiner Erfahrung des Farmalltags darzustellen versucht, eben als eine Neuschöpfung, die nicht nur Disparates zusammenfügt, sondern zu einem neuen Sinnganzen führt, einem gemeinsamen Lebensplan, in dem sich der Einzelne als definiertes Ich in einer Gruppenidentität wiederfinden kann.

Der menschliche Clown zwischen Himmel und Erde beim Regenbogen auf dem Recyclinggebäude, mit dem ich meine Reflexionen begonnen habe, drückt er nicht auch jene Stufe des Ochsenpfades aus, wo der lachende Narr als weltoffener Bodhisattva „ohne Geheimnis und Wunder zu mühen, ... jäh die dürren Bäume erblühen [läßt]“ (Waldenfels 1976, 121)?

Warum, könnte man jetzt fragen, wenn ich zum Ausgangspunkt meiner Reflexionen, zum „ersten Blick“ zurückkehre, habe ich die verschiedenen Ebenen der Erfahrung aufgeführt? Als neues intellektuelles Spiel der Anthropologin? Das nicht, sondern ich wollte an einem Beispiel, und sicher macht man das lieber an einem positiv besetzten Beispiel, den Prozeß des Verstehens verdeutlichen, der einer Interpretation zugrunde liegt. Dieser

Prozeß führte von einer Vorerfahrung zu einem ersten Blick, zur Hinterfragung dieses ersten Blicks in einer Gegenüberstellung mit der Kritik, hier des „Jargons der Eigentlichkeit“ von Adorno, von dort zur Frage, ob ich einen Text ohne seinen Kontext des gelebten Alltags verstehen kann. Gelebter Alltag aber wird aus Anschauung und Gesprächen in der primären Interaktion erfahren. Das Feldtagebuch ist die Ebene des direkten Niederschlags dieser subjektiven Erfahrung. Für die Überprüfung der eigenen Subjektivität und der nicht – noch nicht – verstandenen Fakten und Ideen einer fremden Lebenswelt dient der Versuch einer historischen Einordnung, die das singulär Erlebte aus dem Kontext der historischen Zeiterscheinungen einerseits und der spezifischen historischen Entwicklung des untersuchten Phänomens andererseits zu verstehen versucht. Hier werden die Texte der Anderen relevant: vom Interpreten der Zeitgeschichte bis zur erzählten Geschichte der Akteure. Um den Sinn ihres Handelns zu verstehen, bedarf es aber einer weiteren Ebene, in der die Betroffenen selbst den Sinn ihres Handelns interpretieren, die gedachte Ordnung in der gelebten Ordnung aufzuweisen versuchen. Diese Ebene bedeutet den Versuch, hörend und lesend, ein fremdes Weltbild zu erfahren und vielleicht zu verstehen.

Diese Ebene, die zum Text der verstehenden Interpretation führt, kann sowohl Klarheit als auch Zwielicht im Verstehensprozeß von Erfahrung und Interpretation bedeuten (vgl. Greverus 1989). Clifford Geertz verweist auf die Imaginationskraft als Voraussetzung anthropologischer Interpretation (Geertz 1983). Aber wir dürfen die Ambivalenz dieser Imagination, ihre beiden Seiten nie übersehen. Sie trägt die Möglichkeit des „priviligierten Augenblicks“ in sich, der einen Einblick in die Verborgenheit der anderen Welt erlaubt, aber sie läßt auch die Projektionen der versteckten Wünsche und Ängste der Forschenden zu. Zumeist, so scheint mir, ist die Imagination etwas von beidem und führt über Sensibilität zu einer Verbindung zwischen der fremden und der eigenen Welt. Wird diese imaginative Verbindung als Spiegelung zugelassen, dann erlaubt sie die Gegenüberstellung verschiedener Kompositionen von Kultur und kann zu einer Kritik unserer eigenen kulturellen Irrwege und der Entdeckung anderer, „menschlicherer“ Möglichkeiten führen. Was allerdings menschlicher ist, bildet eben die Grundlage jenes gesellschaftlichen und wissenschaftlichen Diskurses um die Glücksmöglichkeiten des Menschen, in den der Einzelne, sofern er überhaupt zugelassen wird, nur seine eine einzige Stimme einbringen kann. Diese Stimme bleibt immer subjektiv, von eigener Erfahrung und Hoffnung getönt. Aber wenn diese Erfahrung sich um andere Erfahrungen bemüht hat, wenn viele andere Stimmen ähnliche Erfahrungen und Hoffnungen ausdrücken, dann können sie vielleicht nicht mehr in ihrem Forderungscharakter überhört werden.

Die Kritik des von uns gelebten Lebens ist unüberhörbar, die Sehnsucht nach Alternativen unübersehbar, die Möglichkeit zu kulturell vielfältigen Collagen ist gegeben und wird praktiziert. Sie alle zielen tendenziell auf ein ganzheitlich erfahrbares Leben, wobei die Gefahr, daß „Ganzheit" zum Jargon verkommt, sich in elitäre Geheimgesellschaften flüchtet, Narzißmus bestätigt und verstärkt, gesellschaftliche Verantwortung im ozeanischen Gefühl auflöst, wohl deutlich ist. Und damit verstärkt die Ganzheit der einen die Marginalität der anderen.

Die Collage der Farm hat die utopischen Schritte auf ein Modell gemacht, in dem Ganzheit das alltägliche Leben aller Mitglieder umfassen sollte. Und als ein solches Modell ist ihr gemeinter Sinn auch mein subjektiv gemeinter Sinn. Das muß sich nicht auf die je gelebten Details erstrekken, das wird auch nicht durch Scheitern in Frage gestellt: Vielleicht müssen wir die phantastischen Möglichkeiten der disparaten Realitäten tatsächlich erst erkennen. Aber es muß sich immer wieder auf eine Identitätsarbeit erstrecken, die Sich Erkennen, Erkannt- und Anerkanntwerden in einem gemeinsamen Lebensplan ermöglicht. Das bedeutet aber auch die immer wieder erneute Aufnahme neuer Erfahrungen, die Kritik der je geschaffenen Ganzheit und die Decollage eigener erstarrter Strukturen, was auch die Selbstreflexion der Farmleute beträfe.

Ich wollte der Stimme der Farm über meine eigene Stimme Gehör verschaffen. Doch erinnern wir uns auch, was Phyllis Gorfain zur anthropologischen Erfahrungssuche gesagt hatte: „Jede Suche bringt nur einen anderen schattengleichen Text hervor, nur eine Ähnlichkeit, nur eine Erinnerung" (Gorfain 1986, 207 f.). Und so ist auch mein Text nur ein Schatten der Menschen, von denen ich erzählt habe. Jedoch, ein Leben, das keinen Schatten wirft, ist ein Leben, das im Tageslicht nicht existiert. Es ist die Aufgabe der Anthropologen, die Schatten zu zeigen, um unsichtbare Menschen und unsichtbare Kulturmuster sichtbar werden zu lassen. Sicher, der Mensch ist nicht das gleiche wie sein Schatten, und der Schatten einer Kultur ist nicht mit dieser Kultur identisch, aber die schattengleiche Silhouette dient als ein Spiegel, der das Anderssein reflektiert und diesem eine Stimme verleiht. Eine Stimme, die in den Dialog des wechselseitigen Verstehens und Lernens eingehen kann.

Enteignetes und enteignendes Träumen. Erfahrungen in einem schwarzen und einem weißen Australien

Auf der Suche nach dem Inner Outback

Im September 1990 fuhr ich mit Studierenden zu einer Exkursion in das südliche Portugal. Wir hatten drei Tage Busfahrt vor uns und waren mit Getränken, Spielkarten und Büchern wohlversorgt. Da ich anschließend für drei Monate nach Australien wollte, gehörten auch Bruce Chatwins „Traumpfade" zu meinem Gepäck. Nicht wenig staunte ich allerdings, daß die Traumpfade gleichzeitig an sieben Plätzen auftauchten. Was hatte die „Traumpfade" zu einem Kultbuch für die westliche Jugend der späten 80er gemacht, ähnlich wie Hans Peter Duerrs „Traumzeit" in den späten 70ern, Castanedas Reisezyklus mit dem indianischen Lehrmeister Don Juan seit den späten 60ern und Jack Kerouacs „On the Road"-Werke seit den späten 50ern? In allen Büchern verläßt der „Held", das heißt der weiße Schriftsteller, die Welt der Zivilisation, um als „Lonesome Traveller" (Kerouacs Autobiographie) real oder geistig in die Welt des „Ganz Anderen" fremder Kulturen einzutauchen.

Harvey Arden drückt in seinem Artikel „Journey into Dreamtime" schließlich einen Aneignungsvorgang aus, in dem sowohl die Dreamtime der Aborigines als auch ihr reales Leben im australischen Outback nur noch die Folie für einen westlichen Selbstfindungstrip darstellen:

„We all have some of the outbacks in us – a deep interior where thoughts blow free and the soul goes walkabout on an endless Dreamtime journey. Call it, if you will, the inner outback. It lies just the other side of never-never in the land beyond good-bye ... follow the Aborigines' tracks of the ancestors into the Great Sandy Desert and beyond. There you'll find the inner outback – and perhaps yourself as well" (Arden 1991, 8).[1]

[1] „Wir alle haben irgendetwas von den ‚outbacks' in uns – ein tiefes Inneres, in dem die Gedanken frei dahinziehen und die Seele auf einer endlosen Traumzeit-Reise umherschweift. Nenne es, wenn du willst, inneres ‚outback'. Es liegt genau auf der anderen Seite des Niemals und des Nirgendwo, in jenem Land jenseits vom Lebewohl ... folge nur den Aborigines-Pfaden der Ahnen in die Große Sandwüste und immer weiter. Dort wirst du das innere ‚outback' finden und auch vielleicht dich selbst".
Das australische Outback liegt hinter den dichtbesiedelten Küstenstreifen und umfaßt über sieben Millionen Quadratkilometer ausgetrockneter Ebenen, karger Wei-

Anderes suchte sicher der 1989 mit 49 Jahren verstorbene Bruce Chatwin, der mit 25 Jahren der Londoner Kunstwelt den Rücken kehrte, um auf Reisen die für ihn eigentliche Bestimmung des Menschen, die er in einem geplanten Werk als „die nomadische Alternative, Anatomie der Rastlosigkeit“ bezeichnete, zu erfahren und sie der „denaturierenden Seßhaftigkeit“ gegenüberzustellen. In der anläßlich der deutschen Übersetzung von 1990 erschienenen Besprechung in der „ZEIT“ wird er von Andreas Isenschmid als ein neuer Rousseau gefeiert, der „den Sündenfall darin [sah], daß die Menschen nicht Nomaden geblieben waren“ (Isenschmid 1990). Bruce Chatwin macht die wandernden Aborigines auf den Traumpfaden zum Gegenstand seiner nomadischen Sehnsucht und wandert mit ihnen. Für seine Interpreten wird er selbst der Nomade, der „wie ein Reisender, ein unvermuteter Gast von weither kommt ... zu uns, die wir uns eingesessen haben, eingeschlossen in die Luft, die wir atmen; und er zeigt uns durch den anderen Blick, den er mitbringt, daß das Leben noch etwas anderes ist, als unsere Gewohnheiten, und daß der Wind, der draußen geht, befreiender ist als die Luft um uns“ (Vollmann 1990).

Isenschmid (1990) bezeichnet Chatwin als „ewig reisenden Asketen, der sich nur mit wenigen Worten und Dingen belasten will, aber sich rasch, konzentriert und empfindsam auf flüchtige Situationen einstellen kann“. Diese einsamen Reisenden haben sich das Fremde angeeignet, aber haben sie die Fremden damit schon enteignet?

Marginalität in der eigenen Gesellschaft, Einsamkeit in der Fremde, Alleingang, Entbehrungen und die Empfindsamkeit des Fremdverstehens werden nun auch von und für den reisenden Anthropologen im Selbst- und Fremdbild immer wieder als „Heroenlegende“ (Kohl 1979, 33) hervorgehoben (vgl. Giordano/Greverus 1986a, 8ff.), ebenso aber wird vor seinem „Heimweh nach dem verlorenen Paradies“ (Weiß 1946, 53) oder – kritikhaltiger und den Enteignungsprozeß ansprechend – vor seiner „imperialist nostalgia“ (Rosaldo 1987) gewarnt.

Gehöre ich selbst als Anthropologin, als Reisende und als Person zu jenen „horizontsüchtigen Wanderern“ (Chatwin 1990, 15), die aus „fremder (entfremdeter) Nähe“ der eigenen Kultur die „Sehnsucht nach dem Feld“ (Greverus 1982) einer „nahen Fremde“, und das heißt einer vertrauens-

den, Wüsten, Salzseen, Buschland und verwitterter Gebirgszüge. In seinem Zentrum liegt der heilige Berg der Ureinwohner – der rote Sandsteinmonolith Ayers Rock. Das Outback ist mehr als eine karge Landschaft. Es ist durchzogen von den Spuren der Ahnen der Aborigines, aber auch von denen der weißen Pioniere, die sich das Land aneigneten. Outback, das ist eine Metapher für Einsamkeit, Überlebenskampf, menschliche Stärke und Verbindung zur Erde. Aber es waren und sind eben zwei verschiedene und sich ausschließende „Pfade“, die gegangen wurden.

würdigen, oft sehnsuchtbesetzten fremden Kultur, entwickelt haben? Meine Reise durch Australien, wo die Fremden, die Aborigines, wieder fremd wurden und ihre Protektoren – vom Anthropologen bis zum Galeriebesitzer – mir fremde Nähe vermittelten, hat mich erneut an die Grenzen von „Horizonterweiterung" zwischen „Wildnis und Zivilisation" (Duerr) gestoßen. Das Outback war keine Wildnis mehr, auch nicht eine Landschaft von „everlasting immutable shapes by the intervention of the Dreamtime heroes" (immerwährenden, unvergänglichen Formen durch das Eingreifen der Traumzeit-Heroen; Kolig 1980/81, 118), der „befreiende Wind" war heiß und atembelastend, und das „freie ‚walkabout' der Gedanken und der Seele" wurde durch den Anblick jener „Tötungsstraßen" überschattet, an deren Rändern überfahrene Kaninchen, Vögel, Rinder und Känguruhs von Aasfressern ausgeweidet verdorrten. Und die ersten Aborigines sahen wir nicht auf der Jagd oder auf „walkabouts", sondern in den Bars und vor den Alkoholständen der Städte, übernachtend im ausgetrockneten Bett des Todd River von Alice Springs, ein überfahrenes Känguruh für Touristen bei einer „dreamtime-tour" zubereitend. Die gesuchte und die angelesene Dreamtime verschwand hinter der Realität eines enteigneten Träumens.

Der Dingo-Zaun

Der Künstler Nikolaus Lang hat in seiner beklemmenden dreidimensionalen Collage „Jagen und gejagt werden – eine Allegorie Australiens", die in Australien Berührungsängste weckte (vgl. Lang 1991), jene Stufen von menschlicher Aneignung der Wildnis gezeigt, die unumkehrbar ist – letztendlich auch für den nostalgischen Traum des Anthropologen.

In den beiden folgenden Figuren-Collagen hat der sogenannte „dogfence", ein 10 000 Kilometer langer, zwei Meter hoher Zaun, der errichtet wurde, um die verwilderten Dingos von den Schafweiden in Queensland und Südaustralien fern zu halten, eine tiefe und kritische symbolische Bedeutung, sowohl in der „Spurensuche" des deutschen Künstlers Nikolaus Lang als auch in der Darstellung des australischen Aborigine-Künstlers Lin Onus. Die Dingos waren von den Aborigines domestizierte und zur Känguruhjagd abgerichtete Hunde. Aber der Dingo war auch einer der Schöpfer-Ahnen, die das Land erschaffen haben und in ihrem Sterben mit ihrer Geist-Kraft in das Land eingehen. Dieser Dingo-Ahn lebt in den erzählten Schöpfungsgeschichten:

> Seine roten Augen glühen.
> Hinter offenen Fängen lauert seine rote Zunge.
> Im Land seiner Sandberge wehen heiße Winde.
> Der rote Staub erhebt sich.

Abb. 18: Nikolaus Lang: „Jagen und gejagt werden – eine Allegorie Australiens.“ Aus: Lang 1991, 46.

Abb. 19: Lin Onus: Dingo-Skulpturen. Aus: ARATJARA 1993, 316.

Er verläßt das Lager in Niljerkia.
Der Große *Dingo* verläßt sein Lager
Und zieht durch die Sandhügel.
Ngolya der *Dingo* führt seine Herde
Aus dem Land der Staubstürme.
Er kommt nach Intia, trinkt sich satt
Und ruht sich am Wasser eine Weile aus.
Dann eilt er weiter nach Westen.
Seine Krallen zeichnen die Erde, er schleudert den Sand auf
In seinem Lauf gen Westen.
Hinter bloßen Fängen glüht seine rote Zunge.
(in: Kimber 1993, 225 f.)

Die Dingos stehen sowohl für die einstige wirtschaftliche als auch symbolische Bedeutung des Landes für die Aborigines.

Nikolaus Lang hatte an diesem Dingo-Zaun zwei verendete Dingos gefunden. Ihre von ihm mumifizierten Kadaver und bereits mumifiziert aufgefundene Känguruhs sind die Grundlage seiner Collage:

„Die ineinander verknäuelten Glieder sind zu widernatürlichen Figurationen verschoben. Das Bestäuben mit rotem Ocker hat sie weiter verfremdet. Wie die Ausstellung im Raum zeigt, findet hier im allegorischen Gewand eine ziemlich aggressive Aussage statt. Die Tierhüllen nehmen nach dem Tod eine neue, fast surreale Wirklichkeit an. Sie sind wie auf Stelzen abgestützt. Das eine Känguruh steht auf Reibsteinen der Eingeborenen, das zweite auf Bergbauwerkzeugen, das dritte auf Emblemen der Landwirtschaft: Kuhhorn, Eisenkeil und Pflugschar. Die drei Stelzen des einen Dingos stehen links auf einer hölzernen Spielzeugpistole, rechts auf einem Flugzeug aus Blech und hinten auf einer Maurerkelle und einem Gebetbuch mit Kruzifix; die Stelzen des anderen Dingos stehen auf einem goldenen Unterteller, in einem Zinn-Bierkrug und in zwei übereinandergestapelten Flaschenhälsen. Von den drei Känguruhs ist eins mit Emufedern ausgestopft, ein zweites mit loser Schafwolle und ein drittes mit Wollproben – als Hinweis auf die Schafzucht und darauf, daß aus Europa eingeführte Tiere einheimischen Arten den Platz wegnehmen; jährlich wird eine Million Känguruhs abgeschossen. Lang hat die Tiere wie Requisiten behandelt. ... In dieser Arbeit sind sie in zwei Ebenen übereinander angeordnet. Am Boden gleiten sie dreidimensional durch den Raum: hier hetzen Känguruhs die Hunde. An der Wand wird diese verkehrte Welt wieder richtig gestellt: jetzt verfolgen Dingos die Beuteltiere – eine irreale, wilde Jagd, die insgesamt auf das Verhältnis Weiß/Schwarz anspielt, im weiteren Sinn aber auch das Jagen des Künstlers nach Realität als Chimäre entlarvt. Weil sie Tabus umstieß, hat diese Arbeit in Australien Berührungsängste geweckt" (Günter Metken in: Lang 1991, 47 ff.).

Lin Onus' Werk trägt die Titel 1. Geburt, 2. Analer Fetisch, 3. Warum lecken sich Hunde? 4. Zaun zur Abwehr der Dingos, 5. Falle.

Im Katalog zur Ausstellung „ARATJARA. Kunst der ersten Australier" (1993), an deren Planung Lin Onus wesentlich beteiligt war, schreibt er selbst:

„Seine Reihe von *Dingo*-Skulpturen ist so aufgebaut, daß sie nacheinander betrachtet werden sollen – als Abfolge von der Geburt bis zum Tod. Die letzte Skulptur – der in die Falle gegangene *dingo* – ist als Kommentar zum Umgang mit diesen eingeborenen Tieren zu sehen, die, aus der Sicht der Aborigines, der Behandlung sehr nahekommt, die sie selbst zu erleiden haben“ (Onus 1993, 293)

Die ungleichen „Träume“ der schwarzen Brüder

Die beiden Brüder, von denen die umseitigen Wandbilder am eigenen Haus gemalt wurden, verkörperten für mich jene Tragik eines Lebens zwischen den Welten, in denen die Träume ihre Authentizität verloren haben und nur noch kranke Phantasien sind. Beide Brüder waren Trinker, um die 50 Jahre, und lebten im Hause der Eltern. Der eine Bruder war während unseres Besuchs nahezu stumm. Sein Bild wurde von dem anderen Bruder erklärt:

Das Bild mit der zentralen Figur des Aborigine als Jäger zwischen den Bumerangs und der Vielfalt der Tiere Australiens war der verlorene Garten Eden vor der Ankunft der Weißen. Das Schiff, das Chaos der linken Bildseite, ein böser Geist unten im Bild zeigen die Folgen der Kolonisation für die Aborigines, zeigen das zerstörte „dreaming“.

Sein eigenes Bild benannte der viel redende Bruder als „Hannibal überschreitet die Alpen“. Sein Träumen war auf Eroberung und auf die „großen Männer“ Europas gerichtet, von denen er „nie genug hören könne“ – und seine Auswahl reichte von Sokrates über Martin Luther bis zu Hitler und Mussolini.

Ihre Eltern: Der Vater[2], der gerade in der Klinik war, war Kind eines weißen Vaters (von dem der Enkel stolz als einem Farmer erzählte) und einer eingeborenen Mutter. Seine Jugend hatte er offensichtlich (wie viele Mischlingskinder, die ihren Müttern fortgenommen worden waren) auf Missionsstationen verbracht. Er war später Schlachter in Rockhampton, gewerkschaftlich engagiert und gehörte zu den wenigen Aborigines, die es zu einem eigenen Haus gebracht hatten. Mit seiner Frau, einer Aborigine, hatte er sieben Kinder, von denen die beiden Söhne im Haus lebten. Die Frau, mit altersbedingtem Gedächtnisverlust, lebte in einer traditionell geprägten Vergangenheit und fragte ihre Enkelin immer wieder nach deren vor 13 Jahren verstorbenen Vater, einem ihrer Söhne.

Die Enkelin, Ende 20, war äußerlich kaum noch als Nachfahrin der Aborigines erkennbar. Sie lebte mit ihrem Freund „um die Ecke“, verdiente ihr Geld als Putzfrau und schien sich sehr um die Großeltern und

[2] Die Adresse verdanke ich Regina Ganter, Griffith University Brisbane, für die der Vater der Familie ein Gewährsmann war.

Abb. 20: „Zerstörtes Dreaming", Wandbild an einem Privathaus. Foto: I.-M. Greverus.

Abb. 21: „Hannibal überschreitet die Alpen", Wandbild an einem Privathaus in Rockhampton. Foto: I.-M. Greverus.

die Onkel zu kümmern. Sie argumentierte als Aborigine einer neuen urbanen Generation.

Die Geschichte dieser Familie steht für viele. Die Trennung der Mischlingskinder von ihren Müttern und damit auch von ihren „people" und ihren heiligen Orten, die daraus resultierende Herausbildung neuer Gruppenzugehörigkeiten auf den Missionsstationen, ist ein immer wieder erzähltes Schicksal. Auffällig für mich war die Tatsache, daß gerade diese Mischlinge, wie der Vater, besonders engagiert in kultur- und sozialpolitischer Arbeit für die Rechte der Aborigines tätig waren. Aber auch der Auseinanderfall der Familie wurde deutlich: nur die beiden unselbständigen erwachsenen Söhne lebten im Haus, die anderen Kinder und ihre Ehepartner waren tot oder lebten in anderen Städten. Die drei Generationen dieser Familie verkörperten auch gleichzeitig verschiedene Ebenen der Auseinandersetzung mit einer urbanen Aboriginality, die allerdings nicht nur generationsspezifisch gesehen werden sollte: politische Aktivität und sozialer Aufstieg in einem urbanen Milieu bei dem alten Mann, Persönlichkeitszerfall und Fluchtphantasien bei den Söhnen, unpolitische Integration als Dienstleistende in eine weiße urbane Gesellschaft bei der Enkelin.

Einen anderen „urbanen Weg" der Besinnung auf die Aboriginality beschreibt Lin Onus:

„Verschiedene aufeinanderfolgende Regierungen in diesen Gebieten [Missionsstationen, bzw. von der Regierung angelegte Reservate] richteten Komitees ein, die sie euphemistisch als Ausschüsse zum ‚Schutz' der Aborigines bezeichneten. Vor allem aus ökonomischen Gründen wurden – wie etwa im Falle der Kinder von New South Wales – Verordnungen erlassen, die besagten, daß ‚alle Kinder, die zur Hälfte, einem Viertel oder einem Achtel Aborigines sind, ab ihrem zwölften Lebensjahr eine besondere Unterweisung und Erziehung erhalten' sollten.

In der Praxis bedeutete dies, daß mehrere Generationen von Kindern mit Gewalt aus ihren Familien gerissen wurden, um dazu erzogen zu werden, den reichen weißen australischen Landbesitzern in niederen Tätigkeiten zu dienen. Dieses Vorgehen war für die Nicht-Aborigines von kurzfristigem Nutzen, da es eine Vielzahl von Putzfrauen und Küchenhilfen für Haushalte des Mittelstands in Sydney, Melbourne und Adelaide hervorbrachte sowie viele junge Männer, die als Viehhirten oder Treiber arbeiten konnten. Gleichzeitig aber hatte es auch den unbeabsichtigten Effekt, wenige Generationen später eine neue und unerwartete Klasse australischer Aborigines auf der Bildfläche erscheinen zu lassen.

Diese neue Klasse bestand aus einer Gruppe von Leuten, die (in unterschiedlichem Maße) Zugang zu Ausbildung und Mobilität erlangt hatten. Ende der 60er Jahre drängten Angehörige dieser Klasse auf die politische Bühne. Viele waren jung, viele waren wortgewaltig, alle jedoch waren zornig. Vor diesem Hintergrund hat sich die künstlerische Bewegung in diesen Regionen entwickelt" (Onus 1993, 290).

Enteignetes und enteignendes Träumen. Eine Behauptung

Die ungleichen Träume der beiden schwarzen Brüder stehen für mich als Metapher für enteignetes und enteignendes Träumen, das auch als enteignendes, das heißt als der weiße Traum der Eroberung, wie eine „Verkehrte Welt" (vgl. Greverus 1990, 264 ff.) in einem schwarzen Australien geträumt wird und gleichzeitig Machtlosigkeit und als „kommerzieller Traum" Abhängigkeit und als unerfüllter Traum Trunksucht, Persönlichkeitszerfall und Selbstmordtendenzen verstärkt.

Die schwarze Aneignung des enteignenden weißen Träumens („Hannibal überschreitet die Alpen“) verstärkt die Enteignung jenes schwarzen Träumens, das der andere Bruder in seinem Bild durch die Konfrontation mit der Eroberung bereits als enteignet und verloren darstellt: ein „outback“ als verlorener Garten Eden.

Ich behaupte nun, daß auch dieser zweite Bruder als Typus dem enteignenden Träumen der Weißen geopfert wird. Aber es sind die „anderen“ Weißen, die Kritiker der eigenen Gesellschaft, von den Aussteigern „on the road“ und ihrem Traum vom „inner outback“ bis zu jenen „verstehenden“, parteilichen und „todbringendes Verstehen“ (Todorov 1985) kritisierenden Anthropologen und Politikern, die im protektionistischen Übereifer an der Situation eines „double bind“ und damit einer gesellschaftlichen Regression der Aborigines in Traditionen und vielleicht, so vorsichtig möchte ich es hier zunächst formulieren, sogar der Invention von „Traditionen“ mitwirken. Und sie verhindern den Diskurs zwischen gleichberechtigten Partnern, der über die wechselseitige Erhellung der Geschichtlichkeit des Träumens als jeweiligem veränderbaren Kulturentwurf zu einem neuen Horizont vorstoßen könnte.

Nicht nur der Land enteignende weiße Fortschrittstraum, sondern auch der aboriginales „dreaming“ als „inner outback“ aneignende weiße Nostalgie- Traum und die Überprotektion des „dreaming“ durch Weiße tragen zum enteigneten Träumen und zu einer Verdrängung der Aborigines aus der Dynamik der Gegenwart bei: von der Kommerzialisierung bis zur Stagnation in einer Dreamtime-Argumentation, wenn es um Landrechte geht. Die weiße Assoziation in der die Aborigines nur über ihre Traumzeit identifiziert werden und die Festlegung auf diese Traumzeit, verweist „die Ureinwohner“ in die Vergangenheit und läßt ihnen weder Raum in der Gegenwart des weißen Fortschritts, noch in der Gegenwärtigkeit des sophistischen, nostalgischen, westlichen Diskurses auf Lehrstühlen und politischen Stühlen durch jene Beschützer, die ich als „going overprotective“[3] bezeichne, die den Anderen ihre „Irrationalismen“ lassen wollen, ohne an

[3] Der Begriff knüpft sprachlich an eine andere Anthropologen-Mentalität an: „going native“ – damit wurde und wird der Versuch definiert, sich (aus Forschungsgründen oder auch in einer Sehnsucht nach dem Anderen) den fremden Kulturmustern so anzupassen, daß man seine eigene Kultur ablegt und „eingeborener“ zu werden versucht als die Eingeborenen. Mit „going overprotective“ dagegen bezeichne ich eine Attitüde, die sich in der Beschützer-Geste erschöpft und in einem m.E. innovationsfeindlichen Kulturrelativismus „die Anderen“ auf ihre Traditionen festlegt. Mit diesem Überprotektionismus ist jener westliche Paternalismus verbunden, der die Anderen auf „ewige Kindheit“ oder den „Urzustand“ festschreibt (vgl. auch Greverus 1990, 112ff.).

die materiellen und sozialen Konsequenzen von „Traditionspflege“ in der Gegenwart zu denken. Imperialistische Nostalgie?

Kulturen der menschlichen Ruhelosigkeit

Für Chatwin war „die Frage aller Fragen ... die Natur der menschlichen Ruhelosigkeit“ (Chatwin 1990, 222). Für mich ist die Frage die *Kultur* der menschlichen Ruhelosigkeit. Und es ist hier der Aufeinanderprall von Kulturen der „Ruhelosigkeit“ in Australien, deren jeweilige Rationalität unvereinbar ist.

In the dreamtime there came from the sky	Sie kamen in der Traumzeit vom Himmel:
A young couple on a star.	Ein junges Paar auf einem Stern.
Their names were Toonkoo	Sein Name war Toonkoo
And the woman's name Ngaardi.	Und die Frau hieß Ngaardi.
They came to this beautiful land.	Sie kamen zu diesem wunderbare Land.
It was the beginning of all creation.	Und es war der Anfang aller Schöpfung.
When Ngaardi laughed, the wind blew	Wenn Ngaardi lachte, blies der Wind
And the thunder sounded.	Und der Donner ertönte.
This was the beginning of all life.	Es war der Beginn allen Lebens.

Dies ist der Anfang einer „dreamtime story“ des Yuin tribe, wie sie von dem „elder“ Guboo Ted Thomas für ein westliches Publikum wiedergegeben wurde. Hektografiert lag sie bei dem Kongreß „Spirit of Peace. Culture, Religion and Science at a Turning Point“ 1985 in Amsterdam aus, bei dem sich westliche New Age-Anhänger um die vor allem westlichen Größen dieser Bewegung scharten (vgl. Greverus 1990, 57 ff.). Guboo Ted Thomas gehört zu jenen Aborigines, die nicht nur ihre eigenen People, sondern auch den Westen zu einer Rückkehr zu „Mutter Erde“ führen wollen (vgl. Stewart 1988). Die Dreamtime ist die Schöpfungszeit, in der die Schöpferahnen über das Land gingen und die Landschaft, die Berge, die Täler und Flüsse und das Leben schufen – oder zum Leben sangen. Die Heroen der Dreamtime waren Jäger und Sammler wie ihre Nachfahren und werden als „pioneering migrants“ (Elkin 1969, 8 f.) gesehen.

„Die Landschaft ... war durch das Eingreifen der Traumzeit-Heroen in immerwährende, unveränderbare Formen geprägt worden. ... Mythen, die so etwas wie ein Archiv der Geschichte des Traumzeitgeschehens, der Ursprungswesen und ihrer Reisen und Taten liefern, überziehen das Land mit einem verschlungenen Netzwerk von mythischen Pfaden (oder Spuren

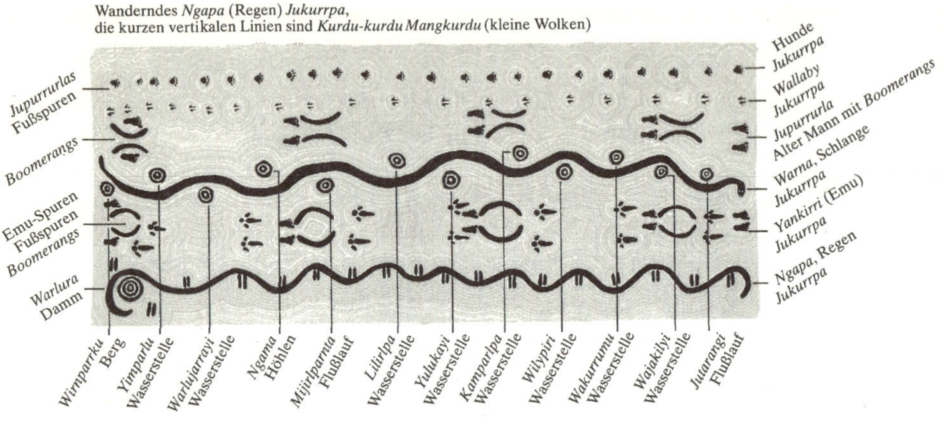

Abb. 22: Bilderklärung zu dem Gemeinschaftsgemälde „Jardiwarupa-Dreaming". Aus: ARATJARA 1993, 287.

– 'tracks' –, wie sie die Aborigines nennen), die auf unberechenbare geographische Details verweisen" (Kolig 1980/81, 118).

Erst durch die neuere Verkaufskunst werden jene mythischen Spuren auch den westlichen Augen sichtbar gemacht. Die erklärende Grafik für das in der Ausstellung „ARATJARA" gezeigte Bild „Jardiwarupa-Dreaming" zeigt die Vielfalt der Spuren und Plätze.

Die Mensch-Land-Relation der traditionellen Aborigines war eine Philosophie des „eternal dreaming" (ewigen Träumens), die die rituelle Bestätigung und den Schutz der „tracks" oder „song-lines" (Spuren des Gesangs) der Schöpfungszeit, der „sacred sites" (heilige Stätten) und überhaupt der Landschaft und ihrer Geschöpfe erforderte, um physisch und psychisch am Strom des Lebens teilzuhaben. Es war auch eine Philosophie oder Strategie des Überlebens für ein Jäger- und Sammlervolk, die nicht nur auf der sparsamen Nutzung der natürlichen Ressourcen und dem Schutz der Unberührtheit jener „unveränderbaren Formen" der Landschaft beruhte, sondern auch auf dem Zusammenschluß von Kleingruppen, die mit den Jahreszeiten wanderten. Sie waren Wanderer auf der Suche nach Nahrung und in Verehrung ihrer Schöpferahnen.

Doch deren Pfade und heilige Stätten waren unsichtbar für die westlichen Eroberer. Auch für diese war die Landschaft unberührt, aber Unberührtheit und unberührte Landschaft gelten im westlichen Denken als Objekte der Eroberung und Fruchtbarmachung. Philosophie und Lebensweise der Aborigines wurden ebenso zerstört wie die für unveränderlich gehaltene Gestalt der Landschaft.

Jeder Erforschung folgten Farmen und Bergwerke, Städte und Ver-

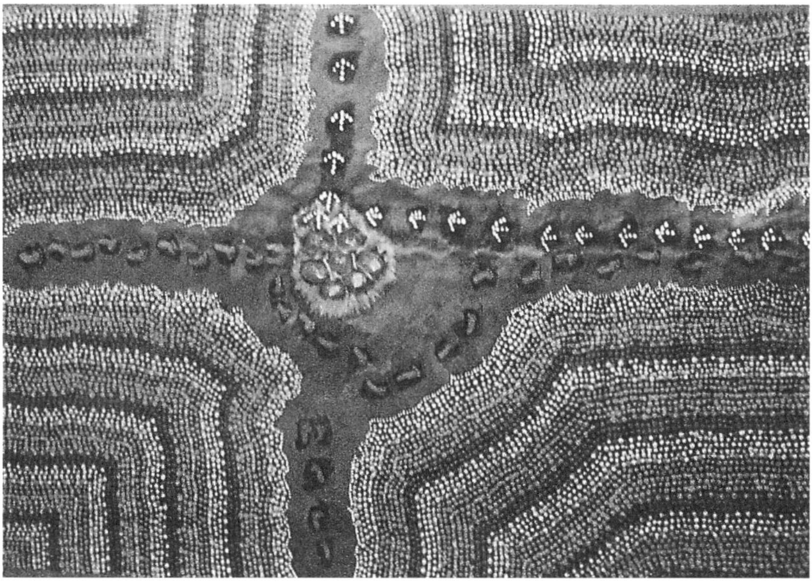

Abb. 23: Lukas Warai „Emu-Dreaming People going to gather eggs, but Emus chase them away“. Privatbesitz Greverus.

kehrswege. Und die Weißen zerstörten die unsichtbaren Traumpfade der Ureinwohner. Für die jagenden und sammelnden Aborigines war die „Ruhelosigkeit“ zyklisches „walkabout“ (Umherwandern), für die westlichen Eroberer war die „Ruhelosigkeit“ die Linearität einer Eroberung mit dem Ziel, die Landschaft zum Siedlungsraum der Weißen umzugestalten. Der Mensch als Siedler verdrängte den Menschen als Wanderer.

Ein Träumer will immer noch mehr

„Ein Träumer will immer noch mehr“ ist das Motto von Ernst Blochs Utopie-Kapitel im „Prinzip Hoffnung“, das er „Grundrisse einer besseren Welt“ nennt. Diese Träume der Träumer sind ihm Wach- oder Tagträume, deren bedeutendste in revolutionärem Interesse auf den konkret-utopischen Horizont der Weltverbesserung bezogen sind. Denn: „Die wirkliche Genesis ist nicht am Anfang, sondern am Ende“ (Bloch 1967, 1628). Anfang und Ende sind Begriffe eines linearen Zeitbewußtseins, eines Bewußtseins vom Fortschreiten nicht nur der Zeit, sondern mit ihr der menschlichen Kultur zu immer entwickelteren Daseinsformen. Die lineare Zeit ist die Zeit der Geschichte als Abfolge von „Schöpfungen“. Das abendländische Denken ist von diesem auf Zukunft gerichteten Gegenwartsdenken geprägt und das Christentum hat durch die Setzung einer geschichtlichen Mitte zwischen dem geschichtlichen Anfang aus der vorgeschichtlichen Genesis und dem geschichtlichen Ende in das nachgeschichtliche Neue Gottesreich den Menschen als zwischenzeitlich fortschreitendes, neuschöpferisches Wesen intoniert, das auf die Erde gesetzt worden ist, um sie sich untertan zu machen!

Zu den schöpferischen Tagträumen, den utopischen Konstruktionen einer besseren Welt, wie sie Ernst Bloch beschreibt, gehören die technischen Utopien ebenso wie die geographischen, wobei erstere erst letztere ermöglichen. Der spät erfüllte westliche Traum von der Entdeckung (und Eroberung) jener sagenumwobenen terra australis war enttäuschend. Sie „entpuppte sich als der bescheidenste Erdteil, als ein Wüstenkomplex", wie Bloch schreibt (ebd. 911), und wurde erst von größerem Interesse, als ihr Reichtum an Bodenschätzen in eben jenen Wüsten entdeckt wurde. Obgleich Australien große Uranerzvorkommen hat, die in den australischen Outbacks abgebaut werden, hat sich Blochs Atomenergie-Utopie nicht erfüllt:

„Wie die Kettenreaktionen auf der Sonne uns Wärme, Licht und Leben bringen, so schafft die Atomenergie, in anderer Maschinerie als der der Bombe, in der blauen Atmosphäre des Friedens, aus der Wüste Fruchtland … Einige hundert Pfund Uranium und Thorium würden ausreichen, die Sahara und die Wüste Gobi verschwinden zu lassen … Sie würden ausreichen, um der Menschheit die Energie, die sonst in Millionen von Arbeitsstunden gewonnen werden müßte, in schmalen Büchsen, höchstkonzentriert, zum Gebrauch fertig darzubieten" (ebd. 775).

Die australische Wüste ist Wüste geblieben: unfruchtbar und seit den britischen Atombombenversuchen der 50er Jahre in der südaustralischen Maralinga-Wüste über diesem 76 000 Quadratkilometer-Gebiet verseucht. Erst in den 80er Jahren wurde das Ausmaß der Verseuchung bekannt (vgl. Kelly 1990). Zur gleichen Zeit, als die Prüfungskommission endlich eingesetzt wurde, wurden den evakuierten Pitjantjatjara über den Maralinga Tjarutja Land Rights Act ihr verseuchtes Land zurückgegeben. Seitdem kämpfen sie für ein „clean-up" dieses verbotenen, dieses „NO-GO"-Areals durch die britische Regierung. „We like to see this land cleaned up so we can come back here – that would make us very happy"[4], äußerte sich ein Pitjantjatara „elder" in den „Land Right News" (Oct. 1990, 13).

[4] „Wir möchten das Land entseucht sehen, damit wir heimkehren können – das würde uns sehr glücklich machen".

Die Gesetze der Weißen und *das* Gesetz der Aborigines

Am Beispiel des Bergbaus lassen sich der Aufeinanderprall und die Unvereinbarkeit von kulturellem Träumen, von „Schöpfungsgeschichten", von Zeit- und Raumbedeutungen zwischen den abendländischen Eroberern und den australischen Ureinwohnern, den Aborigines, besonders eindringlich verdeutlichen.

> White man got no dreaming,
> Him go ,nother way.
> White man, him go different.
> Him got road belong himself.[5]

Mit diesen Worten eines Aborigines leitet W. E. H. Stanner seine Aufsatzsammlung „White Man Got No Dreaming" (1979) ein.

Was für mich aus diesen Worten spricht, möchte ich die Raum-Zeit-Identität-Konstrukte von zwei verschiedenen Wegen der Kulturen menschlicher Ruhelosigkeit nennen. Den einen, westlichen Weg nenne ich die Fortschritts- und Eroberungsstraße, der andere ist der Ahnen-Traum-Pfad. Diese Wege können keine Konvergenz entwickeln.

Der Aborigine Mick Dodson, Senior Legal Advisor des Northern Land Council, hat dieses Aufeinandertreffen von Gegensätzen am Beispiel der Gesetze der Weißen und des Gesetzes der Aborigines darzustellen versucht:

„Die Kultur der Aborigines spiegelt die Wechselwirkung zwischen den Menschen der Gegenwart, ihren Ahnen und der Umwelt wider. Für die Aufrechterhaltung des Gesetzes sind die Verpflichtungen gegenüber der Zukunft ebenso wichtig wie diejenigen gegenüber der Vergangenheit. Das versetzt das Individuum in eine vollkommen verschiedene Position von derjenigen der Individuen in nicht-aboriginalen Gesellschaften. Die Wichtigkeit des Individuums ist tatsächlich gegenüber der Wichtigkeit der Existenz und letztendlich des Überlebens der Gruppe und ihrer kulturellen Verpflichtung von sekundärer Bedeutung. Die Kulturen der Aborigines stellen die Beziehung zum Land in das Zentrum. Das Land wurde mit all seinen Formen durch Ahnenwesen geschaffen. Jedes Teilstück des Landes ist durch die Wege dieser Ahnenwesen gekennzeichnet und die Landkarte ihrer Reisen – der „Gesänge" für ein bestimmtes Land – sind das Eigentum der traditionellen Ältesten. Es ist die Pflicht dieser Eigentümer, für das Land zu sorgen. Diese Pflicht wird in den Familien weitergereicht. Das Individuum ist somit ein Teil der kulturellen Kontinuität. Er oder sie ver-

[5] „Dem weißen Mann wurde kein Träumen zuteil, er geht einen anderen Weg. Der weiße Mann, er geht einen ganz verschiedenen Weg. Ihm wurde eine Straße zuteil, die nur ihn selbst meint".

binden die Vergangenheit, die Gegenwart und die Zukunft des Landes. Dieser Prozeß ist über hunderte von Generationen wiederholt worden, und durch diesen Prozeß – durch die strikte Beachtung des Gesetzes – ist das Land immer weiter gediehen. Dieses Gesetz ist das herrschende Gesetz der Ureinwohner von Australien ... Ich möchte, daß ihr diesen kulturellen Hintergrund mit eurem eigenen vergleicht. Auf der einen Seite findet ihr eine Gesellschaft, die mit einem allgemeinen Ziel in ihren Gedanken zusammenarbeitet: das allgemeine Wohlbefinden der Gruppe und ihrer physischen und spirituellen Umwelt. Das ist das wahre Commonwealth. Auf der anderen Seite seht ihr jene eingedrungene Kultur, die sich überlegen fühlt wegen ihres Vertrauens in das Materielle ... Eure Gesellschaft hat nur eine sehr beschränkte Vorstellung von der Verantwortlichkeit gegenüber der Gruppe. Eure Kultur hat den Kult des autonomen Individuums geschaffen. Das Ergebnis ist eine fragmentierte Gesellschaft, die keine Gemeinschaftsziele hat. Eure fernen Ahnen, sie hätten vielleicht eine kollektive Verantwortlichkeit für ihr Land akzeptiert und in den Spuren der Schöpferwesen gelebt. Aber eure Gesellschaft tut das nicht mehr. Eure Ursprünge in dem Land sind seit nahezu zweitausend Jahren von den westlich jüdisch-christlichen Traditionen überlagert worden, die den Individualismus preisen“ (Land Right News Dec. 1987, 20).

John Ah Kit, der Direktor des Northern Land Council, spricht in seiner Rede „Treading the tightrope of development“ davon, daß die jahrtausendelange sorgfältige Haushaltung der Ressourcen durch die Aborigines sich durch die Invasion der westlichen Kultur innerhalb von 200 Jahren in ein Desaster verwandelt habe, einer Kultur, „die hier und in anderen Ländern jene biblische Verpflichtung, sich die Erde und all ihre Lebewesen untertan zu machen, in praktisches Handeln umgesetzt hat“ (ebd. 25).

In einer Petition der Frauen von Minjilang/Arnhem Land gegen die Änderung des Gesetzes zum Schutz der Sacred Sites durch die Regierung des Northern Territory heißt es:

„Warramungingundje [die Schöpferahnin] ist eine Frau. Es war zu jener Zeit als Warramungingundje zum erstenmal erschien, daß alle unsere heiligen Plätze und auch unser Gesetz, nach dem wir leben, uns überreicht wurden. Männer und Frauen leben heute nach diesem Gesetz und unsere neuen Generationen müssen auch nach ihm leben. Alles, was wir in unserem alltäglichen Leben tun, tun wir in Achtung dieses unseres Gesetzes. Unser Gesetz entspricht nicht dem künstlichen Gesetz der Balanda [der Weißen]. Wir sind stolz darauf, ein Teil unseres Gesetzes zu sein. Wenn wir über die heiligen Orte sprechen, so sprechen wir zur gleichen Zeit über unsere Sprache, unsere ethnischen Gruppen, unser Land, unser Gesetz, unser ganzes Leben. Nichts von diesen Dingen kann von dem Ganzen getrennt werden“ (Land Right News, May 1989, 7).

In der Petition der Männer werden die Sacred Sites als das Gesetz bezeichnet: „Heilige Orte ... sind das Gesetz, nach dem wir leben“ (ebd. 6). Und „the law“ ist auch „the dreaming“ (Michaels 1985, 506). Die Austauschbarkeit der Begriffe Dreaming und Law hängt damit zusammen, daß die Ordnung von Natur- und Menschenwelt als das Gesetz (The Law) in der Traumzeit (The Dreaming) unumstößlich geschaffen wurde und in seiner Mächtigkeit als eben The Dreaming oder The Law die Gegenwart durchzieht (vgl. Bos 1988, 423).

The Dreaming und The Law sind die bei den Aborigines akzeptiertesten Begriffe (vgl. Bos 1988, 422), um ihre Philosophie in englischer Sprache auszudrücken und ihr über die stammessprachlichen Bezeichnungen hinaus „one voice“ – eine einzige gemeinsame Stimme – in der stammesübergreifenden Landrechtsbewegung zu geben (s. den Untertitel der Zs. Land Rights News: „One Mob – One Voice – One Land“). In der wissenschaftlichen Literatur werden z. T. stammessprachliche Ausdrücke verwandt, wie sie von Spencer und Gillen in ihrer Pionier- Studie über die Aranta eingeführt wurden (1927). Das mag auch mit der Aneignung der Begriffe „dreaming“ und „dreamtime“ durch Kommerz und Politik des weißen Australien zusammenhängen, so daß die Benutzung des Begriffs bereits offensiv auf Aborigines wirkt.

Eve Fesl, eine aboriginale Linguistin schlug auf der Aboriginal History Conference 1988 den Begriff „Creation Time“ ((Schöpfungszeit, Sunday Express-Canberra Times. May 29, 1988) vor. Damit nähert sie sich Radcliffe-Browns (1952, 166ff.) Übertragung „World Dawn“ (Weltanfang, Weltendämmerung). Allerdings wird damit nur eine Seite des Dreaming, nämlich die Schöpfungsgeschichte durch die Ahnen, angesprochen und nicht die zeitlose Zeit des Dreaming, in der Vergangenheit, Gegenwart und Zukunft befaßt sind. Der Ausdruck „Eternal Dream Time“ (Ewige Traumzeit, Stanner 1979, 23; Berndt 1984/86) erfaßt diesen Charakter schon eher. Das Träumen umfing viele, wenn nicht alle Aspekte des Lebendigen in einer Ganzheit. Stanner sagte:

„Das Träumen bedeutet viele Dinge in einem. Unter ihnen gibt es die erzählten Ereignisse, die einst geschahen, und es gibt jene Grundgesetze, die immer noch geschehen, und es gibt jenen Logos oder jenes Prinzip der Ordnung, das alles, was für den Aborigine bedeutsam ist, transzendiert“ (ebd. 24).

Nehmen wir noch einmal die beiden verschiedenen Wege des „Träumens“ oder der Kulturen menschlicher Ruhelosigkeit, die ich gleichzeitig als zwei verschiedene Raum-Zeit-Identität-Konstrukte bezeichnet habe.

Zentral für dieses Konstrukt im westlichen Denken ist das „Träumen nach Vorwärts“ auf einer Fortschritts- und Eroberungsstraße, die den Raum als Ressource für Fortschreiten (Entdecken und Erobern) und Fortschritt (Ausbeuten, Aneignen) nimmt; in dem Zeit die Meßbarkeit des gesellschaftlichen Fortschritts (Zukunft, Weltverbesserung) meint und das Individuum freigesetzt ist, sich in eigener Verantwortung (gewinnend oder scheiternd) auf diese Eroberungs- und Fortschrittsstraße zu begeben.

Zentral für das Dreaming der traditionellen Aborigines ist die wiederkehrende Bestätigung des Träumens der Ahnenwesen, die auf ihren Wanderungen das natürliche und das soziale Leben der Welt hervorgesungen haben, und deren Lebenskraft in die Gegenwart und Zukunft reicht und im Land, insbesondere in den „sacred sites“, lebt. In der engen Verbindung von Mensch – Land – Gesetz sind die Menschen die Kustoden, die Hüter des Landes und des Gesetzes und damit des Dreaming als Re-Kreation der Kreationen auf dem Ahnen-Traum-Pfad. Das Individuum ist nicht selbstverantwortlich, sondern „weltverantwortlich“. Diese Verantwortung vererbt sich über die Generationen und besteht z. B. bei den Jawoyn im Northern Territory, mit denen wir uns hier noch näher beschäftigen wollen, aus drei Verantwortlichkeiten:

1. die pädagogische, d. h. die Weitergabe des Wissens um die Landschaft in ihrer Bedeutung für das materielle, soziale und spirituelle Leben;
2. die bewahrende (custodial) Verantwortlichkeit durch die Erfüllung ritueller Forderungen, wie z. B. die Anrufung der „dreamings“ der „sacred sites“, wenn man sie besucht, und
3. die beschützende Verantwortlichkeit, durch die alle Störungen von den „sacred sites“ ferngehalten werden (vgl. Jawoyn Land Claim 1982, 47 ff.; Merlan/Rumsey 1988, 35).

Die Vertreibung von ihrem Land, die Ausbreitung der Landwirtschaft in den Outbacks, der Straßen- und Eisenbahnbau und der Bergbau bedeutete für die Aborigines somit nicht nur eine Entheimatung im materiellen Sinn (die Wegnahme oder Vertreibung von ihren Jagd- und Sammelgründen) und im sozialen Sinn (die Trennung der Familien und die Verhinderung der pädagogischen Verantwortlichkeit in der Mensch-Land-Gesetz-Relation), sondern vor allem die Enteignung von der beschützenden Verantwortlichkeit für die Traumorte oder das Leben selbst.

Wessen Rechte?

Die Land Rights-Bewegung, die 1962 im Arnhem Land begonnen hatte,[6] führte zu dem Aboriginal Land Rights (N. T.) Act 1976, der die Rechtsansprüche der traditionellen Besitzer regelt und durch den Northern Territory Aboriginal Sacred Sites Act ergänzt wird. Verantwortlich für seine Durchführung ist die Aboriginal Sacred Sites Protection Authority.

Ein „sacred site“ wird definiert als „a site that is sacred to Aboriginals or is otherwise of significance according to Aboriginal traditions and

[6] Zur Land Rights-Bewegung vgl. Charlesworth 1990; Peterson/Langton 1983; ARATJARA 1993, 64 ff.; Gerechtigkeit für Aborigines 1992.

includes any land that, under this Act, is declared to be sacred to Aboriginals or of significance according to Aboriginal tradition“ (ein Platz, der für die Aborigines heilig oder auch hinsichtlich der Traditionen der Aborigines von Bedeutung ist und alles Land umfaßt, das in diesem Gesetz als heilig für die Aborigines erklärt wird oder von Bedeutung für die Tradition der Aborigines ist; diese Definition im Sacred Sites Act entspricht derjenigen im Land Rights Act; vgl. Northern Territory Sacred Sites Act 1989, 2).

In der Selbstdarstellungsbroschüre der Sacred Sites Authority ist von den „pioneering ancestors“, die dem Land Form und Bedeutung und den Menschen „das Gesetz“ gegeben haben, die Rede. Über dem Begriff „pioneering“ tut sich nochmals die Kluft zwischen dem Träumen der verschiedenen Kulturen auf. In der Australianity als nationaler Identitätsarbeit spielen die Pioniere eine wichtige Rolle. Sie sind jene Helden, die die Grenze zur „Wildnis“ überschritten haben, die mit der Kultur der westlichen Ruhelosigkeit das Innere des Landes erforscht, entdeckt, erschlossen und angeeignet haben. Auch sie sind „pioneering ancestors“, auch sie haben das Land benannt, ihm Form und Bedeutung gegeben, von den Pionieren wie C. Sturt, A. Petrie, I. Stuart oder L. Leichhardt, die als Entdekker in die Geschichte des 19. Jahrhunderts eingegangen sind, bis zu den unbekannten Glückssuchern, die seit dem Goldrausch der 2. Hälfte des 19. Jahrhunderts zutiefst in die Erde, das Land der Aborigines eindrangen – „one and all hoping for a turn of luck in the lottery of the newly discovered goldfield“ (jeder einzelne und alle auf eine Glückswende in der Lotterie der neuentdeckten Goldminen hoffend; Prospekt „Pine Creek People. National Trust Northern Territory“).

Und in meinem Feldtagebuch steht:

„Irgendwie ist Australien für mich von Bergbau-Eindrücken besetzt, ohne daß wir das gesucht hätten. Und der Bergbau ist Gegenwart und auch Spurensuche in kleinen Museen und schließlich auch in einer Sonderausstellung im National Museum of Victoria in Melbourne. Da ist die Pionierzeit der Gold- und Edelsteinsucher ... Da sind die Edelsteinsucher von heute – Einheimische und Fremde. In den Gemsfields [Edelsteinfelder] südlich von Emerald bei Ruby Vale gab es Felder für Touristen – die Ausrüstung konnte man ausleihen – und für Eilige (Touristen): eine Stunde Sieben mit der Garantie eines Saphirs. Dann gab es die „local digging fields“: „Stay away, it's for the locals“, wurden wir belehrt. Die Minenbesichtigung wurde vom Besitzer einer aufgelassenen Mine mit Verkaufsausstellung geführt. Er wollte uns immer mit den Minenpuppen fotografieren. Auch die Opal-Mine in Coober Pedy, in der verbotenen Zone der britischen Militäranlagen der 50er Jahre, hatte die „lebensnahen" Schaufiguren ... Gold- und Edelsteinsuche: das hat noch heute seinen Stellenwert für Abenteuer, Einsamkeit und jenes Glück des Zufalls: der seltene, große, unverhoffte (und doch immer erträumte) Fund. Dazu die Entbehrungen des Pioniers (und manchmal auch seiner Familie). Das wird auch museal verarbeitet. Weniger die andere Seite: die großen Minengesellschaften, viel ausländisches Kapital, Arbeitssuchende auf den Campingplätzen rund um die Minen, Umweltgefährdung und die Auseinandersetzungen mit den Aboriginal owners und ihren Raumvorstellungen".

Bergbauorte der Pionierzeit sind heute Geisterstädte, die nur noch durchreisende Touristen anziehen. Das ausgebeutete, „erschöpfte" Land wurde verlassen. Heute wird der „Nachfolge"-Tourismus eingeplant. Beispiel: die Uranerz-Mine von Jabiru im Kakadu Nationalpark des Top End des Northern Territory, die in 30 Jahren erschöpft sein wird. Bei der Uranmine „Ranger", der zur Zeit einzigen produzierenden in Australien, wurde 1982 der moderne Ort Jabiru mit viel Infrastruktur und vor allem Freizeitanlagen für 100 Millionen Dollar aus dem Boden gestampft, 1988 wurde das Luxushotel „Four Seasons Kakadu" in Form eines Krokodils eröffnet, das als eine Investition der Aborigines bezeichnet wurde, die ihrer Entwicklung zugute käme. Aber einer Entwicklung wohin, wenn der Aborigine Ah Kit, Direktor des Northern Land Council, sagt:

„In mancherlei Hinsicht ist der Tourismus, der sich bereits als eine wichtige Industrie Australiens für langfristiges Wachstum an die Spitze schiebt, eine größere Bedrohung für unsere Kultur als der Bergbau" (Land Right News, Dec. 1987, 26).

Widersprüche überall: Verträgt sich die Errichtung eines Nationalparks, der in die Unesco World Heritage-Liste eingetragen ist, damit, daß er ein Abbaugebiet für Uranerz umschließt? Den in Prospekten der Ranger Uranium Mines hervorgehobenen Renaturierungsmaßnahmen für die Umwelt (The Ranger Operation; Ranger's Contribution) stehen die Eingaben der Ältesten der traditionellen Besitzer, der Gagudju, gegen die Leichtfertigkeit, in der mit dem radioaktiven Abfall umgegangen wird (Land Right News March 1989, 3f.; May 1989, 4), gegenüber. Widerspricht sich nicht die gute Zusammenarbeit mit den Aborigines, die vonseiten des Ranger-Managements hervorgehoben wird, mit deren Feststellung: „Ranger is treating our people as if they are invisible and their real worries of no consequence" (Ranger behandelt unsere Leute, als ob sie unsichtbar wären und ihre wirklichen Nachteile ohne Konsequenzen, Land Right News, March 1989, 3)? Da gibt es die „Ranger's Contribution"-Feststellung: „Alle Aborigines des Territory ziehen ihren Nutzen aus den Gewinn-

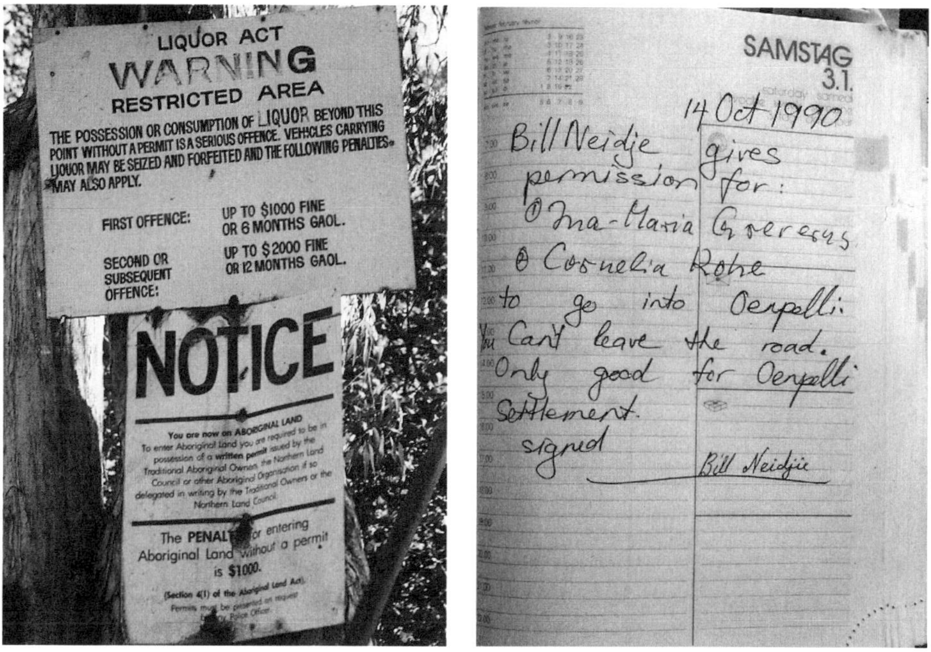

Abb. 24: Verbotsschild an der Straße zum Arnhem-Land. Bill Neidje schreibt uns einen Erlaubnisschein für Oenpelli/Arnhem-Land.

anteilen, die sich nunmehr auf mehr als 90 Millionen Dollar belaufen. Die traditionellen Eigentümer der Gagudju haben finanzielle Unabhängigkeit und einen größeren Teil der Tourismusindustrie des Kakadu-Nationalparks erworben". Und da gibt es die Begegnung mit einem „senior" der traditionellen Eigentümer, dem Dichter Big Bill Neidjie (Nayidji) im „border store", dem Laden an der Grenze zum „verbotenen" Arnhem-Land, und mit seinem Buch „Australia's Kakadu Man Bill Neidjie" (1985, 86).

Bill Neidjie, heute ein müder alter Mann, wurde Anfang der 80er von dem jungen Anthropologen Stephen Davis „entdeckt", der Bills Erzählungen in diesem Buch, dessen zweite Auflage vergriffen ist, und in einem in den USA 1990 erschienen Kakadu Man Calendar veröffentlichte. Neidjie kämpfte 1990 um seine Copyright-Rechte gegen eben jenen Stephen Davis (Land Right News July 1990, 21), der vom Minister for Aboriginal Affairs im Vorwort des Buches als Retter der aboriginalen Traditionen hervorgehoben wird, der durch die Aufzeichnung sicherstellte, daß sie nie verloren gehen, weder für seine Enkel noch für das Volk der Bunitji. Zwei

Passagen aus dem Buch kommentieren sich selbst in ihrer Gegenüberstellung (Neidjie u. a. 1986, 78, 69):[7]

Our story is in the land ...
it is written in those sacred places.
My children will look after those places,
that's the law.
Dreaming place ...
you can't change it,
no matter who you are.
No matter you rich man,
no matter you king.
You can't change it.

First people come to us,
they started to run our life ... quick.
They bring drink.
First they should ask
about fish, cave, dreaming but, ...
they rush in.
They make school ... teach.
Now Aborigines losing it,
losing every thing.
Nearly all dead my people,
my old people gone.

Vom Dreaming zum Double Bind[8]

Das Ja oder das Nein zu den beiden wichtigsten Entwicklungsindustrien im Outback: Bergbau und Tourismus, durchzieht wie ein Motto die Landrechtsforderungen der Aborigines und ihrer Vertreter. Sagen sie ja, dann wird von guter Zusammenarbeit gesprochen, sagen sie nein, dann wird ihre Rückständigkeit hervorgehoben. Und offensichtlich zählen auch nicht die Argumente ökologischer Vernunft, die von Aborigines gemeinsam mit weißen Umweltschützern gegen die Maximierung dieser Industrien und ihrem Raubbau an der Natur vorgebracht werden, sondern nur ein Nein, das mit Geistern argumentiert. In Gesprächen diskutierten wir im Hinblick auf die „land claims" eine „double bind"-Situation: Wenn die Aborigines Rechte auf ihr Land als ursprüngliche Eigentümer beanspruchen und es nach weißem

[7] Unsere Geschichte ist im Land ... / sie ist in jene heiligen Plätze eingeschrieben. / Meine Kinder werden nach den Plätzen schauen. / Das ist das Gesetz. / Traumort ... / Du kannst ihn nicht wandeln. / Wer Du auch bist, es geht Dich nichts an. / Es geht Dich nichts an, Du reicher Mann / es geht Dich nichts an, Du König. / Du kannst ihn nicht verändern.
Als die fremden Menschen anfangs zu uns kamen / begannen sie unser Leben zu beherrschen ... sehr schnell. / Sie hätten zuerst nach Fisch, nach der Höhle, nach dem Träumen fragen sollen ... / aber sie stürmten nur herein. / Sie machten Schule, sie lehrten/nun haben die Aborigines es verloren. / Sie haben alles verloren. / Mein Volk, sie sind beinahe alle tot. / Mein altes Volk ist dahingegangen.

[8] Ein „double bind" oder eine „Beziehungsfalle" ist „Folge und Ausdruck einer zwischenmenschlichen Verstrickung, die durch widersprüchliche – aber in ihrer Widersprüchlichkeit schwer durchschaubare – Kommunikation ermöglicht wird" (Helm Stierlin in Bateson 1983, Einleitung).

australischem Recht zum Eigentum und zur Nutzung, einschließlich der Verpachtung zu industriell-kapitalistischer Ausbeutung, zurückverlangen, müssen sie traditionell, und d. h. mit ihrem Dreaming, argumentieren.

Das gleiche gilt für das Nein zu Ausbeutungsprojekten. Spektakulärer Fall war das Coronation Hill-Projekt einer geplanten Gold-, Platin- und Palladium-Mine und sein Scheitern wegen dem Schöpfer-Ahnen „Bula", das sogar in die links-alternativ orientierte deutsche Zeitung *taz* unter dem Titel „Heiliger Ort des ‚Bula' bleibt unberührt" (taz v. 9. 7. 91) Eingang fand. Auch in diesem Artikel tauchen, wie weitgehend in der australischen Debatte, keine ökologischen Argumente auf, sondern es wird auf den Glauben der Ureinwohner insistiert. Der abschließende Report der Resource Assessment Commission verweist zwar stringenter auf die Umweltrisiken, setzt aber die eigentliche „loss-loss"-Option des Kabinetts zwischen das Entweder-Oder eines Vertrauensverlusts gegenüber der Bergbauindustrie oder gegenüber den Aborigines und ihrem Glauben (Kelly 1991). Meine Frage an David Cooper, Research Officer der Aboriginal Sacred Sites Protection Authority, der sich um das schließliche Bergbauverbot außerordentlich verdient gemacht hat, hinsichtlich einer „rationalisierenden" Argumentation – Bula als Metapher für schädliche Energien, die freigesetzt würden – wurde damit beschieden, daß man als Denkmalbehörde keine eigene Argumentation, sondern diejenige der Aborigines zu vertreten habe. Robert Tickner, Minister für die Angelegenheiten der Aborigines, argumentierte für den Glauben und bezichtigte die Bergbaulobby, die die Verhinderung des Projekts auf die (Aber-)Glaubensfrage reduzierte, des Rassismus. Von Bob Hawke, dem umstrittenen Premierminister, der die Entscheidung gegen ein unwilliges Kabinett gefällt hat, wurde „eine emotionale Verteidigung [geführt], die die Entscheidung mit dem Vertrauen der Aborigines in Bula begründete" (Grattan 1991). Die gesamte Presse hob in ihrer Stellungnahme genau diese Passage hervor:

„It seems to me rather remarkable that being a society founded on such (Christian) mysteries we can be contemptuous of a group of people and say what they believe is not rational. I think it is an enormous presumption for us to say about 300 people, you are irrational, fancy believing that Bula is there. I mean, where is our God?" (zit. in Peake 1991; vgl. auch Grattan 1991; Trioli 1991; Devine 1991).[9]

[9] Es scheint mir sehr bedenkenswert, ob wir als eine Gesellschaft, die sich auf solche (christlichen) geheimen Lehren stützt, verächtlich gegenüber einer Gruppe von Menschen sein können und behaupten, daß das, was diese glauben, nicht rational sei. Ich glaube, es wäre eine gewaltige Vermessenheit von uns, wenn wir über dreihundert Menschen sagen würden: Ihr seid irrational. Ihr bildet euch nur ein, daß Bula dort ist. Ich meine, wo ist denn unser Gott?

Die öffentliche Meinung, ausgedrückt in den Presseberichten, insistierte allerdings auf eine politische Entscheidung (hinter den vordergründig vorgetragenen Argumenten mit Bula), die vor allem dem linken Flügel der Labour-Partei galt, von deren Unterstützung Hawkes Position abhängig ist. Jedoch: Ohne „Bula“ wäre der Kampf gegen den Abbau von Gold im südlichen Teil des Kakadu Nationalparks sicher gescheitert.

Aber gehört die undiskutierte Tolerierung eines von dem Tolerierenden nicht geteilten Glaubens nicht eben zu jener Strategie des double bind, die Emanzipation und Selbständigkeit ihres Gegenübers verhindert? Brauchen die Duerrs und die Castanedas und die Chatwins und ihre Leser, brauchen die nationalen Identitätsmanager, brauchen die Anthropologen und die Politiker ihre Kinder, ihre Wilden jenseits des Zauns der Zivilisation, um sich selbst in Distanz zu bestätigen, ihre Interessen durchzusetzen und gleichzeitig die verlorene Nähe zum Ursprung, zum „Träumen“ zu betrauern?

Der „double bind“ wird verhängt. Gregory Bateson spricht von dem Opfer, dem konfligierende Gebote vermittelt werden, wobei er von der Mutter- (bzw. Eltern-)Kind-Situation als einer hierarchischen Situation ausgeht. Die Aborigines sind 200 Jahre Opfer einer weißen Gesellschaft gewesen, wobei, wenn wir die Weißen als das Gegenüber, das im hierarchischen Gefälle die Botschaften vermittelt, nehmen, sicher schon immer die double bind-Situation vorhanden war: das Gebot, sich zu entwickeln (bzw. die Feststellung der menschlichen Entwicklungsfähigkeit) auf der einen Seite und das Gebot, dem Glauben der Ahnen treu zu sein (z. B. wenn sich Anthropologen und Reisende und andere Aboriginality-Manager nur für die „Überlieferungen“ interessieren) auf der anderen Seite. In einem hat der zynische Pressebericht von Frank Devine zur Ablehnung des Coronation Hill-Projekts sicher recht:

„Bedauerlicherweise wird der durchschnittliche Informationssucher herausfinden, daß die australischen Historiker in einem außerordentlichen Ausmaß ihre je eigenen Gesichtspunkte um die Gegenwart der Aborigines herumgeschrieben haben“ (Devine 1991).

Bateson beschreibt eine mögliche Reaktion des „Opfers“: „Für das Opfer eines double bind ist es nicht nur sicherer, auf eine metaphorische Art der Mitteilung auszuweichen, sondern in einer unmöglichen Situation ist es auch besser, sich zu entziehen und ein anderer zu werden, oder sich zu entziehen und darauf zu beharren, anderswo zu sein“ (Bateson 1983, 281).

Zwischen erzwungenem und freiwilligem Rückzug in die Outbacks, zwischen Anpassung an die Arbeitswelt der Weißen und Rückzug in den Suff und in den Selbstmord zeigen sich die Flucht-Formen des Anderswoseins und Anderswerdens.

Nicht nur die Land Rights-Bewegung, sondern im Zusammenhang damit auch andere Projekte einer „Verwestlichung" zu einem „Träumen nach Vorwärts" – Schul- und Universitätsprojekte, Frauenbildungsprojekte, Wettbewerbssport, Schaffung eines eigenen Rundfunk- und Fernsehsenders, die Entwicklung von Kunst und Literatur und schließlich auch die ökonomischen Projekte: „Das Geld, das wir durch Verpachtung und Abgaben erzielen, kann dazu benutzt werden, sowohl eine Zukunft für unsere Kinder zu schaffen, als auch unmittelbarere Bedürfnisse zu befriedigen" (Ah Kit in: Land Rights News Dec. 1987, 26) – gehören zu dem Auftauchen aus dem Anderswosein und Anderswerden zu einem neuen Selbstbewußtsein, das sich allerdings von dem zyklischen Dasein und damit von dem traditionellen Träumen ebenso entfernt, wie es sich von der „Outcast-Stufe" zu entfernen versucht. Können sie dadurch der Double Bind-Situation entgehen?

Diese Aborigines wollen Partner in einem nationalen Diskurs werden. Diskurs aber bedeutet die Beherrschung von Metakommunikation zwischen den Diskurspartnern, bedeutet die Diskursbereitschaft von beiden Seiten, d. h. die Bereitschaft zergliedernd, und logisch fortschreitend Wege zu einer neuen gemeinsamen Gliederung zu finden. Diskurs setzt die Unterscheidung von logischen Typen voraus und die Entwicklung einer gemeinsamen Logik; und das ist mehr als die Tolerierung der jeweils fremden Logik. Im Double Bind wird aber genau diese kommunikative Fähigkeit unterbunden, und „das Opfer" kann nicht mehr unterscheiden, „welche Art von Mitteilung ihm kommuniziert wird, damit es angemessen reagieren kann" (Bateson 1983, 278). Diese Strategie durchzieht meines Erachtens aber bewußt oder unbewußt die gesamte Auseinandersetzung um die Rechte der Aborigines und verlängert die Double Bind-Situation gegen das neue Selbstbewußtsein:

„In the last two years, there have been stories, especially in the media, about Jawoyn people having different ideas about the CHJV (Coronation Hill Joint Venture) project. Sometimes this has been because some people don't fully understand what the CHJV have asked them. We have been asked so many questions, for so long now: we're sick of humbug. They have asked some of us to agree to things without properly explaining what they are talking about. Some of our people have felt worried and sometimes afraid when strangers ask them questions: we find it hard to argue with people we don't know, especially because we do not speak English well, and those people do not explain things in a way we can easily understand" (Just Sweet Talk 1989, 3. 3.).[10]

[10] In den letzten zwei Jahren wurden Geschichten – besonders in den Medien – verbreitet, daß das Volk der Jawoyn völlig unterschiedliche Vorstellungen über das

Was hier im Hinblick auf die Beauftragten der Bergbaugesellschaft gesagt wird, bemerkt David Cooper von der Aboriginal Sacred Sites Protection Authority aber auch für die Reporte des Anthropologen Stephen Davis, der im Auftrag des Northern Territory Minister for Mines and Energy den sog. Davis-Report (1986) erstellte, und für Anhörungen durch den Vertreter des Senate Standing Committee on the Environment, Recreation and the Arts (Crichton-Browne 1988), an dessen Report wiederum Davis mitwirkte. Deutlich wird dabei vor allen Dingen, daß durch die Strategien, junge Männer und Frauen, die von dem Wissen um die „sacred sites“ des Bula ausgeschlossen sind, bzw. urbane Jawoyn, die dieses Wissen nicht mehr haben/haben wollen, oder eingeborene Arbeiter bei den Versuchsbohrungen zu befragen, Double Bind-Situationen initiiert wurden, die als Belege für Nicht-Wissen, Spaltung der Gruppe und letztendlich für die Nicht- Bedeutung der Heiligkeit des Ortes, herangezogen wurden (vgl. Cooper 1989, 5 ff.; Just Sweet Talk 1989, 3. 3.).

Durch diese Strategien wurden natürlich gleichzeitig kulturelle Verunsicherungen bei den Aborigines über Restriktionen, z. B. die Geschlechtsrestriktionen des Wissenserwerbs, hervorgerufen. Die Antwort eines Senior Custodian auf die Frage nach derart einschränkenden Informationen: „Wir sollen über solche Dinge nicht sprechen ...“ (in Cooper 1989, 9), zeigt deutlich die Hilflosigkeit in einer Diskussion um die Angelegenheiten der ganzen Gruppe der Jawoyn gegenüber den Angreifern, wenn man zugeben muß, daß die eigene Kultur eben die Einstimmigkeit der Antwort verhindert. Daß die Jawoyn-Frauen es vorziehen, bei allen Fragen nach „Bula“ Nichtwissen zu demonstrieren, dürfte bei einer Tradition, die betont, daß jede auch nur unachtsame Entdeckung eines verbotenen Bula-Wissens durch eine Frau zu deren Tod führt, kein Wunder sein (selbst die städtische Janet, die uns sehr viel über die Jawoyn und ihre Kultur erzählt hat, aber sich selbst als nicht mehr traditionell sah, schwieg bei der Frage nach Bula).

CHJV (Coronation-Hill-Joint-Venture-Projekt) hätten. Dies ist sicher manchmal zustande gekommen, weil die Leute nicht vollkommen verstanden haben, was der CHJV sie gefragt hat. Wir sind nun schon so lange so viele Dinge gefragt worden. Wir sind krank von diesem Humbug. Sie haben einige von uns aufgefordert, mit Dingen übereinzustimmen, ohne wirklich zu erklären, worüber sie eigentlich sprechen. Einige von unseren Leuten waren verärgert und manchmal auch verängstigt, wenn die Fremden ihnen Fragen stellten. Wir finden es schwer, mit Menschen zu verhandeln, die wir nicht kennen. Besonders weil wir nicht so gut Englisch sprechen und jene Menschen die Sachverhalte nicht in einer Art und Weise erklären, daß wir sie leicht verstehen können.

Das Gold des „Sickness Country“: wessen Energie, Energie für wen?

Das „Ja oder Nein“ zu Mineralausbeutungsprojekten auf dem eigenen Land ist wie die Landrechte sowohl in der offiziellen australischen Legislative als auch nach dem von den Elders Aborigines verteidigten traditionellen Gesetz eine Sache des Glaubens.

Jeder „land claim“ (Anspruch auf Land), der Aussicht auf Erfolg haben will, muß die spirituelle Verbindung der Anwärter zu dem beanspruchten Land nachweisen.

„The Aboriginal Land Rights (Northern Territory) Act 1976 defines ‚traditional owner‘ as: a local descent group of Aboriginals who:

a) have common spiritual affiliations to a site on the land, being affiliations that place the group under a primary spiritual responsibility for that site and for the land; and

b) are entitled by Aboriginal tradition to forage as of right over that land.

One task the anthropologist must fulfill in documenting a landclaim is to show the relation of Aboriginal concepts discovered in the course of field work to the statutary definition of ownership as given above“,[11]

schreiben Merlan und Ramsey 1982 im Vorwort des Claim-Buchs „The Jawoyn (Katherine Area) Land Claim“.

Dem Anspruch der Jawoyn ist nach 13 Jahren Bemühungen (vgl. auch „Jawoyn Land Claim 1988“) im September 1989 stattgegeben worden (vgl. Land Right News Nov. 1989, 16f.). Dadurch wurden sie auch rechtmäßige Eigentümer jenes „Sickness Country“, um das seit 1984 der Kampf wegen des Coronation Hill-Projekts mit der größten australischen Bergbaugesellschaft BHP (Broken Hill Proprietary Company) geht, der durch den Beschluß des australischen Premierministers Bob Hawke im Juni 1991 gegen BHP entschieden wurde. Um zu dieser Entscheidung zu kommen, sind nicht nur sieben Jahre verflossen, sondern es sind auf beiden Seiten finan-

[11] Der Aboriginal Land Rights (Northern Territory) Act 1976 definiert traditionelle Eigentümer als: eine lokale Abstammungsgruppe von Aborigines, die a) eine gemeinsame spirituelle Zugehörigkeit zu einem Platz des Landes haben, d. h. eine Verwandtschaft, die die Gruppe in einer ursprünglichen spirituellen Verantwortlichkeit für jenen Platz und für das Land einordnet, und die b) aufgrund der Tradition der Aborigines berechtigt ist, das Land auf Nahrungssuche zu durchstreifen.
Eine Aufgabe, die der Anthropologe erfüllen muß, wenn er den Anspruch auf Land dokumentiert, ist der Aufweis der Beziehung von Begriffen der Aborigines, die er im Verlaufe seiner Feldforschung gefunden hat, zu der gesetzlichen Definition von Eigentümerschaft, wie sie oben gegeben worden ist.

Abb. 25: Der Comic bezog sich auf die Bemühungen des Northern Territory Government, den Aboriginal Sacred Sites Act zu verändern, um insbesondere das Vetorecht der Aborigines im Hinblick auf die Ausbeutung von Bodenschätzen zu eliminieren. Aus: Land Right News, Jan. 1989, 4.

zielle und zeitliche Investitionen vorgenommen und Papierfluten veröffentlicht worden, die aus der Sicht eines Nicht-Australiers schon beinahe grotesk anmuten.

Noch grotesker ist die Diskrepanz zwischen den Pro- und Contra- Begründungen, die nur aus dem Leiden einer Nation an ihrem verlorenen Selbstwert in einer Moderne resultieren können, die gleichzeitig zwei Träume einklagt: hier eine Australianity, die weiter den investitions- und ausbeutungsfreudigen „Traum nach Vorwärts" träumt und gleichzeitig das „eternal dreaming" der Ureinwohner integrieren will (auch als Verweigerung), um nationale Schuld aufzuarbeiten. Was nicht eingeklagt wird, ist der Diskurs, der als Decollage die beiden widerstreitenden Logiken zunächst in Frage stellen könnte, um vielleicht zu einer gemeinsamen Logik, einer Collage ökologischer Vernunft zu finden.

Träumen da nicht diesseits und jenseits des Zauns zwischen Wildnis und Zivilisation die Big Bosses und berufen sich entweder auf das unumstößliche Gesetz des Fortschritts der nationalen Marktwirtschaft oder auf das unumstößliche Gesetz der Ahnen? Und beide Träume beziehen sich, gläubig und autoritär, auf das Überleben Australiens: und die Bodenschätze werden in dieser „Überlebensauseinandersetzung“ sehr zentral.

Da gerade im Northern Territory der größte Teil der Bodenschätze auf dem traditionellen Land der Aborigines abgebaut wird, spielt die Regelung der Mineralrechte in den Auseinanderssetzungen um die Landrechte der Ureinwohner eine entscheidende Rolle (vgl. auch Gerechtigkeit für Aborigines 1992, 31 ff.). So nimmt z. B. im Bericht der Aboriginal Land Rights Commission (1975) das Kapitel Mineral Rights ca. 20 % des Gesamtumfangs in Anspruch. Ausführlich gibt die Kommission die Eingaben des australischen Mining Industry Council wieder, wo auf den nationalen Reichtum und gegen das Vetorecht der Aborigines bei geplantem Bergbau auf ihrem Land insistiert wird:

„Der Mineralreichtum dieses Landes ist eine Lebensfrage für seine Wohlfahrt. Nichts sollte getan werden, um Initiativen zur Entdeckung und Entwicklung dieser Reichtümer zu unterdrücken. Diese Reichtümer gehören der ganzen Gemeinschaft. Keine Landbesitzer dürfen in der Lage sein, solche wertvollen Ressourcen zu verschließen. Wenn der Gemeinschaft der Aborigines Landrechte gewährt werden, dann dürfen die Rechtstitel auf das Land keinerlei Anteile an Mineraleignerschaft beinhalten, noch soll den Aborigines als Grundbesitzern das Einspruchsrecht gegen die Krone über den Zugang zu den Mineralien in ihrem Land eingeräumt werden“ (Aboriginal Land Rights Commission 1975, 106).

Und als Nebenbegründung zur ungeminderten Entwicklung des „nationalen Reichtums“ verweist man gleichzeitig auf die Nicht-Tradition der Ausbeutung von Bodenschätzen bei den Aborigines:

„Vor der europäischen Besiedlung Australiens war das Interesse der Aborigines an Mineralien auf das Sammeln von verschiedenen Steinen zum Kochen, für die Herstellung von Waffen und Kunstwerken beschränkt. Traditionell sind die Mineralien und Metalle der modernen Zivilisation nie ein Teil des Lebens der Aborigines gewesen“ (ebd.).

Die Kommission kommt dagegen zu dem Schluß: „Den Aborigines das Recht abzusprechen, Bergbau auf ihrem Land zu verhindern, heißt, ihnen die Realität ihrer Landrechte abzusprechen“, allerdings: „mit jener Ausnahme, daß ihre Interessen umgestoßen werden können, wenn die jeweilige Regierung beschließt, daß das nationale Interesse es erfordert“ (ebd. 108).

Daß die Bodenschätze dennoch im traditionellen Leben der Aborigines eine Rolle spielen, zeigt sich am „Bula-Komplex". Ich gebe die Essenz dieser Glaubensvorstellung in den Worten der Jawoyn Association wieder:

„Guratba [Coronation Hill] is a very important place in what we call Bulajang or in English the Sickness Country ... Although the area has other associations Jawoyn and other groups have always connected the region with Bula, a major creation figure.

From features in the landscape you can see what Bula did in the dreamtime as he hunted and moved through the region from the northern salt water where he came from. There are rock paintings throughout the area where Bula left his shade or image. Bula finally went underground at a number of places in the Sickness Country, and these sites are connected with each other under the earth. Bula is still in these places today.

Bula also showed Jawoyn people important knowledge about law and behaviour.

While a number of major sites within the Sickness Country are important places for what Bula did, we also know that Bula's ngan-mol, or essence, goes right through this region. This is the most important and dangerous area in our country.

Only senior Jawoyn are allowed to know the whole Bula story, because the story and the sites for the story are secret. The secret nature of this business is a problem for us, because it has meant that some people have not believed us. That is why many young Jawoyn people may say that they don't fully understand what Bula means.

Jawoyn and non-Jawoyn Aboriginal people believe that any disturbance of Bula will mean disaster for everyone in the world, not just for Aboriginal people. If anyone interferes with his country, there will be earthquakes and destruction. Some of our people have already died or become sick because of disturbances in Bulajang. We have to look after this area, not just for Jawoyn people, but for other Aboriginal people as well. We are worried for everybody. That's why we want to protect the Bula country. That's the way we feel about it, and that's what we believe" (Just Sweet Talk 1989).[12]

[12] Guratba [Coronation Hill] ist ein sehr bedeutsamer Platz in der Gegend, die wir Bulajang nennen, oder im Englischen das Sickness Country. Obgleich das Gebiet auch andere Verbindungen hat, haben die Jawoyn und andere Gruppen die Region immer mit Bula, einem wichtigen Schöpfergeist, verbunden. Aus den Formen der Landschaft kann man sehen, was Bula in der Traumzeit getan hat, als er jagte und sich durch die Gegend bewegte – von dem nördlichen Salzwasser, aus dem er kam. Da sind Felszeichnungen, über die ganze Gegend verteilt, in denen Bula seinen Schatten oder sein Bild zurückließ. Schließlich ging Bula an einer Vielzahl von Plätzen des Sickness Country in die Erde ein, und diese Plätze sind alle miteinander unterirdisch verbunden. Bula ist auch heute noch in diesen Plätzen. Bula hat dem Jawoyn-Volk großes Wissen über das Gesetz und das Handeln vermittelt. Weil viele wichtige Plätze im Sickness Country bedeutende Plätze in bezug auf Bulas Taten sind, wissen wir auch, daß Bulas „ngan-mol" oder seine Lebensenergie in dieser ganzen Region zu finden ist. Dies ist das wichtigste und gefährlichste Gebiet in unserem Land. Nur den Ältesten der Jawoyn ist es erlaubt, die ganze Bula-Geschichte zu wissen. Denn die Geschichte und die Plätze dieser

Entscheidend für die Angstbesetztheit – „If they touch ,im (Bula places), he will get up ... he will hear ,im (mining activity) ... biggest fire ... heat come and killim' you and me, and can't stop ,im ... gonna bust ,im world, every sickness, whole lot". – Senior Ngalkbon man, Barunga, April 1988"[13] (Just Sweet Talk 1989) – dürfte die Vorstellung sein, daß das Gold von Coronation Hill von den Senior Custodians als das ngan-mol, die Lebensenergie, von Bula angesehen wird, und daß jede Störung von Bula-Orten, die durch ein unterirdisches Netz miteinander verbunden sind, zu einer Apokalypse führen würde, die die Welt durch Erdbeben und Feuer zerstört (vgl. Cooper 1988; Cooper 1989; Aboriginal Areas Protection Authority Submission 1990). Diese apokalyptischen Vorstellungen gehen bis in die 50er Jahre zurück, als an einer anderen Stelle des Sickness Country, dem sog. Sleisbeck-Areal, nach Uran gegraben wurde (vgl. Arndt 1962).

Unterstützung eines Fundamentalismus der „alten Männer" oder neue Wege?

Verwunderlich ist für mich die unhinterfragte Darstellung der Bula-Mythologie durch Anthropologen und die Sacred Sites-Behörde im Zusammenhang mit der Auseinandersetzung um den Goldabbau des Coronation Hill-Projekts, obgleich die Aborigines selbst für ihr Nein weitere Gründe anführen, die im Zusammenhang von Umweltschutz und Sozialschutz stehen (vgl. Just Sweet Talk 1989) und die Chance für die Entwicklung einer gemeinsamen Logik böten, in die jene negativen Energien des Bula durchaus in einen wechselseitig erhellenden Diskurs eingehen könn-

Geschichte sind geheim. Die geheime Natur dieser Angelegenheit ist ein Problem für uns, denn es hat sich daraus ergeben, daß einige Menschen uns nicht geglaubt haben. Daher kommt es, daß viele junge Jawoyn-Menschen sagen können, daß sie nicht verstehen können, was Bula eigentlich bedeutet. Jawoyn und Nicht-Jawoyn Aborigines glauben, daß jede Ruhestörung von Bula Unheil für jedermann in der Welt bedeutet – nicht nur für die Aborigines. Wenn jemand in sein Land eindringt, wird es Erdbeben und Zerstörung geben. Einige von unseren Leuten sind bereits gestorben oder krank geworden wegen der Ruhestörung in Bulajang. Wir müssen für dieses Gebiet sorgen. Nicht nur wegen der Jawoyn, sondern ebenso wegen anderer Aborigines. Wir ängstigen uns um jeden. Deshalb wollen wir das Bula-Land beschützen. Das ist das, was wir fühlen und das ist das, was wir glauben.

13 Wenn sie die Bula-Plätze berühren, so wird er sich erheben, ... er wird sie hören (die Bergbauaktivitäten), ... größtes Feuer, Hitze wird kommen und Dich und mich töten. Und niemand kann es aufhalten ... er wird alles in der Welt zerschlagen, jede Krankheit wird kommen, all das.

ten, der dann allerdings die Macht der Big Bosses auf beiden Seiten in Frage stellen würde. Beteiligen sich sonst nicht die Anthropologen an einer Verhinderung des Diskurses, wenn sie wiederum jenem Kulturrelativismus verfallen, der alles toleriert und akzeptiert, beteiligen sie sich nicht am Double Bind, wenn sie zwar der „No Change"-Theorie eine „Change by Incorporation"-Theorie gegenüberstellen (Bos 1988), aber diesen Wandel an der Inkorporation von Details in das traditionelle System festmachen, ohne die Diskrepanz zwischen einem rapiden Wandel durch Übernahmen und Neubestimmungen einerseits und Fundamentalisierung des Dreaming andererseits zu artikulieren; ja, werden nicht geradezu fundamentalistische Attitüden unterstützt, wenn Landrechte und die Entscheidungen, was in/auf und unter diesem Land geschehen soll, auf die Auslegung „des Gesetzes" (des Dreaming) durch die „senior custodians" zugeschnitten werden? So verweist der Report der Resource Assessment Commission auf die „Gefahr", daß „der Bau des Bergwerks erreichen könnte, daß die Ältesten ihre Autorität und Fähigkeit verlören, den traditionellen Glauben zu stärken" (Taylor 1991)[14].

Erinnern wir uns wieder an Bula: in seinem Namen werden schließlich nicht nur Landrechte eingeklagt, sondern es wird eine soziale Ordnung konserviert, die zum Beispiel für Frauen die Festlegung auf ein Wissen beinhaltet, „das ihnen von ihren Vätern und Ehemännern erzählt worden ist", wobei die Übertretung des Verbots – Wissen über die Bula-Rituale

[14] Die Auseinandersetzungen um Coronation Hill haben in Australien einen heftigen Anthropologen-Streit herbeigeführt, der unter dem Aspekt „Objektivität oder Anwaltschaft" ausgetragen wurde und sich durchaus in dem politischen Pro-und-Contra-Bergbau-Fahrwasser bewegte. Dabei dürfen wir nicht übersehen, daß Anthropologen als Experten für die Belange und den Glauben der Aborigines gelten und als solche oft zu Gutachter-Tätigkeiten aufgefordert werden. Die australische anthropologische Kontroverse wurde über „Anthropology Today" (Vol. 8, No. 2, 1992, 2 ff.) dem europäischen Publikum vorgestellt. Dort sieht Ron Brunton, ehemaliger Anthropologe und jetzt Leiter der Environmental Policy Unit im Institute of Public Affairs/Canberra sich selbst als objektiven Beobachter und wirft Jan Keen und Francesca Merlan, beide Anthropologie-Lehrende, aufgrund ihres Reports (1990) an die „Ressource Assessment Commission", in dem der Bula-Komplex ausgebreitet wird, Parteilichkeit und Konservatismus vor. Bruntons ketzerischer Satz, mit dem er hier die Bergbauindustrie vertritt, meint „daß Anthropologen Eiferer gegen den Fortschritt sind, die ein erworbenes Interesse daran haben, die Aborigines in der Vergangenheit erstarren zu lassen" (ebd. 4). Zwar widerspricht Bruntons Ziel (Bergbau-Industrie) in seiner Konservatismus- Kritik meiner „Anwaltschaft" für eine ökologische Vernunft, aber dennoch verweist er auf jenen wesentlichen Punkt des „going overprotective", der auch mich in der Bula-Debatte betroffen gemacht hat.

Abb. 26: Darstellung des Bula (Nargorkun). Aus: Arndt 1962, 308. Arndt schreibt dazu: „In diesen Fällen wird Nagorkun mit einem übertrieben vergrößerten Penis gezeigt, weil er der Ehemann und Schöpfer war. Nagorkun trägt die Narben der Mannheit auf seinen Oberarmen, und in Figur 24 trägt er die Steinaxt, mit der er die Blitze macht" (ebd. 311).

und die Bula-Mythologie – eben mit dem Tod bestraft wird (Cooper 1989, 9). Arndts Veröffentlichung von 1962 über den Kult des Bula (der bei ihm Nargorkun heißt) besteht vor allem aus Gesetzen und Bestrafungen, die Bula verhängt:

„Von jungen Mädchen wird erwartet, daß sie bestimmte Männer und ebenso die Plätze, wo die Angelegenheiten der Männer geführt werden, meiden. Die Mädchen, die Nargorkun beleidigten, wurden von ihm getötet und er heftete ihre Schatten an bestimmte Felswände, um die folgenden Generationen von Mädchen und Männern an sein Gesetz zu erinnern.

Die Gesetze, die Recht und Unrecht des Sexualverkehrs bestimmten, waren von Nargorkun erlassen worden. Details konnten nicht in Erfahrung gebracht werden, aber sie betrafen sowohl die Gesetze der Eheschließung als auch des Frauentausches.

Es gibt zwei Arten von Strafen für Gesetzesbruch. Eine war der Tod des Paares, der sie in solche Schatten verwandelte, wie sie Nargorkun als Erinnerungszeichen an den Felsen hinterlassen hat. Die andere Strafe war eine monströse Verzerrung der männlichen oder weiblichen Sexualorgane, wie sie Nargorkun in den Felsmalereien beschrieb" (Arndt 1962, 304 f.).

Arndt hat seine Informationen 1955 und 1961 von den männlichen Mitgliedern der Familie bekommen, die zu diesem Bula-Ort gehörte und für ihn verantwortlich war, indem er ihnen Dias und zeichnerische Übertragungen der Rock Paintings zeigte. Zahlreiche dieser Fotografien und Zeichnungen sind auch in seinem Artikel veröffentlicht. Seinen eingeborenen Gewährsleuten wurden sowohl der Artikel als auch Fotos überlas-

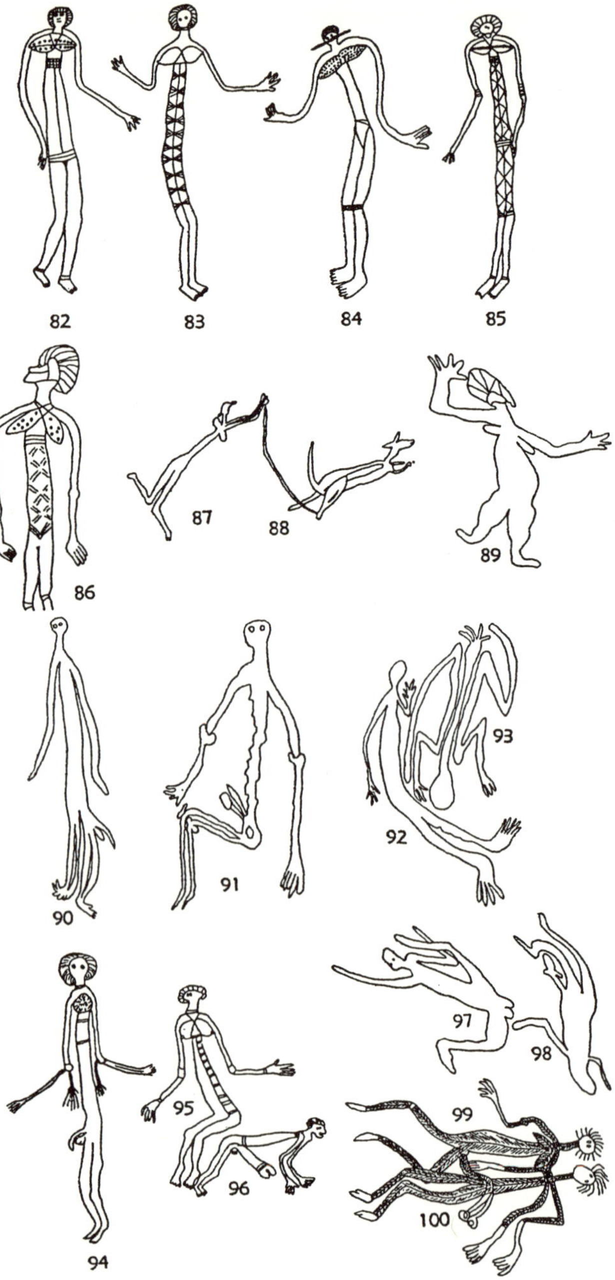
82
83
84
85
86
87
88
89
90
91
92
93
94
95
96
97
98
99
100

sen, die noch 1963 im Camp kreisten (Arndt 1966), und Arndt schreibt zu seinem Hauptgewährsmann, der 1961 Sprecher eines „committee of elders“ war:

„Er wurde durch die Zurschaustellung nicht in Verlegenheit gebracht – im Gegenteil, er gewann Prestige und erklärte ihre Bedeutung, jenen, die sie nicht gesehen hatten“ (ebd. 300).

Cooper bezeichnet 1988 diese Plätze als secret/sacred nach Auskunft seiner Kustoden und damit die Veröffentlichung der Paintings als Vertrauensbruch gegenüber den Aborigines. Aber schreibt Arndt nicht das Gegenteil? Hat sich 30 Jahre später im Zusammenhang des neuen Selbstbewußtseins, der Wiederfindung einer Aboriginality, auch ein Fundamentalismus verbreitet, der die Rechte, „das Gesetz“ zu sehen, zu interpretieren und für seine Einhaltung zu sorgen, wieder in die Machtbefugnis der männlichen Ältesten zurückgeben soll? Und unterstützt jenes going overprotective, wie ich die traditionalistisch-paternalistische Haltung von anthropologischen und anderen „Reinheits-Fanatikern“ nennen möchte, nicht gerade diesen Fundamentalismus und verhindert damit die Emanzipation zu einer neu zu definierenden Aboriginality?[15]

Abb. 27: Darstellungen der Strafen, die Bula (Nargorkun) verhängt. Aus: Arndt 1962, 314. Arndt schreibt dazu: „**Figur 82–85:** Todesstrafen für junge Frauen. Es wird gesagt, daß es die Schatten von jungen Mädchen sind, die Nagorkun töten mußte, weil sie bei seinen Angelegenheiten dazwischengekommen sind. Sie sind Erinnerungszeichen für junge Männer und Frauen, daß man die Frauen bei Todesstrafe von bestimmten Plätzen und bestimmtem Wissen ausschließen muß. **Figur 86–89:** Todesstrafen für ältere Frauen. Diese Figuren sind die Schatten älterer Frauen, die getötet werden mußten, weil sie widerrechtlich die Plätze der Männer betreten haben. **Figur 90–93:** Todesstrafen für Männer. Diese Männer brachen Gesetze und wurden deshalb durch Nagorkun getötet. Ihre Geister an den Wänden sind Erinnerungszeichen für die Jugend, niemals die Gesetze zu brechen. **Figur 94–100:** Todesstrafen für Sexualvergehen. Dieses Vergehen wurde mit den Worten umschrieben: ‚Männer und Frauen tun schlimme Dinge‘, und es wurden keine weiteren Details erzählt. Die Figur 94 zeigt den Zustand einer Frau, die ein Sexualvergehen beging. Die Brüste sind eingeschrumpft. Zusätzliche Glieder wachsen aus den Ellenbogen und die Klitoris ist enorm vergrößert. Figur 96 zeigt ... einen männlichen Sünder. Es wurde gesagt, daß der Penis so vergrößert wurde, daß der Mann ihn über seinen Schultern tragen mußte. Die andere Form der Bestrafung von Sexualvergehen war der Tod. Die Schatten toter Paare im Sexualakt wurden von Nagorkun an die Wand gemalt, um zu zeigen, daß er die Verletzer seiner Gesetze getötet hatte.“

[15] Ich scheue mich deshalb nicht, aus Arndt zeichnerische Umsetzungen sowohl der Bula-Daarstellungen als auch der Bula-Strafen zu übernehmen, um meinen Lesern eine Vorstellung dieses wirklich nicht sehr menschenfreundlichen autoritä-

Wenn wir den „Völkern ohne Geschichte“ (Wolf 1986), d. h. den Völkern, denen wir die Entwicklung einer eigenen Geschichte geraubt haben, jetzt ihre Geschichte zugestehen wollen, dann sollten wir sie nicht als Mythoanthropologen (wie die Mythotouristen) auf eine vergangene Traumzeit festnageln, die wir uns auch noch ästhetisch aneignen und damit einen ökonomisch motivierten kulturellen Imperialismus indirekt unterstützen:

„Weil sich die 200-Jahr-Feier nähert, schauen sich viele nicht aboriginale Menschen nach neuen Möglichkeiten um, wie sie von Aborigines stehlen können. Immer noch nicht zufrieden mit einer 200-jährigen Geschichte des Landdiebstahls, versuchen sie nun die Kultur der Aborigines für ihren persönlichen Profit zu stehlen“ (Land Right News Dec. 1987, 16)![16]

Wir müssen zulassen, daß die Traumzeit Geschichte wird, heilige vielleicht, die in die Gegenwart hineinreicht, aber auch in dieser Gegenwart reflektierbar und diskutierbar wird. Nur so kann meines Erachtens der Enteignung des „dreaming“ als eines historischen Erbes Einhalt geboten und einer Zukunft Raum gegeben werden, in der die Dinge, die geschahen, und die Dinge, die geschehen, zeitlich und damit überholbar werden. Die Frage nach dem möglichen Diskurs zwischen dem schwarzen und dem weißen Australien – oder der traditionellen und der modernen Welt insgesamt – kann eigentlich nur von dem Zerfall beider Welten ausgehen: und das heißt vom Scheitern zweier Wege des Träumens. Diese beiden Wege hatten keine Konvergenz. Gibt es einen dritten Weg, der jenseits von beidseitigen Entropie-Prognosen über einen Diskurs zu einer ökologischen Vernunft führt, bei der nicht nur der behutsame Umgang mit den materiellen Ressourcen, sondern auch der mit den sozialen und kulturellen Ressourcen entscheidend wird?

Der westlich erzogene australische Künstler Gordon Bennett versucht – auch in Besinnung auf seine Ahnen – in seinen Werken, sich dabei auf Foucaults Problematisierung der Identität beziehend, eine allegorische Ikonographie zu schaffen, in der „Bilder als Orte historischer Bedeutung herausgelöst und neu zusammengesetzt werden, um neue Beziehungen und Möglichkeiten zu schaffen“. Er spricht von einer „kritischen Leidenschaft“, die Identität „als Ziel einer ständigen Befragung, durch die die Menschen sich nach und nach von den historischen Beschränkungen ihrer Identifikation freimachen könnten“, sieht. Und er spricht von einem Weg „hin zu einer Art ökologischem Bewußtsein des Denkens und damit auch des Handelns“ (Bennett 1993, 89 f.).

ren Gesetzgebers zu vermitteln. Daß ich auf die fotografischen Ablichtungen verzichte, mag als Referenz an Gesprächspartner angesehen werden.

16 Vgl. zahlreiche weitere Artikel zum Kunstdiebstahl und zum Copyright-Diebstahl in Land Right News; vgl. a. ARATJARA 1993.

Kulturdilemma.
Die nahe Fremde und die fremde Nähe

Inselträume

Ich beginne dieses Kapitel mit „ich" und einem – meinem – Traum.

Das widerspricht auch heute noch gutem Benehmen und entspricht einem neuen Trend in den Verhaltenswissenschaften, zu denen auch die Anthropologie gehört. Diesen Trend könnten wir mit Richard Sennett als „Tyrannei der Intimität" und als „Unzivilisiertheit" (Sennett 1983) bezeichnen oder mit Georges Devereux als Königsweg verhaltenswissenschaftlicher Methodologie, bei dem man sich die „aller Beobachtung inhärente Subjektivität ... zu einer eher authentischen als fiktiven Objektivität dienstbar" macht (Devereux 1984, 18).

Ich benutze Subjektivität hier in zwei Bedeutungen. Subjekt ist das handelnde, denkende, gestaltende, Stellung beziehende und sich selbst zum Objekt nehmende, weil reflexionsfähige, Individuum. Subjektivität ist danach das Sich-Einbringen und die Stellungnahme des (selbst)kritischen Selbst in den (Forschungs-)Dialog mit dem Anderen. Das subjektive Element der Entscheidung oder Stellungnahme des Beobachtenden zum Beobachteten (als menschliches Gegenüber) ist die aller Forschung inhärente Subjektivität, die im Ideal der dialogischen Forschung zu eben jener authentischen Objektivität führt, bei der Intersubjektivität (als Objektivität des wechselseitig erkannten und je selbsterkannten gemeinten Sinns zwischen den Anderen und dem Ich) thematisch wird. Subjektivität in ihrer zweiten und umgangssprachlich geläufigeren Bedeutung dagegen meint die *nicht* selbstreflexive und kritische – und deshalb vorurteilsgeprägte, kulturzentristische – Stellungnahme der Beobachtenden gegenüber den Beobachteten als Objekten. Diese Form von Subjektivität tritt (auch in der Forschung) gern unter dem Deckmantel der distanzierten „Objektivität" auf.

Den Widerspruch zwischen Kritik und Forderung hinsichtlich der Einbringung von Subjektivität im öffentlichen Handeln, und das heißt auch im *veröffentlichenden* Handeln des Anthropologen, als scheinbaren zu deuten, will ich mir für später vorbehalten.

So zunächst mein Traum, wie ich ihn in meinem Feldtagebuch notiert habe:

„Ich träumte, daß die Fijianer ihre ganze Inselwelt ein zweites Mal geschaffen haben – als ein getreues Spiegelbild. Der Fremde wird immer nur in das Spiegelbild hineingelassen, alles ist wie im Original, aber es ist nur ein perfektes Arrangement. Du erlebst alles wirklich und doch ist die Wirklichkeit, das Originale, das Authentische auf der anderen Seite – verschlossen".

Dieser Traum ist für mich ein typisches Phänomen dessen, was ich als „Kulturdilemma" einerseits und als Anstoß für eine ethnographische Allegorie andererseits erörtern möchte.

Dazu allerdings sind noch ein paar persönliche Daten notwendig. Die Südsee-Sehnsucht gehört zu meiner Kindheitsgeschichte, genährt von der legendären Familiengeschichte eines abenteuernden Großonkels, der auf Fiji gewesen sein soll (und dessen Spuren vom Archiv in Suva bis zu der ehemaligen, heute vom Urwald zurückgeholten Farm ich tatsächlich gefunden habe), und dem tradierten Seemannsgarn über einen Seemann aus dem Alten Land, meiner Kindheits-Ferienheimat, der „König von Tonga" geworden sein soll (und mit dem ich leider nur um viele Ecken eine Verwandtschaft konstruieren konnte).

Die Geschichten von einer freien Welt für Abenteurer wurden einem Kriegskind erzählt, in dessen räumlich-familiäre Nähe die Fremde nur als Feind, als Bombengeschwader, eindrang, und dem gleichzeitig seine eigene, über Familie und Freunde hinausgehende Umwelt ihm als fremde Nähe, als falsch und gefährlich, vermittelt wurde. Fremde Kultur als feindliche war real, drinnen und draußen. Dieser stand jene Traumkultur der „glücklichen", „freundlichen" Inseln gegenüber, die zu einer nahen Fremde wurden, in die ich mich über Bücher vertiefen konnte, die Heimat für einen „glücklichen" Vorfahren geworden waren. (Daß dessen Besitz 1916 von den Engländern konfisziert und er selbst interniert wurde, wußte ich damals natürlich nicht.)

Spurensuche in der Südsee

Jahrzehnte nach dieser kindlichen Beschäftigung mit der Südsee war ich für drei Monate dort – Fiji und Tonga waren aus diesen sehr persönlichen Motiven ausgewählt worden, Western Samoa eher aufgrund seiner anthropologischen Beachtung und Kontroversen. Ich hatte keine ethnographische Feldforschung im engeren Sinn vor, wollte weder „mein" Dorf aussuchen und erforschen – der Weg der meisten euro-amerikanischen Südseeforscher –, noch ein bestimmtes Phänomen vergleichend überprüfen. Mein Interesse war allgemeiner auf die Erfahrung von Widerspruch und Übereinstimmung zwischen dem seit dem 18. Jahrhundert bis heute lebendigen europäischen Südseetraum und der Realität Südsee

4196/16

Suva, Fiji

30th May 1916

R 31.5.16

To His Excellency

Sir Bickham Sweet Escott, K C M G.

Suva

Sir,

I respectfully ask your permission to lay before you the following facts with a view to having the circumstances under which I am directed to reside in Suva reconsidered.

1. By a letter dated the 28th April 1916. I am directed to reside in the municipality of Suva owing to the fact that I am a natural born German.

2. I came to Suva from Western Australia in February 1914 and acquired land at Kadavu after consultation with the Hon. The Commissioner of Lands.

3. I have cultivated portion of my land and I have now growing thereon

3000 Yagona plants

8000 Yams

11 acres Kumalas

7 acres Cassava

196 acres Coconuts

1½ acres Artichokes

½ acre Taro

Broom Corn

I have also

46 Pigs and 2 miles of pig fencing

3 Working Bullocks

4. I am a naturalized British Subject, I was naturalized in Western Australia on the 31st July 1901 and in Fiji on the 8th February 1915, I enclose my Certificates.

5. I left Germany in 1889 and went to Paris and from there to Antwerp. I left Germany expressly to avoid Military Service. I enclose herewith my birth Certificate which will show that I was then 20 years of age.

6. I arrived in South Australia in November 1889. I resided for short periods in several places and in 1891 I went to work for the Beltana Pastoral Company. I remained with that Company until about September 1894 and I enclose herewith the original reference I received from that Company which reference was sent to me in 1895.

7. On leaving the Beltana Company I went to the Goldfields in Western Australia and I enclose reference from Mr. Tupper the Mana ger of the Ironclad Gold Mining Company.

8. On the 6th March 1897 I joined the Police Force at Derby Western Australia and remained in the force until the 5th June 1902. I enclose herewith my Certificate of Discharge.

9. On the 4th March 1903, I went into Partnership with Alexander Bernie of Broome Western Australia. I enclose herewith an original copy of my articles of Partnership. I dissolved my partnership in 1905 but continued as Manager for Mr. Bernie until September 1913.

10. I came out of that engagement with the sum of £1494:17:8 and began to look around for some means of using my Capital. I came to Fiji as stated in February 1914, and took up land known as Korolevu, Kadavu, on the recommendation of the Hon., the Commissioner of Lands.

11. I am well known in Western Australia and I can furnish reliable references as to my movements, my occupation and my conduct there extending over a number of years, if I may be permitted to do so.

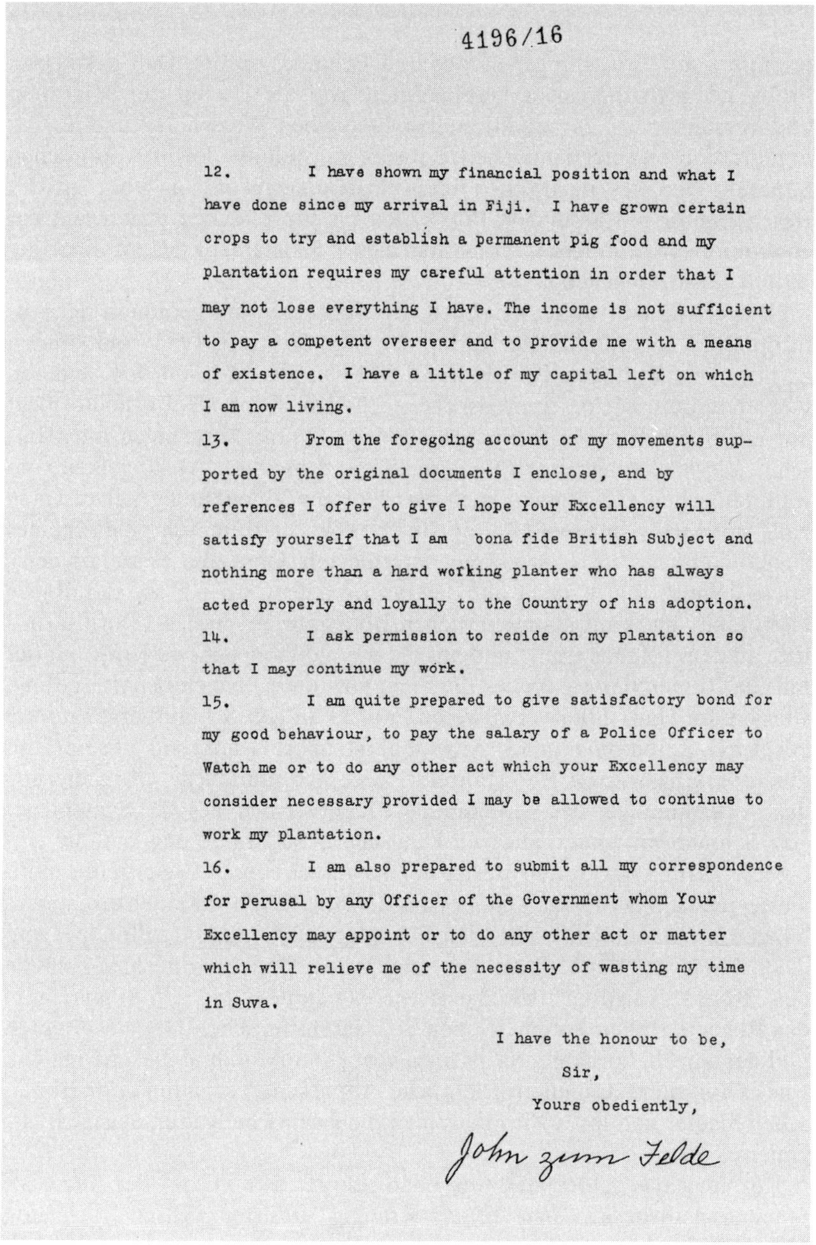

4196/16

12. I have shown my financial position and what I have done since my arrival in Fiji. I have grown certain crops to try and establish a permanent pig food and my plantation requires my careful attention in order that I may not lose everything I have. The income is not sufficient to pay a competent overseer and to provide me with a means of existence. I have a little of my capital left on which I am now living.

13. From the foregoing account of my movements supported by the original documents I enclose, and by references I offer to give I hope Your Excellency will satisfy yourself that I am bona fide British Subject and nothing more than a hard working planter who has always acted properly and loyally to the Country of his adoption.

14. I ask permission to reside on my plantation so that I may continue my work.

15. I am quite prepared to give satisfactory bond for my good behaviour, to pay the salary of a Police Officer to Watch me or to do any other act which your Excellency may consider necessary provided I may be allowed to continue to work my plantation.

16. I am also prepared to submit all my correspondence for perusal by any Officer of the Government whom Your Excellency may appoint or to do any other act or matter which will relieve me of the necessity of wasting my time in Suva.

I have the honour to be,
Sir,
Yours obediently,

John zum Felde

Abb. 28: Brief John zum Felde. Archiv Suva/Fiji.

orientiert, auf Erwartungshorizont und Erfahrungsraum. Daß bestimmte Probleme mich intensiver beschäftigten, wie die Fragen der Migration und Verstädterung, der traditionellen, ländlichen Wirtschafts- und Sozialorganisation und der ländlichen Entwicklungspolitik, der interethnischen Situation und des pazifischen Identitätsmanagements, lag eher an der Beschäftigung mit ähnlichen Problemen im europäischen Raum und der auch dort vorgefundenen Aktualität dieser Problematik als an einer gezielten Vorformulierung.

Persönliche und wissenschaftliche Spurensuche sind gerade in der Anthropologie eng miteinander verbunden (vgl. Greverus 1982) und können zu neuen Erfahrungen, sowohl auf dem einen als auch auf dem anderen Gebiet führen. Meine Spurensuche nach dem Großonkel erhellte nicht nur ein Stück Familiengeschichte, sondern konfrontierte mich mit deutscher Auswanderungsgeschichte in die Südsee und ihrer Abhängigkeit vom weltpolitischen Geschehen, zunächst über die aktenkundig gewordenen Fälle im Archiv in Suva (als ein Beleg möge hier ein Schreiben meines Großonkels, des im 1. Weltkrieg internierten John zum Felde, dienen). Diese „Spur" führte mich auf die Insel Kadavu, wo ich auf der Reece Farm lebte, und (mit abenteuerlichen Bootsfahrten) in das „Dorf" Korolevu zu dem „Keans Clan" und auf die urwaldüberwucherte Farm, auf der mir die Ruinen der pig fences, die mein Großonkel angelegt hatte, gezeigt wurden. Im Haus einer verwitweten Frau Kean geb. Schmidt ergänzte, bei der Kava-Zeremonie unter Anwesenheit aller Keans und unseres mit ihnen verschwägerten Bootsführers Reece, die mündliche Überlieferung das Aktenkundige: der gemeinsame Fluchtversuch des Großvaters der geb. Schmidt mit einem anderen Deutschen, die Erinnerung, daß die enteignete Farm 1916 in den Besitz der Keans überging. Gleichzeitig motivierte meine Familiengeschichte das Erzählen von Familienzusammenhängen, aus denen ich schließlich, vor allem auch mit Hilfe Philippes und des „Chief" der Reece-Farm den beigefügten Plan der Haushaltsfamilien des „Keans' Kingdom", wie die Reece es nannten, und den Stammbaum der Reece erstellen konnte. Neben dem interethnischen Heiratsverhalten und der sowohl horizontalen als auch vertikalen Mobilität dieser Familien, war es vor allem das außerordentliche Anpassungsverhalten der europäischen Siedler und ihrer Nachfahren an die fijianische Kultur, das mich faszinierte.

Korolevu, das „Dorf" und sein Land gehörte dem „Clan" der Keans als Gemeinschaftsbesitz, man lebte vorrangig subsistenzwirtschaftlich; den Haushaltsfamilien stand ein „Chief" vor; Wohnweise und Nahrungsverhalten waren fijianisch; die Rituale, erlebt an der Kava-Zeremonie und ausführlich erzählt am Beispiel des Hochzeitsrituals, waren aus der fijianischen Kultur übernommen und wurden „strenger" gehandhabt als in der

Stammbaum Reece, Galoa Island, Kadavu, Fiji

William Reece ∞ geb. **Sesen** (irisch)
(irischer Sandalwood trader, mit Bruder Arthur in Fiji in den 70er Jahren des vergangenen Jahrhunderts, Frau verlassen, nach Australien) ∞ (gab Land an Korolevu Bay – Naivimagimagi – an Reece, heiratete, nach Trennung von Reece, Magnus, der die Kinder des Reece miterzog)

- **William Reece** (Name des leibl. Vaters behalten, Brückenbauer in Suva, Naivimagimagi) ∞ **Louisa Peters** (engl.)
  - **Joe Reece** (Soldat, Rentner, "Chief" der Reece Farm) ∞ **Mona Manuel** (Farmland)
    - **Bill Reece** (Studium Australien, Ingenieur Reismühle Suva, jetzt „Animateur" Reece-Farm, verlobt mit Fijianerin, dreimal verheiratet – (mit Chinesin, Inderin, Fijianerin), eine Tochter
    - **Edward Reece** (Studium England, Ingenieur Suva, drei Kinder aus erster Ehe mit Europäerin) ∞ **Nancy Wanja** (fijian.)
    - **Humphrey Reece** (Farmer u. Hotelier, Reece Farm) ∞ **Maraya Denbah**
      - eine Tochter
  - **Charly Reece** (Farmer in Naivimagimagi) ∞ **Melini** (fijian.)
    - zwei Kinder
  - **Maria Reece** ∞ **Charly Wilson**
    - Sohn (England)
    - Sohn (Australien)
    - Tochter (landwirt. Assistentin)
    - Tochter (Besitzerin Nachtclub Suva)
    - Tochter (verheiratet m. ind. Ladenbes.)
  - **Willy Reece** (Schiffsingenieur in Neukaledonien, Frau in Fiji) ∞ **Susi Manuel** (Schwester von Mona)
    - zwei Töchter (Australien)
    - ein Sohn (Schule in Suva)
  - **George Reece** (Neuseeland) ∞ **Mary Brown** (engl.)
    - vier Kinder (in Neuseeland, Australien, Europa)
  - **Morris Reece** (Farmer in Ra auf Land der Frau) ∞ **Lemba** (Schwester von Sentiki)
    - drei Kinder
  - **John Reece** (Architekt in Suva, Farmland, Haus auf Insel in Korolevu Bay) ∞ **Sentiki** (Tochter des Häuptlings von Ra/Viti Levu)
    - drei Söhne in Fiji
  - **Rosi Reece** (22 Jahre England, jetzt Australien) ∞ **Sam Hatch** (engl.)
    - (drei Kinder Universität)
  - **Ben Reece** (Farmer in Naivimagimagi) ∞ geb. **Kean**
    - fünf Kinder in Kadavu
- **George Magnus** (Zwillingsbruder von W. Reece, Name des Stiefvaters übernommen) ∞ **geb. Kean**
  - George Magnus jr. (Angestellter in Suva) u. sechs Töchter

Abb. 29

Namatui, Korolevu Bay, Kadavu/Fiji
Keans' Kingdom

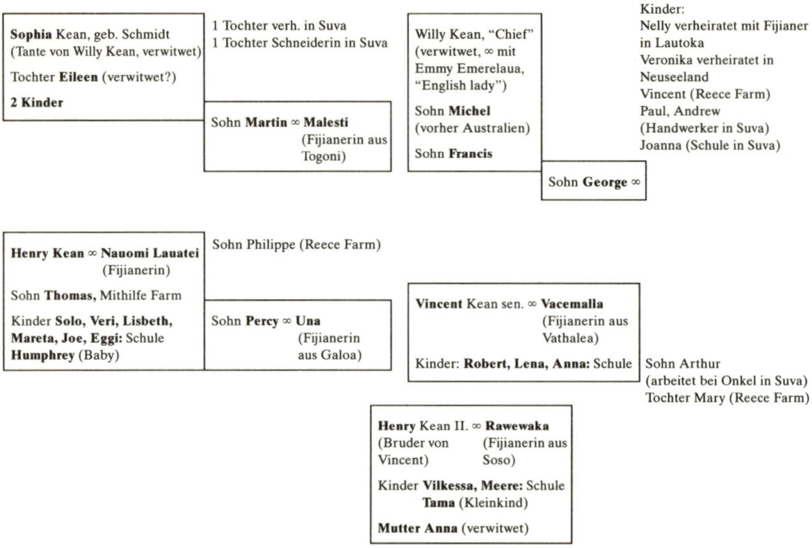

Abb. 30

sich urbanisierenden fijianischen Gesellschaft. „Going native"[1] wurde hier beispielhaft, einschließlich allerdings des Wandels in dieser Gesellschaft, zu der man sich zugehörig fühlte. Trotzdem – motiviert durch die aus der „Urheimat" gekommenen Fremden? – griff das Familiengedächtnis sehr wohl auf seine historische Herkunft zurück.

Der „zweite Fall" meiner Kindheitserinnerungen an die Südsee war anders „erfolgreich". Ich suchte zwar nicht nach den realen Spuren jenes Hinrich Meier aus dem Alten Land, der in der Heimatgeschichte als König von Tonga tradiert wurde, aber meine Aufmerksamkeit wurde auf die Bedeutung der königlichen Genealogie in der Selbstdarstellung des Königshauses gelenkt, sie galt den königlicherseits motivierten und geförderten Untersuchungen von einheimischen und fremden Ethnologen zu dieser Genealogie, die auch in Gesprächen mit Einheimischen bis zur Demonstration für Touristen eingebracht wurde. Zentral für meine, nun doch wieder an die Kindheitserinnerung rückgekoppelte Erfahrung, wurde die Gewichtung der mündlichen Überlieferung des genealogischen Beginns mit

[1] Als „going native" bezeichnet man in der Ethnologie die Überanpassung – bis zum Überläufertum – der Forscher/innen (und Reisenden) an die Kultur der untersuchten „Eingeborenen".

dem aus der Fremde gekommenen, über das Ritual der Kava-Zeremonie symbolisch und über die Heirat mit einer Einheimischen von hohem Rang („Frauen ... sind der bevorzugte Kanal des ‚eiki' [Häuptlings-]Status", Marcus 1980, 28) real einverleibten Herrschers. Der von der Inselgruppe Vava'u stammende Anthropologe Okusitino Makina, der am Atenisi Institute in Nuku'alofa lehrte, beginnt seine Arbeit über die Interdependenz von Religion und Politik im Tu'i Tonga Empire (Religion, Politics and the Tu'i Tonga Empire. Thesis Arts of Anthropology. University of Auckland 1986) mit der Ursprungsmythe des Kava nach der Fassung „wie sie Königin Salote erzählte". 1960 hatte Elizabeth Spillius (Bott) bei ihrer Arbeit „Tongan Society at the Time of Captain Cooks Visit" (Typoscript) „eine einzigartige Gelegenheit, intensiv am Hof der verstorbenen Königin Salote zu arbeiten und die Genealogien, Legenden und Interviews einer großen Zahl nunmehr verstorbener Experten des tonganischen Volkswissens, einschließlich des Expertenwissens der Königin selbst, zu analysieren." (Marcus 1980, 18). Im Visitors Bureau von Nuku'alofa bekommt man den Prospekt „The Kingdom of Tonga. From Mythology to Majestic Kingdom". Darin heißt es: „... die Reise von der Mythologie zur Majestät von heute ist eine Chronik aus einer der interessantesten Ecken der Welt. Lokale Tradition ist der Korridor in diese verschwommene und ferne Vergangenheit. Der Tui Tonga war göttlichen Ursprungs. Es wurde geglaubt, daß er der Sohn des Schöpfergottes Tangaloa ‚Eitumatupu'a war. Er war ein erhabener Herrscher ...". An den alten Terrassen-Gräbern der Tu'i Tonga wird der Tourist auf einem Schild auf den Ursprungsmythos der Dynastie (der fremde Gott, der eine Einheimische heiratete, und mit deren Sohnesgeburt die Dynastie begann) hingewiesen. Marshall Sahlins hat sich eingehend unter einer strukturalistischen Perspektive mit dem Phänomen des „Stranger-King" (des fremden Königs) in den polynesischen Gesellschaften beschäftigt (vgl. Sahlins 1976, 1985). Er spricht von einer „polynesischen Philosophie des sozialen Lebens" und sagt, vergleichend zu den Überlieferungen anderer archaischer Staaten und Protostaaten: „Ehe es ein Märchen wurde, war es eine Gesellschaftstheorie". („Der König kommt als ein Fremder ... er gewinnt Macht an einem anderen, seiner Heimat fernen Ort und durch eine Frau: durch eine einheimische Prinzessin, die er durch eine wunderbare Heldentat gewinnt. ... Der heroische Schwiegersohn aus einem fernen Land zeigt seine göttlichen Gaben, gewinnt die Tochter und erringt das halbe Königreich oder noch mehr"; Sahlins 1985, 82). Am verbreitetesten in der polynesischen Überlieferung ist sein Kommen über das Meer („Die Häuptlinge ... kamen über das Meer", „so wird es in allen fijianischen Ländern erzählt", „Opfer eines Schiffsunglücks"; ebd. 78f.). Nehmen wir zu diesen polynesischen Überlieferungen und den sozial gehandhabten „Eliteheiraten" (Aufstieg über die weibliche

Linie) noch die teilweise Integration der sog. Beachcombers, der „kulturellen Überläufer“ (Kohl 1987) – zumeist desertierte oder gestrandete weiße Seeleute des 18./19. Jahrhunderts –, und deren Aufstieg und Gewinn von Führungspositionen über Teilnahme an intertribalen Kämpfen, sowie die bis nach Europa dringenden Berichte darüber (z. B. Martin 1818; Langsdorff 1812; Krusenstern 1811), gewinnt das „Seemannsgarn“ des Hinrich Meier jenen Anspruch einer Textualisierung von in eine subjektive Projektion eingebautem Erfahrungswissen, das seine „private Mythologie“ wieder kulturhistorisch relevant macht. Seine in meinem Gedächtnis aus der mündlichen Überlieferung haftende Geschichte war eine geradezu „klassische“ Variante zwischen Beachcomber-Überlieferung und Stranger-King: einziger Überlebender eines Schiffsunglücks, da er sich auf eine tonganische Insel retten konnte, zunächst feindliche Begegnung mit den „Kannibalen“, die Heldentat: er hißte bei Annäherung einer englischen Flotte die Pestfahne, die Engländer drehten daraufhin ab (und so wurde Tonga nie kolonisiert!), Eliteheirat und Gründung des Königreichs durch ihn als George I.

Hinrich Meier führte mich somit zwar nicht, wie ich es als Kind erträumt hatte, in das tonganische Königshaus, aber zu einer Reflexion der Bedeutung des Fremden, des aus der Fremde Gekommenen und „Einverleibten“ in soziale und politische Philosophien und Realitäten. Die „gefährliche“ Macht des fremden Helden kommt über die symbolische Tötung und Wiedergeburt (Kava-Zeremonie) und die Vermählung mit dem Land und den Einheimischen über die Einheirat als innovative Kraft der eigenen Stärke des Landes zugute.

Die andere Seite der Bedeutung des Fremden – hier des in die Fremde Gegangenen – für eine über die Familiensaga hinausgehende Prestigeaufladung einer ganzen Region führt wieder in die deutsche Heimat des Hinrich Meier. Wie die mündliche Überlieferung, die bei der Anwesenheit von Königin Salote zu den Krönungsfeierlichkeiten in England 1953 wieder einen narrativen Höhepunkt gewann, aus einer über hundertjährigen Tradierung schließlich in einer Heimatchronik für weitere Generationen fixiert wurde, soll aus dieser Chronik „750 Jahre Jork-Borstel. 1221–1971. Ein Beitrag zur Geschichte des Alten Landes“ selbst sprechen (Röper o. J., 223 f.):

König Georg I. der Tonga-Inseln

Hinter dem Elbdeich von Borstel-Neuenschleuse im Alten Land liegt die Gastwirtschaft *“Zur Erholung“*. Als Gastwirt Johann Wehrt noch lebte, erzählte er Gästen beim Grog von berühmten Leuten, wie dem Herzog von Windsor, die in seinem Gartenlokal eingekehrt waren und den traditionellen Altländer Kirschpfannkuchen gegessen hatten. Mit Vorliebe berichtete er aber von dem Lotsensohn und Seemann Hinrich Meier, der es um die Mitte des vorigen Jahrhunderts auf abenteuerliche

Weise zum König von Tonga gebracht hat. Johann Wehrt war sogar mit ihm verwandt, aber bis zu seinem Lebensende hat er vergeblich darauf gewartet, daß einer aus der königlichen Familie des Inselreiches sich einmal der Verwandten an der Niederelbe erinnert. In der Nähe der Gastwirtschaft *"Zur Erholung"*, hinter dem Hause Neuenschleuse Nr. 2, steht noch das Geburtshaus des ersten Königs von Tonga, dessen Vater einen landwirtschaftlichen Betrieb hatte und nebenbei Elblotse war. Hinrich war sein zweiter Sohn. Ihm folgte eine Tochter Metta, die noch bis zur Jahrhundertwende als Altenteilerin auf dem auf Leibrente verkauften Hof wohnte. Metta war die Großmutter des 1964 verstorbenen Gastwirts Johann Wehrt. Manches in seinem gemütlich und mit altväterlichem Hausrat eingerichteten Fachwerk-Gasthaus stammt aus der Zeit jenes Hinrich Meier und seiner Schwester Metta, etwa die von Seeleuten wahrscheinlich aus England mitgebrachte Wanduhr aus dem 18. Jahrhundert mit einer niedlichen Parforce-Szene im Feld über dem Ziffernblatt. Sie hat schon die Stunden geschlagen, als Hinrich Meier das elterliche Haus verließ und Seemann wurde. Er kehrte nie zurück: Sein Schiff ging in der Südsee unter.

Fast ein halbes Jahrhundert blieb Hinrich Meier verschollen. Bis eines Tages ein Matrose der kaiserlichen Marine, Michael Bartels aus Borstel, mit einer fast unglaublich klingenden Mär aufwartete: Ein deutsches Kriegsschiff hatte auf seiner Weltreise Tongatabu angelaufen, die mit 430 Quadratkilometern größte der 192 Tongainseln in der Südsee, die zwischen den Samoainseln und Australien liegen. Die Besatzung bekam hohen Besuch: König Georg I. von Tonga (offiziell George Tupou I.), ein fast zwei Meter großer, korpulenter Herr, kam an Bord und zeigte stolz seine Orden. Vom deutschen Kaiser war er ausgezeichnet worden, weil er bei Ausbruch des Deutsch-Französischen Krieges ein Truppenkontingent zur Hilfe gesandt hatte, das allerdings erst eintraf, als der Krieg beendet war. Sechs Jahre später schloß König Georg I. einen Freundschaftsvertrag mit dem Deutschen Reich, danach auch mit Großbritannien und mit den USA.

An Bord des deutschen Kreuzers lüftete Georg I. das Rätsel seiner Deutschfreundlichkeit: In gutem Deutsch fragte er, ob unter der Besatzung auch ein Altländer sei. Michael Bartels meldete sich. In seinem unverfälschten Altländer Platt offenbarte Majestät nun dem Matrosen aus Borstel, daß er der verschollene Hinrich Meier aus Neuenschleuse sei. Südlich der Samoainseln war sein Schiff untergegangen. Als einziger wurde er gerettet. Auf Tongatabu sei er gastfreundlich aufgenommen worden. Durch Heirat mit der Häuptlingstochter war er bald Gebieter über die rund 50000 Einwohner der 192 Inseln, die er zum Königreich vereinte, dem kleinsten Königreich der Welt. In Erinnerung an seine hannoversche Heimat und das hannoversche Königshaus nahm er als Herrscher des Inselreiches den Namen Georg I. an.

Diese wie ein Märchen klingende Geschichte brachte Bartels, der später Gemeindediener in Borstel war, mit in seine Heimat zurück. Hinrich Meier, alias König Georg I., hatte sich danach zwar nach seiner Mutter und Schwester erkundigt, aber die Frage nach seiner Heimkehr kopfschüttelnd verneint: Er habe neun kaffeebraune Kinder; die Leute würden ihn auslachen, wenn er mit seiner Familie zurückkehrte.

Hinrich Meier lebte schließlich in einem Paradies, das wohl einmalig in der Welt ist. Noch heute kennen die Einwohner des Tongareiches keine Steuern, sie haben Schulpflicht und kostenlose Krankenpflege, Analphabeten gibt es unter ihnen nicht.

Die im 17. Jahrhundert von Holländern entdeckte und 1773 von James Cook erforschte und „the friendly islands" (die freundlichen Inseln) getaufte Inselgruppe ist ein Paradies auf Erden, deren stattliche, hellbraune Bewohner zu den schönsten polynesischen Stämmen gehören.

Georg I. hat sein Reich bis 1893 regiert, ihm folgte sein Sohn Georg III. und von 1918 bis 1965 seine Enkeltochter Salote (Salote Tupou II.), die durch ihre Größe und ihr Gewicht auffiel, als sie 1953 an den Krönungsfeierlichkeiten in London teilnahm. Einer Einladung ihrer Verwandten im Alten Land, des Gastwirts Wehrt und seiner Schwester, folgte sie nicht. Immerhin entsandte sie ihre beiden Nichten zu einem Besuch nach Hamburg, wo die Schwester von Johann Wehrt noch jetzt wohnt. Heute wird das Königreich in der Südsee von Georg IV., dem Taufa'ahau Topou IV., regiert, der am 4. Juli 1967 den Thron bestieg.

Das Fremde wird nahe

Das Fremde dient der Kraft und Erneuerung des Eigenen. Es gehört im Sinne meiner Ausführungen zur fremden Nähe und nahen Fremde scheinbar zunächst weder in die eine noch in die andere Kategorie. Jedoch im übertragenen Sinne steht hinter diesem Phänomen eben meine „anthropologische Utopie" der Regeneration der eigenen Kultur über den Kulturkontakt mit dem Fremden als Weg aus Erstarrung, Verhärtung und Konservativismus in eine Dynamik der Entwicklung.

Wir brauchen das Fremde (das Abenteuerliche, Geheimnisvolle, Verunsichernde) als Anregung gegen verfestigte Selbstverständlichkeiten. Und daraus erklärt sich auch die Bedeutung, die eben jene „aufregenden Außenseiter" im Kontext von familiären und lokalen Überlieferungen gewinnen können. Nur aus der Verschiedenheit und dem Zusammenspiel von Kulturen, sagt Lévi-Strauss, erwächst Fortschritt, und er führt, letztendlich in einer Hoffnung auf Entropie-Überwindung, aus: „Daß es notwendig ist, in einer von Monotonie und Uniformität bedrohten Welt die Verschiedenheit der Kulturen zu erhalten, ist gewiß den internationalen Institutionen nicht entgangen. Sie begreifen auch, daß es dazu nicht genügt, lokale Traditionen zu hätscheln und vergangenen Zeiten noch eine Frist zu gewähren. Das Faktum der Verschiedenheit ist zu erhalten, nicht der historische Inhalt, den jene Epoche ihm gegeben hat und den keine über sich selbst hinaus verlängern kann. Man muß also das Gras wachsen hören, verborgene Möglichkeiten fördern, alle Berufungen zu gemeinsamem Leben, die die Geschichte parat hält, erwecken; man muß auch bereit sein, ohne Überraschung, Abscheu und Empörung ins Auge zu fassen, was alle jene neuen sozialen Ausdrucksformen unweigerlich an Ungewohntem aufweisen werden. Toleranz ist keine kontemplative Einstellung, die dem, was war oder ist, mit Nachsicht begegnet. Es ist eine dynamische Haltung, die darin besteht, was sein will, vorauszusehen, zu verstehen und zu fördern. Die Verschiedenheit der menschlichen Kulturen ist hinter uns, um uns und vor uns. Die einzige Forderung, die wir in dieser Hinsicht erheben können (und die für jeden einzelnen entsprechende Pflichten schafft), ist, daß sie sich in Formen realisiere, von denen jede ein Beitrag zur größeren Generosität der anderen sei" (Lévi-Strauss 1975, 406f.).

Die Fremde wurde nahe im Sinne des kognitiven Verstehens und der Mitteilbarkeit. Aber das ist nur die eine Seite der nahen Fremde, die mir in diesem Zusammenhang unwichtigste. Die andere Seite war das Erleben einer Beziehungssprache, zunächst auf kollegialem Gebiet, sei es in der University of the South Pacific in Suva/Fiji oder in dem kleinen Atenisi-Institut in Nuku'alofa/Tonga: man sprach eine gemeinsame Sprache, um ähnliche Kultur-Probleme zu erörtern.

Die University of the South Pacific in Suva/Fiji betreute 1986 schon über Fernkurse, Zentralkurse und Außenstellen 11 Länder des zentralen Südpazifik. Das 1976 gegründete „Institute of Pacific Studies" hat fünf Schwerpunkte innerhalb der Sozialwissenschaften, die vor allem praxisorientiert im Hinblick auf die südpazifische Entwicklung sind (social, cultural and economic studies; history and biography, government and politics, land tenure policy and development, language and communication). Der kleine Stab, dem Ron Crocombe als „Professor of Pacific Studies" seit 1975 vorstand, bemühte sich um eine enge Zusammenarbeit mit anderen Institutionen, regionalen Organisationen und Individuen für Kurse und Publikationen. Eine umfangreiche Schriftenreihe zeugt von dem Engagement, mit dem hier über Gegenwartsprobleme soziokultureller Entwicklungen und Möglichkeiten gearbeitet wird, wobei die Skala von der Geschichte der pazifischen Länder über gegenwärtige Politik, ländliche Entwicklungsplanung, Tourismus, die Künste bis zur pazifischen Identität reicht. In Zusammenarbeit mit der South Pacific Social Sciences Association wird über das Institut auch die Zeitschrift „Pacific Perspective" vertrieben und das Kunstjournal „Mana", das von Marjorie Crocombe, Präsidentin der Pacific Creative Arts Society, herausgegeben wird. In einem jährlichen Report berichtet das Institut über seine Lehre und Forschungen.

Die enge Verbindung von Lehre, Forschung und praxisbezogener Ausbildung zeigte sich insbesondere auch in den Außenstellen, wie z. B. im USP-Institute of Rural Development in Nuku'alofa, zu dessen zentralen Aufgaben Lehrgänge für Multiplikatoren in den Provinzen gehören, die jeweils mehrere Dörfer betreuen. Auch der an der University of the South Pacific während meines Aufenthalts laufende pazifische Frauenkongreß „Women in Development", getragen vom National Council of Women, Fiji, war über Diskussionen und Ausstellungen eher Problemen des weiblichen Alltags als abstrakten Diskussionen einer Frauenbewegung gewidmet.

Der Lehrstab der Universität ist international, wenn auch Gewicht auf einheimische Lehrkräfte gelegt wird. Auffällig waren auch hier die interethnischen Ehen männlicher weißer Lehrer mit einheimischen Frauen. Der Neuseeländer Ron Crocombe ist mit der Cook-Insulanerin Marjorie Crocombe verheiratet, der amerikanische Geograph Randy Thaman mit einer Tonganerin, Nichte des Gründers Helu des privaten Atenisi Instituts in Nuku'alofa/Tonga. Beim Bierabend der Lehrkräfte entwickelte Helu sein Konzept einer neuen kritischen Universität für die Südsee („Kultur ist kritischer Geist") über die Lehre internationalen Denkens, orientiert an einem „vorsokratischen Geist" und polynesischer sozialer Tradition.

Die Kommunikations- und Interaktionsangebote, Hilfsbereitschaft und Gastfreundschaft setzten sich fort: vom Kultusministerium über Landwirtschaftsinstitute, das Statistische Amt und Archive bis zu Dorf- und Familieneinladungen, Gesprächen auf der Straße und in Bussen. Letzteres gilt vor allem für Fiji mit seinen vielen Einladungen, der Teilnahme an den abendlichen Kava-Zeremonien[2], der Beteiligung am Gesang und Tanz, der bereitwilligen Information über soziale Organisationen und Wirtschaftsformen, den Gesprächen über die Situation der Frauen, Veränderung der Familienorientierung, über Migration heute, der Erörterung über Familienstammbäume, in denen Iren und Engländer, Deutsche und Chinesen zwischen den eingeborenen Fijianern auftauchten und Familientreffen als ein buntes Völkergemisch erscheinen ließen. Und immer auch wieder die Frage nach Deutschland. In einer Schule, wo uns der Englischunterricht vorgeführt wurde, wurden wir auf einer Weltkarte verortet. Die Perspektive war wie unsere, nur umgekehrt: irgendwo ganz klein und weit weg – Deutschland. Trotzdem: nahe Fremde als das Gefühl zwischenmenschlichen Interesses und Sich Mögens. Und noch ein weiteres kam hinzu, um Nähe zu evozieren. Dieses zu vermitteln, erscheint mir am schwierigsten. Was ich meine, ist eine utopische Anthropologie im Sinne einer konkreten Utopie, das heißt einer Wissenschaft, die Modelle menschlichen Zusammenlebens entdeckt, die der Regeneration der eigenen Gesellschaft zum Vorbild dienen könnten. Ich will es an einem Beispiel erläutern.

Die Kava-Zeremonie, ursprünglich ein Initiationsritual kannibalistischer Einverleibung, symbolischer Tötung und transformierter Wiedergeburt der Häuptlinge, ist – als Tradition weitgehend vergessen – zu einem sozialen Ritual der Gemeinschaft in außergewöhnlichen Zeiten geworden. Gäste werden damit begrüßt. So wurden wir als Gäste, die man gewisser-

[2] Kava (Yagona) ist ein Getränk, das aus den zerstampften und in Wasser ausgepreßten Wurzeln des Pfefferstrauchs hergestellt wird.

maßen von der Straße für einen Tag zu sich geholt hatte, in unsere erste Kava-Zeremonie einbezogen, die eigentlich für den landwirtschaftlichen Entwicklungsmediator gestaltet worden war. Wir lernten, geduldig unterwiesen, schnell die einzelnen Gesten und Worte zur rechten Zeit, wir lernten auch, daß Kava ein mitzubringendes Gastgeschenk war, und wir lernten die andere Zeitdimension in dieser – über die Begrüßung höherer Personen und Gäste hinausgehenden – stundenlangen abendlichen Gemeinschaftshandlung, die täglich in den Dörfern, begleitet vom Stampfen der Kavawurzeln, dem Händeklatschen und den Gesängen der Männer stattfand. Es war das, was Turner die liminale Phase in Übergangsritualen nennt (Turner 1982), hier in die *All*täglichkeit geholt und doch außerhalb der Alltäglichkeit: Gemeinschaftlich erlebte Zeit einer festlich-spielerischen Freisetzung von Kreativität, erfülltes Niemandsland zwischen den Zeiten der Arbeit und der Privatheit.

Das gesamte Ritual war nicht sinnentleertes Relikt, sondern Transformation von Sinn für eine gewandelte soziale Lebensform, aber eben eine soziale. Es war ein neuer Text, in dem alte Wörter auch mit ihrem Bedeutungsverlust stehengeblieben waren. So übersetzte mir Philippe „mate", was nach dem Leertrinken der Kavaschale gesagt wurde, mit „leer". Und erst über Marshall Sahlins erfuhr ich die ursprüngliche Bedeutung: „mate ni yaqona" = tot von Kava, das heißt im Zustand der tödlichen Intoxination, des symbolischen Todes (Sahlins 1985, 97).

Wie groß allerdings sind die Chancen für eine weitere Textualisierung ohne Verlust der spielerischen Freisetzung von Gemeinschaft auf dem Weg in die Moderne?

Daß die Inseln jetzt auch touristische, organisierte Kava-Zeremonien anbieten, ist die eine Seite. Das bringt Geld, der Massentourismus ist nicht hinwegzudiskutieren, und hunderte von Fremden kann man nicht mehr als Gäste empfinden und empfangen. Das Problem, zugleich die Zerstörung meiner anthropologischen Utopie, kommt erst, wenn die Show für die Fremden von der eigenen Ritualität entfremdet, wenn die Zeit der außeralltäglichen Gemeinsamkeit zwischen den Alltagen vergessen wird, Gemeinschaft nicht mehr als Gemeinschaftserlebnis seine Darstellung findet, sondern Geschäft wird – Fakelore statt Folklore –, von dem man sich am Fernseher erholt, andere Fakelore konsumierend. Doch ganz soweit ist es noch nicht.

Inseln der Illusion?

„Inseln der Illusion": unter diesem Titel erschienen 1986 die Briefe aus der Südsee, die der Schotte Robert James Fletscher zwischen 1912 und 1920 geschrieben hatte. Illusion oder die exotische Sehnsucht als Hoffnung und als Wahn ist wohl immer mit diesen Fahrten in die Südsee verbunden. Seit dem 18. Jahrhundert bis heute währte der Traum von den glücklichen, den freundlichen Inseln der Südsee. Warum können wir ihn trotz aller wissenschaftlichen Entzauberung nicht abwehren? Oder ist an eben der Illusion aus der Ferne doch etwas Wahres, das sich bei der Näherung in der sinnlichen Erfahrung als Wirkliches und Wirkendes zeigt? Für mich war es die Erfahrung dessen, was ich die „relational voice“ genannt habe, die Erfahrung einer Beziehungssprache, die den Alltag der Anderen durchzog und mir, der Fragenden, der Fremden entgegengebracht wurde. Ihr Wissen gefror nicht zu einer „knowing voice“ der autoritären Information, sondern verblieb in jenem narrativen Gewebe, das soziale Bezüge herstellt. Das war selbst noch bei den Behörden der Fall. Ich glaube, daß gerade dieser interkommunikative Prozeß Teil einer anthropologischen Sehnsucht nach dem Feld, der teilnehmenden Begegnung mit den Fremden ist. „Die Inseln der Illusion“ liegen nicht nur in der Südsee, sondern dort, wo man aus der Kritik an der eigenen Gesellschaft andere menschlichere Möglichkeiten vermutet – und manchmal auch findet.

In der polynesischen Mythologie kam der „Stranger-King“ als Heros über den Ozean und seine Kraft wurde über die Heirat mit einer Einheimischen dem Land und dem sozialen Netz einverleibt; in der Geschichte kamen die Eroberer über den Ozean und zerstörten die sozialen Bezüge. Die Moderne mit ihren Widersprüchen hat auch vor den Inseln der Illusion nicht Halt gemacht. Aber sie hat auch soziale Widerstandspotentiale gegen die Erstarrung in eigenen und vergessen-fremden hierarchischen Legitimationszusammenhängen geschaffen.

Bei einer der allabendlichen Kava-Zeremonien der Männer mit gemeinsamen Gesang, zu denen auch Fremde zugelassen werden, auf Utangake/Tonga ging es im Gespräch um die Hochzeit eines Sohnes des dortigen feudalen Landbesitzers mit der Königstochter und den traditionellen Gaben der Dörfer (Matten, Tapas, Schweine, Früchte), von der mir schon viel und in widersprüchlichsten Fassungen erzählt worden war. Hier aber sagte mein Gesprächspartner auf die Frage nach der Gegenseitigkeit, daß es mit den Feudalen keine Gegenseitigkeit gebe wie bei dem gewöhnlichen Volk: „Das Volk ist dazu da, den König und die Feudalen immer höher zu heben.“ Vielleicht, meinte er dann, könne es jetzt, wo die jungen Menschen immer mehr Bildung bekämen, bald zu einer Revolution kommen – einer Revolution, die sicher nicht als spirituelle Heimkehr in die alten Mythen gemeint war.

Allerdings kreiste die pazifische Perspektive oft um eine Identität, die sich ethnisch, regional und national artikulieren kann, in der einheimische Traditionen gegen Überlagerung gesetzt werden: das reicht vom politökonomischen über den soziokulturellen bis zum religiösen Bereich. So beschreibt ein samoanischer Autor, Aiavao, in dem Sammelband „Pacific Identity" die Ordination von Priestern auf samoanische Art – die tanzenden Töchter des Chiefs in der Kirche, die feine Matte vor dem Altar, auf der ein gekochtes Schwein präsentiert wurde; oder, daß sich ein Priester bei der Annäherung an den Altar mit einer samoanischen Matte bedeckt hatte, statt wie sonst hingestreckt Vergebung für die Versammlung zu erflehen – als Rückkehr zu heimischen Traditionen:

„Ich war berührt und in Tränen. Endlich wird das Wertvollste der samoanischen Kultur für die Verehrung Gottes benutzt, statt irgendetwas von einer Kultur weit, weit entfernt über die Meere. Ich sagte zu mir: Das ist sehr gut. Meine Kultur wird leben! Sie wird nicht sterben!" (Aiavao o. J., 10)

Im gleichen Band wird, aus einer fijianischen Perspektive, allerdings auch auf die „wachsenden Kosten" des traditionellen Weges hingewiesen. Die in der sozialen Identität begründete Reziprozität des Gabentauschs in der Verwandtschaft und im Kommunalismus gewinnt durch den Einbezug nicht einheimischer Güter eine monetäre Dimension, die zu psychischen Streßsituationen und ökonomischer Ungleichheit führe. Und hier wird besonders auf die „anderen Rassen" verwiesen:

„Wenn die Fijianer Kommunalismus intensiver praktizieren als andere Rassen, entsteht die Gefahr, daß die wachsenden Kosten des Kommunalismus zu einer sich vergrößernden ökonomischen Kluft zwischen eingeborenen Fijianern und anderen ethnischen Gruppen beitragen. ... Die wirklichen ökonomischen Nutznießer des fijianischen Kommunalismus sind Geschäftsleute, die hauptsächlich anderen Rassen angehören ... So ... wird, während wir über unsere Tradition durch unsere gegenseitige Hilfe psychisch reicher werden, der Geschäftssektor anderer Rassen reicher durch die Kaufkraft unseres Kommunalismus" (Vusoniwailala o. J., 6f.)

Der hier Anfang der 80er Jahre als Gefahr erwähnte „interracial ill-will", auf den Ron Crocombe, Vertreter einer pan-pazifischen Identität, insbesondere gegenüber der asiatischen Bevölkerung verweist (Crocombe o. J.), hat 1987 seine politischen Konsequenzen in der konstitutionellen Krise und dem Militärputsch in Fiji gefunden, der als eine Antwort auf das „indian-dominated government" gesehen wurde:

„Die Krise ist seit einem Jahrhundert geschaffen worden, seitdem Inder unter britischer Herrschaft zur Arbeit auf den Zuckerrohrplantagen geholt wurden. Die historische Schuld ist deshalb klar, aber sie hilft nicht bei den gegenwärtigen Umständen. Inder, die nun seit vier Generationen Fijianer sind, mögen zwar ihre separate Identität festgehalten haben, aber sie können nicht mehr als Fremde bezeichnet werden" („The Guardian" 22. 5.87).

Das pan-pazifische Identitätsmanagement argumentiert mit einem „Pacific Way", den der samoanische Schriftsteller Albert Wendt als „Faá Pasifika" in einer einheimischen Sprache benannt haben wollte, der von der Kultur (und den Rechten) der „Eingeborenen", und das heißt hier Polynesier, Melanesier und Mikronesier – und dem Mythos ihrer Einheit –, ausgeht. Ziel ist, ein südpazifisches Widerstandspotential gegen eine mentale Überlagerung zu schaffen, aber auch gegen die neuen Formen wirtschaftlicher und politischer Ausbeutung. Der „Pacific Way" allerdings ist Sache einer neuen, mobilen Elite – „The more elite and the more mobile, the more useful the term", sagt Crocombe (1976, 7).

Auf den Dörfern dagegen lebt man einen lokal begrenzten Pacific Way im Hier und Heute. Pazifische Tradition ist lokales Alltagshandeln oder soll der lokalen Entwicklung dienen. So wurde es auch in der Planung angesprochen.

In Apia/W.-Samoa wurde vom „Ministry of Sports, Youth and Cultural Affairs" ein neues Museum geplant; der Entwurf zielte auf wirtschaftliche Entwicklung: Belebung des Kunsthandwerks als Nebenverdienst insbesondere für Frauen, Verkaufsausstellungen. „Das historische Erbe zu sichern, macht mehr Arbeit, es kann später folgen", wurde argumentiert. „Das Gedächtnis der Menschen reicht nicht weiter zurück als fünfzig Jahre", meinte eine Frau. Und Joe, der Chief mit irischem Einschlag und einem kleinen touristischen Betrieb auf Kadavu/Fiji, sprach augenzwinkernd vom Hier und Jetzt des Daseins: „Alles was ist, bin ich als Ganzes, mit meinem Oberhaus (Ohren, Nase, Augen und Mund), meinem Unterhaus (Arme, Beine, Schwanz und Hintern) und einem chief", wobei er sich den Magen klopfte.

Die Nähe wird fremd

Und nun, nach dieser als nah erfahrenen Fremde, wird man mich fragen: warum dann dieser Traum? Offensichtlich habe ich ja keinen Kulturschock in der Südsee erlitten, habe in der Fremde Nähe erlebt. Und da finde ich in meinem Tagebuch eine Stelle, in der es heißt: „Nichts ist so fremd, wie man es eigentlich erwartet hätte, und man weiß, daß man vor dem Schock bereits wieder zuhause ist." Umkehrung des Kulturschocks? Erwartung der fremden Nähe? Heimkehr in den Schock der eigenen Kultur? Mein Traum sagt ja zu dieser Angst, wobei ich, ausgehend von einer wichtigen beruflichen Prägung des Menschen in unseren westlichen Gesellschaften die eigene, universitäre Berufskultur argumentativ in den Vordergrund stelle.

1. Das Verdikt: Du kannst etwas nicht erfahren, was du nicht erfahren darfst. Das „verschlossene Authentische" des Traums leitet sich wohl

aus der disziplinären Trennung zwischen europäischer und außereuropäischer Ethnologie in Deutschland her, die nur sehr allmählich überwunden wird. Allerdings wird die ethnographische „Mein-Stamm-Mentalität" als monographischer Besitzanspruch zunehmend fragwürdig, sowohl in der (postmodernen) Textualisierungsdebatte als auch in einer dialogischen Ethnographie, die die Vielfalt der möglichen interkulturellen Dialoge für den Erkenntnisprozeß einbezieht.

2. Drei Monate Südsee, und das noch nicht einmal in einem Dorf, sind eine Reise, aber keine Feldforschung. Das bestätige ich ja, aber ich setze dagegen die Erfahrung einer Reise, die neue Perspektiven, Denkanstöße und Forschungsintentionen für den reisenden Anthropologen gibt. Hier steht das Spiegelbild für das vermeintlich nur subjektiv Authentische der kurzen Erfahrung dem als objektiv bezeichneten Originalen der Langzeitforschung des Spezialisten gegenüber.
3. Der Anthropologe als Zerstörer von Kulturen, die internalisierte Diskussion der 68er-Generation. Ich darf mich – so der Traum –, um mein Selbstbild als Mensch nicht zu gefährden, nur als Scheingast in einer Scheinwelt fühlen, die aber gleichzeitig so abbildlich sein muß, daß ich mein Selbstbild als Anthropologin nicht gefährde. Wie beim Eskapismus-Verdacht können westliche Anthropologen/innen ihrem kollektiven Trauma des Verwickeltseins in zerstörerische „Entdeckungen" nicht entkommen. Erst eine Welt gleichberechtigter Stimmen könnte sie befreien.
4. Der Eskapismus-Verdacht oder der Vorwurf einer „imperialistischen Nostalgie", wie sie Renato Rosaldo als „Longing for what we have destroyed" (Sehnsucht nach dem, was wir zerstört haben; Rosaldo 1987) erörtert hat.
5. Die Schwierigkeit – und das betrifft nicht nur die Berufskultur –, einer informierten Gesellschaft, einer Gesellschaft der „knowing voice" (Informationssprache), die ihre „Abenteuer im Kopf" hat und die „relational voice" (Beziehungssprache) in der Heimwelt sucht, die Abenteuer einer Erfahrung der Nähe in der Fremde zu vermitteln.[3]

Der Traum – und ich gestehe, daß er, obgleich nachts geträumt, wohl

[3] Die Begriffe „relational voice" und „knowing voice" habe ich aus der Diskussion eines neuen hermeneutischen Ansatzes in der amerikanischen Cultural Anthropology übernommen, vgl. u. a. Tyler 1971, Marcus/Fischer 1986, Stewart 1987. Meine Begriffe „secret voice" und „invisible voice" (in Abwandlung der „unsichtbaren Hand") sind im Kontext dieser Diskussion entstanden und einzuordnen. „Die wahren Abenteuer sind im Kopf, und sind sie nicht im Kopf dann sind sie nirgendwo" (André Heller) bezeichne ich als Intellektuellen-Attitüde (Greverus 1990, 1), bei der Welt nur noch gemessen und gesprochen („Informationssprache") und Heimwelt gelebt wird.

mehr ein kaum verschlüsselter Tagtraum war – war nicht zu Unrecht geträumt. Trotzdem vertrete ich weiterhin den Standpunkt – und zwei Monate in anthropologischen Departments in Amerika haben mich darin bestätigt –, daß die Trennung zwischen Völkerkunde, die „die Fremden" untersucht, und Volkskunde, die „das Eigene" untersucht, auch in Deutschland aufgehoben werden sollte.

Anthropologie ist eine vergleichende Wissenschaft, die durch Gegenüberstellung (Juxtaposition) oder einen provokativen Kulturschock sowohl zur Reflexion über das Eigene als auch das Fremde anregen will, wobei gegenwärtig die kritische Relativierung der eigenen Kultur zentraler wird, gleichzeitig aber das utopische Moment wieder Einlaß findet, sich neben positivistischer (neutraler und möglichst statistischer) „Objektivität" behauptet.

Lassen Sie mich von der Annahme ausgehen, daß der Kulturschock einen Kulturkontakt voraussetzt, das heißt die Erfahrung des Fremden und die Infragestellung des Gewohnten und Selbstverständlichen der je eigenen Kultur. Dieser Kulturschock, die Verunsicherung über die „Richtigkeit" der eigenen Kultur, ist vorrangig unter der Perspektive der Konfliktlösungen behandelt worden, wobei die intentionalen Strategien zur Wiederherstellung eines unhinterfragten Gleichgewichts entweder durch Übernahme oder Eliminierung der Fremdelemente (beides zugunsten der herrschenden Kultur) im Untersuchungszentrum standen.

Dieses vorherrschende Muster der Reaktion auf den Kulturschock gilt im gesellschaftlichen Kontext auch für die sogenannten Gegenkulturen, deren zunächst befremdender Stil als Performance, als sichtbar gemachter Ausdruck ihrer Erfahrungen,[4] von der Mainstream-Gesellschaft über ihre Medien gesellschaftsfähig, konsumfähig und damit alltäglich, ungefährlich gemacht wird. Die Tolerierung fremdartiger äußerer Stilelemente ist ein herausragendes und immer wieder positiv unterstrichenes Kennzeichen der kapitalistischen modernen Demokratien und steht in einem krassen Gegensatz zur Nichttolerierung, Nichtunterstützung und Unterdrückung von Gegenströmungen hinsichtlich der bürokratischen Kontrolle des politökonomischen Gleichgewichts, das sich dem angepaßten Bürger über materiellen Besitz und Fortschritt, Familie und individuelle Freizeit, garantierte Ordnung und Kontinuität vermittelt. Die Glücksumfragen in diesen Demokratien ergeben das gleiche Bild: Ein hoher materieller Lebensstandard, soziale Sicherheit und Befriedigung in Ehe und Beruf, das heißt der

[4] Besonders deutlich ist dies am Beispiel der Subkultur der Arbeiterjugend im Nachkriegsengland von dem „Centre for Contemporary Cultural Studies" in Birmingham herausgearbeitet worden: vgl. Clarke 1979; Hebdige 1979; Willis 1981; siehe dazu auch Voigt 1984.

privat-persönliche Bereich, sind die Glücksziele. Abweichungen von diesem Glücksbild werden als „abweichendes Verhalten“ behandelt, als jugendliche Konflikte kuriert – bis zum re-integrierenden Brainwashing – und schließlich, insbesondere in der jugendlichen Subkultur, von den Aussteigern selbst als nur temporäre Freisetzung von den Werten der dominanten Gesellschaft gesehen und internalisiert (vgl. Horx 1985; 1987).

Von der Kompensation der „Sprachlosigkeit“

Und die „geheimen Verschwörer“ des New Age, die spirituelle Bewegung? Ihre Anhänger gefährden die gesellschaftliche Ruhe nicht. Im Gegenteil, diese eigene Gesellschaft bietet die nötigen materiellen Ressourcen, um sich die fremdkulturellen Elemente, sei es Tai Chi, Yoga, Aikido, schamanistisches Heilen, die Wilderness, Tänze des universalen Friedens, den Pfad der Kraft und die weiblichen Mysterien der inneren Göttinnen für das eigene innere Wachstum anzueignen (vgl. Greverus 1990).

Dazu ein Beispiel aus einem Workshop-Angebot unter dem Titel „The Hero's Journey“:

„Die Reise des Helden ist eine dynamische Form, die entworfen wurde, um Menschen die Wechsel im Lebensweg zu erleichtern. Die Welt jedes Gruppenmitglieds wird durch die Linse der Phantasie gesehen, dramatisiert und durch einen Übergangsritus erfahren, der auf einem universalen Ritual beruht, das benutzt wurde, um diese Metamorphosen zu feiern: der Mythos des Helden. Der Held wird durch das absolute ‚Ja‘ strukturiert, der Dämon durch das absolute ‚Nein‘ der Persönlichkeit des Teilnehmers, den inneren Konflikt damit veräußernd. Die beiden werden sich dann auf der Reise des Helden gegenübertreten und einen dramatischen Kampf erfinden, bis eine Synthese der entgegengesetzten Kräfte erreicht ist.“

Konflikt ist hier eine personale Kategorie, er findet nicht als Kulturkonflikt statt, die fremdkulturelle „Reise des Helden“ ist westlicher Psychotherapie einverleibt worden. Der provozierende Schock – Kampf der widerstreitenden Elemente – beinhaltet nicht die Erfahrung anderer gesellschaftlicher Möglichkeiten, der Reisende bleibt bei sich und der Reiseleiter (der Guru, der Therapeut) verspricht Konfliktlösung – ohne daß sich in der äußeren Welt etwas ändern muß.

Nicht die Gesellschaft soll über einen Kulturschock geändert werden, sondern aus fremden Kulturen werden Elemente herausgelöst und für die Harmonisierung der „inneren Konflikte“ des westlichen Menschen angeboten.[5]

[5] In der Verlagerung „Heroischen Handelns“ in ein innerpersonales Drama kann

Ich sitze, während ich diesen Beitrag schreibe, am Pacific Beach von San Diego/Kalifornien. Mit meinem linken Auge sehe ich weiße Gischt auf feinen Sandstrand strömen, Palmen – und sonntägliches Strandleben; mit meinem rechten Auge sehe ich Hotels, Läden, Autos, die das sonntägliche Strandvergnügen erst ermöglichen, – und Reklameschilder. Überdimensioniert eine „see you later"-Reklame des Zoos von San Diego mit einem aufgerissenen Krokodilsrachen. Sollte hier ein intellektueller Designer – über den Schlagertext hinaus – James Clifford's „ethnographische Allegorie" (Clifford 1986) visualisiert haben? Erfahrung in Text umgesetzt haben? Für mich jedenfalls ist es so. „See you later" gehört wie „How are you" zu jenen unverbindlich-verbindlichen Alltagsfloskeln, die man im amerikanischen Way of Life verbalisieren muß, aber nicht in verbindliches Antworten oder gar Handeln umsetzen darf. Der Ethnomethodologe Harold Garfinkel hat in seinen Krisenexperimenten zur Erschütterung der kulturellen Übereinkunft im Routinehandeln gezeigt, wie das wörtlich Nehmen von „How are you" auf der Seite des Kommunikationspartners zu Aggressionen führt (Garfinkel 1967, 45). Die erwartete Rollendistanz ist durchbrochen worden. Oder, wie es in einer kritischen Anthropologie der Erfahrung formuliert wird, der „knowing American", als eine Identität aus Distanz und Realismus, informiert und unbeteiligt, ist verunsichert worden, indem ein Dialog von ihm gefordert wird oder eine Beziehungssprache, die für den „sprachlosen" Amerikaner, „außerhalb der unmittelbaren Familie, dem Freundeszirkel und vielleicht Menschen mit dem eigenen Lebensstil, auf eine Art öffentlichen ‚talk' reduziert worden ist, in dem gebräuchliche Phrasen, die jedermann bekannt sind, einer innovativen Sprache vorgezogen werden, und die Ohren leichthin über wiederholbare und leere Formeln gleiten" (Stewart 1987, 3).

Eine andere Assoziation aus der Krokodilsreklame: San Diego hat nicht nur einen der berühmtesten Zoos der Welt, sondern auch seine „Sea World", einen jener Freizeitparks, in denen die lernfähigen Killer-Wale und Delphine zur Schau gestellt werden. Entscheidend aber ist nicht mehr das zoologische Panoptikum, in dem die Machtlosen, die Gefangenen (hier sind es Tiere) ausgestellt werden, sondern die interartliche Kommunikation („Der Wal liebt dich, wenn du sensibel auf ihn reagierst!") als Kompensation des intraartlichen Verlusts einer Beziehungssprache. Der „sprachlose Amerikaner" spricht mit Tieren. Foucaults Panoptismus der

sich die spirituelle Bewegung auf C. G. Jung beziehen, der den „Heldenmythos als ein unbewußtes Drama" und als Todestrieb, der auch „geistiges Leben bedeutet", analysiert (Jung 1952, 681, 567). Darauf greift auch Joseph Campbell in seinem Gang durch die Weltgeschichte des Helden „Der Heros in tausend Gestalten" zurück (Campbell 1953; vgl. dazu auch Greverus 1990, 196 f.).

Moderne – die reale Unfreiheit des Beobachtenden wie des Beobachteten in einem menschlichen System (vgl. Foucault 1977, 251 ff.) – wird hier zu einer „Verkehrten Welt": Die Gefangenen der eigenen Kultur, die sprachlos Gemachten, dürfen sonntags mit den gefangenen Tieren sprechen. Was hier Entertainment ist, ist in der spirituellen Bewegung „innere Erfahrung", „Erkenntnis der Tiernatur in uns", „interspecies communication".

Für die Mystifizierung unter gleichzeitiger wissenschaftlicher Begründung und die ritualisierte Aufbereitung der „interartlichen Kommunikation" für westliche spirituelle Veranstaltungen hier nur zwei Beispiele.

Dr. Diane Battung, Gehirnforscherin, Delphinforscherin, Mitglied der „Mystery School", „Nagual-Frau" des in der New Age-Bewegung engagierten Halbindianers Swift Deer, hat auch in der Schweiz und in Deutschland in Zusammenarbeit mit den „Regenbogen-Menschen" zahlreiche Treffen veranstaltet. Bevorzugter Austragungsort von Veranstaltungen war die Wutachschlucht im Schwarzwald, so z. B. das „Fest für Bäume, Kristalle und Menschen" 1985. In der Darstellung heißt es:

„Viel Auftrieb kam von der Schildkröteninsel Amerika, woher ständig neue Kristalle mit der Post eintrafen ... Deren Bereitschaft zur Hilfe war recht simpel. Es genügte, daß sie von der Vision hörten, daß die Bäume des Schwarzwalds Hilfe bräuchten, daß es bei uns in der BRD Regenbogenmenschen gäbe ... die auch die Kraft haben, um Kristalle zu pflanzen, die Samen der neuen Zeit jetzt zu säen ... und ganz besonders die Bitte um Harmonie zwischen uns Menschen, den Bäumen, den Kristallen und den Delphinen ..."[6]

Battung schließt mit dem Vorbildcharakter der androgynen Wesenhaftigkeit der Delphine für ein neues menschliches Bewußtsein:

„Auch dieser Aspekt ist im Lichte der Delphinforschung für uns von Bedeutung, da wir uns in einer Zeit der Neubewertung dessen befinden, was männlich und was weiblich ist, in uns und in unserem Verhalten".[7]

Das zweite Beispiel ist eine Frankfurter Veranstaltung „Musik mit Tieren" und „Baden in Musik", die 1986 mit einem Vortrag des „Interspecies Communication"-Experten Jim Nollman und einem Unterwasserkonzert im Stadtbad (veranstaltet von M. Remann und D. Buroch, OFF-TAT) durchgeführt wurde (vgl. Tonbandprotokoll von Gisela Welz, Institut für

[6] Vgl. die Darstellung dieser (35 f.) und anderer Veranstaltungen mit Diane Battung in der Zeitschrift „Mescalito. Sprung in die Unmöglichkeit. Nr. 8, 1/86", hrsg. Indianisches Netzwerk BRD, Worms. Ebd. S. 32 ff. ein Interview mit Diane Battung unter dem Titel „Neue Dimensionen des Gehirns. Entdeckt die Neurophysiologie das dritte Auge" (vgl. auch Greverus 1990, 127 ff.).

[7] Zu dem Workshop-Treffen „Quantensprung" mit Diane Battung 1987 im Schwarzwald vgl. Haindl 1987.

Kulturanthropologie und Europäische Ethnologie, Frankfurt/M.). Nollman ist Gründer einer Organisation „Interspecies Communication" und hat auf Vancouver Island das Unterwassersoundsystem entwickelt. Zentral ist die Kommunikation mit Walen und Delphinen: „Delphine ergreifen Menschen, bringen sie zur Natur zurück". In der Kommunikation mit Tieren sieht er einen Ansatz zur Heilung der geschädigten Umwelt. Nollman hat, wie er sagt, vor allem mit neuseeländischen und australischen Ureinwohnern zusammengearbeitet, aber auch mit John Lilly, der als der Begründer der Interspecies Communication-Forschung zwischen Delphinen und Menschen gilt (vgl. Lilly on Dolphins: Humans of the Sea. New York 1975)[8].

Entertainment und Human Potential-Movement sind nicht soweit voneinander entfernt, nur für verschiedene soziale Schichten veranstaltet. In einer kommunikationslos gemachten Gesellschaft – einer des „elektronisch befestigten Schweigens", wie es Sennett (1983, 319 ff.) ausdrückt – führt die Suche nach Kommunikation zu jenen Gefühls- und Motivströmungen der Intimität, die schließlich, wenn die intimen Beziehungspersonen fehlen, nur noch interartlich befriedigt werden können.

Ein Workshop in der Hochburg der Human Potential-Bewegung, dem Esalen-Institut in Big Sur/Kalifornien.[9] Er war dem Thema „Rassische Konfrontation als transzendentale Erfahrung" gewidmet, geleitet von einem weißen Journalisten und Human Potential-Theoretiker und einem schwarzen Ethnopsychiater. Vorurteil wurde auf die Hautpigmentierung eingegrenzt, die Problematisierung als ein Klassenphänomen, das das Rassenphänomen nur an die Oberfläche trägt, nicht zugelassen. Insbesondere ein schwarzer Business-Mann verdrängte seine personalen Probleme hinter dem „schwarzen Stigma", verteidigte es geradezu aggressiv, sich gleichzeitig gegen die Weißen, die er als Caucasians bezeichnete, absetzend wie gegen die Schwarzen, unter denen er, der es zu etwas gebracht habe, eine Ausnahme bedeute. Amerikanischer als die Amerikaner – selfmade businessman, demonstrative Reichtumsbetonung im Schmuck, Lässigkeitsbetonung in der teuren Kleidung, informierte Bildung hervorhebend, mutterfixiert und kommunikationslos monologisierend – wollte er nicht schwarz sein. Eine weiße Frau, mittleren Alters wie der schwarze Amerikaner, Psychologin, alleinstehend, wollte gar nicht von dieser menschlichen Erde sein. Im Alter von einem Jahr sprach sie fließend eine fremde

[8] Susan Davis, University of California, San Diego, die über die Sea Worlds arbeitet, danke ich für die Gespräche und die Motivation zum „aufmerksamen" Besuch dieser Einrichtungen.

[9] Das Esalen-Institut, in den bewegten 60er Jahren als ein Diskussionsforum gegründet, entwickelte sich zu einem Wochenend-Dienstleistungsmarkt für Seelen-Featuring.

(außerirdische) Sprache, wußte, daß ihre Eltern (die sie schon damals ablehnte) nicht ihre Eltern waren, sie von einem anderen Planeten stammte. Auch sie verteidigte ihr Anderssein aggressiv. Diese beiden Außenseiter waren dann schließlich auch die einzigen, die sich in dem zumeist theoretisierenden Workshop weinend ihre Sensibilität füreinander, die Vibrations, offenbarten. Schwarz wurde aus der Einsamkeit der Weißen in einer beziehungsarmen weißen Welt geheiligt, Nichtirdisch wurde aus der Einsamkeit des Schwarzen in seiner irdischen Geschäftswelt geheiligt. Transzendentale Erfahrung? Daß die übrigen Workshops, die stärker auf eine praktizierende Überwindung von Kommunikationsverlusten durch Körperarbeit orientiert waren, tränenüberflutet waren, sei hier nur am Rande erwähnt. Extremvarianten, das hat die Zusammenarbeit zwischen Anthropologie und Psychiatrie gezeigt, sind Seismographen der gesellschaftlichen Produktion psycho-sozialer Grundstörungen (vgl. Erdheim 1982; Greverus 1990, 112ff.).

Und noch einmal zurück zur Krokodils-Reklame: Der aufgerissene Rachen „see you later“ assoziierte bei mir das Gedicht des Heros der Beat-Generation, das „Geheul“ von Allen Ginsberg: alles verschlingender Moloch Stadt, Moloch Moderne – „zerschlug ihnen die Schädel und fraß ihre Hirne und ihre Imagination“ (Ginsberg 1979, 31).

Die eigene Gesellschaft über einen Kulturschock provozierende, sie über die fremdkulturellen Momente zur Selbstreflexion zwingen wollende Subkultur, wo ist sie geblieben? Allen Ginsberg, später Distinguished Professor of English at Brooklyn College, leitete Workshops und Kurse in einem Writing Program. Ein Thema: „Walt Whitman. American Vision, Identity and Particulars ...“ (The Naropa Summer Institute Boulder/Col., Summer 1987).

1955 schrieb Ginsberg ein Gedicht in Erinnerung an Walt Whitman. Es heißt: „Ein Supermarkt in Kalifornien.“ Und der Schluß:

> Werden wir, in Träumen vom verlorenen Amerika der
> Liebe, an blauen Autos in Einfahrten vorbei, nach Hause
> schlendern in unsere stille Hütte?
> Ach, guter graubärtiger Vater, einsamer Alter, der uns
> Mut lehrte, was war dein Amerika, als Charon aufhörte,
> sein Fährboot zu staken und du vom schwelenden Ufer
> aus dem Boot mit den Blicken folgtest,
> während es langsam verschwand
> auf den schwarzen Wassern des Lethe
> (Ginsberg 1979, 45).

Whitmans Vision war Kalifornien als die Steigerung Amerikas, als die Erfüllung des amerikanischen Traums. Aber: „Wir werden beide einsam sein“, heißt es im „Supermarkt“.

Doch der Traum vom amerikanischen Traum Kalifornien wird weitergeträumt: in den Ghettos der Altensiedlungen; in der Geschäftigkeit von Silicon Valley, wo nicht nur Naturwissenschaftler, sondern auch Anthropologen von jenem „workoholism" befallen sind, der sie sprachlos macht; in den, hier besonders gehäuften, spirituellen Zentren.

„Kalifornien unterscheidet sich nicht so sehr vom Rest des Landes, es ist ein gesteigerter Zustand desselben" sagt Marilyn Ferguson, deren Buch „Aquarian Conspiracy" zu einem Bestseller der spirituellen Szene geworden ist (Ferguson 1982, 153). Steigerung ja – aber Traum oder Alptraum?

Das Kulturdilemma

Ich habe mit dem Verfahren einer narrativen Anthropologie versucht, einen anthropologischen Erfahrungs- und Erlebnisprozeß der Begegnung mit der nahen Fremde und der fremden Nähe zu skizzieren, gewissermaßen das Script zum Nachvollziehen der Interpretation zu liefern. Die Gegenüberstellung von zwei kulturellen Möglichkeiten ist von der Gegenüberstellung von zwei Träumen begleitet: dem Kindheitstraum von einer menschliche Nähe ermöglichenden Fremde aus der gefährdenden Fremdheit der nahen, der alltäglichen Erfahrung; der andere Traum: die verbotene Erfahrung dieser nahen Fremde.

Nähe und Fremde haben in diesem Kontext zwei Bedeutungen:

- Nähe ist die geographische und soziale Nähe oder der Bekanntheitsgrad einer Kultur und des erwarteten Rollenverhaltens (die kognitive Seite einer alltäglich erfahrbaren Ordnung).
- Nähe ist aber auch das Vertrauen in eine Kultur, in die Möglichkeiten, die sie unserer menschlichen Entfaltung und unserer kommunikativen Interaktion gibt (die emotionale Seite einer oft nur gedachten Ordnung).
- Fremde ist die geographische und soziale Ferne oder der Unbekanntheitsgrad einer Kultur und des erwarteten Rollenverhaltens (die kognitive Seite einer unbekannten Ordnung).
- Fremde ist aber auch das Entfremdete, Feindliche, Beängstigende, nicht Vertrauen gewährende einer Kultur (die emotionale Seite einer erfahrenen Unordnung).[10]

[10] Devereux drückt in einem Satz aus, worum es mir in diesem Buch, Resultat einer jahrzehntelangen Auseinandersetzung um „Die Anderen und Ich", geht. Nur wenn ich meine Emotionalität sehe *und* einbringe, kann ich Objektivität im Sinne des Verstehens von gemeintem und gemeinsamem (intersubjektivem) Sinn der Anderen erreichen. Und ich muß sagen, ob die Anderen meine Anderen sind oder sein

In diesem je zweifachen Sinn benutze ich die Begriffe Nähe und Fremde, wobei das konträre Eigenschaftswort die reflektierende Umkehrung von kultureller Nähe und Fremde bedeutet. Die „nahe Fremde" meint in meinem Text die Zuwendung, das Vertrauen gegenüber einer Kultur, die räumlich und sozial fern ist. Die Fremde steht mir zunächst emotional nahe. Die „fremde Nähe" meint die Entfremdung von (auch die Angst vor) einer Kultur, die mir räumlich und sozial nahe ist, der ich angehöre.

Der Kontakt mit fremden Kulturen im Sinne anderer gelebter und gedachter Ordnungen (Lévi-Strauss 1972, 342 ff.) ist in unseren mobilen und heterogenen Gesellschaften nun so in unsere Nähe gerückt, daß wir ständig Kulturberührungen, Kulturkontakte erleben und uns sogar wie ein Chamäleon in unserem alltäglichen Verhalten innerhalb verschiedener Kulturen bewegen. Daß es oft Oberflächenverhalten ist, Rollenspiel, ist die eine Seite, die andere sind die tiefgreifenden Konflikte, die sich aus konträren kulturellen Ordnungen ergeben können, wenn das Individuum sie zur Harmonisierung bringen will, sie beide anerkennt, aber zwischen ihnen steht, sie nicht vereinbaren kann (vgl. Greverus 1978, 227 ff.). Die daraus entstehenden Neurosen hat Den Hollander ausführlich dargestellt (Den Hollander 1955). Dieser Erfahrung aus dem Kulturkontakt gilt meine Ausführung hier nicht, sondern dem Kulturdilemma.

Als Dilemma bezeichnen wir eine Zwangslage, eine Klemme. Kulturdilemma möchte ich als eine Zwangslage in der eigenen Kultur definieren, die nicht durch Harmonisierung widerstreitender Elemente über Rollenwechsel zu lösen ist. Bailey hat das, was ich hier als Kulturdilemma bezeichne, am Beispiel der Institution Universität analysiert. In dem Buch „Morality and Expediency. The Folklore of Academic Politics" schreibt er:

„... es gibt drei Ziele: das Streben nach Wissen um seiner selbst willen; der Vorteil, Nutzen aus der Zugehörigkeit zu einer Community zu ziehen; und das Ziel der Macht. Diese Ziele mögen sich gelegentlich ergänzen, aber meistens widersprechen sie sich" (Bailey 1977, 6).

Dieser Widerspruch ist strukturimmanent und in bürokratisch gelenkten, hierarchisch gegliederten Systemen besonders lähmend für nicht systemerwünschte Forderungen nach Veränderung des gesellschaftlich legitimierten Ist-Zustandes. Das Erwünschte aber diktiert – scheinbar „demokratisch" – die Mehrheit, wobei die Mehrheit keine Summe aller betei-

könnten – ich muß mich meinen Hoffnungen und Ängsten stellen, aber eben auch denen der Anderen. Devereux sagt: „Es ist gängig, Bücher über menschliche Wesen entweder nüchtern oder emotional zu nennen. Mein eigenes ist weder das eine noch das andere, insofern es in bezug auf die Emotionalität, ohne die eine realistische Verhaltensforschung nicht möglich ist, nach Objektivität strebt" (Devereux 1984, 21).

ligten Individuen darstellt, sondern die Summe der (oft unsichtbaren) bürokratisch-legitimierten Individuen in den Entscheidungspositionen. Es ist die „invisible voice“ der Bürokraten, die unsichtbare Stimme, wie wir das Phänomen in Anlehnung an Adam Smith' und Karl Marx'' ökonomische „unsichtbare Hand“ nennen könnten.

Othein Rammstedt bezeichnet die gesellschaftliche Entwicklung als „Von der ‚unsichtbaren Hand‘ zur Systemrationalität“, er fordert für die Politische Psychologie eine kritische gesellschaftliche Verortung des Leidens, der Sprachlosigkeit und des Verblendungszusammenhangs der „legitimatorischen Selbstbezogenheit des sozialen Systems, die z. B. der Zentralisation, Organisation und einem Überflüssigwerden von Interaktion Vorschub leistet“ (Rammstedt 1981, 71). Gleichzeitig verweist er auf das „bürokratische Dilemma“ (Hegner), das wachsende Umsichgreifen der Bürokratie als Träger unserer Lebensordnung (und zitiert Max Weber: „Wo aber der moderne eingeschulte Fachbeamte einmal herrscht, ist seine Gewalt schlechthin unzerbrechlich, da die ganze Organisation der elementarsten Lebensversorgung dann auf seine Leistung zugeschnitten ist“, Weber 1921, 150), der individualistische bürokratiefeindliche Auflehnungen, die das Umsichgreifen der Subjektivität fördern, entgegenstehen (ebd. 56 f.).

Friedhart Hegner (1978) hatte das „bürokratische Dilemma“ unter dem Begriff des „Leidens an der Bürokratie“ analysiert, wobei er auf den „bürokratischen Teufelskreis“ der wechselseitigen Reduktion von Möglichkeiten verweist, aus dem heraus informell-solidarisches Handeln als Leistungs- und Kooperationsbereitschaft ständig erneuter Formalisierung von Problemlösungen ausgesetzt wird.

„... und man glaubt hier wie anderswo mit der Besessenheit des Fetischisten, daß sich alle Übel unserer Gesellschaft durch strukturelle Veränderungen und organisatorische Maßnahmen ausschalten ließen“, so argumeniert Anton Zijderveld (1972, 194 f.) gegen die Bürokratisierung in der „abstrakten Gesellschaft“. Er fordert gegen die Verfachlichung und Spezialisierung und gegen die „Mittelmäßigkeit“ aus der Professionalisierung (und hier bringt er die Universität mit der „Sterilität der unzähligen Debatten“, in denen es „immer wieder und mit monotoner Ausschließlichkeit um strukturell-organisatorische und Lehrplanfragen“ geht, als Beispiel) den Typ des vielseitigen, gebildeten Amateurs oder Dilettanten – Max Weber und Goethe sind ihm Beispiele –, um die interdisziplinäre Arbeit in den Humanwissenschaften voranzubringen, neue Impulse und neue Inhalte zu geben:

„Ein Dilettant ist ... jemand, dem es Freude macht, bestimmten Ideen nachzugehen und die dabei auftretenden Probleme zu lösen, der sich aus Freude an der Sache mit etwas beschäftigt – und nicht weil es ihm um Ruhm, Prestige oder professionelle Anerkennung ginge“ (ebd. 193).

Die Universität – verlorene Sprache, verlorene Spuren?

Das System wird schwerfällig und tendiert zur Entropie, weil die Ziele seiner Elemente nicht mehr die der Subsistenzerhaltung durch ein dynamisches Gleichgewichtsstreben sind. Diese Subsistenz der Universität aber wäre eine Kommunität der Wissens- und Erfahrungssuche und, da möchte ich Bailey ergänzen, nicht nur um des Wissens an sich willen, sondern auch um der kritischen Umsetzung des Wissens willen (vgl. Greverus 1984).

Wir sind mitten in den 90er Jahren. Was die Kritiker aus den 70ern befürchteten, ist wohl schlimmer gekommen als sie ahnten: die Struktur der Universitäten wird als Chaos bezeichnet und der bürokratische Teufelskreis versteckt sich hinter immer neuen „Effizienz-Vorschlägen", die den Lehrenden und Lernenden „von oben" präsentiert werden, wobei die Effizienz sich als „Studienreform mit dem Ziel einer Studienzeitverkürzung" (HRK/KMK-Arbeitsgruppe 1992) entpuppt. 1984 konnte ich mich wenigstens noch fragend in einem Beitrag „Zur Frage der Effizienz ökologischer Nischen im universitären Bereich" auf die Reformhoffnungen der 60/70er berufen, deren Ziele vom Inhalt des Lehrens und Lernens bestimmt waren, von einer Forderung nach Wissen, das „sich seiner Erstarrung zur bloßen Kenntnisfülle widersetzt" (Nitsch, Gerhard, Offe, Preuß 1965, 246). 1992 empfiehlt die HRK/KMK-Arbeitsgruppe in ihren Reformvorschlägen eine „*Entlastung* der Pflichtveranstaltungen (insbesondere des Hauptstudiums) und der Prüfungen (insbesondere der Anforderungen an die Abschlußarbeit) *von* zu weitreichender Spezialisierung und *wissenschaftlicher Vertiefung* [Hervorhebungen von der Autorin]" (HRK/KMK-Arbeitsgruppe 1992, 3. 3).

1993 haben wir eine Untersuchung „StudentinSein. Station Uni Frankfurt/M." (Greverus 1993) veröffentlicht, die auf einem Forschungsprojekt mit Studierenden beruht. Und wir konnten erfahren, daß auch Studierende, insbesondere diejenigen unseres eigenen Fachs, gerade eben um diese wissenschaftliche Vertiefung ringen, diese als Sinn des Studiums sehen und nicht den schnellen Abschluß. Gleichzeitig ist die Universität für sie *mehr* als ein Durchgangsraum zum eigentlichen (Berufs-)Leben. Sie ist kommunikativer und interaktiver Lebensraum. Soll diese Idee der qualitativen Effizienz einer nur quantitativen Effizienz, die sich am Anspruch von „Regelstudenten" mißt, geopfert werden? Wer zu spät kommt, hat verloren. Wenn sich die Universität auf diese Argumentation einläßt, hat auch sie verloren. Wenn sie den Vorrang von Qualität verteidigt – und gerade im Hinblick auf die Randseiter/innen unterstützt und einklagt – und über eine der Universität angemessene Bedeutung von kreativem geistigem Potential (bei Lehrenden und Lernenden) beansprucht, dann muß sie wieder einmal neu werden. Aber es könnte sich lohnen, dieses innovative Potential über ein *qualitativ* effizientes Studium auf Dauer in die Gesellschaft einzubringen.

Wenn Lehre, und das geht aus dem Wunschkatalog der Studierenden hervor, auch der Aufbau einer das wissenschaftliche Denken fördernden zwischenmenschlichen Beziehung zwischen Lehrenden und Lernenden sein soll, dann ist die „Verbesserung der Lehre"-Frage vor allem eine Personalfrage (was Quantität und Qualität anbetrifft) und weniger eine Frage des „rationelleren Studierens" mit Hilfe von Fern-Studienmaterial (vgl. z. B. Uni-Report v. 16. 12. 92) in einer „Telecottage"-Gesellschaft.

Der von Grottian („Der Spiegel" 1992, Nr. 45/46) insbesondere angesprochenen mangelnden Quantität von Lehre und Betreuung stehen in unseren Ergebnissen – ergänzend oder vorrangig – eher qualitative Forderungen gegenüber. Zwar wünschen sich auch in unserer Untersuchung, relativ gleichmäßig über die Geschlechter und Fächer (Kulturanthropologie, Betriebswirtschaftslehre) verteilt, nahezu 80 % der Studierenden mehr Kontakte zu den Lehrenden, aber in der Bedeutung dieser Kontakte (Betreuung oder gemeinsame Aufgaben) unterscheiden sich die Fächer wesentlich, was vor allem aus den Aussagen hervorgeht, die in Gesprächen um den Sinn eines Studiums kreisen. So gelten für unser eigenes Fach die von Studierenden und Lehrenden gemeinsam durchgeführten Projekte trotz ihrer außerordentlichen Arbeits- und Zeitanforderung nach wie vor bei Studierenden als die qualitativ beste Lernform eines auf gesellschaftliche Praxis bezogenen wissenschaftlichen Forschens.[11] Zeit hat für diese Studierenden eine andere Dimension. Sie ist als Studienzeit nicht nur Investition für die Zukunft, sondern gelebte Zeit, die nur schwer in Zeitbudgets (Studium, Arbeit, Freizeit, Zeit für Freunde, Regeneration) zu erfassen ist. Welche Zeiten (oder Zeitverluste?) prägen zum Beispiel eine mehrwöchige Feldphase von Studierenden und Lehrenden jenseits der üblichen Zeiteinteilung während des Semesters? Welche Zeit (oder welcher Zeitverlust?) gilt für diejenigen Studentinnen, die sich in unserem Projekt über die Fragebogenerhebung hinaus freiwillig für Gespräche zur Verfügung gestellt haben?

Was eine individuelle Kosten-Nutzen-Rechnung anbetrifft, haben sie sicher falsch investiert. Ein Studium als „Pfad" oder „existenzielle Kompo-

[11] Vgl. Aussagen in Greverus 1993, u. a. die Beiträge von Schmidt-Hornstein und Salein/Winnat; s.a. Forschendes Lernen und der Studentenberg 1980; Kulturanthropologie und Europäische Ethnologie in Frankfurt 1984; Anthroblatt No. 5, Jan. 1989: in dieser Ausgabe wird über die Streikarbeit der Studierenden berichtet; am Institut hatte sich eine Streikarbeitsgruppe zum „Projektnotstand" gebildet.

nente" zu betrachten, dürfte bereits jetzt Luxus sein. Sich für mehr als das „private Glück" zu engagieren ebenso.

Dieses Universitätsbeispiel ließe sich nun auf viele Kommunitäten übertragen. Ein Beispiel sollen hier nur noch die kleinen Gemeinden – als Dörfer oder Stadtviertel – sein. Die Zentralisierung von wirtschaftlicher und politischer Macht und bürokratischer Verwaltung hat sie entscheidungsunfähig gemacht und ihnen damit die Möglichkeit genommen, innere Konflikte aus sich selbst heraus auszugleichen. Auch hier finden wir Entropie, die sich im Zerfall der Kommunität äußert, in der Sprachlosigkeit im Sinne einer Beziehungssprache und in der Flucht in singuläre Interessensdurchsetzung und in Privatheit (vgl. Wnuck 1984; Greverus 1988 a).

Das Dilemma der funktionslos gemachten kulturellen Gemeinschaft – Kultur hier im Sinne einer schöpferischen Ordnung verstanden – kann nun nicht durch einseitige Kulturspritzen (zu den beliebtesten zählt das „Gemeinschaftszentrum" für Freizeit und festliche Anlässe) revitalisiert werden. Die fremde, entfremdete Nähe wird dadurch nicht wesentlich näher. Die organisiert-zelebrierte Gemeinschaft bleibt Fakelore. Das möchte ich hier auch für die festlichen Versuche interkultureller Kommunität im ethnisch-heterogenen Bereich von Migration und Tourismus und ebenso für die spirituelle Workshop-Szene und die festlichen akademischen Rituale behaupten. Die Scheinlegitimation der Öko-Nischen in einem monokulturellen wirtschaftspolitischen und ideologischen Verwaltungssystem bewirkt die Unwirksamkeit von gesamtstrukturellen Veränderungen über Einzelinnovationen in diesen Mikrosystemen, die ja eigentlich nicht mehr als solche existent sind.

Reaktionen auf das Kulturdilemma

Kann das Individuum, das dieses Dilemma der fremden Nähe erfährt, es ändern, ihm entkommen? Ist, wenn eine strukturelle Harmonisierung nicht möglich ist, eine personale, wie beim Kulturkonflikt, zu erreichen?

Wir müssen davon ausgehen, daß das Kulturdilemma nicht ein „Zwischen den Kulturen" bedeutet, sondern die fremde Nähe, die Entfremdung der eigenen Kultur. Das meint: Das erkennende, betroffene Individuum – wobei ich von einer Betroffenheit über die Fremderfahrung anderer, als „näher" empfundener, kultureller Möglichkeiten ausgehe – will das Dilemma der eigenen Kultur beseitigen, um darin Nähe zu empfinden. Ich möchte mich hier auf den Ethnoanthropologen begrenzen, zumal dieser als prädestiniert für die Erfahrung des Eigenen über das Fremde und des Fremden über das Eigene gilt. Aber ich glaube, daß wir diese Frage auch an den Migranten stellen können, insbesondere an jene Dichter und Denker unter ihnen, die freiwillig oder unter Zwang die ihnen entfremdete Nähe verlassen haben.

1. Die Reaktion kann Resignation sein und wie bei Lévi-Strauss zu jener Feststellung führen, daß die Kulturen der Welt der Entropie geweiht sind – daß sich das Kulturdilemma unaufhaltsam über die eigene Gesellschaft hinaus verbreitet (Lévi-Strauss 1974).
2. Die Reaktion kann Flucht sein, sich in der nahen Fremde (sei es der „Ausstieg" in die Südsee oder in eine spirituelle Kommune) niederlassend aber zumeist das Dilemma der fremden Nähe als Gepäck mit sich tragend: „Die meiste Zeit bleibt man auf triste Weise dem gleich, was man schon immer gewesen ist", sagte Michel Leiris in seinem afrikanischen Tagebuch (Leiris 1980, 237).
3. Die Reaktion kann ein Sich-Arrangieren in der fremden Nähe bedeuten, die Übernahme verschiedener Rollen, die Flucht in eine Heimwelt der Subjektivität einerseits und die Distanz neutraler, „objektiver" Erforschung des dann immer Fremden in eigener und fremder Kultur andererseits.
4. Die Reaktion kann die in einem ständigen Versuch des Verstehens hin- und hergehende Erfahrungssuche zwischen den Kulturen sein, ein Reflexionsprozeß, der fremde Nähe und nahe Fremde immer wieder neu thematisiert, die eigenen gedachten Ordnungen überprüft, Utopie auf ihre Konkretisierung hinterfragt, aber sie nicht aus dem Auge verliert. Es ist wohl der mühsamste Weg, von den meisten Enttäuschungen betroffene. Und „Angst zur Methode" zu machen, heißt zunächst, sich auch als Subjekt der Angst auszusetzen. Das Prinzip Hoffnung ist hier sehr zerbrechlich und muß immer wieder gegenüber dem Selbst und den Anderen verteidigt werden. Zijdervelds „intellektueller Asket" als ein gleichzeitig „gebildeter und von fachlichen Scheuklappen nicht beengter Amateur" (Zijderveld 1972, 144) käme diesem wenig gefragten Typ des zwischen den Kulturen Erfahrung suchenden Anthropologen am nächsten.
5. Die Reaktion kann schließlich, und das ist in der etablierten Wissenschaft wohl der seltenste Fall, offener Protest, Rebellion gegen das Kulturdilemma der entfremdeten Nähe sein. Rebellion bedarf der Menge mit gemeinsamen Zielen. Deshalb konnte sie wohl auch in der Institution Universität, die nur noch von einer Schein-Kommunität getragen wird, nur von den Nicht-Etablierten, den Studierenden, artikuliert werden. Manche großen Schritte haben sich dabei als zu kleine, zu kurze Schritte erwiesen, aber es hat sich etwas bewegt.

Leider ist die Bewegung in der Institution Universität oft rückläufig, führt, auch in den ethnologisch/anthropologischen Fächern zu Machterhaltungskämpfen. Aber wir benötigen auch in unserer „scientific community“ des dialogischen Prinzips zur gemeinsamen Arbeit gegen unser eigenes Kulturdilemma, zur Aufhebung der fremden Nähe unter Reflexion der nahen Fremde. Ersetzung der „knowing voice“ durch die „relational voice“, Aufhebung der Sprachlosigkeit, Austausch von Erfahrungen, die wir als Ethnoanthropologen in den verschiedenen Kulturen machen, statt sie für den Anderen als unerkennbar zu mystifizieren. Keiner von uns kann in allen Kulturen arbeiten, wechselseitige Vermittlung ist für die vergleichende Erfahrung notwendig.

Diese Vermittlung unserer Erfahrung geschieht über die Darstellung, deren Bedeutung für unsere Wissenschaft heute als ein weitgehend vernachlässigtes Feld – gegenüber der Theorie- und Feldforschungsdiskussion – betont wird.

„Textualisierung ist das Herzstück des ethnographischen Wagnisses“

George E. Marcus schreibt dies in dem mit James Clifford herausgegebenen Band „Writing Culture. The Poetics and Politics of Ethnography“ (Clifford/Marcus 1986, 264). In diesem Buch geht es wie in der von Victor Turner und Edward Bruner herausgegebenen „Anthropology of Experience“ (1986) um die Problematisierung der Bedeutung des Textes in einer hermeneutischen oder interpretativen Anthropologie, wobei als „Text“ jede Darstellung/Performance des gemeinten Sinns der Erfahrung gesehen wird, und der ethnographische Text bereits die Interpretation anderer Texte, also die Interpretation der Interpretation darstellt, die wiederum in neue Erfahrungen des Hörers, des Beobachters, des Lesers und dessen neue Texte, eingeht.

Richard Bernstein schloß sein Buch „Beyond Objectivism and Relativism. Science, Hermeneutics and Praxis“ mit einem Plädoyer für die Produktion dialogischer Arbeiten mit offenem Ende (Bernstein 1983, 166).

Prozessuale Anthropologie, experimentelle Textarbeit, Anthropologie des Paradoxen, ethnographische Allegorie und allegorische Anthropologie sind weitere Schlüsselbegriffe aus den Bemühungen, „authentische statt autoritative“ Texte zu gestalten. Das Authentische aber führt auf die eingangs zitierte methodische Forderung von Devereux zurück, die aller Beobachtung inhärente Subjektivität zu einer eher authentischen statt fiktiven Objektivität zu machen, das heißt die Subjektivität der Erfahrung der Erfahrungen, das Hin und Her des Verstehensprozesses und die aus diesem resultierenden Verallgemeinerungen, Ängste und utopischen Hoffnungen in den Dialog einer prozessualen Anthropologie einzubringen. Gegenüberstellung und Fokussierung, das heißt Bündelung des Wesentlichen der Erfahrung gewissermaßen in einem Brennpunkt, die Textualisierung verschiedener Ebenen, verschiedener „Stimmen“, die den Leser mitinterpretieren lassen, gehören zu den methodischen Forderungen einer Interpretation als einer – vielleicht in ihrem Ende offenen – gemeinsamen Arbeit auf einer gemeinsamen Bühne. Und das – die gemeinsame Bühne – ist es, was Sennetts und Devereux‘ Widerspruch aufhebt. Die Kritik Sennetts gilt nicht der Einbringung von Subjektivität auf die gemeinsame Bühne, sondern der Intimisierung der Subjektivität, dem Verlust der gemeinsamen Bühne.

Mein Text, den ich für einen Dialog anbiete, ist in seiner Gestaltung sicher von den Gesprächen mit den amerikanischen Kollegen und ihren Schriften angeregt worden, oder besser, ich habe meinen bisherigen Stil der Textualisierung vielleicht über diese Reflexionen wahrgenommen und ausdrücklicher eingesetzt. „Was versuche ich zu tun?“ fragte Majorie Shostaks Gewährsfrau Nisa (Shostak 1981, 40): „Ich sitze hier, erzähle eine Geschichte, und eine andere eilt gleichzeitig in meinen Kopf und in meine Gedanken“. Es ist ein Prozeß des Auftauchens und der Textualisierung von Erfahrungen. Dieses Zitat bringt James Clifford in seiner ethnographischen Allegorie (Clifford 1986, 106).

Mit ethnographischer Allegorie meint er die Evokation von Bedeutung, wir könnten mit Max Weber (Weber 1921) von gemeintem Sinn hinter den Geschichten sprechen. Er fordert mit Victor Turner „mächtige Geschichten“ für jene literarische Darstellung, in der alltägliches kulturelles Geschehen über wissenschaftliche Erfahrung „verdichtet“ wird.

Ich hatte ein Thema im Kopf, die Idee des Kulturdilemmas in der fremden Nähe. Eine subjektive Erfahrung, gespeist aus vielen Detailerfahrungen meines Lebensweges. Aber diesen, so setzen wir jedenfalls als Anthropologen voraus, teile ich in charakteristischen Zügen aufgrund historischer Erfahrungen und kultureller Prägung mit vielen, ebenso – vielleicht eingeschränkter – die Gegenbilder anderer Möglichkeiten. Die Textualisierung dieser Erfahrungen erfordert nun jene Selektion aus dem „Material“, die in ihrer Authentizität immer subjektiv bleiben wird. Zunächst: Mit welchem Phänomen kann man das Gemeinte – hier das Kulturdilemma – am besten darstellen? Ich habe mich für den Verlust der Beziehungssprache – der „relational voice“ – entschieden; und das ist sicher von der Bedeutung der Sprache in unserer eigenen Kultur geprägt, soll aber über die Sprache im engeren Sinne auf den Kommunikationsverlust verweisen.

Eine weitere Selektion ist die Fokussierung auf die „academic (non)-community“ die – wie meine anderen Beispiele nur legitimatorischer Kommunität – auch der „invisible voice“ unterstellt ist. Die eine Seite der

Entscheidung war, daß die textualisierte Sprache in der Wissenschaft besondere Relevanz gewinnt, daß sie als „knowing voice", als wissende, informierte, autoritative und oft autoritäre Sprache gepflegt wird, die Gestalt einer „secret voice" (Geheimsprache) annimmt und die „relational voice" in die Privatheit jenseits des Berufs verdrängt. Die andere Entscheidung war die spezifische Nähe dieser Fremdheit, denn ich gehöre selbst der akademischen „non-community" an.

Warum bin ich dann nicht bei dieser Selektion geblieben, sondern bin von einer damit scheinbar nichts zu tun habenden Kontrastierung ausgegangen und habe darüber hinaus die fremde Nähe auch am Beispiel Kaliforniens exemplifiziert und mir für die nahe Fremde ausgerechnet die „exotische" Südsee gewählt.

Zum ersten: Es ging mir nicht darum, die akademische Kommunität oder Nicht-Kommunität als „Stamm" zu untersuchen, sondern sie als ein mir nahestehendes Beispiel unter vielen in einer sprachlos gemachten, bürokratisch gelenkten Gesellschaft zu sehen, in der die „knowing voice" der distanziert-informierte Monolog ist, oder zur „secret voice" der Zirkel von Wissenden wird, die gegebenenfalls gläubige Unwissende einweihen (der Workshop der Human Potential-Bewegung ist dafür ebenso charakteristisch wie die Universitätsvorlesung). Die „relational voice" dagegen muß sich in die Privatsphäre zurückziehen. Kalifornien aber erscheint – und das nicht nur mir – als eine Steigerung der westlichen Entwicklung, nachgeahmt und immer wieder mit neuen kalifornischen Modellen beliefert: von deutschen Silicon Valleys bis zu den therapeutischen Workshops. Der amerikanische Traum von „going West" als westlicher Antitraum! Gleichzeitig – und das war eine weitere Entscheidung für Kalifornien – können wir uns nicht direkt sehen. Wir brauchen einen Spiegel, um uns zu erkennen, um uns zu fragen, bin ich das, bin ich verzerrt, vergrößert, verkleinert, karikiert? Selbstreflexion über die Reflexion!

Und die Südsee als Gegenbeispiel? Sicher hätte ich andere Gegenbeispiele aus meinen Erfahrungen wählen können, die der europäischen Ethnologie näher gewesen wären. Aber eben in der Südsee, in Fiji, potenzierte sich meine Utopie der möglichen „relational voice" durch die Ent-Exotisierung des Erwartungshorizonts in einem Erfahrungsraum. Die Beziehungssprache des Kava-Rituals war ein neuer Text für eine neue Situation, unerinnert der historischen Wurzeln, die auch Philippe irgendwann aus den Büchern der fremden und der einheimischen historischen Ethnologen erzählen können wird. Aber wird es ihn interessieren?

Fiji ist kein stehengebliebenes Eden – die eine Seite der Annäherung –, aber auch keine Insel „ohne Geschichte" (vgl. Wolf 1986) im Sinne der kolonialen Enteignung von Kulturentwicklung – die andere Seite der Annäherung –, sondern auch ein Prozeß der Auseinandersetzung mit der

Moderne und Suche nach einer neuen Identität, deren politische Brisanz uns 1987 verdeutlicht wurde.

Wenn ich die Antwort der Veralltäglichung eines hierarchisch-außeralltäglichen Rituals in eine sozial sich öffnende Interaktion der „relational voice" vor allem in der Ferne gefunden habe, dann heißt das immer noch nicht, wie es Raymond Williams in seiner Analyse der anthropologischen Suche nach Eden „The Country and the City" (1973) behauptet, daß die kritische Nostalgie sich in der Vergangenheit ansiedeln muß, Komposition eines Requiems ist. Es war Gegenwart, in seinem gemeinten Sinn für diese Gegenwart verändertes Ritual – aber, und allerdings, jenseits der zentralen, bürokratischen Organisation des gemeinten Sinns, jenseits jener Wohlfahrt von Konsumangeboten, wie in meinem Gegenbeispiel der gesellschaftlichen Entwicklung zur „Sprachlosigkeit", jenseits der nur informierten Effizienz der universitären Bildung.

Und schließlich die Traumebene, die als Tag- und Nachttraum, als individueller und kollektiver Traum unsere Entscheidungen, unser für rational gehaltenes Handeln beeinflußt. Ich habe Sie mit mehreren Träumen konfrontiert: meinem individuellen Traum der Angstvermeidung in der Südsee, der nicht von der Südsee-Erfahrung, sondern von der heimischen Erfahrung diktiert war; meinem Kindheitstraum von der Südsee, in dem Familiengeschichte und das von Reisenden (auch reisenden Ethnologen) geprägte Südseebild eine Rolle spielten; das heißt ein dritter Traum, den Lange (1976) als kollektive „exotische Sehnsucht" festgemacht hat. Und schließlich das Gegenbild dieses statischen Glücksbildes Südsee als kollektiver amerikanischer Traum vom dynamischen „Pursuit of Happiness" und sein Umkippen in einen Alptraum, der neue Träume spiritueller Ganzheit, ozeanischer Einheit gebiert (vgl. S. 151ff.). Auch die Träume sind Textualisierungen in einer ethnographischen Allegorie, stehen gleichberechtigt neben den Alltagstexten und den ritualisierten Texten von Beobachter und Beobachteten. Nun möchte ich allerdings nicht so weit gehen, wie Stephen Tyler (1986) in seiner postmodernen Ethnographie, der den Beobachter als Wissenschaftler schlichtweg eliminieren will, ihn nur noch als Mitgestalter in einer kooperativen Textualisierung von Fragmenten gelten läßt, die beim Schreiber und Leser den therapeutischen Effekt des transformierenden temporären Bruchs mit der Alltagswelt hervorrufen sollen. Das wäre die auf Selbsterfahrung reduzierte Antwort der New Age-Bewegung, die als Postmoderne, wie sie Hans-Jürgen Heinrichs (1987) kritisiert, bewußt Verwischungen von Realem und Fiktivem produziert und „sich selbstgefällig in der fragmentarischen Oberfläche des selbstinszenierten Ereignis-Werkes einrichtet": okkultes Dokument wird.

Verstehen dagegen heißt zwischen den Text-Fragmenten der verschiedenen Kulturen und den eigenen hin und her sich bewegend, diese zu reflektieren, um ihre Bedeutung zu entschlüsseln, Fragmente zu einem Bild zu fügen, das über den Anderen und über mich – dann auch als den Anderen – etwas aussagt. Daß dieses Bild nie die Totalität der Erfahrungen einer Kulturgruppe, eines Menschen, erfaßt, sondern aus den fragmentarisch vorhandenen Darstellungen, den Texten, herausgelesen und interpretiert werden muß, ist für den Psychoanalytiker nicht neu. Wir müssen uns auch als Anthropologen damit abfinden, daß das Authentische nur ein Teilauthentisches ist, sich als Ganzes, als eine einmalige Identität, verbirgt. Ist das nicht ein Recht, das wir als Personen für uns in Anspruch nehmen? Warum dann nicht auch für Kulturen? Und so kann ich mich schließlich auch mit dem Traum der nur gespiegelten Welt versöhnen. Sie ist nicht Schein, sondern der Teil der Authentizität, den andere Menschen, andere Kulturen uns zu geben bereit sind und geben können.

Aber dieser Teil kann mir eben neue Erfahrungen vermitteln und auch in den Textualisierungsprozeß einer anthropologischen Utopie eingehen, die über den Kulturenvergleich und die Textualisierung der „nahen Fremde“ einen Weg aus dem eigenen Kulturdilemma der „fremden Nähe“ sucht. Gesellschaftliche Strukturen sind nicht unauflösbar verfestigt. Und so möchte ich mit dem Aufruf Ernest Beckers (Becker 1973, 7) zu einem instrumentalen Utopismus schließen:

„Ich kann nicht einsehen, wie es geleugnet werden kann, daß die Wissenschaft vom Menschen, sowohl historisch als auch wesensmäßig, eine utopische Wissenschaft ist. Aber das heißt nicht, daß eine utopische Position der Wissenschaft vom Menschen unrealistisch oder ungeziemend ist. Im Gegenteil, wir müssen stärker denn je an den ‚instrumentalen Utopismus‘ glauben ..., das heißt, daß wir so rational und kritisch wie möglich in unseren sozialen Einrichtungen werden müssen, und daß wir fortfahren müssen, eine ideale Vision zu entwerfen, wieder zu erarbeiten und aufrecht zu erhalten. ... Laßt uns als vollendete Realisten fortfahren zu arbeiten und in reichem Maße zu träumen, damit die Militaristen und Bürokraten nicht unsere besten Ideen ihren altbewährten gespenstischen Sachzwängen unterwerfen“.

Literatur

Alle Übersetzungen aus fremden Sprachen stammen, soweit nicht anders angegeben, von der Autorin.

Aboriginal Areas Protection Authority: Submission to Mr. Justice D.G. Stewart. Resources Assesment Commission Zone Enquiry and Report Under Section 10 (4). Aboriginal and Torres Strait Islanders Heritage Protection Act 1990

Aboriginal Land Rights Commission: Second Report. April 1974. The Parliament of the Commonwealth of Australia. 1974 – Parliamentary Paper No. 69. Canberra 1975

Adams, John: From Thoughts on Government. In: The Works of John Adams. Boston 1850–56, Bd. IV

Adorno, Theodor W.: Eingriffe. Neun kritische Modelle. Frankfurt/M. 1963

Adorno, Theodor W.: Negative Dialektik. Frankfurt/M. 1966

Adorno, Theodor W.: Jargon der Eigentlichkeit. Zur deutschen Ideologie. Frankfurt/M. 1969

Adorno, Theodor W.: Erziehung nach Auschwitz. In: Stichworte. Kritische Modelle 2. Frankfurt/M. 1969, 85–101 (1969 a)

Adorno, Theodor W.: Résumé über Kulturindustrie. In: Ohne Leitbild. Frankfurt/M. 1970

Adorno, Theodor W.: Minima Moralia. Reflexionen aus dem beschädigten Leben. Frankfurt/M. 1987

Aiavao, Tunumafono Apelu: „Who's Playing Naked Now?" In: Pacific Identity, 8–10

Allensbacher Berichte 1986. Institut für Demoskopie Allensbach Nr. 14, 1986

Ammann, Jean-Christophe: Wittgenstein und Nauman. Einige Anmerkungen zum Schaffen von Bruce Nauman. In: Bruce Nauman. Werke von 1965–1986. Kunsthalle Basel, 13. 7.–7. 9. 1986

Annabring, Matthias: Vater, erzähl mir von der Heimat. Eine donauschwäbische Volksgeschichte für die Jugend in Bildern und Landkarten. Neuhaus 1957

Anthroblatt. Hrsg. Fachschaft 09 der Johann Wolfgang Goethe-Universität Frankfurt/M.

Anthropology Today Vol. 8/1992:2

Archiv Künzig: Institut für ostdeutsche Volkskunde und Badische Landesstelle für Volkskunde/Freiburg i. Br. Ltg: Johannes Künzig

Arden, Harvey: Journey into Dreamtime. National Geographic 179/1991: 1, 8–41.

ARATJARA.Kunst der ersten Australier: traditionelle und zeitgenössische Werke der Aborigines und Torres Strait Islanders. Hrsg. von Bernhard Lüthi in Zusammenarbeit mit Gary Lee. Düsseldorf 1993

Arndt, Walter: Seventy Year Old Records and New Information on the Nargorkun-Narlinji Cult. In: Oceania 36/1966, 231–238

Arndt, Walter: The Nargorkun-Narlinji Cult. In: Oceania 32/1962, 298–320.

Aronson, Dan R.: Ethnicity as a cultural system: An introductory essay. In: F. Henry (Hg.): Ethnicity in the Americas. The Hague-Paris 1976, 9–19

Assion, Peter: Von der Volksforschung zur volkskundlichen Kultursoziologie. Klassen-, Schichten- und Gruppenkultur als Forschungsobjekt der Volkskunde. In: Isac Chiva und Utz Jeggle (Hg.): Deutsche Volkskunde-Französische Ethnologie. Zwei Standortbestimmungen. Frankfurt/M. 1987, 153–177

Assion, Peter, und Peter Schwinn: Migration, Politik und Volkskunde 1940/43. Zur Tätigkeit des SS-Ahnenerbes in Südtirol. In: Greverus/Köstlin/Schilling, 1987, 221–231

Ausländerbeschäftigung und Imperialismus. Die Arbeiterklasse im Spätkapitalismus (III). In: Das Argument 13/1971:9/10

Baeyer, W. v., Häfner und Kisker: Psychiatrie der Verfolgten. Berlin-Göttingen-Heidelberg 1964

Baier, Lothar: Der Bauer stund auf im Kopfe. In: Freibeuter. Vierteljahresschriften für Kultur und Politik 6/1980, 43–54

Bailey, F. G.: The Peasant View of the Bad Life. In: Advancement of Science, December 1966, 399–409

Bailey, F. G.: Morality and Expediency. The Folklore of Academic Politics. Oxford 1977

Balibar, Etienne: Der Rassisimus: auch noch ein Universalismus. In: Bielefeld 1991, 175–189

Balint, M.: Therapeutische Aspekte der Regression. Die Theorie der Grundstörung. Reinbek bei Hamburg 1973

Banfield, E. C.: The Moral Basis of a Backward Society. Glencoe/Ill. 1958

Banfield, E. C.: Die moralischen Grundlagen einer rückständigen Gesellschaft. Eine Hypothese. In: P. Heintz (Hg.): Soziologie der Entwicklungsländer. Köln/Berlin 1962, 534–548

Barbera, Lorenzo: Die Sozialarbeit in Roccamena. In: Offene Welt. Nr. 85, 1964, 238 ff.

Barbera, Lorenzo: I ministri dal cielo. I contadini del Belice raccontano. Milano 1980

Bateson, Gregory: Ökologie des Geistes. Frankfurt/M. 1983

Baudrillard, Jean: Agonie des Realen. Berlin 1978

Baudrillard, Jean: Transparenz. In: Probleme des Nihilismus. Dokumente der Triester Konferenz 1980. Berliner Hefte 17

Baudrillard, Jean: Die Seele: Vom Exil zur reinen Distanz. In: Dietmar Kamper und Christoph Wulf (Hg.): Die erloschene Seele. Disziplin, Geschichte, Kunst, Mythos. Berlin 1988, 415–421

Bausinger, Hermann: Beharrung und Einfügung. Zur Typik des Einlebens der Flüchtlinge. In: Jahrbuch für Volkskunde der Heimatvertriebenen 2/1956, 9–16

Bausinger, Hermann: Strukturen des alltäglichen Erzählens. In: Fabula. Zeitschrift für Erzählforschung I/1958, 239–254

Bausinger, Hermann: Ortspartnerschaft. Organisierte kommunale Kontakte und ihre Auswirkungen auf das Volksleben. In: Wolfgang Jakobeit und Paul Nedo

(Hg.): Probleme und Methoden volkskundlicher Gegenwartsforschung. Vorträge und Diskussionen einer internationalen Arbeitstagung in Bad Saarow 1967. 1969, 75–91

Bausinger, Hermann (Hg.): Ausländer – Inländer. Arbeitsmigration und kulturelle Identität. Untersuchungen des Ludwig-Uhland-Instituts der Universität Tübingen 67. Tübingen 1986

Bausinger, Hermann, Markus Braun und Herbert Schwedt: Neue Siedlungen. Volkskundlich-soziologische Untersuchungen des Ludwig-Uhland-Instituts der Universität Tübingen. Zweite, veränderte Auflage. Stuttgart 1963

Becker, E. in: To See Ourselves. Anthropology and Modern Social Issues. Ed. Th. Weaver. Glenview/Ill.-London 1973

Belluardo, G.: Contadini in Sicilia. Problemi psicosociologici del sottosviluppo nell' area iblea. Milano 1977

Bennett, Gordon: Ästhetik und Ikonographie: Annäherungsversuch eines Künstlers. In: ARATJARA 1993, 85–92

Bennett, John W.: The Ecological Transition: Cultural Anthropology and Human Adaption. New York etc. 1976

Berg, Eberhard, und Martin Fuchs (Hg.): Kultur, soziale Praxis, Text. Die Krise der ethnographischen Repräsentation. Frankfurt/M. 1993

Berger, H., M. Hessler und B. Kavemann: Brot für heute, Hunger für morgen. Landarbeiter in Südspanien. Frankfurt/M. 1978

Berger, Peter L., und Thomas Luckmann: Die gesellschaftliche Konstruktion der Wirklichkeit. Eine Theorie der Wissenssoziologie. Frankfurt/M. 1971 (The Social Construction of Reality. 1966)

Berndt, Ronald M.: Traditional Morality as Expressed Through the Medium of an Australian Aboriginal Religion. In: M. Charlesworth, H. Morphy, D. Bell and K. Maddock (Hg.): Religion in Aboriginal Australia: an Anthology. St. Lucia, University of Queensland 1984/86, 174–211

Bernstein, R. J.: Beyond Objectivism and Relativsm: Science, Hermeneutics, and Praxis. Oxford 1983

Bielefeld, Uli (Hg.): Das Eigene und das Fremde. Neuer Rassismus in der Alten Welt. Hamburg 1991

Bielefeld, Uli: Das Konzept des Fremden und die Wirklichkeit des Imaginären. In: Bielefeld (Hg.) 1991, 97–128

Biondi, Franco: Die Falle. In: Der Tanz der Fremde. PoLiKunst Jahrbuch 84. Augsburg 1984, 49–59

Biondi, Franco, und Rafik Schami: Literatur der Betroffenheit. In: Christian Schaffernicht (Hg.): Zu Hause in der Fremde. Fischerhude 1982, 124–136

Bischoff, Klaus, und Christel Gärtner: „Es gibt so viele Wege wie Menschen". Individueller Synkretismus. In: Greverus/Welz (Hg.) 1990, 173–200

Blackstone, W.: Commentaries on the Laws of England (1765–69). Philadelphia 1898, Bd. 1

Blaser, Peter, und Katharina Blaser: „... und dann entsteht eine Hofindividualität". Der Blaserhof, ein anthroposophischer Bauern- und Ausbildungsbetrieb. In: Greverus/Haindl 1984, 181–214

Bloch, Ernst: Das Prinzip Hoffnung. 3 Bde. Frankfurt/M. 1967

Bocca, Giorgo: „L'Inferno. Profondo sud, male oscuro". Milano 1993
Bock, Philip K. (Hg.): Culture Shock. A Reader in Modern Cultural Anthropology. New York 1970
Boehm, Max Hildebert: Gruppenbildung und Organisationswesen. In: Die Vertriebenen in Westdeutschland I 1959, 521–605
Bonomi, Eugen: Mein Briefwechsel mit heimatvertriebenen Deutschen aus dem Ofner Bergland, Ungarn. In: Württembergisches Jahrbuch für Volkskunde 1961/64. Stuttgart 1965, 157–187
Borgwart, Judith: Krebs – Krankheit als Realität und Metapher der anderen Seite einer Gesellschaft des machbaren Glücks. Dissertation. Frankfurt 1993
Bormann, Regina: Stadt und Identität. Drei theoretische Ansätze kulturwissenschaftlicher Stadtforschung. In: MultiKultur Journal 1992, 49–55
Bos, Robert: The Dreaming and Social Change in Arnhem Land. In: Tony Swain and Deborah Bird Rose (Hg.): Aboriginal Australians and Christian Missions. Bedford Park/South Australia 1988, 423–431
Bourdieu, Pierre: Die feinen Unterschiede. Kritik der gesellschaftlichen Urteilskraft. Frankfurt/M. 1987 (La distinction. Critique sociale du jugement. 1979)
Braun, Markus: Die neue Siedlung und ihre Bewohner. Beobachtungen am Beispiel von Schulaufsätzen aus der Wimbergsiedlung bei Calw im württembergischen Schwarzwald. In: Jahrbuch für Volkskunde der Heimatvertriebenen 5/1959/60, 97–120
Braun, Rudolf: Soziokulturelle Eingliederung italienischer Arbeitskräfte in der Schweiz. Erlenbach-Zürich 1970
Brüll, Dieter: Der anthroposophische Sozialimpuls – ein Versuch seiner Erfassung. Schaffhausen 1984
Brunton, Ron: Mining Credibility. Coronation Hill and the Anthropologists. In: Anthropology Today Vol. 8 (1992) 2, 2–5
Bühler, Charlotte: Vorstellungen vom Glück in unterschiedlichen Altersgruppen in den Vereinigten Staaten. In: Kundler (Hg.) 1971, 99–117
Burton, Robert: The Anatomy of Melancholy. London-New York 1961 (1621)

Cahn, Edmond N.: Madison and the Pursuit of Happiness. In: New York University Law Review XXVII, 1952, 256–276.
Campbell, Joseph: Der Heros in tausend Gestalten. Frankfurt/M. 1953 (The Hero With a Thousand Faces. 1949)
Castaneda, Carlos: Die Lehren des Don Juan. Frankfurt/M. 1973 ff.
Castel, Robert: Der Markt der Seele. In: Dietmar Kamper und Christoph Wulf (Hg.): Die erloschene Seele. Disziplin, Geschichte, Kunst, Mythos. Berlin 1988, 38–49
Charlesworth, Max: Die Land Rights-Bewegung der australischen Ureinwohner. In: Australien. Ein Express Reisehandbuch. Rieden am Forggensee 1990, 62–81
Chatwin, Bruce: Traumpfade. The Songlines. München-Wien 1990 (1987)
Chiellino, Gino: Betroffenheit zwischen Käfig und Falle. Zur Literatur der Ausländer in der BRD. In: Bausinger 1986, 129–140
Cibula, Jan: Romano Lil – Upre Roma. Genevakero Principio. (= Sendschreiben zur Vorbereitung des Romano Kongreso 2 in Genf.). Bern (Typoskript) 12. 2. 1978

Cimino, Marcello: Fine di una nazione. Che cosa non è, che cosa può essere la Sicilia dopo il, 43. Palermo 1977
Cinanni, Paolo: Emigration und Imperialismus. Zur Problematik der Arbeitsemigranten. München 1971
Clarke, J., u. a.: Jugendkultur als Widerstand. Milieus, Rituale, Provokationen. Frankfurt/M. 1979
Clifford, James: On Ethnographic Allegory. In: Clifford/Marcus 1986, 98–121
Clifford, James, and George E. Marcus (Hg.): Writing Culture. The Poetics and Politics of Ethnography. Berkeley–Los Angeles–London 1986
Cocchiara, Giuseppe: Il folklore siciliano. Palermo 1957
Cocchiara, Giuseppe: Il paese di Cuccagna e altri studi di folklore. Torino 1980
Cooper, David / Aboriginal Sacred Sites Protection Authority: Looking after Sickness Country. A Conflict of Cultures in Kakadu Stage 3. Paper Presented to the First Aura Congress. Darwin 1988
Cooper, David: „On Shaky Ground". Critique of the Dissenting (Minority) Report of the Standing Committee of Environment, Recreation and the Arts on the „Potential of the Kakadu National Park Region" with Special Reference to Coronation Hill and the Conservation Zone. Aboriginal Sacred Sites Protection Authority. Darwin 1989
Cordes, J. J.: Altes Land – alte Kultur. Stade 1966
Cosentino, Salvatore: Due Sicilie. Milano 1973
Cosentino, Salvatore: Dice lo speziale. Diario siciliano. Milano 1978
Crichton-Browne, N., J. McGauran and J. Panizza: Dissenting (Minority). Report of the Senate Standing Committee on the Environment, Recreation and the Arts on the „Potential of the Kakadu National Park Region". Canberra: Australian Government Printing Office 1988
Crocombe, Ron: The Pacific Way. An Emerging Identity. Suva 1976
Crocombe, Ron: The Pan-Pacific Person. In: Pacific Identity o. J., 51–60

Dalarna. Exkursion Mittsommer, 74. Frankfurt/M. 1974 (NOTIZEN 2)
Das Recht auf die Heimat. Studien und Gespräche über Heimat und Heimatrecht. Hrsg. von Kurt Rahl. 4 Bde. und 1 Ergänzungsbd. München 1958–1965
Daun, Åke, Billy Ehn und Barbro Klein (Hg.): To Make the World Safe for Diversity. Towards an Understanding of Multi-Cultural Societies. Helsinki 1992
Davis, Stephen: Report on the Circumstances Surrounding the Registration of Coronation Hill and Associated Sites in the Bula Cycle. 1986
De Levita, David J.: Der Begriff der Identität. Frankfurt/M. 1971 (The Concept of Identity. 1965)
Delhaes-Guenther, Dietrich von: Internationale und nationale Arbeitskräftewanderungen. Eine Analyse der süditalienischen Außenmigration. Saarbrücken–Fort Lauderdale 1984
Den Hollander, A. N. J.: Der „Kulturkonflikt" als soziologischer Begriff und als Erscheinung. In: Kölner Zeitschrift für Soziologie und Sozialpsychologie, Köln 7/1955, 161 ff.
Devaux, Katja, und Hans-Jörg Halva: Die ehrbare Familie – Veränderungen im Zentrum sizilianischen Selbstverständnisses. In: Giordano/Greverus 1986, 237- 270

Devereux, Georges: Angst und Methode in den Verhaltenswissenschaften. Frankfurt/M. 1984
Devine, Frank: An Epochal Decision Almost by Accident. In: The Australian, 20. 6. 1991, 11
Diamond, Stanley: Kritik der Zivilisation. Anthropologie und die Wiederentdekkung des Primitiven. Frankfurt/M.–New York 1978
Diamond, Stephen: Was die Bäume sagen. Leben in einer Landkommune. Frankfurt/M. 1972
Die Ackermann-Gemeinde – Was sie ist und was sie will. (W.D.). In: Sudetenland 1/1958/59, 70–74
Die sudetendeutschen Heimatbriefe. Hrsg. in Zusammenarbeit mit der Studienbücherei der Ackermann-Gemeinde. München 1966 (=Arbeitsbehelfe der Ackermanngemeinde. Schrifttum)
Die Vertriebenen in Westdeutschland. Ihre Eingliederung und ihr Einfluß auf Gesellschaft, Wirtschaft, Politik und Geistesleben. Lemberg, Eugen und Friedrich Edding (Hg.) in Verbindung mit Max Hildebert Boehm, Karl Heinz Gehrmann und Alfred Karasek-Langer. 3 Bde. Kiel 1959
Diehl, Wilhelm: Brief eines nach Amerika ausgewanderten Ehepaars aus Birkenau (1831). In: Hessische Chronik. Monatsschrift für Familien- und Ortsgeschichte in Hessen und Hessen-Nassau Nr. 17, 1930, 83–86
Dokumentation der Vertreibung der Deutschen aus Ost-Mitteleuropa. In Verbindung mit Werner Conze u. a. bearbeitet von Theodor Schieder. 5 Bde. und Beihefte 1956–1961
Dolci, Danilo: Chi gioca solo. Torino 1967
III. Welt-Roma-Kongreß 1981. In: pogrom. Zeitschrift für bedrohte Völker (Sonderausgabe) Nr. 80/81, 12/1981
Duerr, Hans-Peter: Traumzeit. Über die Grenze zwischen Wildnis und Zivilisation. Frankfurt/M. 1978

Ehn, Billy: The Organization of Diversity: Youth Experience in Multi-Ethnic Sweden. In: Daun/Ehn/Klein (Hg.) 1992, 63–79
Ehni, Jörg: Das Bild der Heimat im Schullesebuch. Tübingen 1967
Eliade, Mircea: Das Heilige und das Profane. Vom Wesen des Religiösen. Hamburg 1957
Elias, Norbert: Über den Prozeß der Zivilisation. Soziogenetische und psychogenetische Untersuchungen. 2 Bde. Bern–München 1969
Elkin, A.P.: Elements of Australian Aboriginal Philosophy. In: Oceania XL, 1969: 2, 85–89
Elschenbroich, Donata: Ferne Deutsche. Aussiedler-Familien in Frankfurt. Hrsg. v. Amt für multikulturelle Angelegenheiten. Frankfurt/M. 1992
Elsner, Lothar: Fremdarbeiterpolitik in Westdeutschland. Zur Lage und zum Kampf der ausländischen Arbeiter unter den Bedingungen des westdeutschen staatsmonopolistischen Herrschaftssystems (1955–1968). Berlin 1970
Emmerich, Wolfgang: Zur Kritik der Volkstumsideologie. Frankfurt/M. 1971
Erdheim, M.: Die gesellschaftliche Produktion von Unbewußtheit. Eine Einführung in den ethnopsychoanalytischen Prozeß. Frankfurt/M. 1982

Erikson, Erik H.: Identität und Lebenszyklus. Frankfurt/M. 1971 (2. Aufl.)
Ernst, Max: Jenseits der Malerei. Gemälde, Skulpturen, Collagen, Frottagen, Zeichnungen, Druckgraphik und Bücher aus dem Sprengel Museum Hannover. Verzeichnis der Bestände. Wilhelm-Hack-Museum Ludwigshafen 1986

Fallers, L. A.: Are African Cultivators to be Called ‚Peasants'? In: Current Anthropology 2/1961, 108–110
Fava, Giuseppe: I Siciliani. Bologna 1980
Fava, Giuseppe: Passione di Michele. Bologna 1980 (1980 a)
Fél, Edit, und Tamás Hofer: Bäuerliche Denkweise in Wirtschaft und Haushalt. Eine ethnographische Untersuchung über das Dorf Atany. Göttingen 1972.
Fél, Edit, und Tamás Hofer: Proper Peasants: Traditional Life in a Hungarian Village. Chicago 1969
Ferber, Martina, und Katja Werthmann: Teilnehmendes SitZen. Feldforschung im Lotussitz. In: Greverus/Welz (Hg.) 1990, 123–152
Ferguson, Marilyn: The Aquarian Conspiracy. Personal and Social Transformation in the 1980s. Los Angeles 1980
Ferguson, M.: Die sanfte Verschwörung. Persönliche und gesellschaftliche Transformation im Zeitalter des Wassermanns. Basel 1982
Finkielkraut, Alain: Die Niederlage des Denkens. Reinbek b. Hamburg 1989
Fletscher, Robert James: „Inseln der Illusion. Briefe aus der Südsee". Frankfurt/M. 1986 („Isles of Illusion. Letters from the South Seas". 1923)
Forschendes Lernen und der Studentenberg. Aus dem Alltag eines Uni-Instituts. Hrsg. Institut für Kulturanthropologie und Europäische Ethnologie der Johann Wolfgang Goethe-Universität. Frankfurt/M. 1980 (NOTIZEN 10)
Forschung Frankfurt. Wissenschaftsmagazin der Johann Wolfgang Goethe-Universität Frankfurt/M. 1993: 1
Foster, George M.: Peasant Society and the Image of Limited Good. In: American Anthropologist 67/1965: 2, 293–315
Foucault, M.: Überwachen und Strafen. Die Geburt des Gefängnisses. Frankfurt/M. 1977
Franchetti, Leopoldo, e Sidney Sonnino: La Sicilia nel 1876. 2 Bde. Florenz 1877
Franklin, Benjamin: The Interest of Great Britain Considered with regard to their Colonies (1769). In: The Writings of Benjamin Franklin. New York–London 1904–1907, Bd. IV; Bd. V
Franklin, Benjamin: Autobiographie. Berlin 1954
Franklin, S. H.: The European Peasantry. The Final Phase. London–Southampton 1969
Freiburghaus, Dieter: Wir hier oben. Gedanken zum Zusammenhang zwischen Raumstrukturen und Lebensweise. In: Greverus/Haindl 1983, 64–76
Freud, Sigmund: Trauer und Melancholie (1917 [1915]). In: Studienausgabe III. Frankfurt/M. 1982, 197–212
Freud, Sigmund: Das Unbehagen in der Kultur (1930 [1929]). In: Studienausgabe IX. Frankfurt/M. 1974, 193–270
Friedman, Yona: Machbare Utopien. Absage an geläufige Zukunftsmodelle. Frankfurt/M. 1978

Friedmann, Frederic G.: The World of ‚la miseria'. In: Partisan Review 20/1953, 218–231

Friedmann Frederic G.: The Hoe and the Book. An Italian Experiment in Community Development. New York 1960

Frigessi Castelnuovo, Delia und Michele Risso: Emigration und Nostalgia. Sozialgeschichte, Theorie und Mythos psychischer Krankheit von Auswanderern. Frankfurt/M. 1986

Fromm, Erich: Haben oder Sein. Die seelischen Grundlagen einer neuen Gesellschaft. München 1980

Fürstenberg, Friedrich: Soziale Muster der Realisierung von Glückserwartungen. In: Kundler (Hg.) 1971, 58–70

Galtung, Johan: Members of Two Worlds. A Development Study of Three Villages in Western Sicily. New York–London 1971

Garfinkel, H.: Studies in Ethnomethodology. Englewood Cliffs 1967

Gaskin, Stephen, u. a.: Hey Beatnik! This is the Farm Book. Summertown, Tenn. 1974

Gaskin, Stephen: Volume One. Sunday Morning Service on The Farm. Summertown/Tenn. 1977

Gaskin, Stephen: ... this seasons people. A Book of Spiritual Teachings. Summertown/Tenn. o. J.

Geertz, Clifford: Dichte Beschreibung. Beiträge zum Verstehen kultureller Systeme. Frankfurt/M. 1983

Gehlen, Arnold: Das entflohene Glück. Deutung der Nostalgie. In: Hommes (Hg.): Was ist Glück. München 1980

Gehlen, Arnold: Moral und Hypermoral. Eine pluralistische Ethik. Frankfurt/M.–Bonn 1969

Gehlen, Arnold: Studien zur Anthropologie und Soziologie. Berlin–Neuwied 1963

Gehrmann, Karl Heinz: Versuche der literarischen Bewältigung. In: Die Vertriebenen in Westdeutschland III. 1959, 272–317

Geiger, Klaus: Nationalistische und postnationalistische Diskurse im Verteilungskampf der Bundesrepublik Deutschland. In: Rassismus und Migration in Europa. 1992, 273–287

GEO Information 1/März 78 (hrsg. von der Gesellschaft für experimentelle und angewandte Oekologie e.V. Starnberg)

GEO-AEON. Gesellschaft für experimentelle und angewandte Ökologie e.V. Deutschland-Germany. Für eine neue Erde – für einen neuen Entwicklungszyklus. Schreiben vom 28. 3. 89 (unveröffentlichtes Manuskript)

Gerechtigkeit für Aborigines. Zur aktuellen Rechtslage der australischen Ureinwohner. Hrsg. von Arbeitsgruppe Aborigines. Wien 1992

Ginsberg, Allen: Das Geheul und andere Gedichte. Wiesbaden/München 1979

Giordano, Christian: Geschichte und Skepsis. Das Überlagerungsmotiv in mediterranen Agrargesellschaften. In: Robert Hettlage (Hg.): „Die post- traditionelle Welt der Bauern". Sonderheft Schweizerische Zeitschrift für Soziologie. 1982, 63–84

Giordano, Christian: Überlagerungsmotiv, „Economia Assistita" und Genossenschaften in Sizilien. Zur Ambivalenz zwischen Legalität und Legitimität in der süditalienischen Gesellschaft. Ms. Frankfurt/M. 1983

Giordano, Christian: Zwischen Mirabella und Sindelfingen. Zur Verflechtung von Uniformierungs- und Differenzierungsprozessen bei Migrationsphänomenen. In: Schweizerische Zeitschrift für Soziologie 10/1984, 437–464

Giordano, Christian: Vom Reisebericht zur systematischen Anthropologie. Mediterrane Gesellschaften als „Verkehrte Welten". In: Giordano/Greverus (Hg.) 1986, 15–52

Giordano, Christian: Die Betrogenen der Geschichte. Überlagerungsmentalität und Überlagerungsrationalität in mediterranen Gesellschaften. Frankfurt/M.–New York 1992

Giordano, Christian, und Robert Hettlage: Persistenz im Wandel. Das Mobilisierungspotential sizilianischer Genossenschaften. Eine Fallstudie zur Entwicklungsproblematik. Tübingen 1979

Giordano, Christian, und Ina-Maria Greverus (Hg.): Sizilien – die Menschen, das Land und der Staat. Frankfurt/M. 1986 (NOTIZEN 24)

Giordano, Christian, und Ina-Maria Greverus: Teilnehmende Beobachtung und historisches Fragen. In: Giordano/Greverus (Hg.) 1986, 7–14 (1986a)

Glätzer, Harald: Landkommunen in der BRD – Flucht oder konkrete Utopie? Bielefeld 1978

Global 2000. Der Bericht an den Präsidenten. Frankfurt/M. 1980 (The Global 2000 Report to the President. Washington 1980)

Goffman, E.: Stigma. Notes on the Management of Spoiled Identity. Englewood Cliffs/N.Y. 1965

Gorfain, Phyllis: Play and the Problem of Knowing in Hamlet. An Excursion into Interpretive Anthropology. In: Turner/Bruner (Hg.) 1986, 207–238

Gorter, Waling T.: Ethnic Identity, Resource Management and Nation Building in Northern Norway. In: J. Boissevain u. J. Friendl (Hg.): Beyond the Community. Social Process in Europe. The Hague 1975, 147–164

Gramsci, Antonio: Marxismus und Literatur. Ideologie, Alltag, Literatur. Hamburg 1983

Granzer, Ben, und Bernd Schütze: Corazzu. Bilder des Widerstands an den Mauern Orgosolos. Köln 1979

Grattan, Michelle: Bula May Win – But What About Hawke. In: The Age, 18. 6. 1991, 1

Grattan, Michelle: Crown looks hollow after Coronation. In: The Australian, 20. 6. 1991, 6

Graudenz, Ines, und Regina Römhild: Fremde Deutsche. Aussiedler und Fremdenfeindlichkeit – eine Herausforderung für das bundesrepublikanische Selbstverständnis. In: Peter Döbrich und Georg Rutz (Hg.): Fremdenhaß und politischer Extremismus – was kann die Schule tun? Frankfurt/M. 1993, 17–30

Grawe, Christian: Herders Kulturanthropologie. Die Philosophie der Geschichte der Menschheit im Lichte der modernen Kulturanthropologie. Bonn 1967

Greverus, Ina-Maria: Die Settimana Santa in Sizilien. Festgestaltung, Volksfrömmigkeit und Volksrepräsentation. In: Österreichische Zeitschrift für Volkskunde, 1964, 61–75

Greverus, Ina-Maria: Heimweh und Tradition. In: Schweizerisches Archiv für Volkskunde, 1965, 1–31

Greverus, Ina-Maria: Anpassungsprobleme ausländischer Arbeiter. Ziele und Möglichkeiten ihrer volkskundlichen Erforschung. In: Populus Revisus. Beiträge zur Erforschung der Gegenwart. Tübinger Vereinigung für Volkskunde e.V. Tübingen 1966, 123–143

Greverus, Ina-Maria: Zu einer nostalgisch-retrospektiven Bezugsrichtung der Volkskunde. In: Hessische Blätter für Volkskunde 60/1969, 11–28

Greverus, Ina-Maria: Kulturbegriffe und ihre Implikationen. Dargestellt am Beispiel Süditalien. In: Kölner Zeitschrift für Soziologie und Sozialpsychologie. 23/1971: 2, 283–303

Greverus, Ina-Maria: Der territoriale Mensch. Ein literaturanthropologischer Versuch zum Heimatphänomen. Frankfurt 1972

Greverus, Ina-Maria: Auswanderung und Anpassungsbarrieren. Hypothesen zur Integration von Minderheiten. In: Günter Wiegelmann (Hg.): Kultureller Wandel im 19. Jahrhundert. Verhandlungen des 18. Deutschen Volkskunde-Kongresses in Trier vom 13.–18. 9. 1971. Göttingen 1973, 204–218

Greverus, Ina-Maria: IX International Congress of Etnological Sciences in Chicago/USA 28. August – 8. September 1973. In: Zeitschrift für Volkskunde 1974, 154–156

Greverus, Ina-Maria: Nothing but a little wooden dala-horse, or: how to decode a ‚folk' symbol. In: Folklore Today. A Festschrift for Richard M. Dorson. Ed. by L. Dégh, H. Glassie, F. J. Oinas. Bloomington 1976, 181–187

Greverus, Ina-Maria: Denkmalräume oder Lebensräume? In: Ina-Maria Greverus (Hg.): Denkmalräume – Lebensräume. Hessische Blätter für Volks- und Kulturforschung NF, Bd. 2/3, 1976, 293–304 (1976 a)

Greverus, Ina-Maria: Brauchen wir Feste? In: Feste in Hessen, Hessische Blätter für Volks- und Kulturforschung. NF, Bd. 4, 1977, 1–9

Greverus, Ina-Maria: Kultur und Alltagswelt. Eine Einführung in Fragen der Kulturanthropologie. München 1978 (Frankfurt/M. 1987)

Greverus, Ina-Maria: Auf der Suche nach Heimat. München 1979

Greverus, Ina-Maria: Lokale Identität durch Dorferneuerung? In: Konrad Köstlin und Hermann Bausinger (Hg.): Heimat und Identität. Probleme regionaler Kultur. Neumünster 1980, 157–168

Greverus, Ina-Maria: Ethnizität und Identitätsmanagement. In: Schweizerische Zeitschrift für Soziologie. 7/1981, 223–232

Greverus, Ina-Maria: Die Sehnsucht des Ethnologen nach dem Feld. In: Heide Nixdorff und Thomas Hauschild (Hg.): Europäische Ethnologie. Theorie- und Methodendiskussion aus ethnologischer und volkskundlicher Sicht. Berlin 1982, 207–219

Greverus, Ina-Maria: Zur Problematik des interkulturellen Vergleichs und der interkulturellen Adaptionen von Lebenswelten. In: Hauswirtschaft und Wissenschaft 30/1982, 231–239 (1982 a)

Greverus, Ina-Maria: Landflucht und Revitalisierung der Dörfer. In: Schweizerische Zeitschrift für Soziologie 8/1982:1, 169–200 (1982 b)

Greverus, Ina-Maria: „Natur" im utopischen Denken. In: Greverus/Haindl (Hg.): Versuche, der Zivilisation zu entkommen. München 1983, 23–44

Greverus, Ina-Maria: „bietet die Insel-Situation in Griechenland die Möglichkeit, unser Projekt mit mehr Ruhe aufzuziehen". In: Greverus/Haindl (Hg.) 1983, 124–138 (1983 a)

Greverus, Ina-Maria: Alltag und Alltagswelt: Problemfeld oder Spekulation im Wissenschaftsbetrieb? In: Zeitschrift für Volkskunde 1983: 1, 1–14 (1983 b)

Greverus, Ina-Maria: Heimat. In: Kulturpolitisches Wörterbuch. Bundesrepublik Deutschland/DDR im Vergleich. Hrsg. von Wolfgang R. Langenbucher, Ralf Rytlewski und Bernd Weyer-Graf. Stuttgart 1983, 255–258 (1983 c)

Greverus, Ina-Maria: Zur Frage der Effizienz ökologischer Nischen im universitären Bereich. Gefragt aus dem Institut für Kulturanthropologie und Europäische Ethnologie. In: Kulturanthropologie und Europäische Ethnologie 1984, 7–23

Greverus, Ina-Maria: Öko pro Region. In: Greverus/Haindl (Hg.) 1984, 15–44 (1984 a)

Greverus, Ina-Maria: Naive Malerei. Zu einer utopischen Konstruktion von Wirklichkeit. In: Ina-Maria Greverus, Ottfried Schütz und Willi Stubenvoll (Hg.): „Naif". Alltagsästhetik oder ästhetisierter Alltag. Frankfurt/Main 1984, 209–236 (NOTIZEN 19) (1984 b)

Greverus, Ina-Maria: Wohnstätten des Seins. Zur Raumorientierung in alternativen Projekten. In: Eduard Führ (Hg.): Worin noch niemand war: Heimat. Eine Auseinandersetzung mit einem strapazierten Begriff. Historisch – philosophisch – architektonisch. Wiesbaden–Berlin 1985, 45–52

Greverus, Ina-Maria: Das wandelbare Glück. „Pursuit of Happiness" in Amerika und Europa. In: Utz Jeggle, Gottfried Korff, Martin Scharfe und Bernd-Jürgen Warneken (Hg.): Volkskultur in der Moderne. Probleme und Perspektiven empirischer Kulturforschung. Reinbek bei Hamburg 1986, 271–289

Greverus, Ina-Maria: Tradition der Traurigkeit und anarchische List. Zu einer sizilianischen Identitätsarbeit. In: Giordano/Greverus (Hg.) 1986, 455–513 (1986 a)

Greverus, Ina-Maria: The „Heimat" Problem. In: Helfried W. Seliger (Hg.): The Concept of Heimat in Contemporary German Literature. München 1987, 9–27

Greverus, Ina-Maria: Kulturdilemma. Die nahe Fremde und die fremde Nähe. In: Greverus/Köstlin/Schilling (Bd. 1)1988, 27–48

Greverus, Ina-Maria: Kommunität. Modelle und Redefinition einer Lebensform. In: Nils-Arvid Bringéus u. a. (Hg.): Wandel der Volkskultur in Europa. Festschrift für Günter Wiegelmann. Bd. 1. Münster 1988, 193–204 (1988 a)

Greverus, Ina-Maria: Landbewegungen. Remythologisierung oder Redefinition ruraler Weltsicht? In: Christian Giordano und Robert Hettlage (Hg.): Bauerngesellschaften im Industriezeitalter. Berlin 1989, 199–227

Greverus, Ina-Maria: Levels of Experience and Interpretation. A Case Study. In: Folklore and Historical Process. Ed. by Dunja Rihtman-Augustin and Maja Povrzanovic. Institute of Folklore Research. Zagreb 1989, 23–32 (1989 a)

Greverus, Ina-Maria: Neues Zeitalter oder Verkehrte Welt. Anthropologie als Kritik. Darmstadt 1990

Greverus, Ina-Maria: Anthropological Horizons, the Humanities and Human Practice. In: Anthropologizing Europe. Anthropological Journal on European Cultures 1/1990: 1, 13–33 (1990 a)

Greverus, Ina-Maria: von verspeisten, ausgespuckten und befreiten Seelen. Über die Schwierigkeit, Seele zu verorten. In: Greverus/Welz (Hg.) 1990 (1990 b)

Greverus, Ina-Maria: Enteignetes und enteignendes Träumen. Erfahrungen in einem schwarzen und einem weißen Australien. In: Etnofoor IV/1991: 2, 80–107

Greverus, Ina-Maria: The „I" and the „ME" Abroad in Sweden. A Comparable Parable of the Identity Process in Multi-Cultural Settings. In: Daun/Ehn/Klein (Hg.) 1992, 79–90

Greverus, Ina-Maria (Hg.): Studentin Sein. Station Uni Frankfurt/M. Frankfurt 1993 (NOTIZEN 43)

Greverus, Ina-Maria: Ich und die Anderen. StudentinSein aus der Perspektive einer Anthropologie des Selbst. In: Greverus (Hg.) 1993, 1–47

Greverus, Ina-Maria, und Anne-Marie Liogier: Gespräche mit Paul S. oder Als „Fremder" mit Zigeunern leben. In: Zigeuner und Wir 1979, 19–34

Greverus, Ina-Maria, und Erika Haindl (Hg.): Versuche der Zivilisation zu entkommen. München 1983

Greverus, Ina-Maria, und Erika Haindl (Hg.): Ökologie – Provinz – Regionalismus. Frankfurt/M. 1984 (NOTIZEN 16)

Greverus, Ina-Maria, Konrad Köstlin und Heinz Schilling (Hg.): Kulturkontakt, Kulturkonflikt. Zur Erfahrung des Fremden. 2 Bde. Frankfurt/Main 1987 (NOTIZEN 28)

Greverus, Ina-Maria, und Gisela Welz (Hg.): Spirituelle Wege und Orte. Untersuchungen zum New Age im urbanen Raum. Frankfurt 1990 (NOTIZEN 33)

Groenendijk, Kees: Europa 1992: Realitäten, Mythen und Chancen. In: Rassismus und Migration in Europa 1992, 515–528

Groffmann, Anne-Claire, Waltraud Möhrlein und Milena Moscon: Studium als Weg zu einem selbstbestimmten Lebensentwurf? In: Greverus (Hg.) 1993, 127- 171

Gronemeyer, Reimer: Wer sind „Zigeuner"? In: Reimer Gronemeyer und Georgia A. Rakelmann: Die Zigeuner. Reisende in Europa. Roma, Sinti, Manouches, Gitanos, Gypsies, Kalderasch, Vlach und andere. Köln 1988, 9–22

Groves, E. R., und Ph. Blanchard: Introduction to Mental Hygiene. New York 1930

Habermas, Jürgen: Die neue Unübersichtlichkeit. Frankfurt/M. 1985

Haindl, Erika: Die Mythen kehren zurück. In: Welt der Mythen. Texte und Bilder zu den Frankfurter Festen, 87. Hrsg. von Alte Oper Frankfurt. Frankfurt/M. 1987, 130–145

Halbwachs, Maurice: Das kollektive Gedächtnis. Stuttgart 1967 (La mémoire collective)

Hanika, Josef: Ortsuntersuchungen zur Eingliederungsforschung. In: Jahrbuch für Volkskunde der Heimatvertriebenen I/1955, 186–197

Hannerz, Ulf: Stockholm: Doubly Creolizing. In: Daun/Ehn/Klein (Hg.) 1992, 91–106

Harig, Ludwig: Rousseau. Der Roman vom Ursprung der Natur im Gehirn. München–Wien 1978

Harnack-Riaz, Belinda, Barbara Rohr und Erika Werdecker: Sottosviluppo und Sottoequilibrio. Zur ökonomischen Rationalität in einer euromediterranen Entwicklungsregion. In: Giordano/Greverus (Hg.) 1986, 367–397

Harsche, Edgar, und Kord Rautenberg: Regionale Orientierung der Rückwanderung von Gastarbeitern und Motivationsstruktur anlageorientierten Sparens. Gießen 1983 (= Materialien zur Wirtschafts- und Regionalsoziologie, aus den Arbeiten des Instituts für Agrarsoziologie der Justus Liebig-Universität Gießen, 7)

Hatzistrati, Pia Kalliopi, und Anita Binder: Ausländer spüren Multikultur anders. In: MultiKultur Journal 1992, 13–17

Hawken, Paul: Der Zauber von Findhorn. Ein Bericht. München 1980

Hebdige, D.: Subculture. The Meaning of Style. London–New York 1979

Heckmann, Friedrich: Ethnos, Demos und Nation, oder: Woher stammt die Intoleranz des Nationalstaats gegenüber ethnischen Minderheiten? In: Bielefeld (Hg.) 1991, 51–78

Hegner, Friedhart: Das bürokratische Dilemma. Zu einigen unauflöslichen Widersprüchen in den Beziehungen zwischen Organisation, Personal und Publikum. Frankfurt/New York 1978

Heinrichs, Hans-Jürgen: Einleitung. In: Leiris 1978, 7–25

Heinrichs, Hans-Jürgen: Postmoderne oder Der Kampf um die Zukunft (3). Das Unbewußte und das Fremde. Die Einflüsse von Psychoanalyse und Ethnologie auf die moderne Philosophie. Sendungsms. Hessischer Rundfunk, Abendstudio v. 11. 2. 1987

Hellpach, Willy: Geopsyche. Die Menschenseele und der Einfluß von Wetter und Klima, Boden und Landschaft. Stuttgart 1950

Henßen, Gottfried: Ungardeutsche Volksüberlieferung. Erzählungen und Lieder. Marburg 1959

Herder, Johann Gottfried: Journal meiner Reise (1769). In: Herders sämtliche Werke. Hrsg. von B. Suphan, Bd. 4

Hettlage, Robert: Alternativgruppen. Schmarotzer der freien Marktwirtschaft oder Kristallisationkerne für nötige Veränderung? Vortragsms. Tagung der Theologischen Fakultät Mai 1980 auf dem Leuenberg zum Thema „Alternativ leben"

Hettlage-Varjas, Andrea, and Robert Hettlage: Kulturelle Zwischenwelten. Fremdarbeiter – eine Ethnie?. In: Zwischenwelten der Gastarbeiter. Sonderheft der Schweiz. Zs. f. Soziologie 10, Nr. 2, 1984, 357–403

Hinst, Klaus: Das Verhältnis zwischen Westdeutschen und Flüchtlingen. Eine empirische Untersuchung. Bern-Stuttgart 1968

Hof, Wolfgang: Der ferne Staat. Ein Mißtrauensvotum. In: Giordano/Greverus (Hg.) 1986, 345–366

Hofer, Tamás: Anthropologists and native ethnographers in Central European villages: Comparative notes on the professional personality of two disciplines. In: Current Anthropology 9/1968, 311–315

Hofer, Tamás: Phasen des Wandels im östlichen Mitteleuropa im Licht kulturanthropologischer Theorien. In: G. Wiegelmann (Hg.): Kultureller Wandel im 19. Jahrhundert. Göttingen 1973, 251–264

Hoffmann-Novotny, Hans-Joachim: Soziologie des Fremdarbeiterproblems. Eine theoretische und empirische Analyse am Beispiel der Schweiz. Stuttgart 1973

Hollander, A. N. J. den: Der „Kulturkonflikt" als soziologischer Begriff und als Erscheinung. In: Kölner Zeitschrift für Soziologie und Sozialpsychologie 7/1955, 161–187

Hollstein, W.: Ego-Trip oder soziale Veränderung? Zur Zeitgeschichte der gegenkulturellen Bewegung. In: Neue Lebensformen. Wunsch und Praxis. Ästhetik und Kommunikation 34, 1978, 18 ff.

Hommes, Ulrich (Hg.): Was ist Glück? München 1980

Hondrich, Karl Otto: Menschliche Bedürfnisse und soziale Steuerung. Reinbek bei Hamburg 1975

Horkheimer, Max, und Theodor W. Adorno: Dialektik der Aufklärung. Philosophische Fragmente. Amsterdam 1947

Horn, Stephanie: Herzlich Wilkommen in Mirabella Imbaccari. Versuch einer Annäherung. In: Giordano/Greverus (Hg.) 1986, 131–151

Horx, M.: Das Ende der Alternativen oder Die verlorene Unschuld der Radikalität. München/Wien 1985

Horx, M.: Die wilden Achtziger. Eine Zeitgeist-Reise durch die Bundesrepublik. München/Wien 1987

Huber, Joseph: Wer soll das alles ändern. Die Alternativen der Alternativbewegung. Berlin 1981

Hummel, R.: Indische Mission und neue Frömmigkeit im Westen. Stuttgart/Berlin/Köln/M.z 1980

In der Maur, Wolf: Die Zigeuner. Wanderer zwischen den Welten. Wien–München 1978

Isenschmid, Andreas: Die Kunst des Minimismus. Roman oder Reisebericht? Beides und mehr: Bruce Chatwins faszinierende „Traumpfade". In: Die Zeit 15, 6. 4. 1990, Literatur 1

Jaeggi, Urs: Ordnung und Chaos. Der Strukturalismus als Methode und Mode. Frankfurt/M. 1968

Jarchow, Kl., und N. Klugmann: Heumarkt. Versuche anderen Lebens zwischen Stadt und Land. Berlin 1980

Jawoyn (Katherine Area) Land Claim: Report No. 27. Report by the Aboriginal Land Commissioner, Justice Kearney, to the Minister for Aboriginal Affairs and the Administrator of the Northern Territory. Canberra 1988

Jeggle, Utz: Kiebingen – Eine Heimatgeschichte. Zum Prozeß der Zivilisation in einem schwäbischen Dorf. Tübingen 1977

Jolles, Hiddo M.: Zur Soziologie der Heimatvertriebenen und Flüchtlinge. Köln-Berlin 1965

Jones, Howard Mumford: The Pursuit of Happiness. Cambridge 1953

Jung, C. G.: Symbole der Wandlung. Analyse des Vorspiels der Schizophrenie. Zürich 1952

Just Sweet Talk: The Jawoyn Response to the Coronation Hill Joint Venture Draft Environmental Impact Statement. Submission to the Minister for Environment. Jawoyn Association, Barunga 1989

Kammrad, Horst: „Gast"-Arbeiter-Report. München 1971

Kanter, Rosabeth Moss: Commitment and Community. Communes and Utopias in Sociological Perspective. Cambridge/Mass. 1972

Karasek-Langer, Alfred: Lieder der Heimatlosigkeit. Die Verschickten- und Gefängnislieder der Wolhyniendeutschen. In: Christ unterwegs 4/1950: 7, 8–12

Karasek-Langer, Alfred: Neusiedlung in Bayern nach 1945. In: Jahrbuch für Volkskunde der Heimatvertriebenen II/1956, 24–102

Karasek-Langer, Alfred: Volkstum im Umbruch. In: Die Vertriebenen in Westdeutschland I. 1959, 606–694

Karasek, Alfred, und Kurt Lück: Die deutschen Siedlungen in Wolhynien. Geschichte, Volkskunde, Lebensfragen. Plauen i. V. 1931 (= Deutsche Gaue im Osten, Bd. 3)

Keen, Jan: Undermining Credibility. Advocacy and Objectivity in the Coronation Hill Debate. In: Anthropology Today Vol. 8, 1992: 2, 6–9

Kehr, Martin: Der sizilianische Separatismus. Eine Studie zur Kultursoziologie Siziliens. Berlin 1984

Keil, Theo: Die Arbeitsgemeinschaft sudetendeutscher Erzieher. In: Sudetenland 1958/59: 1, 74–78

Kelly, Paul: Cabinet the Loser, Whatever it Decides. In: The Australian, 8. 5. 1991, 1, 6

Kelly, Petra K.: Das nukleare Australien. In: Roger Bendisch und Uwe Seidel (Hg.): Australien. Ein Express Reisehandbuch. Rieden a. Forggensee 1990, 146–160

Kerouac, Jack: Gammler, Zen und Hohe Berge. Reinbek b. Hamburg 1981 (The Dharma Bums. 1958)

Kerouac, Jack: Unterwegs. Reinbek b. Hamburg 1981 (On the Road. 1955) (1981 a)

Kimber, R. G. (Dick): Zentralaustralien, Westliche, Südliche und Nördliche Wüstengebiete. In: ARATJARA. 1993, 221–279

Kindermann, Adolf: Religiöse Wandlungen und Probleme im katholischen Bereich. In: Die Vertriebenen in Westdeutschland III. 1959, 92–158

Klee, Ernst: Die Nigger Europas. Zur Lage der Gastarbeiter. Eine Dokumentation. Düsseldorf 1971

Koepping, Klaus-Peter: Ethik in Ethnographischer Praxis: Zwischen Universalismus und pluralistischer Autonomie. In: Wolfdietrich Schmied-Kowarzig und Justin Stagl (Hg.): Grundfragen der Ethnologie. Beiträge zur gegenwärtigen Theorie-Diskussion. 2. Aufl., Berlin 1993, 107–128

Kohl, Karl-Heinz: Exotik als Beruf. Zum Begriff der ethnographischen Erfahrung bei B. Malinowski, E. E. Evans-Pritchard und C. Lévi-Strauss. Wiesbaden 1979

Kohl, Karl-Heinz: Entzauberter Blick. Das Bild vom Guten Wilden und die Erfahrung der Zivilisation. Berlin 1981

Kohl, Karl-Heinz: Abwehr und Verlangen. Zur Geschichte der Ethnologie. Frankfurt/New York 1987

Kolig, Erich: Noah's Ark Revisited: On the Myth-Land Connection in Traditional Aboriginal Thought. In: Oceania LI, 1980/81, 118–132

König, René: Modelle des Glücks. In: Kundler (Hg.) 1971, 13–22.

Kopal, Vladimir: Das „Recht auf Heimat“ vom völkerrechtlichen Gesichtspunkt. In: Das Recht auf die Heimat. 1965, 22–26

Kramer, Fritz: Verkehrte Welten. Zur imaginären Ethnographie des 19. Jahrhunderts. Frankfurt/M. 1977

Kramer, Karl.-S.: Grundriß einer rechtlichen Volkskunde. Göttingen 1974

Krappmann, Lothar: Soziologische Dimension der Identität. Strukturelle Bedingungen für die Teilhabe an Interaktionsprozessen. Stuttgart 1973

Kraushaar, W. (Hg.): Autonomie oder Getto? Kontroversen über die Alternativbewegung. Frankfurt/M. 1978

Kremyer, N., B. Scherzinger, G. Koch, V. Brandes und Mitarbeit von M. Roschek (Hg.): Heute schon gelebt? Alltag und Utopie. Offenbach 1981

Krins, Franz: Die volkskundliche Tagung der Bundesarbeitsgemeinschaft für Ostkunde im Unterricht (Bremen 1964). In: Jahrbuch für ostdeutsche Volkskunde 8/1964, 267–270

Kristeva, Julia: Fremde sind wir uns selbst. Frankfurt/M. 1990

Krusenstern, A. J. von: Reise um die Welt in den Jahren 1803, 1804, 1805 und 1806 auf Befehl seiner Kaiserlichen Majestät Alexanders des Ersten. Berlin 1811

Kultur anthropologisch. Eine Festschrift für Ina-Maria Greverus. Hrsg. von Christian Giordano, Werner Schiffauer, Heinz Schilling, Gisela Welz und Marita Zimmermann. Frankfurt/M. 1989 (NOTIZEN 30)

Kulturanthropologie und Europäische Ethnologie in Frankfurt. Eine Bilanz forschenden Lernens nach 10 Jahren. Frankfurt 1984 (NOTIZEN 20)

Kundler, Herbert (Hg.): Anatomie des Glücks. Köln 1971

Künzig, Johannes: Urheimat und Kolonistendorf. Ein methodisches Beispiel gegenseitiger Aufhellung. In: Jahrbuch für Volkskunde der Heimatvertriebenen 2/1956, 109–140

Kurth, Karl O.: Presse, Film, Rundfunk. In: Die Vertriebenen in Westdeutschland III. 1959, 402–434

Kurz, Ursula: Partielle Anpassung und Kulturkonflikt. Gruppenstruktur und Anpassungsdisposition in einem italienischen Gastarbeiterlager. In: Kölner Zeitschrift für Soziologie und Sozialpsychologie 17/1965, 814–832

Lampedusa, G.Tomasi di: Der Leopard. Stuttgart–München–Salzburg o. J.

Land Right News: One Mob. One Voice. One Land. NT News, Darwin 1987 ff.

Lang, Nikolaus: Nunga und Goonya. Hrsg. Kunstraum München e.V. und Städtische Galerie im Lenbachhaus. München 1991

Lange, Annette: Natur und Naturverständnis in der Alternativbewegung. Eine kritische Analyse ihrer Presse. Magisterarbeit, Institut für Kulturanthropologie und Europäische Ethnologie. Frankfurt/M. 1982

Lange, Thomas: Idyllische und exotische Sehnsucht. Formen bürgerlicher Nostalgie in der deutschen Literatur des 18. Jahrhunderts. Kronberg/Ts. 1976 (= Scriptor Hochschulschriften Literaturwissenschaften 23)

Langsdorff, G. H. von: Bemerkungen auf einer Reise um die Welt in den Jahren 1803–1807. Frankfurt/M. 1812

Lauer, Heike, und Gerda Wilhelmi: Der vertraute und der fremde Raum. In: Giordano/Greverus (Hg.) 1986, 155–189

Leeuwen, Hendrik van: Ecological Approach to the House-environment. Ms. 1971

Leeuwen, Hendrik van: Wissenschaftliche Probleme der Wohnökologie und ihre Konsequenzen zur politischen Verantwortlichkeit. Wageningen 1973

Lefèbvre, Henri: Das Alltagsleben in der modernen Welt. Frankfurt/M. 1972 (La vie quotidienne dans le monde moderne. 1968)

Lefèbvre, Henri: Kritik des Alltagslebens. 3 Bde. München 1974 (Critique de la vie quotidienne. 1947)

Lehr, Ursula: Vorstellungen vom Glück in verschiedenen Lebensaltern. In: Kundler (Hg.) 1971, 86–98

Leineweber, Bernd: Pflugschrift. Über Politik und Alltag in Landkommunen und anderen Alternativen. Frankfurt/M. 1981

Leiris, Michel: Das Auge des Ethnographen. Ethnologische Schriften II. Frankfurt/M. 1978

Leiris, Michel: Phantom Afrika. Tagebuch einer Expedition von Dakar nach Djibouti 1931–1933, Bd. I. Frankfurt/M. 1980

Lemberg, Eugen, und Lothar Krecker (Hg.): Die Entstehung eines neuen Volkes aus Binnendeutschen und Ostvertriebenen. Untersuchungen zum Strukturwandel von Land und Leuten unter dem Einfluß des Vertriebenen-Zustromes. Marburg 1950

Lendl, Egon: Wandel der Kulturlandschaft. In: Die Vertriebenen in Westdeutschland I. 1959, 455–499

Lepenies, Wolf: Melancholie und Gesellschaft. Frankfurt/M. 1972 (1969)

Lepsius, M. Rainer: Immobilismus: Das System der sozialen Stagnation in Süditalien. In: Jahrbuch für Nationalökonomie und Statistik 117/1965, 304–342

Leudesdorff, René, und Horst Zilleßen (Hg.): Gastarbeiter = Mitbürger. Bilder – Fakten – Gründe – Chancen – Modelle – Dokumente. Gelnhausen–Berlin 1971

Lévi-Strauss, Claude: Strukturale Anthropologie. Frankfurt/M. I, 1972; II 1975

Lévi-Strauss, Claude: Traurige Tropen. Köln 1974 (Tristes Tropiques. 1955)

Lévi-Strauss, Claude: „Primitive" und „Zivilisierte". Nach Gesprächen aufgezeichnet von Georges Charbonnier. Zürich 1972 (Entretiens avec Claude Lévi-Strauss) (1972 a)

Limbacher, Max V., und Corinna Pathé: Für eine Zivilisation der Zukunft. Vom spiritual-humanökologischen Konzept der Anthroposophie. In: Greverus/Haindl 1984, 155–180

Lindner, Rolf: Habitus und Fachkultur. Ein Besprechungsessay. In: Zeitschrift für Volkskunde 82/1986, 263–267

Lindner, Rolf: Kulturelle Randseiter. Vom Fremdsein und Fremdwerden. In: Kultur anthropologisch. 1989, 15–28

Locke, John: An Essay Concerning Human Understanding. London o. J., Book II

Locke, John: John Locke's Versuch über den menschlichen Verstand. Übers. und erl. von S. H. Kirchmann. Berlin 1894

Lutz, Ronald: Natur als Therapie. Überlegungen zu einem Versuch, psycho-sozial geschädigten Menschen neue Lebensperspektven zu geben. In: Greverus/Haindl 1983, 152–159 (1983 a)

Lutz, Ronald: Rückzug auf den Berg – Flucht oder Neubeginn? In: Greverus/Haindl 1983, 45–63

Lutz, Rüdiger: Tai Chi der Umweltgestaltung. In: Rüdiger Lutz: Ökopolis. München 1987, 326–339

Lynd, Helen, M.: On Shame and the Search for Identity. New York 1958

Mai, R.: Neue Heimat im Buch. In: Christ unterwegs. 4/1950: 11, 1–5

Malinowski, Bronislaw: Culture. In: Encyclopedia of the Social Sciences 4, 1931, 634–642

Marcus, George E., und Michael M. J. Fischer: Anthropology as Cultural Critique: An Experimental Movement in the Human Sciences. Chicago 1986

Marcus, George E.: The Nobility and the Chiefly Tradition in the Modern Kingdom of Tonga. Wellington 1980

Marcuse, Herbert: Zur Kritik des Hedonismus. In: Kultur und Gesellschaft 1. Frankfurt/M. 1968, 128–168.

Marcuse, Ludwig: Philosophie des Glücks. Zürich 1972

Marino, G. C.: L'ideologia sicilianista. Palermo 1971

Marino, G. C.: Storia del separatismo siciliano. Roma 1979

Martin, J. (Hg.): An Account of the Natives of the Tonga Islands in the South Pacific. Compiled and Arranged of the Extensive Communications of Mr. William Mariner. London 1818

Martino, Ernesto de: Katholizismus, Magie, Aufklärung. Religionswissenschaftliche Studie am Beispiel Süd-Italiens. München 1982

Maslow, Abraham A.: Psychologie des Seins. Ein Entwurf. München 1981

Mattern, Merete: Die Öko-Stadt. In: Rüdiger Lutz (Hg.): Sanfte Alternativen. Ein ÖKO-LOG-Buch. Materialien zur Gestaltung wünschenswerter Zukünfte. Weinheim 1981, 91–95

Mauzi, R.: L'idée du bonheur au XVIIIe siècle. Paris 1960

Mazzamuto, P.: La Sicilia di Franchetti e Sonnino e i suoi stereotipi socio-letterari. in: Nuovi Quaderni del Meridione 51–52, 1975, 1–32

Mead, George H.: Mind, Self and Society. Chicago 1934

Mead, George H.: Geist, Identität und Gesellschaft aus der Sicht des Sozialbehaviorismus. Frankfurt/M. 1975

Mead, Margaret: ... und haltet euer Pulver trocken! München 1946 (1943)

Mehl, Hans Peter, und Adolf Dettling: Die Freiburger Zigeuner. Auf der Suche nach einer neuen Identität. Freiburg 1978 (Freiburger Stadthefte 25)

Merk, Heidrun, und Carola Tusar: Palma di Montechiaro – wissenschaftliche, literarische und subjektive Reflexionen über eine Stadt. In: Giordano/Greverus (Hg.) 1986, 116–130

Merlan, F., and Rumsey, A. (Hg.): Jawoyn (Katharine Area) Land Claim. Claim Book. Northern Land Council. Darwin 1982

Merton, Robert King: Social Theory and Social Structure. Glencoe 1964

Metken, Günter: Ein Bumerang in die Gegenwart. In: Lang (Hg.) 1991

Michaels, Eric: Constraints of Knowledge in an Economy of Oral Information. In: Current Anthropology 26/1985, 505–510

Michel, Thomas, und Heinz Schilling: Integration oder eigene Kultur? Zur Interessenvertretung und politischen Bewegung von Zigeunern. In: Zigeuner und Wir. 1979, 195–222

Michels, Robert: Der Patriotismus. Prologomena zu seiner soziologischen Analyse. München–Leipzig 1929

Mühlmann, Wilhelm E.: Magie. In: Wörterbuch der Soziologie. W. Bernsdorf (Hg.). Stuttgart 1969

Mühlmann, Wilhelm E.: Heilsverlangen und Unheilsmächte in der Welt von heute. Versuch einer Glücksbilanz. In: Hommes (Hg.) 1980, 207–231

Mühlmann, Wilhelm E.: Die Metamorphose der Frau. Weiblicher Schamanismus und Dichtung. Berlin 1981

Mühlmann, Wilhelm E., und Ernst W. Müller (Hg.): Kulturanthropologie. Köln-Berlin 1966
Mühlmann, Wilhelm E., und R. J. Llaryora: Strummula Siciliana. Ehre, Rang und Schichtung in einer sizilianischen Agrostadt. Meisenheim am Glan 1973
Muller, Robert: New Genesis. Shaping a Global Spirituality. New York 1984
Müller, Georg, und Heinz Simon: Aufnahme und Unterbringung. In: Die Vertriebenen in Westdeutschland I. 1959, 300–446
Müller, Karl Valentin: Heimat im Buch. Ein Beitrag zur empirischen Soziologie des Heimatbewußtseins. In: Archiv. Informationsdienst des Göttinger Arbeitskreises. 1951. Artikeldienst 27/51
Müller, Karl Valentin: Heimatvertriebene Jugend. Eine soziologische Studie zum Problem der Sozialtüchtigkeit des Nachwuchses der heimatvertriebenen Bevölkerung. 2. erw. Auflage. Würzburg 1956
MultiKultur Journal – 1992. Hrsg. vom Ludwig Uhland-Institut für Empirische Kulturwissenschaft. Tübingen 1992
Münzel, Mark und Bernhard Streck (Hg.): Kumpania und Kontrolle. Moderne Behinderungen des zigeunerischen Lebens. Gießen 1981
Myrdal, Gunnar, und A. Myrdal: „Kontakt mit Amerika". Stockholm 1944
Myrell, Günter, Walther Schmandt und Jürgen Voigt: Neues Denken – Alte Geister. New Age unter der Lupe. Niedernhausen/Ts. 1987

Neef, Wolfgang: Kulturmanagement zwischen Sindelfingen und Mirabella Imbaccari. In: Giordano/Greverus (Hg.) 1986, 399–428
Neff, Dorothee: Der Heimatverlust bei den Flüchtlingen. Ein Beitrag zum Phänomen Heimat. Diss. Erlangen 1956
Neidjie, Big Bill, Stephen Davis and Allan Fox: Australia's Kakadu Man Bill Neidjie. Darwin 1986 (1985)
„Neue Zeit. Zeitung für ein neues Bewußtsein". Hrsg. von Th. Kippenberger und F. Köchlin. Freiburg, Februar 1985
Nitsch, Wolfgang, Uta Gerhard, Claus Offe und Ulrich K. Preuß: Hochschule in der Demokratie. Kritische Beiträge zur Erbschaft und Reform der deutschen Universität. Berlin-Neuwied 1965
Northern Territory Aboriginal Sacred Sites Act: No. 29. 1989

Onus, Lin: Der Südwesten, der Südosten Australiens und Tasmanien. In: ARATJARA. 1993, 289–333
Oschlies, Wolf: „Tijani din Romani". Versuch über Geschichte, Gegenwart und soziale Probleme der Zigeuner Rumäniens. In: Tsiganologische Studien, Nr. 1+2, 1992, 77–123

Pacific Identity (= Pacific Perspective, Vol. 12, No. 2). Suva o. J.
Pasolini, Pier Paolo: Freibeuterschriften. Die Zerstörung der Kultur des Einzelnen durch die Konsumgesellschaft. Berlin 1978
Peake, Ross: PM Backs Aborigines on Mining. In: The Age, 18. 6. 1991, 1
Pema-Dorje, M.: Auf dem Ochsen reiten. Suche nach Erkenntnis, Glück und Erfüllung. Düsseldorf 1993

Perlick, Alfons: Bibliographie zur Volkskunde der deutschen Heimatvertriebenen (1945–1955). In: Jahrbuch für Volkskunde der Heimatvertriebenen I/1955, 241–289

Peterson, Nicolas, and Marcia Langton (Hg.): Aborigines, Land and Landrights. Canberra 1983

Pfeil, Elisabeth: Der Flüchtling. Gestalt einer Zeitenwende. Hamburg o. J. [1948]

Pfister-Ammende, Maria: Zur Psychopathologie der Entwurzelung. In: Bulletin der Schweiz. Akad. der Medizin. Wissenschaften 8/1952, 338–345

Pfister-Ammende, Maria: Psychologie und Psychiatrie der Internierung und des Flüchtlingsdaseins. In: Psychiatrie der Gegenwart. Forschung und Praxis. Bd. III: Soziale und angewandte Psychiatrie. Berlin-Göttingen-Heidelberg 1961, 760–791

Pirandello, Luigi: Angst vor dem Glück. Heidelberg 1954

Pitrè, Giuseppe: Proverbi siciliani. 4 Bde. Palermo 1978

Pitt-Rivers, Julian: The people of the Sierra. Chicago-London 1961

Pizzorno, Alessandro: Amoral familism and historical marginality. In: International Review of Community Development 1966, 3–15

Powdermaker, H.: Stranger and Friend. The Way of an Anthropologist. New York 1966

Profeta, Giuseppe: Canti nuziali nel folklore italiano. Firenze 1965

Pross, Helge: Was ist heute deutsch? Reinbek 1982

Puxon, Grattan: Where do we go from here? (Arbeitspapier des Romano Kongreso 2, Genf, undatiert) (Typoskipt). Genf 1978

Radcliffe-Brown, A. R.: Structure and Function in Primitive Society. London 1952

Raeithel, Gert: „Go West". Ein psycho-historischer Versuch über die Amerikaner. Frankfurt/M. 1981

Rammstedt, O.: Subjektivität und Sozialwissenschaften. In: Johann August Schülein u. a. (Hg.): Politische Psychologie. Entwürfe einer historisch-materialistischen Theorie des Subjekts. Frankfurt/M. 1981, 39–75

Ranger's Contribution: General Manager-Operations. Ranger Uranium Mines. Jabiru o. J.

Rappaport, Roy A.: Pigs for the Ancestors. Ritual in the Ecology of New Guinea People. New Haven/London 1984

Rassismus und Migration in Europa. Beiträge des Kongresses „Migration und Rassismus in Europa", Hamburg, 26. bis 30. September 1990. Hrsg. vom Institut für Migrations- und Rassismusforschung e.V. Hamburg, in Zusammenarbeit mit Buntstift e.V. Göttingen. Hamburg-Berlin 1992

Rech, Stefan: Differenz und Gleichheit. Zur Innenperspektive einer multikulturellen Cité. Unveröffentl. Magisterarbeit am Inst. f. Kulturanthropologie und Europäische Ethnologie der Johann Wolfgang Goethe-Univerität. Frankfurt/M. 1992

Redfield, Robert: The Peasant View of the Good Life. In: Peasant Society and Culture. Chicago 1956, 60–79

Redfield, Robert: Die „Folk"-Gesellschaft. In: Mühlmann/Müller (Hg.) 1966, 327–355

Reimann, Helga, und Horst Reimann: Sizilien. Studien zur Gesellschaft und Kultur einer Entwicklungsregion. Augsburg 1985

Remmel, Franz: Die Roma Rumäniens. Volk ohne Hinterland. Wien 1993
Renda, Francesco: Il movimento contadino e la fine del blocco agrario in Sicilia. Bari 1976
Renda, Francesco: Il movimento contadino e la fine del blocco agrario in Sicilia (1943–1960). In: Togliatti e il Mezzogiorno. Bd. II Istituto Gramsci (Hg.). Roma 1977, 269–312
Renda, Francesco: Aspetti e problemi dell' emigrazione siciliana dal 1652 al 1911. Palermo o. J.
Riehl, Wilhelm, Heinrich: Die bürgerliche Gesellschaft. (= Bd. 2 der Naturgeschichte des Volkes als Grundlage einer deutschen Sozialpolitik) Stuttgart–Augsburg 1858
Riesman, David: Die einsame Masse. Eine Untersuchung der Wandlungen des amerikanischen Charakters. Hamburg 1958
Rigoli, Aurelio: Le varianti della barunissa di Carini. Raccolte da S. Salomone-Marino. Palermo 1963
Romano, Ruggiero, u. a. (Hg.): Die Gleichzeitigkeit des Ungleichzeitigen. Fünf Studien zur Geschichte Italiens. Frankfurt/M. 1980
Romanowski, Matthias: Der Flamenco und die Identität der Zigeuner. Beobachtung musikverbundener Interaktion und ihre Deutung. In: Zigeuner und Wir 1979, 123–148
Ronneberger, Klaus: Metropolitane Urbanität. Der Pflasterstrand als Medium einer in die städtische Elite aufsteigende Subkultur. In: Heinz Schilling: Urbane Zeiten. Lebensstilentwürfe und Kulturwandel in einer Stadtregion. Frankfurt/M. 1990, 15–44 (NOTIZEN 34)
Röper, Carl: 750 Jahre Jork-Borstel. 1221–1971. Ein Beitrag zur Geschichte des Alten Landes. Veröffentlichungen des Vereins zur Erhaltung und Förderung der Altländer Kultur. Jork o. J.
Rosaldo, Renato: Imperialist Nostalgia. Longing For What We Have Destroyed. Ms. Department of Anthropology. Stanford University 1987
Roszak, Theodore: Gegenkultur. Gedanken über die technokratische Gesellschaft und die Opposition der Jugend. Düsseldorf – Wien 1971 (The Making of a Counter Culture. 1968/69)
Roszak, Theodore: Das unvollendete Tier. Eine neue Stufe in der Entwicklung der Menschheit. München 1982
Roszak, Theodore: Mensch und Erde auf dem Weg zur Einheit. Soyen 1982 (Person/Planet. The Creative Disintegration of Industrial Society. 1978) (1982 a)
Rowe, Colin, und Fred Koetter: Collage City. Basel–Boston–Stuttgart 1978
Rühle, Otto: Die Revolutionen Europas. 3 Bde. Wiesbaden 1973 (1927)

Sahlins, Marshall: Culture and Practical Reason. Chicago–London 1976
Sahlins, Marshall: Islands of History. Chicago–London 1985
Salein, Kirsten, und Anne Winnat: Alltagswirklichkeit und Identität. In: Greverus (Hg.) 1993, 127–171
Salvadori, Massimo L.: Il mito del buongoverno. La questione meridionale da Cavour a Gramsci. Torino 1960
Sammlung Karasek: Sammlung Alfred Karasek. Bischofswiesen/Obb.

Sarakiniko-Schreibkollektiv: Wege nach Sarakiniko. Menschen auf der Suche nach einer Alternative in Griechenland. Vervielf. Ms. Sarakiniko 1981

Satta, Salvatore: Der Tag des Gerichts. Frankfurt/M. 1983

Sautter, U.: Geschichte der Vereinigten Staaten. Stuttgart 1976

Schenda, Rudolf: Drei Varianten der sizilianischen Volksballade ‚La barunissa di Carini'. In: Jahrbuch für Volksliedforschung. 10/1965, 128–137

Schenda, Rudolf: Der italienische Bänkelsang heute. In: Zeitschrift für Volkskunde. 63/1967, 17–39

Scheuch, Erwin K.: Vorstellungen vom Glück in unterschiedlichen Sozialschichten. In: Kundler (Hg.) 1971, 71–85

Schierup, Carl-Ulrik: Konstruktion und Krise des schwedischen Multikulturalismus. In: Rassismus und Migration in Europa 1992, 163–173

Schiffauer, Werner: Die Gewalt der Ehre. Erklärungen zu einem türkisch-deutschen Sexualkonflikt. Frankfurt/M. 1983

Schiffauer, Werner: Die Migranten aus Subay. Türken in Deutschland: Eine Ethnographie. Stuttgart 1991

Schirmunski, Viktor: Das kolonistische Lied in Rußland. In: Zeitschrift für Volkskunde 37–38/1927/28, 182–215

Schirmunski, Viktor: Die deutschen Kolonien in der Ukraine. Geschichte, Mundarten, Volkslied, Volkskunde. Moskau 1928

Schmidt, Alfred: Zum Begriff des Glücks in der materialistischen Philosophie. In: Hommes (Hg.) 1980, 55–107

Schmidt-Hornstein, Caroline: „Ich wollte studieren, obwohl mich alle für verrückt gehalten haben …". Zur Genese studentischer Selbstentwürfe. In: Greverus (Hg.) 1993, 171–229

Schönauer, Gerhard: Zurück zum Leben auf dem Lande. Erfahrungen und Grundlagen. Ratschläge für jeden. München 1979

Schrettenbrunner, Helmut: Gastarbeiter. Ein europäisches Problem aus der Sicht der Herkunftsländer und der Bundesrepublik Deutschland. Frankfurt/M.-Berlin-München 1971

Schröder, Thomas: Integration, Assimilation oder Gettobildung? Zigeunersiedlungen in Deutschland und Frankreich. In: Zigeuner und Wir, 1979, 165–194

Schroubek, Georg R.: Wallfahrt und Heimatverlust. Ein Beitrag zur religiösen Volkskunde der Gegenwart. Marburg 1968 (= Schriftenreihe der Kommission für Ostdeutsche Volkskunde in der Deutschen Gesellschaft für Volkskunde e.V. Bd. 5)

Schülein, Johann August: Von der Studentenrevolte zur Tendenzwende oder der Rückzug ins Private. In: Kursbuch 48, 1977, 101 ff.

Schütz, Alfred: Der Fremde. Ein sozialpsychologischer Versuch. In: A. Brodersen (Hg.): Alfred Schütz. Gesammelte Aufsätze. Bd. 2: Studien zur soziologischen Theorie. Den Haag 1972, 53–69 (1944)

Schwedt, Herbert: Heimatvertriebene in Großstadtsiedlungen. In: Jahrbuch für ostdeutsche Volkskunde 7/1962/63, 11–65

Schwedt, Herbert: Zonen verdünnten Lebens. Wohnen auf dem Lande. Vom Fluch der monofunktionalen Nutzung. In: Der Bürger im Staat 24/1974, 133–135

Sciascia, Leonardo: Pirandello e il Pirandellismo. Caltanissetta 1953

Sciascia, Leonardo: A ciascumo il suo. Torino 1966

Sciascia, Leonardo: La Sicilia come metafora. Intervista di Padovani. Milano 1979

Sciascia, Leonardo: Sizilianische Verwandtschaft. München 1980

Sennett, Richard: Verfall und Ende des öffentlichen Lebens. Die Tyrannei der Intimität. Frankfurt/M. 1983 (The Fall of Public Man. 1977)

Seymour, John: Wir ziehen hinaus aufs Land. München 1979

Shostak, Majorie: Nisa. The Life and the World of a !Kung Woman. Cambridge/Mass. 1981

Siemens, Hans Peter: Das Alte Land. Geschichte einer niederelbischen Marsch. Stade 1951 (Einzelschriften des Stader Geschichts- und Heimatvereins Nr. 2)

Sjögren, Annick: Moulding a Community in Botkyrka. In: Daun/Ehn/Klein (Hg.) 1992, 23–50

Skinner, B. F.: Futurum Zwei. Reinbek 1970

Skinner, B. F.: Jenseits von Freiheit und Würde. Reinbek 1973

Smith, H. N.: The American West as Symbol and Myth. Cambridge/Mass. 1970.

Solomon, Paul: Earth Changes and the New Planet Earth. How and why the earth will change between now and the year 2000 – and how to prepare yourself to meet these changes. Readings from the Paul Solomon Source. New Market/Virg. 1979

Sontag, Susan: Anmerkungen zu ‚Camp'. In: Akzente XIII, 6/1966, 501 ff.

Southall, A. W.: The Illusion of Tribe. In: Journal of Asian and African Stud. 5/1970: 1–2, 28–50

Spencer, Sir Baldwin, and F. J. Gillen: The Arunta. A Study of a Stone Age People. Oosterhout N.B. 1966 (1927)

Spiegel-Schmidt, Friedrich: Religiöse Wandlungen und Probleme im evangelischen Bereich: In: Die Vertriebenen in Westdeutschland III. 1959, 23–91

Stagl, Justin: Kulturanthropologie und Gesellschaft. Wege zu einer Wissenschaft. München 1974

Stanner, W. E. H.: White Man Got No Dreaming. Essays 1938–1973. Canberra 1979

Statement on Human Rights. Submitted to the Commission on Human Rights, United Nations, by the Executive Board, American Anthropological Ass. In: American Anthropologist 49/1947, 233–264.

Steindl-Rast, David: Die Religionen religiös machen. In: Rainer Kakuska (Hg.): Andere Wirklichkeiten. München 1984, 195–204

Stennert, Doris: „Reisen zum Wiedersehen und Neuerleben ...". Aspekte des „Heimwehtourismus" dargestellt am Beispiel der Grafschaft Glatz. Frankfurt/M. 1994 (Magisterarbeit Institut für Kulturanthropologie und Europäische Ethnologie)

Sterpa, E.: Anatomia della questione meridionale. Milano 1978

Steward, Julian H.: Theory of Culture Change. The Methodology of Multilinear Evolution. Urbana-Chicago-London 1972

Stewart, David (Hg.): Burnum Burnum's Aboriginal Australia. A Traveller's Guide. North Ryde/NSW 1988

Stewart, K. C.: Narrative Appalachia. Diss. University of Michigan 1987

Taguieff, Pierre-André: Die Metamorphosen des Rassisimus und die Krise des Antirassismus. In: Bielefeld 1991, 221–268

Taylor, Leonore: Get the Hint: Don't Mine the Hill. In: The Australian, 8. 5. 1991, 1, 6, 11

Tellenbach, Hubert: Melancholie. Zur Problemgeschichte – Typologie – Pathogenese und Klinik. Berlin–Göttingen–Heidelberg 1961

The Findhorn Garden. Pioneering a New Vision of Man and Nature in Cooperation. By the Findhorn Community. New York etc. 1975

The Ranger Operation: Produced by Visitor Liason Section. Ranger Uranium Mines Pty Ltd. Jabiru/NT. o. J.

Thompson: The Right to Happiness. In: Ladies' Home Journal, LVII (April 1941)

Thoreau, Henry David: Walden oder Leben in den Wäldern (mit einem Vorwort von Walter E. Richartz). Zürich 1971

Tocqueville, Alexis C. de: Die Demokratie in Amerika. Eine Auswahl. Übersetzt, eingeleitet und erläutert von F. A. Freiherr von der Heydte. Regensburg 1955

Todorov, Tzvetan: Die Eroberung Amerikas. Das Problem des Anderen. Frankfurt/M. 1985 (1982)

Trioli, Virginia: Coronation Hill May Be PM's Answer to His Son. In: The Age, 18. 6. (1991), 15

Trouillet, Bernard: Das deutsch-französische Verhältnis im Spiegel von Kultur und Sprache. Weinheim–Basel 1981

Turner, Victor C.: Liminal to Liminoid in Play, Flow, and Ritual. An Essay in Comparative Symbology. In: From Ritual to Theatre. New York 1982, 21–60

Turner, Victor C., und Edward M.Bruner (Hg.): The Anthropology of Experience. Urbana–Chicago 1986

Tyler, Stephen: The Said and the Unsaid. New York 1971

Tyler, Stephen: Post-Modern Ethnography: From Document of the Occult to Occult Document. In: Clifford/Marcus 1986, 122–140

Uccello, Antonino: Carcere e mafia nei canti popolari siciliani. Palermo 1965

Uccello, Antonino: Risorgimento e società nei canti popolari siciliani. Catania 1978

Universalisme et relativisme. Contributions à un débat d'actualité. Ed. G. Berthoud, P. Centlivres, Ch. Giordano et M. Kilani. Fribourg 1993

vita italiana. Documenti e informazioni. XV, N. 7–8, Roma 1965

Vittorini, Elio: Gespräch in Sizilien. München 1966

Vöchting, Friedrich: Die italienische Südfrage. Entstehung und Problematik eines wirtschaftlichen Notstandsgebietes. Berlin 1951

Voigt, L.: Punks als jugendliche Subkultur. Magisterarbeit. Frankfurt/M. 1984

Vollmann, Rolf: Eine Art Helligkeit. Bruce Chatwins Reiseroman über Australien. In: Frankfurter Allgemeine Zeitung 85, 10. 4. 1990, 7

Vusoniwailala, Lasarusa: „Communication, Social Identity and the Rising Cost of Fijian Communalism. In: Pacific Identity, 1–7

Waldenfels, Hans: Absolutes Nichts. Zur Grundlegung des Dialogs zwischen Buddhismus und Christentum. Freiburg–Basel–Wien 1976

Weber, Karl E.: Materialien zur Soziologie Siziliens. Diss. Heidelberg 1966

Weber, Max: Gesammelte Aufsätze zur Religionssoziologie II: Hinduismus und Buddhismus. Tübingen 1978

Weber, Max: Gesammelte politische Schriften. München 1921

Weber, Max: Wirtschaft und Gesellschaft. Grundriß der verstehenden Soziologie. Köln–Berlin 1964

Weber-Kellermann, Ingeborg: „Heimat und Fremde" in den Augen eines donauschwäbischen Bauern in Sachsen. In: G. Heilfurth u. H. Siuts (Hg.): Europäische Kulturverflechtungen im Bereich der volkstümlichen Überlieferung. Festschrift zum 65. Geburtstag von Bruno Schiers. Göttingen 1967, 187–202

Weber-Kellermann, Ingeborg: Zur Interethnik. Donauschwaben, Siebenbürger Sachsen und ihre Nachbarn. Frankfurt/M. 1978

Weiß, Birgit: „Heilung durch Gedankenenergie". Vortrag von Heilpraktikerin Liselotte Schür. In: Greverus/Welz (Hg.) 1990, 295–300

Weiß, Richard: Volkskunde der Schweiz. Grundriß. Erlenbach–Zürich 1946

Welz, Gisela: Multikulturelle Stadtpolitik. Das Frankfurter Modell. In: MultiKultur Journal 1992, 6–12

Werdecker-Hoffmann, Erika: „Sudetendeutsche Identität" als Attitude: Ethnizität und Identitätsmanagement in einem Vertriebenenverband. Eine empirische Untersuchung. 1986 (Magisterarbeit am Institut für Kulturanthropologie und Europäische Ethnologie, Frankfurt/M.)

Werthmann, Katja: „Lieben und Freiwerden". Ein Abend mit Rickie Moore. In: Greverus/Welz (Hg.) 1990, 304–308

Werthmann, Katja: Zen und Sinn: Westliche Aneignung, Interpretation und Praxis einer buddhistischen Meditation. Frankfurt/M. 1992 (NOTIZEN 38)

Whitman, Walt: Grashalme. In Auswahl übertragen von J. Schlaf. Stuttgart 1980

Williams, R.: The Country and the City. New York 1973

Willis, P.: „Profane Culture". Rocker, Hippies: Subversive Stile der Jugendkultur. Frankfurt/M. 1981

Wnuck, Bernd: Ein Konzept für bedürfnisorientierte Kulturplanung. Fallstudie von Rezeption und Akzeptanz in einem Dorf im Ballungsraum Rhein-Main. Magisterarbeit. Frankfurt/M. 1984

Wojak, Andreas: Dat wi överleven. Amerikanische Community-Bewegung. Was hat sie mit uns zu tun. Berlin 1980

Wolf, Eric R.: Die Völker ohne Geschichte. Europa und die andere Welt seit 1400. Frankfurt/M.–New York 1986

Wolf, Eric R.: Peasants. Englewood Cliffs 1966

Zigeuner und Wir. Hrsg. von Ina-Maria Greverus und Heinz Schilling. Frankfurt/M. 1979 (NOTIZEN 9)

Zigeunermärchen aus Ungarn. Nacherzählt von Tibor Bartos. Frankfurt/M. 1976

Zijderveld, Anton C.: Die abstrakte Gesellschaft. Zur Soziologie von Anpassung und Protest. Frankfurt a. M. 1972 (The Abstract Society. A Cultural Analysis of Our Time. 1970)

Zimmermann, Marita: Deutschland – Frankreich: Europa? Eine Untersuchung zum „gepflegten Kulturaustausch“ zwischen Bürgern, Orten und Gütern. Unveröffentlichte Dissertation. Frankfurt 1992 (erscheint in der Reihe NOTIZEN)

Zutt, Jürg: Über verstehende Anthropologie. Versuch einer grundlegenden psychiatrischen Erfahrung. In: Psychiatrie der Gegenwart. Forschung und Praxis. Bd.I/2: Grundlagen und Methoden der klinischen Psychiatrie. Berlin–Göttingen–Heidelberg 1963, 763–852

Quellenhinweise

Zahlreiche Kapitel des vorliegenden Buches sind überarbeitete und neu erarbeitete Fassungen aus folgenden früheren Veröffentlichungen der Verfasserin:

The „I“ and the „Me“ Abroad in Sweden. A Comparable Parable of the Identity Process in Multi-Cultural-Settings. In: Åke Daun, Billy Ehn, Barbro Klein (Ed.), To Make the World Safe for Diversity. Towards understanding of Multi-Cultural Societies. Botkyrka 1992, 79–89.

Der territoriale Mensch. Ein literaturanthropologischer Versuch zum Heimatphänomen. Frankfurt a. M. 1972, 229–268.

Auf der Suche nach Identität. Zigeuner und Kulturanthropologen auf einer Wallfahrt nach Saintes Maries de la Mer. In: Ina-Maria Greverus und Heinz Schilling (Hg.), Zigeuner und Wir. Frankfurt a. M. 1979, 19–33.

Tradition und Traurigkeit und anarchische List. Zu einer sizilianischen Identitätsarbeit. In: Christian Giordano und Ina-Maria Greverus (Hg.), Sizilien – die Menschen, das Land und der Staat. Frankfurt a. M. 1986, 455–513.

Das wandelbare Glück. „Pursuit of Happiness“ in Amerika und Europa. In: Utz Jeggle, Gottfried Korff, Martin Scharfe und Bernd-Jürgen Warneken (Hg.), Volkskultur in der Moderne. Probleme und Perspektiven empirischer Kulturforschung (= Festschrift für Hermann Bausinger). Reinbek bei Hamburg 1986, 271–289.

Landbewegungen. Remythologisierung oder Redefinition ruraler Weltsicht? In: Christian Giordano und Robert Hettlage (Hg.), Bauerngesellschaften im Industriezeitalter. Zur Rekonstruktion ländlicher Lebensformen. Berlin 1989, 199–227.

Gelebte Collage des Möglichen. Erfahrung und Interpretation. In: Neues Zeitalter oder Verkehrte Welt. Anthropologie als Kritik. Darmstadt 1990, 234–263.

Enteignetes und enteignendes Träumen. Erfahrungen in einem schwarzen und einem weißen Australien. In: Etnofoor IV (2) 1991, 80–107.

Kulturdilemma. Die nahe Fremde und die fremde Nähe. In: Ina-Maria Greverus, Konrad Köstlin und Heinz Schiling (Hg.), Kulturkontakt – Kulturkonflikt. Zur Erfahrung des Fremden. Bd. 1. Frankfurt a. M. 1988, 27–48.